Klassiker des ökonomischen Denkens

Band 1
Von Adam Smith bis Alfred Marshall

Herausgegeben von
Heinz D. Kurz

Verlag C. H. Beck

Originalausgabe

Satz: Fotosatz Reinhard Amann, Aichstetten
Druck und Bindung: Druckerei C. H. Beck, Nördlingen
Umschlagabbildungen: Adam Smith (akg-images) – David Ricardo (akg-images) – Alfred Marshall (aus: Memorials of Alfred Marshall, hrsg. von A. C. Pigou, London 1925)
Umschlagentwurf: malsyteufel, Willich
Printed in Germany
ISBN 978 3 406 57357 6

www.beck.de

Inhalt

Vorwort

Sollte einer der führenden zeitgenössischen Vertreter der mathematischen Wirtschaftstheorie und intimer Kenner der Geschichte des Faches recht haben, dann gibt es in der Wirtschaftswissenschaft «wahrlich nichts Neues unter der Sonne».[1] Alles, was die moderne Ökonomik anzubieten hat, finde sich der Idee und dem Ansatz nach bereits im Schrifttum der «Klassiker des ökonomischen Denkens», und das in einer Form, die für viele Menschen leichter verständlich ist als moderne Fassungen hiervon. Aber selbst wenn es sich bei Takashi Negishis Urteil um eine Übertreibung handeln sollte: Gibt es einen Grund, sich heutzutage nicht mehr mit Werk und Wirken einiger der bedeutendsten Ökonomen zu befassen? Nein. Tatsächlich *kann* man sich mit deren Beiträgen nicht nur beschäftigen, man *muß* es, – ob als Lehrender oder Studierender, als an wirtschaftlichen Fragen interessierter Laie oder als mit wirtschaftlich relevanten Entscheidungen befasster Angehöriger der Legislative oder Exekutive. An den Werken der großen Ökonomen führt kein Weg vorbei.

Die hiermit vorgelegten Bände ermöglichen es einem auf leichte Weise, dieser Pflicht nachzukommen. Sie vermitteln einen einfachen Zugang zu den nachhaltig wirkenden Lehren einiger der bedeutendsten Ökonomen in Gestalt von kompakten Schilderungen ihres Lebens und Werks sowie dessen Wirkungsgeschichte. Sie zeigen in verdichteter Form, was es «unter der Sonne» auf dem fraglichen Gebiet menschlichen Wissens zu entdecken gibt. Was dabei vor allem zählt sind Ideen, die bis auf den heutigen Tag nichts von ihrer Faszination eingebüßt haben. Die beiden Bände führen ein in die grundlegenden Denkmuster und Erklärungsansätze der Wirtschaftswissenschaft. Der historische Zugang zum Thema hat nichts mit antiquarischer Verstaubtheit zu tun, sondern dokumentiert den in

1 Takashi Negishi, Unnoticed predecessors of the early Negishi theorems, in: International Journal of Economic Theory, 4:2, S. 167; Übersetzung aus dem Englischen durch mich.

den Sozialwissenschaften im allgemeinen anzutreffenden engen Zusammenhang zwischen Erfahrung und Erkenntnis. Ideen mögen abstrakt sein, aber sie entstehen vor dem Hintergrund konkreter sozio-ökonomischer Verhältnisse und versuchen diese analytisch zu durchdringen.

Um das Verständnis komplexer Sachverhalte – und um solche geht es in der Ökonomik – nicht unnötig zu erschweren, ist in den Beiträgen zu den beiden Bänden darauf geachtet worden, daß die Darstellung möglichst leicht zugänglich ist und nicht unnötig mit Fachterminologie überfrachtet wird. Dies ist naturgemäß nur in unterschiedlichem Maße möglich. Grundsätzlich gilt: Je weiter wir in der Geschichte des Faches voranschreiten, desto ausgeprägter ist die Herausbildung von fachspezifischen Sprachen und die Kanonisierung des angehäuften Wissens. Die historische Herangehensweise der vorliegenden Bände gestattet es dem Leser, diesen langsamen Prozeß der allmählichen Professionalisierung und disziplinären Ausdifferenzierung quasi nachzuerleben und bringt ihm so auf behutsame Weise Konstanz und Wandel in den verwendeten Konzepten nahe.

Mein Dank gilt zuallererst den Autoren für die fruchtbare und reibungslose Zusammenarbeit. Die Erstfassungen aller Beiträge sind von mir kritisch durchgesehen und mit Kommentaren versehen an die Autoren zurückgereicht worden. Wiederholt ist in die Kommentare die Expertise Dritter, auf dem jeweiligen Feld besonders kenntnisreicher Kolleginnen und Kollegen, die ich um ein Urteil gebeten habe, eingeflossen. Auch ihnen schulde ich Dank. Im Lektorat des Verlags hat schließlich Jonathan Beck, selbst Volkswirt, Fragen der Präsentation des Materials mit den Autoren abgestimmt. Sachkundig und stilsicher hat er viel zur besseren Lesbarkeit der Texte beigetragen.

Jetzt ist es an den Lesern zu entscheiden, ob sich die Mühe gelohnt hat.

Graz, 27. Juni 2008 *Heinz D. Kurz*

Heinz D. Kurz

Einführung

Theorien sind gewöhnlich Übereilungen eines ungeduldigen Verstandes, der die Phänomene gern los sein möchte und an ihrer Stelle deswegen Bilder, Begriffe, ja oft nur Worte einschiebt. Man ahnt, man sieht auch wohl, daß es nur ein Behelf ist; liebt sich nicht aber Leidenschaft und Parteigeist jederzeit Behelfe? Und mit Recht, da sie ihrer so sehr bedürfen.
(Johann Wolfgang von Goethe, *Maximen und Reflexionen*, 1953, S. 440)

Jeder Beitrag der vorliegenden Ausgabe bietet einen prägnanten Überblick über Leben, Werk und Wirkung eines der bedeutendsten und wirkungsträchtigsten Repräsentanten des ökonomischen Denkens. Oberflächlichen Verweisen auf sie begegnen nicht nur Studierende der Wirtschaftswissenschaften tagtäglich, sondern auch diejenigen anderer Fachrichtungen sowie aufmerksame Leser der Tagespresse. Fundierte Informationen über die Werke der «Klassiker» und deren wissenschaftlichen und gesellschaftlichen Kontext kommen dabei oft zu kurz. Diese Ausgabe soll Abhilfe schaffen.

In ihrer Gesamtschau leisten die hier versammelten Beiträge aber noch mehr: Sie bieten einen Überblick über die Geschichte der allmählichen Herausbildung der modernen ökonomischen Analyse. Interessanterweise habe einige der bedeutendsten in dieser Ausgabe vorgestellten ökonomischen Denker auch große Leistungen auf dem Gebiet der Theoriegeschichte vollbracht (vgl. zum folgenden auch Kurz, 2006). Allen großen Ökonomen war bewußt: Wer die Ökonomik voranbringen will, muß ihre Geschichte kennen und sich mit den Auffassungen früherer Generationen kritisch und konstruktiv auseinandersetzen.

So ist zum Beispiel Buch IV «Über Systeme der Politischen Ökonomie» von Adam Smith' *An Inquiry into the Nature and Causes of the Wealth of Nations* (1776) einer detaillierten Auseinandersetzung mit merkantilistischen Auffassungen und einer knappen Abgrenzung der eigenen Sichtweise von derjenigen der Physiokraten gewidmet. David Ricardo schreibt im Vorwort zu *On the Principles of Political Economy, and Taxation* (1817) ausdrücklich, daß er sich in seinem Werk kritisch mit den Auffassungen unter anderem von

Turgot, Steuart, Smith, Say und Sismondi befassen werde (Ricardo, *Works* I, 5). Insbesondere die Lehren von Adam Smith, Thomas Robert Malthus und Jean-Baptiste Say würdigt er eingehend und verwirft einige darunter. Léon Walras widmet Teil VII seiner *Éléments d'économie politique pure* (1874) einer Kritik früherer Autoren und Schulen.

Der Wirtschaftstheoretiker und -historiker Wilhelm Roscher veröffentlicht im gleichen Jahr seine umfängliche *Geschichte der National-Oekonomik in Deutschland* (1874). Karl Marx ergänzt sein Hauptwerk, *Das Kapital*, um die *Theorien über den Mehrwert* (Marx, 1968), die eine ausführliche Kritik aller bisherigen ökonomischen Literatur enthalten. Eugen von Böhm-Bawerk, der «bürgerliche Marx» (Schumpeter), hält es nicht anders: Seiner *Positiven Theorie des Kapitales* (1889) schickt er die *Geschichte und Kritik der Kapitalzins-Theorien* (1884) voraus. Beide «Abtheilungen» zusammen bilden *Kapital und Kapitalzins*, sein *magnum opus*. Alfred Marshall reichert seine *Principles of Economics* (1890) mit detaillierten Ausflügen in die Geschichte des Faches an. Während Autoren wie Marx und William Stanley Jevons darin große Brüche feststellten, ist Marshall von einer ungebrochenen Kontinuität der Entwicklung überzeugt. Joseph Alois Schumpeter verbindet von Beginn seiner Karriere an ein theoretisches mit einem theoriegeschichtlichen Interesse: Er veröffentlicht abwechselnd Essays und Bücher auf beiden Feldern. Von ihm stammen zwei einflußreiche Gesamtstudien zur Theoriegeschichte, die 1914 erschienene Abhandlung «Epochen der Dogmen- und Methodengeschichte» und die 1954 posthum veröffentlichte monumentale *History of Economic Analysis* (Schumpeter, 1914, 1954). Schließlich ist erwähnenswert, daß Erich Schneider 1962 den vierten Band seiner einflußreichen *Einführung in die Wirtschaftstheorie* der Theoriegeschichte widmet (Schneider, 1962). Und Takashi Negishi, bedeutender Theoretiker und Theoriehistoriker der Gegenwart, geht soweit zu sagen: «Ich war erstaunt herauszufinden, daß von mir bewiesene Theoreme bereits auf eine gewisse Art von der ökonomischen Klassik sowie der Ökonomik der marginalistischen Revolution antizipiert worden sind. Es gibt wahrscheinlich nichts Neues unter der Sonne!» (Negishi, 2008, S. 167; Übersetzungen ins Deutsche stammen, sofern nicht anders angegeben, von mir.)

Auch unter modernen Autoren finden sich ausgewiesene Kenner

der Geschichte des Faches. Dazu zählen die zeitgenössischen Nobelpreisträger Kenneth J. Arrow, Paul A. Samuelson und Amartya K. Sen. Piero Sraffa ist mit der Gesamtausgabe des Werkes und Briefwechsels David Ricardos (Ricardo, 1951–1973) eine editorische Meisterleistung gelungen, die durch die Schwedische Akademie der Wissenschaften mit der Söderström-Medaille belohnt wurde, der damals höchsten wissenschaftlichen Auszeichnung für Ökonomen. Sraffa hat darüber hinaus nachgewiesen, daß Marshalls These von einer kontinuierlichen Entwicklung der Ökonomik nicht haltbar ist, und daß sich die von «klassischen Autoren» wie Petty, Cantillon, Quesnay, Smith und Ricardo vertretene Analyse grundlegend unterscheidet von derjenigen der sogenannten «Marginalisten» Jevons, Menger, Walras, Marshall, Böhm-Bawerk und Clark (vgl. auch Gehrke und Kurz, 2006).

Bei all den genannten Autoren erfüllt die Beschäftigung mit der ökonomischen Theoriegeschichte einen doppelten Zweck: Das Studium früherer Autoren dient zugleich als Quelle vielfältiger Anregung als auch als Probe auf die Originalität und Haltbarkeit neuer Auffassungen. Wie könnte man ohne Kenntnis der Theoriegeschichte je wissen, ob das, was man zu sagen hat, wirklich neu ist, und ob es auch etwas taugt?

Dennoch ist die Theoriegeschichte in jüngerer Zeit zunehmend der Gegenstand einer spezialisierten Forschergemeinde geworden. An ein größeres Publikum gerichtete theoriegeschichtliche Überblicke sind rar geworden. Die Theoriegeschichte gehört mittlerweile nicht einmal mehr zur Grundausbildung deutschsprachiger Wirtschaftswissenschaftler. Worin ist diese Abkehr des Mainstreams von der Theoriegeschichte begründet? Ist diese neuerdings überflüssig geworden?

Diese Einführung soll zeigen, daß die ökonomische Theoriegeschichte von anhaltender Bedeutung ist und nicht ohne schwere negativen Auswirkungen auf das Fach insgesamt marginalisiert werden kann. Ich befasse mich zunächst mit der Frage, was wir von der Wirtschaftswissenschaft im allgemeinen und von der Theoriegeschichte im besonderen erwarten dürfen: Sollen sie vor allem für praktische Zwecke nützlich sein oder sollen sie Einsicht und Erkenntnis vermitteln? Anschließend wende ich mich der Frage zu, was Theoriegeschichte leisten kann. In diesem Zusammenhang ist kurz auf den Prozeß der Schaffung neuen ökonomischen Wissens und die Rolle der Bewahrung und Ordnung des angehäuften Wissens darin einzugehen. Es folgt ein kurzer Abschnitt über die Professionalisierung des Faches. Abschließend wende ich mich der für die vorliegende Ausgabe getroffenen Auswahl an behandelten Autoren zu. Damit interessierte Leser Lücken schließen können, die die vorliegenden Bände notwendigerweise hinterlassen, folgt ein Überblick über ergänzende und weiterführende Literatur.

Ein berühmtes Wort Immanuel Kants über die Philosophie paraphrasierend, wird mein Plädoyer für die Theoriegeschichte lauten: Wirtschaftstheorie ohne Theoriegeschichte ist leer, Theoriegeschichte ohne Wirtschaftstheorie blind. Die ins Feld geführten Argumente lassen sich auch auf den von Lionel Robbins (1978, S. 2) geprägten Nenner bringen: «Wider den Provinzialismus in der Zeit».

Auf der Suche nach Licht oder Früchten?

Was sollte das Ziel der Wirtschaftswissenschaft sein, was dasjenige der Theoriegeschichte? In *The Economics of Welfare* schreibt Arthur Cecil Pigou (1920, 2 f.):

> Wenn sich jemand irgendeiner Forschung verschreibt, dann kann das Ziel seiner Suche entweder in Licht oder in Früchten bestehen – entweder in Wissen um seiner selbst willen oder zum Zweck der guten Dinge, zu denen die Suche führt. ... In den Gesellschaftswissenschaften, wie groß auch immer deren Anziehungskraft als Trägerinnen von Licht sein mag, wird es das Versprechen von Früchten und nicht von Licht sein, das hauptsächlich unsere Aufmerksamkeit verdient.

Wenn dies für die Wirtschaftswissenschaft gilt, wie könnte es dann für die Theoriegeschichte nicht gelten! Jüngere Entwicklungen im Fach haben die Gewichte noch weiter zugunsten der Früchte und weg vom Licht verschoben. Zahlreiche Universitäten in Europa und andernorts sehen sich mit Budgetkürzungen konfrontiert und suchen ihr Heil im Einwerben von Drittmitteln aus öffentlichen und privaten Quellen. Die Reputation von Wissenschaftlern wird in steigendem Maße an Hand der von ihnen attrahierten Forschungsgelder und nicht nur ihrer Veröffentlichungen gemessen. Die Globalisierung und ein sich verstärkender Wettbewerb zwischen Universitäten haben zu einer Neudefinition der Rolle der Universität in Wirtschaft und Gesellschaft geführt. Politiker fordern die Universitäten auf, ihre Lehr- und Forschungsprogramme so umzugestalten, daß sie unmittelbar wirtschaftlich und gesellschaftlich «nützlich» sind.

An sich spricht diese Forderung übrigens nicht gegen die Theoriegeschichte, denn erfahrungsgemäß bereitet das Studium der Alten Meister des Fachs vielen Studierenden und Lehrenden *unmittelbar* großes Vergnügen. Dies läßt sich nicht von allen an der Universität im Rahmen des wirtschaftswissenschaftlichen Studiums behandelten Fächern sagen. Wie groß, so können wir überdies fragen, ist z.B. der gesellschaftliche Nutzen von Aufsätzen, in denen auf ökonometrischer Basis wirtschaftspolitische Empfehlungen ausgesprochen werden? Wie Ian Steedman (2000) mit einem Schuß Ironie argumentiert, ist die Wahrscheinlichkeit, daß die betreffende Botschaft von politischen Entscheidungsträgern zur Kenntnis genommen wird, sehr klein. Die Wahrscheinlichkeit, daß die zur Kenntnis genommene Botschaft wirtschaftspolitisch richtig verstanden und umgesetzt wird, ist ebenfalls sehr klein. Die Wahrscheinlichkeit schließlich, daß die fragliche Wirtschaftspolitik das angestrebte Ziel erreicht, ist erfahrungsgemäß auch sehr klein. Das Produkt von mehreren sehr kleinen Wahrscheinlichkeiten aber ist verschwindend gering. Insofern ist der behaupteten Nützlichkeit von einigen Fächern im Unterschied zu anderen mit Skepsis zu begegnen. Gewiß ist jedoch, daß die Befassung mit den Alten Meistern der Ökonomik, wie die Lektüre des vorliegenden Bandes hoffentlich bestätigen wird, eine Quelle *direkten* Vergnügens ist und auf diese Weise die Nützlichkeit der Theoriegeschichte unmittelbar belegt. Eine Befassung mit der Theoriegeschichte, so können wir im Jargon der Ökonomen sagen, ist *wohlfahrtsteigernd.*

Selbst wenn wir aber diesen unmittelbaren Nutzen vernachlässigen und uns auf den mittelbaren beschränken, ist die Gegenüberstellung von Früchten und Licht irreführend. Die Verhältnisse sind erheblich komplexer. Hierauf macht Fritz Machlup in seinem Buch *Knowledge and Knowledge Production* (1980, S. 11) aufmerksam. Er kommentiert Pigous obige Ansicht wie folgt:

> Ich muß gestehen, daß ich weniger sendungsbewußt bin als Pigou die Sozialwissenschaftler gerne gehabt hätte. Ich würde meine Untersuchung selbst dann durchführen, wenn sie nichts als Licht versprechen sollte. Aber ich glaube, daß Früchte nur dann wachsen und reifen können, wenn genug Licht

vorhanden ist, und daß die meisten Untersuchungen, die Licht auf Probleme werfen, egal, ob gesellschaftlicher Art oder nicht, sich schließlich als für die Gesellschaft nützlich erweisen werden. Ich fürchte jedoch, daß die Forderung, jedes Forschungsprojekt in den Sozialwissenschaften müsse sich durch sein «Versprechen an Früchten» rechtfertigen, zu einer lähmenden Beschränkung werden kann.

Wir können also fragen: Wenn die ökonomische Forschung sich zu Recht auf die Suche sowohl nach Früchten als auch nach Licht begibt, worin besteht dabei die Nützlichkeit der ökonomischen Theoriegeschichte? Was kann sie und was erbringt sie bei dieser Suche?

Was leistet die ökonomische Theoriegeschichte?

Die Theoriegeschichte wäre von nur geringem Interesse, wenn der Prozeß der Schaffung und Absorption neuen Wissens in der Ökonomik reibungslos und vollkommen funktionieren würde: Was immer gut und wertvoll ist, wird bewahrt, während alles, was schlecht und fehlerhaft ist, ausgemerzt wird. Eine derartige Wissenschaft wiese einen Weg aus einer Vergangenheit voller Dunkel in eine Zukunft voller Licht. Sollte diese Sicht zutreffen, dann könnte es in der Tat lediglich ein antiquarisches Interesse an der Vergangenheit geben: Warum sich um die «Fehlmeinungen längst verblichener Männer» scheren, wie es Pigou ausdrückt? Oder wie mir ein Kollege vor etlichen Jahren gesagt hat: «Warum sich mit der Theoriegeschichte befassen? Alles, was gut ist, findet sich in Samuelsons *Foundations of Economic Analysis*, und was sich nicht darin findet, kann nichts taugen.» Kenneth Boulding (1971) hat die gleiche Sicht wie folgt sarkastisch ausgedrückt: «Nach Samuelson – wer braucht noch Adam Smith?» Der fragliche Standpunkt erinnert an eine angeblich von Kalif Omar getätigte Äußerung anläßlich des Brandes der Bibliothek von Alexandria: «Die Zerstörung ist kein Verlust, denn entweder widersprechen die Bücher in der Bibliothek dem Koran, dann sind sie ketzerisch, oder sie stimmen mit ihm überein, dann sind sie überflüssig.»

Die Ökonomik entspricht jedoch nicht einem reibungslos funktionierenden Selektionsprozeß der beschriebenen Art. Weder bewahrt sie alles, was gut ist, noch scheidet sie alles aus, was schlecht ist. Die teleologische Sicht der Ökonomik läßt sich nicht aufrecht erhalten (vgl. u.a. Lapidus, 1996). Zwar kommt es im Verlauf der Zeit zu unbestreitbaren und bedeutenden Fortschritten auf zahlreichen Gebieten, aber es gibt immer wieder auch Rückschritte (vgl. weiter unten). Fortschritte sind dabei nicht notwendigerweise linear und kumulativ (vgl. hierzu Boehm et al., 2002). Cesarano (1983) legt überzeugende Evidenz dafür vor, daß z.B. die Evolution der Geldtheorie einem zyklischen Muster folgt, bei dem gewisse Ideen im Lauf der Zeit verschwinden, um später in neuem Gewand und Kontext wiederzukehren. Ähnliches läßt sich über andere Gebiete sagen. Der Gang der Dinge in der Ökonomik weist deutliche Moden auf, die gelegentlich ähnlich schnell verschwinden, wie sie auftauchen.

Wie ich im folgenden darstelle, ist der Selektionsprozeß von Ideen bzw. Theorien in der Ökonomik aus verschiedenen Gründen unvollkommen. Die angeführten Gründe sind zugleich jene, die der Theoriegeschichte bedeutende Aufgaben zuweisen.

Ideen – zur falschen Zeit geboren. Es gibt zahlreiche Fälle, in denen eine frisch vorgestellte Idee zunächst unbeachtet bleibt und erst später wiederentdeckt wird. Ein Vergleich mit der Ökonomik der Innovation drängt sich auf. Diese lehrt uns, daß neue Erfindungen oftmals nicht sofort umgesetzt werden, weil die Welt, in die hinein sie geboren werden, ihnen nicht freundlich gesonnen ist, d.h. keine profitable Nutzung ermöglicht. Erst nach einer Veränderung der herrschenden Bedingungen u.a. durch weitere Erfindungen in der gleichen oder in anderen Industrien kann die erstgenannte Erfindung effektiv umgesetzt werden. Dieser Fall der «induzierten Innovation» wird von David Ricardo (*Works* I, S. 395) am Beispiel einer verbesserten Maschine erörtert, die erst dann gewinnbringend eingeführt werden kann, nachdem die Geldlöhne als Folge steigender Nahrungsmittelpreise gestiegen sind.

Es gibt Grund zur Annahme, daß ein ähnlicher Mechanismus im Reich der ökonomischen Analyse wirksam ist. Ideen können ihrer Zeit voraus sein und anfangs auf Unverständnis und Ablehnung stoßen. So sind einige der frühen Beiträge zur mathematischen Ökonomik zunächst unbeachtet geblieben und erst mit einer mehr oder weniger großen zeitlichen Verzögerung zur Kenntnis genommen worden. Dies gilt u.a. für das Werk Antoine Augustin Cournots und dasjenige Hermann Heinrich Gossens. In zahlreichen weiteren Fällen gerieten seit langem bekannte Ideen zeitweise aus dem Blickfeld der Ökonomen, tauchten aber später in neuem Kleid und Zusammenhang wieder auf. Die sogenannte «Neue Keynesianische Ökonomik» beispielsweise, zu deren Hauptvertretern Stiglitz, Greenwald und Weiss zählen, stellt eine Analyse von Bank- und sonstigen finanziellen Aktivitäten vor, bei denen moralisches Risiko *(moral hazard)* und adverse Selektion eine bedeutende Rolle spielen. Viel davon findet sich der Idee nach bereits bei Adam Smith, ist aber für längere Zeit der Vergessenheit anheim gefallen.

Ideen – aus unzureichenden Gründen verworfen. Ideen oder Theorien werden auch deshalb abgelehnt, weil die beanstandenswerte Form, in der sie ursprünglich präsentiert werden, irrtümlich für einen fehlerhaften Gehalt gehalten wird. Wenn weder ihre Verfechter noch ihre Kritiker imstande sind, die Brauchbarkeit ihres Kerns zu erahnen und zu kommunizieren, dann ist es um die Idee oder Theorie geschehen. So basiert, wie wir heute wissen, die Ablehnung des klassischen Ansatzes in der Wert- und Verteilungstheorie auf Mängeln seiner ursprünglichen Formulierung, die jedoch nicht irreparabel sind, wie seine frühen Kritiker meinten. Gleichwohl ist der Ansatz über mehr als ein Jahrhundert hinweg verdrängt und vergessen worden und hat erst in jüngerer Zeit eine Renaissance erfahren (vgl. Sraffa, 1960, sowie u.a. Kurz und Salvadori, 1995).

Ein Grund für mögliche Fehlurteile im Selektionsprozeß besteht in der Tatsache, daß die zur Verfügung stehenden analytischen Werkzeuge im allgemeinen nicht auf der Höhe der Komplexität des Untersuchungsobjektes sind. Debatten in der Geschichte unseres Faches spiegeln häufig Spannungen der genannten Art wider. In bezug auf frühere Kontroversen in der Ökonomik schreibt Paul Samuelson (1987, S. 56): «Der Umstand, daß sich Zeitgenossen streiten, muß vor dem Hintergrund eines Zeitalters verstanden werden, in dem die Autoren ihre eigenen Theorien nur unvollkommen verstanden.» Ich fürchte, daß das fragliche Zeitalter in der Ökonomik weder vorüber ist noch je vorübergehen wird.

Das Beispiel der Entwicklungsökonomik und der Wirtschaftsgeographie illustriert die problematische Ausmusterung von Ideen und Theorien. In seinen Bertil-Ohlin-Vorlesungen berichtet Paul Krugman vom Aufstieg, Niedergang und Wiederaufstieg dieser Gebiete und macht für den Niedergang explizit «die beschränkende

Natur unseres intellektuellen Stils» (1995, S. viii f.) verantwortlich. Charakteristisches Merkmal dieses Stils sei es, daß man als Ökonom neuerdings nur dann ernst genommen wird, wenn man die grundlegende Idee auch *modellieren* könne, und zwar im Rahmen des üblichen Optimierungsansatzes unter Nebenbedingungen (ebenda, S. 5). Dies impliziert, daß Ideen oder Gebiete, welche von den gegenwärtig verfügbaren Werkzeugen nicht erreicht werden, übergangen werden: «Untersuchungsfelder, die – wie unvollkommen auch immer – besetzt waren, wurden zu weißen Flecken. Erst allmählich und nach langer Zeit wurden diese verlassenen Felder wieder bestellt» (ebenda, S. 3).

Krugman war nach eigenem Bekunden genötigt, sich als «Dillettant» in der ökonomischen Theoriegeschichte umzusehen, um von der Fruchtbarkeit insbesondere deutscher Beiträge zur Raumwirtschaftstheorie von Johann Heinrich von Thünen über Wilhelm Launhardt bis hin zu Alfred Weber zu profitieren (vgl. Blaug, 1997, Kap. 14, und Bellet und L'Harmet, 1998). Der Umstand, daß eine Sache modelliert werden kann, ist selbstverständlich nicht gleichbedeutend damit, daß die Modellierung die Sache in all ihren Dimensionen angemessen zum Ausdruck bringt. Nicht selten können zwar einige ausgewählte Aspekte unter stark vereinfachenden Prämissen schärfer gefaßt werden, dafür geraten aber andere Aspekte gänzlich aus dem Blickfeld. Es gibt auch jenen Fall, in dem rigorose Modelle, obgleich suggestiv, die ursprünglichen Ideen nicht adäquat einfangen, sondern bis zur Unkenntlichkeit verzerren.

Die Theoriegeschichte bewahrt und ordnet den Bestand an ökonomischen Ideen. An diesen zwei Fällen des unvollkommenen Selektionsprozesses ökonomischer Ideen wird die primäre Aufgabe der Theoriegeschichte deutlich, die darin besteht, das im Lauf der Zeit hervorgebrachte ökonomische Wissen zu sichern und zu ordnen. Die Theoriegeschichte ist eine Schatzkammer ökonomischer Ideen und Theorien und kann mit einem genetischen Pool verglichen werden, aus dem heraus geschöpft wird und dem neue Mutationen entspringen.

Betrachten wir kurz den Prozeß der Produktion und Nutzung von neuem Wissen (vgl. auch Audi, 1998). Die grundlegende These lautet: *Wissen baut über einen kombinatorischen Rückkopplungsprozeß auf sich selbst auf*. Die *kombinatorische Metapher* bzw. die

Vorstellung von einem ständig wachsenden und neue Äste austreibenden *Wissensbaum* als abstrakte Beschreibung des Prozeßes der Wissensproduktion läßt sich weit in der Geschichte zurückverfolgen. Sie findet sich auch bei Adam Smith, davor aber bereits bei Johann Amos Comenius (1592–1670), einem Zeitgenossen und Weggefährten des Universalgelehrten Samuel Hartlib (um 1600–1662). Sie kehrt wieder in Schumpeters «neuen Kombinationen» (Schumpeter, 1934, S. 66) und in Kenneth Bouldings «Wissensbaum» (Boulding, 1956, S. 95).

Jüngst hat Martin Weitzman (1998) die grundlegende Idee mit Hilfe kombinatorischer Mathematik ausgedrückt. Was Weitzman zufolge passiert, kann mit den Aktivitäten in einer landwirtschaftlichen Versuchsstation verglichen werden. In ihr werden die vorhandenen «Ideen-Kultivare» miteinander kombiniert, um neue «hybride Ideen» zu generieren. Das Wort «Kultivar» ist dabei ein Akronym für *kulti*vierte *Var*ietät. Ist I die Zahl der verfügbaren Ideen-Kultivare, dann ist die Zahl an verschiedenen binären Kombinationen, die aus I gewonnen werden können, gleich $C_2(I)$, wobei

$$C_2(I) = \frac{I!}{(I-2)!2!}$$

Ist z. B. $I = 4$, dann ist $C_2(4) = 6$; ist $I = 5$, dann ist $C_2(5) = 10$; und mit $I = 6$ haben wir $C_2(6) = 15$, usw.

Die bedeutende Botschaft dieses zunächst recht mechanistischen Arguments lautet, daß das durch Kombination mögliche Wachstum an Ideen beträchtlich ist. Würde der gesamte Pool an Rekombinationsmöglichkeiten immer vollständig ausgeschöpft, dann würde das Wachstum der Anzahl von Wissenspartikeln über die Zeit hinweg beinahe ohne Grenzen expandieren. Offenbar können aus ökonomischen Gründen nicht alle Rekombinationsmöglichkeiten genutzt werden, und bei zahlreichen würde sich schnell herausstellen, daß sie unergiebig sind. Eine Aufgabe der ökonomischen Theoriegeschichte kann nun neben der Wartung dieses wachsenden Pools an Ideen darin bestehen, Kreuzungen von Ideen, die unfruchtbar sind, als solche auszuweisen und auf besonders erfolgversprechende Kreuzungen aufmerksam zu machen.

Allein die Gewissheit, daß neue Ideen mittels alter erzeugt werden, sollte für sich genommen bereits genügen, um zu sehen, daß die Wirtschaftstheorie nicht ohne ihre Geschichte existieren kann. Es gibt so gut wie keine heute vorgestellte Idee, die nicht auf Vorfahren zurückblicken kann.

Wir haben gesehen, daß Ideen oder Theorien zur falschen Zeit geboren oder vorschnell verworfen werden können. Ebenso ist es möglich, daß Ideen oder Theorien beibehalten werden, obgleich sie inhaltlich bekanntermaßen defekt sind. Die zuletzt genannte Möglichkeit kommt weit häufiger vor, als gemeinhin angenommen wird. Keynes (1936, S. 383) betont:

> Die Ideen von Ökonomen und politischen Philosophen, sowohl wenn sie richtig als auch wenn sie falsch sind, sind mächtiger als es gemeinhin verstanden wird. Tatsächlich wird die Welt von wenig anderem regiert. Praktische Leute, die sich selbst ganz frei von intellektuellen Einflüßen wähnen, sind gewöhnlich die Sklaven eines verstorbenen Ökonomen. Autoritätsgläubige Spinner, die Stimmen hören, beziehen ihren Wahnsinn von irgendeinem akademischen Schreiberling von vor ein paar Jahren.

Er fährt fort:

> Ich bin mir sicher, daß die Macht althergebrachter Interessen gegenüber dem allmählichen Vordringen von Ideen weit übertrieben wird. Nicht sofort, natürlich, aber nach einer gewissen Zeitspanne. Denn auf dem Gebiet der Ökonomik und politischen Philosophie gibt es nicht viele, die durch neue Theorien beeinflußt werden, nachdem sie fünfundzwanzig oder dreißig Jahre alt geworden sind, so daß die Ideen, die Beamte, Politiker und selbst Agitatoren auf laufende Ereignisse anwenden, wahrscheinlich nicht die allerneuesten sind. Aber ob früh oder spät, es sind Ideen, nicht althergebrachte Interessen, die für das Gute wie das Schlechte gefährlich sind.

Es ist zu bezweifeln, daß die Macht etablierter Interessen so gering ist, wie Keynes zu vermuten scheint, und daß Interessen und Ideen streng voneinander getrennt werden können. Interessen bedienen sich typischerweise des Mediums von Ideen, um ihre Legitimität zu begründen. Deshalb stehen beide, Interessen und Ideen, häufig in symbiotischer Beziehung zueinander. Wie dem auch sei, der für unsere Betrachtung wichtige Hinweis Keynes' lautet, daß die Geschichte der Ökonomik dauerhaft Einfluß auf die Gegenwart hat: Ob gut oder schlecht, alte Ideen und Vorstellungen begleiten uns noch heute. Dies gilt nicht nur für den ökonomischen Laien, der gewisse, schwer ausrottbare Vorstellungen vom Funktionieren der Wirtschaft hat, sondern auch für den Fachvertreter, egal ob er im Gutachter- und Beratergeschäft tätig ist oder nicht. Die Gespenster der Vergangenheit erfreuen sich eines langen Lebens. Es ist ein Mythos, daß die Ökonomik als Ganze erfolgreich die dunklen Zeiten hinter sich gelassen hat und von ihr nur noch Auffassungen verbreitet werden, die zugleich wahr und fruchtbringend sind.

Ganz in diesem Sinn schreibt Samuelson (1962, S. 14f.), seine sonstige Vorstellung von der Ökonomik als normaler Wissenschaft beiseite schiebend:

> Man sollte in der Geschichte der Ideen nie den Fehler begehen zu verlangen, daß ein Konzept ‹wahr› sein muß. Für diese Disziplin muß das Motto lauten: ‹Der Kunde hat immer Recht.› Ihre Gegenstände sind das, was Leute *geglaubt* haben; und wenn die Wahrheit zu kurz gekommen sein sollte, umso schlimmer für die Wahrheit, außer bei der merkwürdig-unschwierigen Aufgabe zu erklären, warum sich die Wahrheit nicht erfolgreicher verkauft als alles andere.

Eine besonders strittige ökonomische Idee ist die auf John Bates Clark zurückgehende Vorstellung, man könne den Produktionsprozeß einer ganzen Wirtschaft mittels einer einzigen funktionalen Beziehung $Y = f(K, L)$, mit Y als Sozialprodukt, K als «Menge an Kapital» und L als Beschäftigungsmenge, abbilden. Diese Beziehung ist bekannt als aggregierte oder makroökonomische Produktionsfunktion. Sie basiert auf mehreren kühnen Annahmen, darunter insbesondere derjenigen, daß die zahlreichen in der Wirtschaft eingesetzten Kapitalgüter (Fließbänder, Hochöfen, Lastkraftwagen, Computer, Laserkanonen usw.) unabhängig von deren Preisen (und damit der Einkommensverteilung, die Einfluß auf die Preise nimmt) zu einer Aggregatgröße K zusammengefaßt werden können. Dies ist jedoch nicht möglich: Der makroökonomischen Produktionsfunktion mangelt es an jeglicher «mikroökonomischen Fundierung», wie sie üblicherweise in der Ökonomik gefordert wird.

Andere irritierende Beispiele von höchst umstrittenen und dennoch aufrechterhaltenen Theorien sind schnell zur Hand, darunter das sog. «Saysche Gesetz» und die Quantitätstheorie des Geldes. Lapidus (1996) macht auf die Neigung aufmerksam, an Lehren festzuhalten, die einfach (aber falsch) sind, zum Nachteil derjenigen, die kompliziert (und vielleicht richtig(er)) sind. Pädagogische

Rücksichtnahmen wirken wie eine Art «Greshamsches Gesetz» im Selektionsprozeß: Simple, aber schlechte Theorien verdrängen schwierige, aber bessere, in ähnlicher Weise, wie schlechtes Geld gutes verdrängt.

Wie ist es möglich, daß in einer Disziplin, in der zahlreiche Vertreter um naturwissenschaftliche Exaktheit bemüht sind, an derartigen Konzepten festgehalten wird? Die Antwort auf diese Frage ist methodologischer, nicht theoretischer Art. Die Verwendung der aggregierten Produktionsfunktion wird damit gerechtfertigt, daß es nicht auf den Realismus der grundlegenden Annahmen einer Theorie ankomme, sondern auf ihre Prognosefähigkeit, den Realismus der Resultate, die mit ihrer Hilfe abgeleitet werden können. Die moderne Ökonomik folgt damit einer *instrumentalistischen Methodologie*. Diese kann in der Geschichte des Fachs weit zurückverfolgt werden, findet bei Schumpeter (1908) einen prägnanten Ausdruck und wird dann erfolgreich von Milton Friedman (1953) propagiert.

Interessanterweise hat schon Johann Heinrich von Thünen, einer der Begründer der mathematischen und empirischen Richtung in der Wirtschaftswissenschaft, darauf bestanden, daß man auf den *Realismus der Annahmen*, die der Analyse zugrunde gelegt werden, zu achten habe. Wie könne man von beliebigen Annahmen erwarten, daß sie einem die Dinge angemessen zu verstehen und zu erklären erlauben? In der Literatur werden darüber hinaus weitere Einwände gegen den vorherrschenden instrumentalistischen Standpunkt erörtert (vgl. z.B. Lawson, 1997). Hier genügt es auf zweierlei aufmerksam zu machen. Erstens, dem Instrumentalismus zufolge kann eine Theorie nicht einfach auf Grund der Tatsache zurückgewiesen werden, daß alle Bausteine, aus denen sie besteht, fragwürdig oder gar unhaltbar sind. Wenn dem jedoch so wäre, wie könnten dann jemals «falsche» Ideen aus dem Kanon der Ökonomik verbannt werden? Bei näherer Betrachtung erweist sich der Instrumentalismus also als schwer vereinbar mit dem Begriff der Ökonomik als kumulativer Wissenschaft, die nur Fortschritt und nichts als Fortschritt kennt. Zweitens gibt es in der Ökonomik keine allgemein geteilte Auffassung darüber, wie man den «Realitätsgehalt» bzw. die Vorhersagefähigkeit einer Theorie beurteilen soll. Die resultierende Unsicherheit diesbezüglich wird erst jüngst wieder eindrucksvoll durch einen Streit in der Wachstumsforschung belegt: Während Vertreter neuer, sog. «endogener» Modelle des wirtschaftlichen Wachstums argumentieren, diese seien einem von Robert Solow vertretenen alten Modell überlegen, machen dessen Anhänger geltend, daß das alte Modell einen besseren «Fit» mit den Daten aufweise. Dies kann allerdings insoweit nicht verwundern, wie Kritiker des Solow-Modells einwerfen, als eine Identitätsgleichung, die nicht falsch sein kann, geschätzt wird.

Die Theoriegeschichte begleitet die Entwicklung der Ökonomik kritisch. Neben dem Hinweis darauf, daß der Fortschritt in der ökonomischen Lehre auch bisher schon alles andere als linear verlaufen ist, ergibt sich aus diesen methodologischen Problemen noch eine weitere Aufgabe der Theoriegeschichte: Sie soll sich kritisch und vergleichend sowohl mit Autoren der Vergangenheit als auch der Gegenwart auseinandersetzen. Es wäre unfair, sie nur auf die Kritik der ersteren festlegen zu wollen. Wie Takashi Negishi (1992, S. 228) treffend feststellt:

> Von vergangenen Theorien zu lernen, behindert nicht den Fortschritt unserer Wissenschaft. Fortschritt bedeutet allerdings häufig, etwas Altes zu opfern. Um sicher zu sein, daß wir in die richtige Richtung gehen, ist es immer erforderlich genau darauf zu achten, daß wir nichts irrtümlich aufgeben.

Da die moderne Ökonomik eng mit der instrumentalistischen Methodologie verbunden ist, sollte eine Hauptaufgabe der Theoriegeschichte darin bestehen, sich damit auseinanderzusetzen und Alternativen zu ihr zu prüfen. Dazu gehört, den Ursprung und die Entwicklung jener Ideen zu kennen, die immer noch Teile der Welt sowie der Profession regieren, obgleich sie als überholt einzustufen sind. Theoriehistoriker können als Kritiker und Interpreten wirken. Sie können die historischen Bedingungen, unter denen gewisse Ideen entstanden sind, ausleuchten; sie können berichten, welchem Wandel die Ideen im Zeitablauf aus welchen Gründen unterlegen sind und was sie denjenigen Personen bedeuten, die sie heute noch vertreten. Theoriehistoriker sind für beide Gruppen, Laien und Experten, von Nutzen.

Die Theoriegeschichte ist Mediatorin zwischen Spezialisten. Eine weitere Aufgabe kommt auf die Theoriegeschichte durch die zunehmende Ausdifferenzierung ökonomischer Fachdisziplinen zu.

Wie Adam Smith unterstreicht, hat die Spezialisierung ihren Preis, den er am Beispiel der «sich abrackernden Armen» lebhaft unter Verweis auf deren Vereinseitigung und Deprivation beschreibt. In der Ökonomik (und in den Wissenschaften im allgemeinen) geschieht Vergleichbares: Eine immer tiefer gegliederte *Arbeitsteilung* führt zu einer immer stärkeren Fragmentierung des Wissens. Der Ökonom, der alles über ein verschwindend kleines Problem weiß und fast nichts vom Rest des Faches kennt, ist beinahe sprichwörtlich. Friedrich August Hayek (1937, S. 49) sagt über die *Wissensteilung*, sie sei «ganz analog dem Problem der Arbeitsteilung und mindestens so bedeutend wie dieses».

Theoriehistoriker, die den aktuellen Entwicklungen des Faches folgen können, nehmen eine Rolle wahr wie bei Smith'

> Philosophen und Wissenschaftlern, die von Berufs wegen nicht handeln, sondern alles beobachten und deshalb oft imstande sind, *die Kräfte entferntester und einander ganz unähnlicher Dinge miteinander in Verbindung zu bringen.* Mit dem Fortschritt der Gesellschaft wird die Philosophie oder Theorie wie jede andere Tätigkeit das hauptsächliche oder ausschließliche Gewerbe und Geschäft einer besonderen Klasse von Leuten. (Smith, *Wealth of Nations*, I.i.9. Zitiert nach der deutschen Übersetzung von Monika Streissler; Hervorhebung hinzugefügt.)

Obzwar Theoriehistoriker schlecht beraten wären, gegen Spezialisierungstendenzen in der Ökonomik anzukämpfen, können sie die negativen Auswirkungen derselben zu mildern helfen. Dies bedeutet natürlich, daß hinreichend viele unter ihnen sich für aktuelle Entwicklungen im Fach interessieren und mit Wirtschaftstheoretikern diskutieren. Dies kann, wie Donald Winch (1997, S. 401) skeptisch anmerkt, zu einem Dialog unter Schwerhörigen führen. Es kann aber auch anders kommen. In diesem Fall könnte der Dialog zu einem besseren wechselseitigen Verständnis und Respekt führen und ansatzweise der Wissenszersplitterung entgegenwirken. Beides wird dringend benötigt. *Nicht nur der moderne Theoretiker ist in Gefahr eines zeitlichen Provinzialismus, auch der Theoriehistoriker ist ihr ausgesetzt.* Gegen den Provinzialismus in der Zeit ist auf beiden Seiten anzukämpfen. Man fühlt sich an Keynes' Bommot erinnert: «Ich weiß nicht, was einen Menschen konservativer macht – nichts außer der Gegenwart zu kennen oder nichts außer der Vergangenheit.» (Keynes, 1936, S. 277)

Zur Professionalisierung des Faches

Seit geraumer Zeit unterliegt die Theoriegeschichte selbst einer zunehmenden Professionalisierung im Rahmen einer tiefer gegliederten Arbeitsteilung innerhalb der Ökonomik. Ehedem Kernfach neben bzw. innerhalb von Mikroökonomik und Makroökonomik, ist es jetzt Spezialisierungsfach geworden, mit eigenen fachwissenschaftlichen Standards und Aspirationen seiner Betreiber. Vielerorten haben sich Standesorganisationen von Theoriehistorikern gebildet, darunter in Nordamerika die HES – *History of Economics Society*, in Japan die JSHET – *Japanese Society for the History of Economic Thought* und in Europa die ESHET – *European Society for the History of Economic Thought*. Jede dieser Gesellschaften hat mehrere hundert Mitglieder und ist durch ein aktives wissenschaftliches Leben gekennzeichnet, durch Tagungen, Doktorandenseminare usw. Vergleichbare Gesellschaften finden sich zur Zeit in China sowie in Meso- und Südamerika im Aufbau. Im deutschen Sprachraum gibt es seit 1978 unter den insgesamt 23 Fachausschüssen des *Vereins für Socialpolitik – Gesellschaft für Wirtschafts- und Sozialwissenschaften* einen, der sich mit der ökonomischen Theoriegeschichte befaßt. Dieser Ausschuß verdankt seine Entstehung einer Initiative von Fritz Neumark (1900–1991), nach dessen Ansicht die geschichtliche Entwicklung des ökonomischen Denkens bis dato zu wenig beachtet wurde (vgl. die Website des Vereins: www.socialpolitik.de).

Zudem ist es im Lauf der Zeit zur Etablierung von Fachzeitschriften gekommen. Zu den bedeutendsten darunter zählen HOPE – *History of Political Economy*, EJHET – *The European Journal of the History of Economic Thought* und JHET – *Journal of the History of Economic Thought*. HOPE und EJHET sind in den «Social Science Citation Index» (SSCI) aufgenommen worden, was in der ökonomischen Zunft gemeinhin als bedeutendes Gütezeichen aufgefaßt wird. Erwähnenswert ist schließlich, daß große internationale Verlagshäuser eigene, der Theoriegeschichte gewidmete Reihen eingerichtet haben. Die Zahl der pro Jahr publizierten Monographien im Fach dürfte wohl noch nie so groß gewesen sein wie heute.

Zu dieser Ausgabe

Bei Ausgaben der vorliegenden Art sind notgedrungen schwere Entscheidungen zu treffen: Welche Ökonomen sollen aufgenommen werden? Wem sind wieviele Seiten zu widmen? Und so weiter. Die Schwierigkeit wird dadurch verschärft, daß nicht nur frühe Klassiker behandelt werden sollen, sondern auch einige der einflußreichsten unter den gegenwärtigen Autoren. Auch hier war die Qual der Wahl groß, aber es dürfte unstrittig sein, daß Kenneth J. Arrow, Paul A. Samuelson und Amartya K. Sen zu den bedeutendsten Ökonomen unserer Zeit zählen, und daß von einer anhaltenden Wirkung ihrer Werke ausgegangen werden darf. Der Preis für diese Entscheidung besteht darin, daß sehr frühe Beiträge zur Ökonomik nicht behandelt werden können. Dazu zählen u.a. Aristoteles und Platon, Xenophon, Oresmius und Thomas von Aquin sowie die Scholastik insgesamt, und auch der Merkantilismus wird über William Petty allenfalls gestreift.

Denkt man in nationalen oder länderspezifischen Kategorien, so sind zahlreiche Lücken in der vorliegenden Ausgabe schnell benannt. Im folgenden führe ich für ausgewählte Länder bzw. Regionen einige der bedeutendsten Autoren (in alphabetischer Reihenfolge) an, die bedauerlicherweise nicht in Einzelbeiträgen gewürdigt werden konnten, sondern allenfalls beiläufig erwähnt werden; zahlreiche andere verdienten es auch, genannt zu werden.

Vereinigtes Königreich. Walter Bagehot; Jeremy Bentham; Francis Ysidro Edgeworth; Roy Harrod; John Richard Hicks; Thomas Hobbes; David Hume; Nicholas Kaldor; John Law; John Locke; Bernard de Mandeville; Thomas Mun; Robert Owen; Joan Robinson; Sir James Steuart; Thomas Tooke; Robert Torrens; Beatrice Webb; Philip Wicksteed. Einen Überblick über britische Ökonomen vermittelt das von Donald Rutherford herausgegebene *Biographical Dictionary of British Economists* (2004).

Vereinigte Staaten von Amerika. Edward Chamberlin; John R. Commons; Frank Knight; Wesley Clair Mitchell; George J. Stigler; Jacob Viner. Einen Überblick über amerikanische Ökonomen vermittelt das von Ross Emmett und James Madison herausgegebene *Biographical Dictionary of American Economists* (2006).

Frankreich. Pierre le Pesant, Sieur de Boisguillebert; Antoine Augustin Cournot; Étienne Bonnot de Condillac; Marquis de Condorcet; Charles Fourier; Anne Robert Jacques Turgot, Baron de l'Aulne.

Italien. Enrico Barone; Ferdinando Galiani; Antonio Serra; Pietro Verri.

Skandinavien. Gustav Cassel; Ragnar Frisch; Eli Heckscher; Gunnar Myrdal; Bertil Ohlin.

Russland. Simon Kuznets; Jacob Marschak; Michail Tugan-Baranowsky.

Deutschland bzw. deutschsprachige Autoren. Gottfried Haberler; Eduard Heimann; Friedrich Benedikt Wilhelm Hermann; Adolph Löwe (später Lowe); Hans Karl Emil von Mangoldt; Ludwig von Mises; Karl Heinrich Rau; Wilhelm Roscher; Heinrich von Stackelberg; Lorenz von Stein; Max Weber; Friedrich von Wieser.

Hinsichtlich kontinentaleuropäischer Autoren ist ein *Biographical Dictionary* in der Art, wie es für Großbrittannien und die Vereinigten Staaten von Amerika bereits existiert, zur Zeit unter der Herausgeberschaft von Christian Gehrke und Heinz D. Kurz in Vorbereitung.

Außerdem seien an dieser Stelle einige der leichter zugänglichen und ergiebigen weiteren Quellen genannt. Empfehlenswert ist zunächst die Vorgängerin dieser Ausgabe, das zweibändige, von J. Starbatty herausgegebene Werk (Starbatty, 1989) gleichen Obertitels. Der theoriegeschichtliche Ausschuß des Vereins für Socialpolitik hat mittlerweile mehr als zwanzig höchst lesenswerte, thematisch ausgerichtete Bände in der bereits erwähnten Reihe *Studien zur Entwicklung der ökonomischen Theorie* herausgegeben. Auf die Bände wird in dieser Ausgabe verschiedentlich verwiesen. Eine weitere Quelle stellt die zuletzt von Bertram Schefold edierte Reihe *Klassiker der Nationalökonomie* im Verlag Wirtschaft und Finanzen dar. In ihr werden Faksimile-Reproduktionen bedeutender Werke mit Kommentarbänden vorgelegt. Wegen ihrer hohen Preise sind diese Editionen bedauerlicherweise selbst in Bibliotheken nicht immer erhältlich. Auch auf die Kommentarbände wird in dieser Ausgabe verschiedentlich verwiesen. Von Birger Priddat und Heinz Rieter wird im Metropolis-Verlag eine Buchreihe mit dem Titel *Beiträge zur Geschichte der deutschsprachigen Ökonomie* herausgegeben, die mittlerweile mehr als 30 Titel umfaßt.

Zu nennen sind neben den erwähnten Fachzeitschriften Nachschlagewerke und Lexika. *The New Palgrave. A Dictionary of Economics* ist gerade in zweiter Auflage erschienen und enthält Darstellungen der Beiträge zahlreicher Wirtschaftswissenschaftler. Ähnliches läßt sich für die gleichfalls gerade in zweiter Auflage erschienene *International Encyclopedia of the Social Sciences* sagen. Schließlich ist *Wikipedia* zu nennen, die frei über das Internet zugängliche Enzyklopädie. Allerdings sind die Einträge (zum Zeitpunkt des Abfassens dieser Zeilen) von sehr unterschiedlicher Qualität.

Schließlich gibt es monographische Gesamtdarstellungen der Theoriegeschichte. Schumpeters *History of Economic Analysis* (Schumpeter, 1954), wovon auch eine deutsche Übersetzung existiert, leistet als Nachschlagewerk immer noch nützliche Dienste. Unter den Lehrbüchern zur Theoriegeschichte ist Mark Blaugs mittlerweile in der 5. Auflage vorliegende *Economic Theory in Retrospect* zu erwähnen (Blaug, 1997). Im deutschen Sprachraum ist die in 4. Auflage verfügbare *Geschichte der Nationalökonomie* von Otmar Issing zu nennen (Issing 2002). In jüngerer Zeit sind weitere Gesamtdarstellungen erschienen. Erwähnenswert sind *An Outline of the History of Economic Thought* von Ernesto Screpanti und Stefano Zamagni (1993), die drei Bände der von Alain Béraud und Gilbert Faccarello herausgegebenen *Nouvelle histoire de la pensée économique* (1992, 2000), der von Warren J. Samuels, Jeff E. Biddle und John B. Davis (2003) herausgegebene *Companion to the History of Economic Though* sowie *The Wealth of Ideas: A History of Economic Thought* von Alessandro Roncaglia (2006).

Erwähnenswert sind außerdem neuere Sammelwerke mit (auto-) biographischen Beiträgen. Eine umfängliche Dokumentation «Autobiographien und Memoiren von Ökonomen» wird derzeit von Heinz Rieter vorbereitet. Für deutsche Leser von besonderem Interesse dürfte das von Harald Hagemann und Claus-Dieter Krohn (1997) herausgegebene Werk *Zur deutschsprachigen wirtschaftswissenschaftlichen Emigration nach 1933* sein. Horst Claus Recktenwald und dann Karl-Dieter Grüske haben im Verlag Wirtschaft und Finanzen Bände über die sog. Nobelpreisträger der Wirtschaftswissenschaft herausgegeben. Von Philip Arestis und Malcolm Sawyer (1992) ist ein *Biographical Dictionary of Dissenting Economists* ediert worden.

Sodann gibt es Darstellungen über einzelne Autoren sowie «Schulen» des ökonomischen Denkens. Die Flut an verfügbarer Literatur ist gewaltig. Interessierte Leser können über einschlägige Suchmaschinen im Internet schnell fündig werden. Schließlich ist zu erwähnen, daß die lange vernachlässigte Rolle von Ökonominnen innerhalb des Faches in jüngerer Zeit erfreulicherweise rund um die Zeitschrift *Feminist Economics* studiert wird.

In den vorliegenden beiden Bänden kommen die behandelten Autoren chronologisch gemäß ihrem jeweiligen Geburtsjahr zur Sprache.

Literatur

Arestis, P., und Sawyer, M. (Hrsg.) 1992. A Biographical Dictionary of Dissenting Economists, Aldershot.

Audi, R. 1998. Epistemology. A Contemporary Introduction to the Theory of Knowledge, 2. Aufl., New York und London.

Bellet, M., und L'Harmet, C. (Hrsg.) 1998. Industry, Space and Competition, Cheltenham.

Béraud, A., und Faccarello, G. (Hrsg.) 1992, 2000. Nouvelle histoire de la pensée économique, 3 Bde., Paris. Band I: Des scolastiques aux classiques (1992); Band II: Des premiers mouvements socialistes aux néoclassiques (2000); Band III: Des institutionnalistes à la période contemporaine (2000).

Blaug, M. 1997. Economic Theory in Retrospect, 5. Aufl., Cambridge.

Böhm-Bawerk, E. von 1884. Kapital und Kapitalzins. Erste Abteilung: Geschichte und Kritik der Kapitalzins-Theorien, Innsbruck.

Böhm-Bawerk, E. von 1889. Kapital und Kapitalzins. Zweite Abteilung: Positive Theorie des Kapitales, Innsbruck.

Boehm, S., Gehrke, C., Kurz, H. D. und Sturn, R. (Hrsg.) 2002. Is There Progress in Economics? Knowledge, Truth and the History of Economic Thought, Cheltenham.

Boulding, K. E. 1956. The Image. Knowledge in Life and Society, Ann Arbor.

Boulding, K. E. 1971. After Samuelson who needs Adam Smith?, in: History of Political Economy, 3, S. 225–237.

Cesarano, F. 1983. On the role of the history of economic analysis, in: History of Political Economy, 15:1, Wiederabdruck in: Blaug (1991).

Emmet, R., und Madison, J. (Hrsg.) 2006. The Biographical Dictionary of American Economists, Bristol.

Friedman, M. 1953. On the methodology of positive economics, in: M. Friedman, Essays in Positive Economics, Chicago.

Gehrke, C., und Kurz, H. D. 2006. Sraffa on von Bortkiewicz: Reconstructing the Classical theory of value and distribution, in: History of Political Economy, 38:1, S. 91–149.

Goethe, J.-W. v. 1953. Schriften zur Kunst, Schriften zur Literatur, Bd. 12 der Hamburger Ausgabe, Hamburg.

Hagemann, H., und Krohn, C.-D. (Hrsg.) 1999. Biographisches Handbuch der deutschsprachigen wirtschaftswissenschaftlichen Emigration nach 1933, 2 Bde., München.

Hayek, F. A. v. 1937. Economics and knowledge, in: Economica, Neue Reihe, IV, S. 33–54.

Issing, I. (Hrsg.) 1984. Geschichte der Nationalökonomie, 4. Aufl. 2002, München.

Keynes, J. M. 1936. The General Theory of Employment, Interest and Money, London. Bd. VII von The Collected Writings of John Maynard Keynes, hrsg. von A. Robinson und D. Moggridge, London 1970.

Krugman, P. 1995. Development, Geography, and Economic Theory, Cambridge, MA, und London.

Kurz, H. D. 2006. Whither the history of economic thought? Going nowhere rather slowly? Presidential address anläßlich der Jahrestagung der European Society for the History of Economic Thought (ESHET) in Porto, Portugal, 28–30 April 2006, in: European Journal of the History of Economic Thought, 13:4, S. 463–488.

Kurz, H. D., und Salvadori, N. 1995. Theory of Production. A Long-period Analysis, Cambridge 1997.

Lapidus, A. 1996. Introduction à une histoire de la pensée économique qui ne verra jamais le jour, in: Revue économique, 47:4, S. 867–892.

Lawson, T. 1997. Economics and Reality, London.

Machlup, F. 1980. Knowledge and Knowledge Production, Princeton, NJ.

Marshall, A. 1890. Principles of Economics, London.

Marx, K. 1968. Theorien über den Mehrwert, Frankfurt am Main.

Negishi, T. 1992. Comment. Minisymposium on ‹The History of Economics and the History of Science›, in: History of Political Economy, 24:1, S. 227–229.

Negishi, T. 2008. Unnoticed predecessors of the Negishi Theorems, in: International Journal of Economic Theory, 4:2, S. 167–173.

Pigou, A. C. 1920. The Economics of Welfare, London.

Ricardo, D. 1951–1973. The Works and Correspondence of David Ricardo, 11 Bde., hrsg. von Piero Sraffa unter Mitarbeit von Maurice H. Dobb, Cambridge. Im Text zitiert als *Works*.

Robbins, L. 1978. The Theory of Economic Policy in English Classical Political Economy, 2. Aufl., London.

Roncaglia, A. 2006. The Wealth of Ideas: A History of Economic Thought, London.

Roscher, W. 1874. Geschichte der National-Oekonomik in Deutschland, München.

Rutherford, D. (Hrsg.) 2004. The Biographical Dictionary of British Economists, Bristol.
Samuels, W.J., Biddle, J.E. und Davis, J.B. (Hrsg.) 2003. A Companion to the History of Economic Thought, Oxford.
Samuelson, P.A. 1962. Economists and the history of ideas, in: American Economic Review, 52, S. 1–18.
Samuelson, P.A. 1987. Out of the closet: a program for the Whig history of economic science, in: History of Economics Society Bulletin, 9, S. 51–60.
Schneider, E. 1962. Einführung in die Wirtschaftstheorie, Bd. IV/1, Tübingen.
Schumpeter, J.A. 1908. Das Wesen und der Hauptinhalt der theoretischen Nationalökonomie, Leipzig.
Schumpeter, J.A. 1914. Epochen der Dogmen- und Methodengeschichte, in: M. Weber et al. (Hrsg.), Grundriss der Sozialökonomik, I. Abteilung, Tübingen, S. 19–124.
Schumpeter, J.A. 1934. The Theory of Economic Development. An Inquiry into Profits, Capital, Credit, Interest, and the Business Cycle, Cambridge.
Schumpeter, J.A. 1954. History of Economic Analysis, London. Deutsche Übersetzung als Geschichte der ökonomischen Analyse, Göttingen 1964.
Screpanti, E., und Zamagni, S. 1993. Outline of the History of Economic Thought, Oxford.
Smith, A. 1976. An Inquiry into the Nature and Causes of the Wealth of Nations, 2 Bde., in: The Glasgow Edition of the Works and Correspondence of Adam Smith, hrsg. von R. H. Campbell und A. S. Skinner. Deutsche Übersetzung von Monika Streissler: Untersuchung über Wesen und Ursachen des Reichtums der Völker, 2 Bde., Düsseldorf 1999.
Sraffa, P. 1960. Production of Commodities by Means of Commodities, Cambridge.
Starbatty, J. (Hrsg.) 1989. Klassiker des ökonomischen Denkens, 2 Bde., München.
Steedman, I. 2000. After Dinner Speech; siehe http://www.eshet.net/, Tagung von ESHET in Graz im Jahr 2000.
Walras, L. 1874. Eléments d'économie politique pure: Ou théorie de la richesse sociale, 1. Teil, Lausanne. (2. Teil 1877). Englische Übersetzung durch W. Jaffé als Elements of Pure Economics, London 1954.
Weitzman, M. 1998. Recombinant growth, in: Quarterly Journal of Economics, 113, S. 331–360.
Winch, D. 1997. Adam Smith's problems and ours, in: Scottish Journal of Political Economy, 44:4, S. 384–402.

Heinz D. Kurz

William Petty
(1623–1687)

I. Leben

William Petty wird am 26. Mai 1623 in Romsey, Hampshire, als drittes von sechs Kindern geboren.[1] Das Gewerbe des Vaters, er ist Tuchhändler, erlaubt nur ein Leben in einfachen Verhältnissen. In der Schule lernt Petty u.a. Latein und Griechisch. Im Alter von dreizehn Jahren heuert er auf einem englischen Handelsschiff als Kabinensteward an. Wegen eines Beinbruchs wird er jedoch an der französischen Küste ausgesetzt. Selten ein Schaden ohne Nutzen: Petty wird auf Grund seiner Sprachkenntnisse am Jesuitenkolleg von Caen aufgenommen, wo er außerdem Französisch lernt und in Mathematik, Astronomie und Navigation unterrichtet wird. Anfang der 1640er Jahre kehrt er nach England zurück und dient für kurze Zeit bei der Royal Navy. Nach Ausbruch des ersten englischen Bürgerkriegs zwischen König und Parlament flüchtet er – gleich vielen anderen – 1643 auf den Kontinent. In den Niederlanden studiert er an den Universitäten von Utrecht, Leyden und Amsterdam Medizin. Er setzt seine Studien in Paris fort, wo er Thomas Hobbes kennenlernt.

Der Tod des Vaters bringt ihn 1646 nach Romsey zurück. Er sucht das elterliche Geschäft fortzuführen. Aber bereits im folgenden Jahr zieht es ihn nach London, u.a. um das erworbene Patent einer von ihm erfundenen Druckmaschine zu verwerten. Es ist nicht die einzige technische Erfindung, die Petty machen sollte, und die Beleg seiner großen Originalität und Vielseitigkeit ist. (Eine andere, 1663 vorgestellte, betrifft ein «Double-Bottom»-Schiff, d.h. ein Wasserfahrzeug mit zwei Rümpfen, die fest durch ein Tragdeck miteinander verbunden sind – einen Katamaran.) In London lernt Petty führende Vertreter der englischen Gesellschaft, Politik und Wissenschaft kennen und schließt sich dem Kreis um Samuel Hart-

[1] Für weitere Daten zu Leben, Werk und Wirken Pettys vgl. Fitzmaurice (1895), Hull (1899), Strauss (1954) und Keynes (1971) sowie in jüngerer Zeit Roncaglia (1985), Klingen (1992), Schefold et al. (1992) und insbesondere Aspromourgos (1996).

lib an. Er korrespondiert mit führenden Intellektuellen seiner Zeit über Fragen der Naturwissenschaften, Politik, des Bildungswesens usw. (siehe Lansdowne, 1927 und 1928). Er studiert die Geschichte der Handelsverflechtungen Englands und anderer Länder. An der Universität Oxford schließt er 1648 sein Medizinstudium ab und promoviert im folgenden Jahr daselbst. Der politische Wind steht günstig für ihn, und so wird er bereits 1650 Professor für Anatomie und Vizepräsident des Brasenose College. Kurz danach wechselt er auf eine Professur für Musik ans Gresham College in London. Anatomie und Musik befassen sich mit den Gesetzen richtiger Proportionen und gelten insofern als eng miteinander verwandt. Petty kommt dem alten Ideal eines *homo universalis* in einer Zeit sich ausdifferenzierender Wissenschaften noch bemerkenswert nahe.

1651 wird er zum obersten medizinischen Offizier der englischen Armee in Irland ernannt und folgt dem in Cromwellschen Diensten stehenden General Fleetwood als Leibarzt auf die grüne Insel. Nach Cromwells blutiger Niederschlagung des Aufruhrs katholischer Rebellen wird Petty beauftragt, einen topographischen Überblick über die irischen Ländereien zu verfassen (1655–1658). Die Sieger – Soldaten, englisches Schatzamt und private Financiers der kriegerischen Expedition – sollen durch Zuteilung von irischem Grund und Boden großzügig belohnt werden. Petty erledigt die Aufgabe der Vermessung der konfiszierten Ländereien, der Einschätzung ihrer Ertragskraft sowie der Anlegung eines Katasters mit Hilfe mehrerer hundert Helfer zur großen Zufriedenheit seiner Auftraggeber. Bei der als «Down Survey» bekannt gewordenen umfänglichen Studie handelt es sich um die wohl erste große empirische Arbeit zur Einschätzung des Produktionspotentials einer Ökonomie. Petty erhält als Lohn die beträchtliche Summe von £ 10 000 sowie Ländereien vorwiegend im County Kerry und wird auf diese Weise mit einem Schlag zu einem der größten Grundbesitzer Irlands. Die Verwaltung seines großen und wachsenden Besitzes sollte ihm in den folgenden drei Jahrzehnten viel Zeit und Kraft kosten. Er muß diesen in nicht enden wollenden Gerichtsverfahren gegen dessen frühere Eigentümer verteidigen; dabei wird er in die eine oder andere tätliche Auseinandersetzung und sogar in ein Duell verstrickt. Die mangelhafte rechtliche Regelung der Eigentumsverhältnisse und andere Mißstände fördern seinen Einsatz für tiefgreifende institutionelle Reformen.

Die Restauration von 1660 bringt Petty kurzzeitig in Schwierigkeiten, aus denen er sich jedoch bald befreien kann. Er tritt für einen starken Staat ein, aber auch für religiöse Toleranz und Gewissensfreiheit. 1662 kehrt er nach London zurück, wo er zwischenzeitlich ein stattliches Anwesen erworben hat, und wendet sich wieder seinen vielfältigen wissenschaftlichen Interessen zu. Petty ist einer der Mitbegründer der später «The Royal Society» genannten wissenschaftlichen Gesellschaft. Das Ziel der Gesellschaft ist die Förderung und Verbreitung von wissenschaftlich fundierten Aussagen auf allen Wissensgebieten mit dem Ziel der Enthüllung der in die Natur geschriebenen mathematischen Gesetze. Diese Gesetze spiegeln sich in empirischen Zusammenhängen wider, die statistisch erfasst werden können. Pettys Wissenschaftsverständnis ist beeinflußt von Francis Bacons *Novum Organum* (1620) sowie Thomas Hobbes' *logica sive computatio* und beinhaltet eine Korrektur und Ergänzung von Aristoteles' deduktiver Methode. Petty bleibt es vorbehalten, die neue *empiristisch-objektivistisch-mathematische Methode* auf den Bereich der Sozialwissenschaften und speziell der Ökonomik anzuwenden. Er tut dies erstmals 1662 in einem seiner ökonomischen Hauptwerke, der *Treatise on Taxes and Contributions*. Die meisten seiner zahlreichen Arbeiten zu ökonomischen Fragen erscheinen indes erst posthum – nach der Glorreichen Revolution von 1688, in deren Gefolge sich das politische Klima zugunsten der Verbreitung neuer und unkonventioneller Ideen merklich verbessert. 1672 entsteht *The Political Anatomy of Ireland*, 1676 *Political Arithmetick*. Seine mannigfaltigen technischen Kenntnisse und Erfindungen setzt Petty auf seinen irischen Gütern, die er häufig besucht, praktisch um.

Pettys Versuch, ein höheres politisches Amt zu erlangen, ist kein Erfolg beschieden. Seine guten Beziehungen zu König und Hof tragen ihm unter Charles II. immerhin den Adelstitel ein. Privat hat er mehr Glück. 1667 heiratet er Elizabeth Waller, eine wohlhabende Witwe, die ihm fünf Kinder schenkt. Die beiden ältesten sterben allerdings schon im Kindesalter. Darüber hinaus hat er zumindest ein uneheliches Kind. Von einer seiner Töchter, Anne, stammen die in England wohlbekannten Familien der Fitzmaurices und Lansdownes ab. Aus ihren Reihen kommen mehrere englische Staatsmänner und ein Premierminister. Petty beteiligt sich finanziell an dem Kolonialunternehmen seines Freundes William Penn, des

Gründers von Pennsylvania, und wird so Besitzer eines großen Stückes Land in Philadelphia, welches seine Erben jedoch während der Amerikanischen Revolution von 1776 verlieren.

1676 zieht Petty wieder nach Irland und gehört für zwei Jahre dem dortigen Parlament an. Nach der Krönung von James II. kehrt er nach London zurück und dient diesem als Berater. Daneben arbeitet er fieberhaft an seinem literarischen Werk. Die Arbeit wird jedoch durch eine sich beinahe zur völligen Blindheit steigernde Kurzsichtigkeit erschwert.

Petty stirbt am 16. Dezember 1687 in London an einem Wundbrand im Fuß.

2. Werk

Methode. Petty nennt die neue Wissenschaft, die ins Leben zu rufen er sich anschickt, in den Titeln zweier seiner Hauptwerke «Politische Anatomie» bzw. «Politische Arithmetik». Marx bezeichnet Petty nicht zu Unrecht als «Vater der politischen Ökonomie» und «Erfinder der Statistik» (Marx, [1867] 1967, S. 280).[2] Im Vorwort zur *Political Arithmetick* umreißt Petty sein Forschungsprogramm samt der von ihm verwendeten Methode wie folgt:

> Die Methode, die ich hierbei anwende, ist noch nicht sehr üblich. Anstatt nur vergleichende und superlative Wörter und intellektuelle Argumente zu verwenden, habe ich mich dazu entschieden, mich nur mittels von Größen wie *Anzahl, Gewicht* oder *Maß* auszudrücken (als Objekte der Politischen Arithmetik, die mir seit langem vorschwebt); nur Argumente der Wahrnehmung zu verwenden und nur solche Bestimmungsgründe zu betrachten, die sichtbare Grundlagen in der Natur haben; und dagegen solche, die von den schnell wechselnden Gemütslagen, Meinungen, Vorlieben und Leidenschaften der Menschen abhängen, der Betrachtung durch andere zu überlassen (Petty, [1676] 1986, S. 244).

Petty vertritt einen strengen Objektivismus, der sich an den Gesetzen der Anatomie ausrichtet. In Anlehnung an Francis Bacon propagiert er in der 1664 geschriebenen, aber erst 1691 veröffentlichten Abhandlung *Verbum Sapienti* eine Betrachtungsweise des «Body

2 Andernorts nennt er ihn u. a. «einen der genialsten und originellsten ökonomischen Forscher», die je gelebt haben.

Politick» (des politischen Körpers) in Analogie zum «Body Natural» (des natürlichen Körper): *«Da die Anatomie die beste Grundlage für den einen ist, ist sie es auch für den anderen»* (Petty, [1691], 1986, S. 9). Die Politische Ökonomie ist eine Wissenschaft von Dingen und den zwischen diesen Dingen bestehenden, mathematisch zu fassenden Beziehungen. Nicht befassen wolle er sich, wie oben zitiert, mit jenen Bestimmungsgründen («Causes»), die von den schnell wechselnden Motiven, Vorlieben usw. von Menschen abhängen. Bei diesen Gründen handelt es sich interessanterweise genau um jene, auf die sich die Aufmerksamkeit der späteren Grenznutzenlehre und des Marginalismus zunächst richten sollte.

Tatsächlich ist der Gegensatz zwischen der von Petty begründeten Methode und der späteren marginalistischen höchst bemerkenswert. Die von ihm verfochtene objektivistische Orientierung der neuen Disziplin sollte von zahlreichen auf ihn folgenden Autoren übernommen und zu einem charakteristischen Merkmal der sogenannten «klassischen» Ökonomen von Adam Smith bis David Ricardo werden. Ein deutliches Echo Pettys begegnet uns zum Beispiel bei James Mill, der mit einem für moderne Leser ungewöhnlichen Begriff des «agent» (Akteur) aufwartet: «Die Akteure der Produktion sind die Waren selbst. Sie sind die Nahrung des Arbeiters, die Werkzeuge und die Maschinerie, die er verwendet, und die Rohstoffe, die er bearbeitet.» (Mill, 1826, S. 165) Es sind die Unterhaltsmittel des Arbeiters, die ihm seine Arbeitsleistung zu erbringen gestatten. Arbeit ist kein originärer Produktionsfaktor, sondern ein produzierter und reproduzierbarer, vergleichbar der Leistung von Nutztieren und Maschinen. Die Kosten der Produktion sind physisch und bestehen aus den in der Erzeugung eines Produkts insgesamt verbrauchten bzw. «zerstörten» Mengen anderer Produkte, benötigt als Subsistenzmittel, Arbeitsinstrumente oder -gegenstände.

Alfred North Whitehead schreibt über die Wissenschaft seit dem 17. Jahrhundert: «Die Wissenschaft war und ist in erster Linie quantitativ geworden.» Er fügt hinzu: «Sucht nach meßbaren Elementen unter Euren Phänomenen und sucht dann nach Beziehungen zwischen diesen Maßen physikalischer Mengen» (Whitehead, 1926, S. 63 f.). Die Suche nach Beziehungen zwischen jenen messbaren Größen, die den Gegenstandsbereich des Faches definieren, sollte bei Petty und seinen Nachfolgern in der Tat im Zentrum des Interesses stehen. Petty sind in diesem Zusammenhang bedeutende Einsichten, frühe Konzipierungen von Zusammenhängen und wertvolle Intuitionen zu verdanken, die die weitere Entwicklung der ökonomischen Disziplin nachhaltig beeinflussen sollten.

Produktion und gesellschaftliches Überschußprodukt. Berühmt ist Pettys Satz: «Die Arbeit ist der Vater und das aktive Prinzip des Reichtums, so wie die Böden seine Mutter sind.» (Petty, [1662] 1986, S. 68). Über die genaue Bedeutung dieser Aussage mit Blick auf Pettys Werttheorie ist viel gerätselt worden. Zunächst ist festzuhalten, daß Petty als einer der ersten Ökonomen den Produktionsprozeß einer gesamten Wirtschaft als *zirkulären Prozeß* begreift, bei dem Waren mittels Waren erzeugt werden. Er nimmt damit u.a. die von François Quesnay im *Tableau Économique* entwickelte Kreislaufdarstellung der gesellschaftlichen Produktion der Idee nach vorweg. Der zirkuläre Charakter der Produktion liegt in der Landwirtschaft unmittelbar auf der Hand, wo z.B. Getreide mittels Getreide (als Saatgut) erzeugt wird. Aber Petty sieht Zirkularität in der Ökonomie insgesamt unter Einschluß auch des verarbeitenden Gewerbes. An einigen Stellen seines Werks finden sich Überlegungen, die an das moderne Konzept einer *vertikal integrierten* Firma (oder eines Sektors) gemahnen: Von der fraglichen (analytisch konstruierten) Produktionseinheit wird nur ein Produkt im Überschuß, d.h. *netto* erzeugt, während alle im Zuge der Produktion verbrauchten Mengen an Inputs (Subsistenzmittel, Rohstoffe, Arbeitsmittel) von ebendieser Einheit gerade reproduziert werden. Wenn Petty von «Getreide» (Corn) spricht, so verwendet er das Wort überdies, wie er im *Treatise* klarstellt, im Sinne eines Gattungsbegriffs: «Getreide, so wollen wir annehmen, ... beinhaltet alles, was wir notwendig zum Leben brauchen – gleich dem Wort Brot im Vater Unser» (Petty, [1662] 1986, S. 89; vgl. auch Aspromourgos, 1996, S. 22–30).

Pettys Sicht der Dinge führt direkt zu einem der wichtigsten Konzepte der Politischen Ökonomie, demjenigen des *Nettoprodukts*, welches in modifizierter Fassung der modernen Volkseinkommensrechnung zugrunde liegt. Zieht man von den Bruttoproduktionsmengen eines Jahres alle im Zuge der Erzeugung dieser Mengen verbrauchten notwendigen Gütermengen ab, so gelangt man zum Konzept des gesellschaftlichen *Überschußprodukts* oder

Surplus. Im Unterschied zur heutigen Berechnung des Nettosozialprodukts oder Volkseinkommens rechnet Petty (wie nach ihm die meisten klassischen sowie einige der frühen marginalistischen Ökonomen) die notwendigen Lohngüter zur Alimentierung der (produktiven) Arbeitskräfte zu den jährlichen Produktionsvorschüssen (d. h. zum Kapital) und nicht zum Nettoprodukt. Im *Treatise* aus dem Jahr 1662 verdeutlicht Petty das Konzept des Surplus am Beispiel der Getreideproduktion:

> Angenommen, ein Mann könne mit seiner eigenen Hände Arbeit ein bestimmtes Stück Land mit Getreide bebauen, dort graben, pflügen, eggen, jäten, ernten, einfahren, dreschen, aussortieren – soviel, als es die Bewirtschaftung dieses Landes eben verlangt, und hätte darüberhinaus auch noch Saatgut, um dasselbige wieder auszusäen. Ich sage, daß das, was von der Ernte übrigbleibt, wenn dieser Mann das Saatgut daraus entnommen hat und auch jenen Teil, den er selbst gegessen oder eingetauscht hat gegen Kleidung oder andere notwendige Güter, daß das, was danach übrigbleibt, die natürliche und wahre Rente dieses Landes für das betreffende Jahr ist: Und das *Mittel* von sieben Jahren oder besser das Mittel von ebensovielen Jahren, die einen Kreislauf bilden, in dem Hungersnöte und Überfluß sich wiederholen, ergibt die durchschnittliche Rente des Landes in Getreide. (Petty, [1662] 1986, S. 43)

Für eine gegebene Menge an Getreide als Unterhalt pro Person, so Petty, könne man den Surplus auch in Gestalt der zusätzlichen Anzahl an Menschen ausdrücken, die durch eine gegebene Anzahl von Arbeitern in der Erzeugung von notwendigen Lebensmitteln unter den geltenden sozio-technischen Bedingungen der Produktion und einer gegebenen Länge des Arbeitstages unterhalten werden können. Die Differenz zwischen der Gesamtbevölkerung eines Landes und der fraglichen Zahl an Arbeitskräften ist ein Ausdruck dessen, was Petty «die natürliche und intrinsische Stärke eines Landes» und «die Macht des Königs» nennt, denn es gibt die Anzahl derer an, «die beschäftigt werden können in der Herstellung von luxuriösem Zierrat, in Kriegen, Wissenschaft, Aberglauben usw.» (siehe Matsukawa, 1977, S. 45–47). Während die an die produktiven Arbeitskräfte gehenden Lohngüter ebenso wie die sonstigen Inputgüter den Charakter von für die Produktion notwendigen Produkten, d. h. «necessaries» haben, handelt es sich bei den anderen Gütern, so bedeutend sie auch immer ansonsten sein mögen, produktionstechnisch um nicht notwendige Güter, um «luxuries». Das Gegensatzpaar von «necessaries» und «luxuries» begegnet uns im gesamten klassischen Schrifttum und steht in enger Beziehung zum Gegensatz von «produktiver» und «unproduktiver» Arbeit bei Adam Smith. Piero Sraffa (1960) sollte später auf verfeinerter produktionstheoretischer Grundlage zwischen «Basis-» und «Nichtbasisprodukten» unterscheiden.

Surplus, Lohn und Rente. Petty nimmt, wie gesehen, an, daß das gesellschaftliche Netto- oder Überschußprodukt in der Gestalt von *Rente* an die Besitzer von Grund und Boden und den diesen innewohnenden Naturschätzen geht. Es handelt sich hierbei um Besitzeinkommen pur, und wenn schon nicht um die einzige Art von Besitzeinkommen, so doch um die mit Abstand bedeutendste, die er kennt. Sein Denken gilt einer präkapitalistischen Produktionsweise. Zwar kennt er Geldvermögen und Geldzins, aber Kapital und Kapitalzins bzw. -profit spielen bei ihm noch keine systematische Rolle. Da zur Zeit Pettys viele Gewerbe noch im Eigentum von Handwerkern stehen, sind die Profite nicht klar von den Handwerkseinkünften und Löhnen scheidbar (Roncaglia, 1985). Die Vorstellung einer tendenziell uniformen Kapitalverzinsung, einer einheitlichen Profitrate, sucht man bei ihm vergeblich – er kennt noch nicht das Konzept des (freien) Wettbewerbs und der dadurch bewirkten nivellierenden Kräfte auf den Profit im Verhältnis zum Kapitaleinsatz.

In einer bedeutenden Hinsicht greift Petty jedoch seinen Nachfolgern voraus. Während noch Adam Smith die Grundrente im wesentlichen als absolute Rente oder «Monopolpreis» begreift (Smith, WN I.xi.a.5), der sich auf Grund einer starken Konzentration des Bodenbesitzes ergibt und es den Grundherren erlaubt «zu ernten, wo sie nie gesät haben», finden wir bei Petty bereits das Prinzip der *extensiven Differentialrente* in seiner einfachsten Form: Rente infolge der verschieden hohen Transportkosten, die sich für Böden einheitlicher Güte, aber unterschiedlicher Entfernung vom zu beliefernden Markt ergeben. Das Prinzip der *Lagerente* erörtert Petty bereits im *Treatise*: «Wenn das Getreide, das London oder eine Armee ernährt, aus einer 40 Meilen entfernt liegenden Gegend herangeschafft wird, im Unterschied zu jenem Getreide, das innerhalb von einer Meile von London oder den Quartieren einer derartigen Armee entfernt wächst, dann wird letzteres um jenen Betrag in seinem natürlichen Preis steigen, den die Kosten für den Transport über 39 Meilen ausmachen.» (Petty, [1662] 1986, S. 48) Für Getreide wird ein einheitlicher Preis gezahlt, der gleich den Kosten der Produktion und des Transports je Doppelzentner vom am weitesten vom Markt entfernten, aber zur Deckung des Bedarfs noch zu bewirtschaftendem Boden bestimmt wird. Die Besitzer günstiger gelegener Böden streichen die Ersparnis an Transportkosten als Lagerenten ein. Aber nicht nur die von ihnen erhaltene Rente wird höher sein, auch der Preis ihres Bodens wird wegen der Vorzüge seiner Lage größer sein (Petty, [1962] 1986, S. 49).

Hinsichtlich der Bestimmung der Löhne finden sich bei Petty keine systematischen Aussagen. Gleichwohl wartet er mit Konzepten auf, die im späteren klassischen Schrifttum eine große Bedeutung bekommen sollten. Zunächst ist ihm klar, daß für gegebene technische Bedingungen der Produktion Löhne und Grundrenten einander gegenläufig zugeordnet sind (vgl. Petty, [1676] 1986, S. 267): Steigen die Löhne, dann fallen die Grundrenten und umgekehrt. Zum anderen begegnet uns bei ihm eine frühe Bestimmung des «natürlichen Lohns» der Klassik, wenn er in der *Political Anatomy* schreibt, daß der Durchschnittslohn bestimmt sei durch das, was ein Arbeiter benötigt, «um zu leben, zu arbeiten und sich fortzupflanzen» (Petty, [1672] 1986, S. 181). Die Erhaltung der Art, ohne Zuwachs oder Verringerung, ist daher ein wesentliches Element des fraglichen Lohnkonzepts. Des weiteren ist Petty klar, daß in Phasen geschwinder Akkumulation und schnellen ökonomischen Wachstums der steigende Bedarf an Arbeitskräften die Löhne in die Höhe treibt, und hierüber das Bevölkerungswachstum angeregt werden kann. Damit kann Petty wohl auch zu den Pionieren der Bevölkerungsstatistik und -theorie gezählt werden. Das Werk *Natural and Political Observations upon the Bills of Mortality* (1662) weist zwar als alleinigen Autor John Graunt (1620–1674) aus, aber es gibt Grund zur Annahme, daß Petty stiller Mitautor ist und mit der Veröffentlichung seinem Freund helfen will, in die Royal Society aufgenommen zu werden (vgl. hierzu Hull, 1899, S. xxxix–liv). Außerdem finden wir bei Petty eine frühe Vorstellung dessen, was heute «Humankapital» genannt wird: besondere Fähig- und Fertigkeiten, die durch Ausbildung und Berufspraxis gewonnen werden und im allgemeinen mit höheren Lohnsätzen vergolten werden.

Schließlich ist berichtenswert, daß dem Erfinder Petty die Bedeutung des ökonomisch nutzbaren neuen technischen Wissens für die gesellschaftliche Entwicklung wohl bewusst ist. Er sieht auch, daß nicht alle gesellschaftlichen Gruppen von Neuerungen gleichermaßen profitieren und einige darunter Nachteile erleiden. In seiner *Political Arithmetick* macht er die Klasse der Landlords als Modernisierungsgegner aus, da sie sich gegen alle Boden sparenden und damit die Rente senkenden Maßnahmen stemmen (Petty, [1676] 1986, S. 249 f.). Petty sieht auch mit großer Klarheit die Bedeutung der Arbeitsteilung für eine Steigerung der Produktivkraft der Arbeit und illustriert die manufakturmäßige Teilung der Arbeit am Beispiel der mechanischen Uhr (Petty, 1986, S. 473 f.). Er erkennt lange vor Adam Smith, daß die Arbeitsteilung von der Größe des Marktes beschränkt wird (Petty, [1676] 1986, S. 255 f.).

«Natürlicher», «zufälliger» und «politischer» Wert. Hinsichtlich der sich in einer arbeitsteiligen Wirtschaft ergebenden Tauschverhältnisse zwischen verschiedenen Waren führt Petty die Unterscheidung zwischen «natural value» und «accidental value» ein, die uns bei Smith und Ricardo als Gegensatz von *natürlichem* und *Marktpreis* wiederbegegnen wird. Der natürliche Wert mißt die Schwierigkeit des Erwerbs eines Produkts und meint in erster Linie die Kosten seiner Erzeugung. Er drückt die «permanent Causes» aus, die den Wert von Waren regulieren, während der «akzidentelle Wert» auch die in einer gegebenen Situation jeweils zum Tragen kommenden «contingent Causes» – Einflüsse vorübergehender und zufälliger Art – widerspiegelt (Petty, [1662] 1986, S. 51 und 90). Nur über den natürlichen Wert lassen sich verallgemeinerungsfähige Aussagen treffen.

Wie auch Petty zu ahnen scheint, liegt das Hauptproblem der Werttheorie in der Heterogenität der miteinander zu vergleichenden Waren. Um die Werte aller Waren kommensurabel, d. h. miteinander vergleichbar zu machen, spricht sich Petty deshalb dafür aus, alle Waren auf ein gemeinsames Wertmaß, bestehend aus einer Ware bzw. einem Warenbündel, zurückzuführen. Da in der Erzeugung einer jeden Ware auf jeder Stufe ihrer Entstehung gearbeitet wird, fallen auf jeder Stufe u. a. physische Kosten im Sinne der zum Unterhalt der Arbeiter benötigten Subsistenzmittel, Pettys «food», an. Eine jede Ware könne daher, so Petty, begriffen werden als äquivalent der Gesamtmenge an Subsistenzmitteln, die direkt und indirekt in ihrer Erzeugung verbraucht werden (vgl. Petty, [1672] 1986, S. 181). Für ein gegebenes System der sozialen Produktion in Gestalt der insgesamt verbrauchten bzw. erzeugten Mengen an Waren sollte es daher möglich sein, durch Reduktion der Waren auf «food»-Äquivalente zu einem Verständnis ihrer Wertverhältnisse zu kommen: Eine Ware ist relativ zu einer anderen um so teurer (billiger), je mehr (weniger) an «food» direkt und indirekt in ihrer Herstellung aufzuwenden ist.

Petty gibt sich damit jedoch nicht zufrieden. Gemäß seinem Satz, daß die Arbeit der Vater und das aktive Prinzip des Reichtums und die Böden seine Mutter seien, sucht er nach dem Einfluß beider Faktoren auf den relativen Wert der Waren. Genauer, es geht ihm um die Frage, «wie ein *Gleichstand* (Par) oder eine *Gleichung* (Equation) zwischen Böden und Arbeit herzustellen ist, um den Wert irgendeiner Sache in einer der beiden Größen auszudrücken» (Petty, [1662] 1986, S. 181). Pettys Idee, die relativen (kostendeckenden) Preise auf die in der Produktion der verschiedenen Waren gezahlten Löhne und Grundrenten zurückzuführen, kehrt in Adam Smith' Vorstellung von der «Auflösbarkeit» eines jeden Preises in gezahlte Einkommen verschiedener Art wieder.[3]

Petty betont darüber hinaus, daß institutionelle Rahmenbedingungen ebenso wie staatliche Eingriffe in die Wirtschaft Einfluß sowohl auf die relativen wie absoluten Geldpreise der Waren besitzen, und spricht in diesem Zusammenhang von «Political Price». Letzterer hängt von der «Überzahl an Zwischenhändlern in einem Gewerbe ab, die über das hinausgeht, was unbedingt notwendig ist» (Petty, [1662] 1986, S. 90). Überzählige Zwischenhändler sind Petty ein Dorn im Auge.[4] Diese können u. U. die Reproduktionsmöglichkeiten von Gruppen der Gesellschaft in Frage stellen, was korrigierende Maßnahmen seitens der Regierung verlangt. Der Handel ist eben nicht, wie zahlreiche seiner merkantilistischen Zeitgenossen behaupten, nur reichtumschaffend, gewisse Formen des Handels sind vielmehr reichtumvernichtend.

3 Zur Reduktion der Preise auf datierte Inputquanta vgl. Kurz und Salvadori (1995, S. 165–168) und Kurz (1998, S. 154 f.).

4 Die gleiche Gegnerschaft gegenüber überzähligen Zwischenhändlern finden wir später u. a. bei François Quesnay.

Geld und wirtschaftliche Entwicklung. Kann Petty zu den merkantilistischen Autoren gezählt werden, die zu seiner Zeit noch weithin die ökonomische Diskussion beherrschen? Zwar finden sich bei ihm Elemente, die dafür sprechen, aber in bedeutender Hinsicht überwindet er deren Auffassungen. Insbesondere teilt er nicht das Hauptdogma des Merkantilismus, demzufolge sich der Reichtum eines Landes am Edelmetallvorrat in der Schatzkammer des Souveräns bemessen läßt. Zwar lesen wir u.a. auch bei Petty, daß Geld der «Muskel des Krieges» sei, und daß ein Handelsbilanzüberschuß die Schatzkammer füllt. Aber die Lehre der Physiokraten und klassischen Ökonomen vorwegnehmend betont er, daß individueller und nationaler Reichtum nicht nur auf vorteilhaftem Handel beruht, sondern vor allem auf Produktion und Arbeit und auf der Produktivität der Arbeitskräfte. Auch seine Einschätzung der Rolle des Geldes weicht von gewissen überlieferten Vorstellungen ab. Geld nennt er interessanterweise «das Fett des politischen Körpers, wovon zuviel oftmals dessen Agilität behindert, wie zuwenig davon ihn krank macht» (Petty, [1691] 1986, S. 113) Wie bei allem im Leben kommt es auf die richtigen Proportionen an. Petty ist bereits die Idee einer von den Zahlungsgewohnheiten eines Landes abhängenden Umlaufgeschwindigkeit des Geldes vertraut (vgl. Aspromourgos, 1996, S. 30–41).

Gute wirtschaftliche Ergebnisse setzen eine gute Politik voraus. Diese wiederum setzt ein Verständnis der «Symmetry, Fabrick, *and* Proportion» des «Body Politick» voraus. Andernfalls ist die Politik ebenso zufällig wie ein Würfelspiel und vergleichbar dem Torkeln eines Betrunkenen oder der «*practice of Old-women and Empyricks*» (Petty, [1664] 1986, S. 129), mit gegebenenfalls dramatischen Auswirkungen für die Bevölkerung. Die Politische Ökonomie habe das herrschende Unwissen in der fraglichen Hinsicht zu überwinden und den Staatenlenkern ein solides Verständnis der Strukturen und Wirkungszusammenhänge in Wirtschaft und Gesellschaft an die Hand zu geben. Hinsichtlich der Finanzierung von Staatsaufgaben zieht Petty Ausgabe- den Einkommensteuern vor. Er spricht sich auch für öffentliche Arbeiten als Mittel der Beschäftigungspolitik aus und wird darob mehr als ein Vierteljahrtausend später von John Maynard Keynes gelobt. Zugleich berühmt und berüchtigt ist sein Vorschlag, von den geschätzten 1,3 Millionen Einwohnern Irlands eine Million nach England umzusiedeln. Dies sei nicht nur für die englische Krone und Bevölkerung von Vorteil, sondern auch für die Umzusiedelnden (Petty, [1687] 1986, S. 545–621). In einer frühen Form der Kosten-Nutzen-Analyse geht er verschiedene Gründe für und wider seinen Vorschlag durch und rechnet auf der Grundlage kühner Annahmen aus, daß er sich auszahlt.

3. Wirkung

Petty hat mit seinen Schriften einen großen Einfluß auf die Entwicklung des Faches, obgleich sein Name in der modernen Literatur (die nicht der Theoriegeschichte gewidmet ist) nur noch selten erwähnt wird. Tatsächlich können sich vermutlich wenige Autoren mit ihm in dieser Hinsicht messen. Mit Petty beginnt die moderne Volkswirtschaftliche Gesamtrechung, die um den Begriff des Nettosozialprodukts kreist. Anstelle von Raub, Eroberung und Handel konzentriert sich die Aufmerksamkeit der Ökonomen seit Petty immer stärker auf die Bedeutung von Arbeit und Produktion für die Reichtumsbildung. Sich selbst «Political Arithmeticians» nennend, etablieren Gregory King und Charles Davenant die neuen Disziplinen der Bevölkerungswissenschaft und der Wirtschaftsstatistik. Pettys Vorstellung von der Produktion als wirtschaftlichem Kreislauf wird von Richard Cantillon weiterentwickelt und führt bei François Quesnay zur ersten Darstellung des Produktions-, Verteilungs- und Verwendungsprozesses des gesellschaftlichen Reichtums einer Nation in Gestalt des *Tableau Économique*. Pettys Begriff der Grundrente als gesellschaftliches Überschußprodukt fixiert erstmals die analytische Struktur des surplustheoretischen Erklärungsansatzes aller Nichtarbeitseinkommen und der relativen Preise in der ökonomischen Klassik. In diesem Ansatz werden die Löhne einerseits und Renten sowie Profite andererseits asymmetrisch behandelt: Erstere werden für die Frage nach der Einkommensverteilung und den relativen Preisen als bekannt unterstellt, letztere hingegen endogen für eine gegebenes System der Produktion bestimmt. Sraffa lobt Petty dafür, daß er in seiner Werterklärung von den physischen realen Kosten ausgeht und nicht von Arbeitswerten (vgl. Kurz, 2006). Pettys Unterscheidung zwischen normalen und Marktpreisen begegnet uns bei zahlreichen anderen Autoren. Mit Petty kommt es zu einer Neueinschätzung der Rolle des Geldes im Wirtschaftsprozeß.

Das wohl größte Lob zollt Karl Marx: «Um es ein für allemal zu bemerken, verstehe ich unter klassischer politischer Ökonomie alle Ökonomie seit W. Petty, die den innern Zusammenhang der bürgerlichen Produktionsverhältnisse erforscht im Gegensatz zur Vulgärökonomie, die sich nur innerhalb des scheinbaren Zusammenhangs herumtreibt» (Marx, [1867] 1967, S. 95 Fn. 32).

Literatur

1. Werkausgaben

Lansdowne, Marquis of (Hrsg.) 1927. The Petty Papers, 2 Bde., London.

Lansdowne, Marquis of (Hrsg.) 1928. The Petty-Southwell Correspondence, 1676-1687, London.

Petty, W. 1662. A Treatise of Taxes and Contributions, London. Wiederabdruck in: Petty (1986).

Petty, W. 1683. Another Essay in Political Arithmetick Concerning the Growth of the City of London, London. Geschrieben 1682. Wiederabdruck in: Petty (1986).

Petty, W. 1690. Political Arithmetick, London. Geschrieben vermutlich 1676. Wiederabdruck in: Petty (1986).

Petty, W. 1691. Verbum Sapienti, London. Geschrieben vermutlich 1664. Wiederabdruck in: Petty (1986).

Petty, W. 1691. The Political Anatomy of Ireland, London. Geschrieben vermutlich 1672. Wiederabdruck in: Petty (1986).

Petty, W. 1695. Quantulumcunque Concerning Money, London. Geschrieben vermutlich 1682. Wiederabdruck in: Petty (1986).

Petty, W. 1986. The Economic Writings of Sir William Petty, hrsg. von C. H. Hull, in einem Band, New York. Ursprünglich erschienen 1899 in zwei Bänden.

2. Weiterführende Literatur

Aspromourgos, T. 1996. On the Origins of Classical Economics: Distribution and Value from William Petty to Adam Smith, London.

Aspromourgos, T. 1998. Petty, William, in: H. D. Kurz und N. Salvadori (1998), Bd. 2, S. 195–198.

Fitzmaurice, E. 1895. The Life of Sir William Petty, London.

Hull, C. H. H. 1899. Introduction, in: Petty (1986), S. xiii-xci.

Keynes, G. 1971. A Bibliography of Sir William Petty, F. R. S. and of Observations on the Bills of Mortality by John Graunt, F. R. S., Oxford.

Klingen, H. 1992. Politische Ökonomie der Präklassik. Die Beiträge Pettys, Cantillons und Quesnays zur Entstehung der klassischen politischen Ökonomie, Marburg.

Kurz, H. D. 1998. Über das «Perpetuum mobile des Volkswirtschaftsmechanismus» und eine «theoretische Verkehrtheit». Knut Wicksell und die Einheit von Produktions- und Distributionstheorie, in: E. W. Streissler (Hrsg.), Knut Wicksell als Ökonom. Studien zur Entwicklung der ökonomischen Theorie, Bd. XVIII, Berlin, S. 131–186.

Kurz, H. D. 2006. The Agents of Production are the Commodities Themselves. On the Classical Theory of Production, Distribution and Value, in: Structural Change and Economic Dynamics, Bd. 17, S. 1–26.

Kurz, H. D., und Salvadori, N. 1995. Theory of Production. A Long-period Analysis, Cambridge, Melbourne und New York.

Kurz, H. D., und Salvadori, N. (Hrsg.) 1998. The Elgar Companion to Classical Economics, Cheltenham und Northampton.

Marx, K. 1965. Theorien über den Mehrwert, Teil 2, MEW, Bd. 26.2, Berlin.

Marx, K. 1967. Das Kapital, Bd. I. 1. Aufl. 1867, 4., von F. Engels durchgesehene und herausgegebene Aufl. 1890; Neuausgabe, Frankfurt am Main.

Matsukawa, S. 1977. Sir William Petty: An Unpublished Manuscript, in: Hitotsubashi Journal of Economics, Bd. 17, S. 33–50.

Mill, J. 1826. Elements of Political Economy, 3. Aufl., London. Reprint 1844.

Roncaglia, A. 1985. Petty: The Origins of Political Economy, New York.

Schefold, B. et al. (Hrsg.) 1992. Sir William Petty und seine «Political Arithmetick». Vademecum zu einem Klassiker der angewandten Nationalökonomie. Mit Beiträgen von T. Aspromourgos und A. W. Coats, D. P. O'Brien und B. Schefold, Düsseldorf.

Smith, A. 1976. An Inquiry into the Nature and Causes of the Wealth of Nations, 2 Bde., in: The Glasgow Edition of the Works and Correspondence of Adam Smith, hrsg. von R. H. Campbell und A. S. Skinner, Oxford.

Sraffa, P. 1960. Production of Commodities by Means of Commodities, Cambridge.

Strauss, E. 1954. Sir William Petty: Portrait of a Genius, London.

Whitehead, A. N. 1926. Science and the Modern World. Lowell Lectures 1925, Cambridge.

Rita Strohmaier

Richard Cantillon
(1680–1734)

I. Leben

Richard Cantillon kommt um 1680 als Sohn eines irischen Edelmannes in der Grafschaft Kerry, im Westen Irlands, zur Welt[1]. Einst ein Clan von Großgrundbesitzern, verliert die Familie nach der Invasion durch Cromwell 1655 ihr Land und muß es schmählich zurückpachten. Die Ironie des Schicksals will es, daß damals just der Mann, dem am meisten Einfluß auf Cantillon nachgesagt wird, William Petty, als Angehöriger der britischen Armee für das konfiszierte Grundeigentum der Familie verantwortlich ist. Wie viele andere Jakobiten in Großbritannien entschließt sich die Familie nach der Entthronung James II. nach Frankreich zu emigrieren. 1708 erhält Richard Cantillon die französische Staatsbürgerschaft. In den Jahren 1711 bis 1713 arbeitet er für die britische Regierung als rechte Hand des Generalzahlmeisters in Spanien. Seine Aufgabe besteht darin, Geldmittel an die englischen Kriegsgefangenen aus dem spanischen Erbfolgekrieg zu transferieren. Dabei überzeugt er in Vertragsverhandlungen durch sein profundes Wissen derart, daß sein Vorgesetzter ihm auch seine privaten Geschäfte anvertraut. Bis zum Kriegsende soll dieser einer der reichsten Männer Englands geworden sein. Er offeriert Cantillon einen lukrativen Posten in London. Cantillon lehnt ab, um seinem Vetter unter die Arme zu greifen, der in Paris erfolglos ein Bankinstitut leitet. Nach dessen Tod 1717 schickt sich Richard Cantillon an, die Ehre der Familie zu retten und kann nach nur wenigen Jahren alle Schulden tilgen.[2] Durch seine guten Kontakte in London und Paris floriert das Institut schon nach kurzer Zeit wieder, wobei es sich gerade im internationalen Geldverkehr etablieren kann, was damals kein einfaches Unterfangen darstellt.

In seiner Zeit als Bankier macht Cantillon auch die Bekanntschaft

[1] Daten zu Cantillons Biographie und Werk sind insbesondere Murphy (1986), Niehans (1987), Blaug (1991) und Brewer (1992) entnommen.

[2] Hayek vermutet, daß Richard Cantillon nicht ganz unbeteiligt am Bankrott des Unternehmens war, war er doch bereits seit 1714 intensiv in die Geschäfte verwickelt (Cantillon [1755] 1931, S. LIV).

mit John Law, dem Sohn eines Bankiers aus Edinburgh. Ein dort anhängiges Gerichtsverfahren wegen des tödlichen Ausgangs eines Duells zwingt den Schotten, das Land Hals über Kopf zu verlassen. Im Exil in Frankreich schreibt Law 1705 die Abhandlung *Money and Trade Considered* und kann damit das Vertrauen des französischen Regenten Philipp von Orléans und ein offenes Ohr für seine geldpolitischen Theorien gewinnen. Law wird später in besonderem Maße Cantillons *Essai* beeinflußen. Er gründet unter anderem die Mississippi-Gesellschaft, in Anlehnung an die South Sea Company in England. Die Geschäftsidee ist simpel: Übernahme von Staatsschulden zu besseren Konditionen als beim ursprünglichen Kreditgeber, im Gegenzug Monopolrechte in den amerikanischen Territorien Frankreichs. Die Rechte weiten sich schon bald auch auf den Binnenmarkt aus. Cantillon steigt in das Geschäft ein, kauft Anteile und verkauft sie wenig später mit beträchtlichen Gewinnen, noch rechtzeitig bevor 1720 die Blase platzt und die Anleihen keinen Livre mehr wert sind. Auch bei Währungsspekulationen von Law kann Cantillon beträchtliche Gewinne einstreichen. Die Freundschaft zwischen den beiden Männern endet ebenso fatal wie jede Geschäftsidee, die Law durchzusetzen versucht. Er droht Cantillon mit der Bastille, kann ihm aber letzten Endes außer eiskaltem Geschäftssinn nichts nachweisen.

1720 verlässt Cantillon Paris und kehrt fast sechs Jahre lang nicht mehr dorthin zurück, wohl auch, weil all jene, die durch die Mississippi-Gesellschaft schwere Verluste erlitten hatten, Schadenersatzforderungen an ihn stellen. Mehrere Gerichtsverfahren in London und Paris werden gegen ihn geführt, selbst Morddrohungen werden an ihn gerichtet[3]. Sein Reichtum erlaubt es ihm, jahrelang Kontinentaleuropa zu bereisen; er verfügt über zahlreiche Immobilien und Grundbesitz in den sieben größten Städten Europas und in Louisiana, lebt zunächst in Amsterdam, dann London, später in Italien. Am 16. Februar 1722 heiratet er in London Mary Anne Mahony, Tochter eines reichen irischen Kaufmannes in Paris. Aus der Ehe geht eine Tochter hervor, Henrietta (Hone, 1994, S. 96). Ein Sohn soll

[3] Aus dem weitaus längsten Streit mit Lady Mary Herbert und Joseph Gage geht ein Memorandum zu Bankgeschäften und internationalen Transaktionen hervor, welches Cantillon für seinen Anwalt schreibt, um ihm eine stabile Grundlage für seine Verteidigung zu geben. Das Schriftstück wird neben dem *Essai* das einzige Werk bleiben, das von Cantillon überliefert ist.

bereits in jungen Jahren in Paris verstorben sein (Cantillon, [1755] 1931, S. LIX). Ab 1729 lebt Cantillon wieder in Paris. 1733 kehrt er der Stadt, entnervt von den zahlreichen Anschuldigungen gegen ihn, endgültig den Rücken, und reist ohne Frau und Kind nach London. Am frühen Morgen des 14. Mai 1734 bricht Feuer in seinem Haus in der Albermarle Street aus. Das Gebäude brennt bis auf die Grundmauern nieder. Die unverzüglich eingeleiteten Untersuchungen ergeben, daß zum Zeitpunkt, an dem das Feuer ausbrach, kein Wertgegenstand mehr im Haus war; der verkohlte Körper inmitten der Trümmer wird Cantillon zugeschrieben. Der Mordverdacht fällt schon wenig später auf den ehemaligen Koch Cantillons, Joseph Denier, der kurze Zeit zuvor entlassen worden ist. Denier flieht nach Holland, um sich der Anklage zu entziehen. Wenige Wochen nach Cantillons Tod taucht ein gewisser «Chevalier de Louvigny» in der holländischen Kolonie in Surinam auf, mit einem ansehnlichen Vermögen und einer Reihe von Dokumenten, die von einem Richard Cantillon ausgestellt worden sind. Nach Murphy (1986, S. 282 ff.) muß es sich bei dem mysteriösen Fremden entweder um den Mörder oder das vermeintliche Opfer gehandelt haben. Die Tatsache, daß Cantillon einen Tag vor dem Brand noch sämtliche Sichtguthaben bei seiner Bank aufgelöst hat, spricht für Letzteres.

2. Werk

Die Korrespondenz Cantillons mit Freunden weist darauf hin, daß er bereits seit 1718 schriftstellerisch tätig war. Allerdings sind bis auf ein Werk, den *Essai,* 1734 alle Dokumente ein Raub der Flammen geworden.

Der *Essai* entstand zwischen 1730 und 1734, zu einer Zeit also, in der Cantillon in Paris lebte. Erst 1755 wurde das Werk publiziert, unter der wohl fälschlichen Angabe «Traduit de l'Anglois, A Londres, chez Fletcher Gyles, dans Halborn» (Cantillon, [1755] 1931, S. LXX).[4] Zwischen 1734 und 1755 muß das Manuskript aber in einschlägigen Kreisen kursiert sein, da einige Absätze vielfach vor

[4] Einiges spricht dafür, daß das Werk auf Französisch geschrieben wurde. Der Verweis, daß es aus dem Englischen übersetzt worden ist, könnte aus dem Kalkül erfolgt sein, die Bedeutung des Buches in den Augen des Lesers zu erhöhen und damit seinen Absatz zu steigern. Ein Verleger Fletcher Gyles existierte zu jener Zeit übrigens nicht.

dem offiziellen Erscheinungsdatum plagiiert wurden. Bis zu den umfassenden Recherchen von William Stanley Jevons Ende des 19. Jahrhunderts wurde das Buch fälschlicherweise Philipp Cantillon, dem Neffen Richards, zugeschrieben.

Der *Essai* besteht aus drei Teilen. Im ersten wird zunächst die Realwirtschaft behandelt, welche in einem weiteren Schritt um einen monetären Rahmen erweitert wird. Zuletzt geht Cantillon noch auf den Außenhandel ein, um mit detaillierten Einblicken in das damalige Bankenwesen zu enden. Zwei Vordenker haben sein Werk wesentlich geprägt: Zum einen William Petty, dessen Ideen zur Verteilungs- und Werttheorie Cantillon aufgreift und weiterspinnt, und zum anderen John Locke, der ihn hinsichtlich seiner geldtheoretischen Überlegungen nachhaltig beeinflußte. Das Supplement, ein statistischer Anhang, auf den Cantillon gerade im ersten Teil des *Essai* mehrmals verweist, und welcher unter anderem Fallstudien zu seiner Beschäftigungs- und Lohntheorie enthalten haben soll, ist bereits vor der Veröffentlichung des *Essai* in Verlust geraten (Cantillon, [1755] 1931, S. XXXIII).

Reichtum und Gesellschaft.

> Der Boden ist die Quelle oder der Stoff, woraus man den Reichtum gewinnt; die Arbeit des Menschen ist die gestaltende Kraft, die ihn erzeugt, und der Reichtum selbst ist nichts anderes als die Nahrungsmittel, die Bequemlichkeiten und die Annehmlichkeiten des Lebens» (Cantillon, [1755] 1931, S. 1).

Für Cantillon ist der Wohlstandsbegriff unabdingbar verknüpft mit dem Reichtum der Natur, aus dem der Mensch schöpft und Neues formen kann. Dadurch ergibt sich eine grobe Einteilung der Gesellschaft in zwei Klassen: diejenigen, die Land besitzen, und diejenigen, die es nicht tun. Zu letzteren zählen Bauern, Händler, Handwerker (die sogenannten «undertakers») und Lohnarbeiter. Die darauf fußende Allokations- und Verteilungstheorie bezieht sich bei Cantillon nicht nur auf die Unterscheidung zwischen sozialen Klassen, sondern durch die Unterscheidung zwischen Stadt und Dorf auch auf eine geographische Ebene: Die Bauern leben auf dem Land und pachten den Boden von den Grundbesitzern; sie zahlen im Gegenzug eine Rente in Einheiten des landwirtschaftlichen Nettoprodukts (Korn). Cantillon nimmt hierfür eine Verteilung in Höhe von

2:1 an: Zwei Drittel der Ernte verbleiben dem Bauern zur Sicherung der eigenen Existenz, ein Drittel geht an den Verpächter. Dieser erfüllt sich seine Konsumwünsche vorzugsweise in den Städten und erwirbt dort Manufakturprodukte und Luxusartikel. Unter der Annahme, daß sich die Bevölkerung gleich auf Stadt und Land verteilt, verbleibt eine Hälfte des Korns in der Stadt (als Nahrungsmittel und als Input im Manufaktursektor), die andere Hälfte auf dem Land. Die Güterströme zwischen Stadt und Land werden eine wesentliche Rolle in der Diskussion um den Geldumlauf spielen.

Ebenso wie Petty unterscheidet Cantillon bereits implizit zwischen sogenannten Basis- und Nichtbasisgütern[5]. Korn ist das einzige Produkt, das direkt oder indirekt in die Herstellung aller Güter einfließt, während Manufakturprodukte, die in der Stadt erzeugt werden, nicht als Input in der landwirtschaftlichen Produktion verwendet werden.[6] Sie stellen ausschließlich Luxusgüter dar.

Arbeit. Die Bevölkerung passt sich der Arbeitsnachfrage an, wobei sie in der absoluten Zahl abhängig von der Menge an Boden ist, die bebaut werden kann: Ist nicht genug Land zum Anbau vorhanden oder ist der Boden von schlechter Qualität, reicht die Ernte nicht aus, um die Existenz der Gesamtbevölkerung zu sichern. Diese Situation zwingt gerade den Unterschichten indirekt eine Dezimierung der (geplanten) Kinderanzahl auf. Dementsprechend verhält es sich auch, wenn der Grundbesitzer (Cantillons «Prinz») gemäß seinen Konsumgewohnheiten zwischen alternativen Verwendungsmöglichkeiten seines Bodens entscheidet: Stellt er den gesamten Grundbesitz den Bauern zur Verfügung, so strebt die Bevölkerungszahl einem Maximum zu. Wird ein Teil der Ernte verwendet, um Luxusgüter zu importieren, so wird sich das Einwohnerniveau unterhalb der Höchstgrenze dessen, was das Land insgesamt ernähren könnte, einpendeln. Durch Eroberungen und Kolonialisierung kann zusätzliches Land hinzugewonnen werden, wodurch gleichzeitig die Bevölkerung vermehrt und die gestiegene Nachfrage des Prinzen nach Luxusgütern befriedigt werden kann – ein Ansatz, den Cantillon mit den Merkantilisten teilt.

[5] Die Bezeichnung «Basisgut» geht auf Sraffa (1960) zurück.

[6] Nur so kann zwischen notwendiger Arbeitskraft und sogenannter Surplus-Arbeit, d.h. Arbeit, die für die Herstellung von Luxuswaren benötigt wird, unterschieden werden.

Bodenwerttheorie. Wie schon Petty in seiner *Political Arithmetick*, versucht auch Cantillon einen gemeinsamen unveränderlichen Wertmaßstab, in dem alle Güter gemessen werden können, zu finden. Gemeinhin gilt es, das Problem des «Par», des Verhältnisses von Boden zu Arbeit, zu lösen. Unter der Annahme, daß die Klasse der Bauern, Handwerker und Lohnarbeiter auf Subsistenzniveau lebt, kann der Wert der Arbeit anhand ihrer Produktionskosten, d.h. der notwendigen Verbrauchsgüter, berechnet werden. Da jedes Gut in Einheiten Korn gemessen werden kann, ist es möglich, den Wert aller Güter, einschließlich der Arbeitskraft, in Morgen Land anzugeben. Dies ist selbstverständlich nur dann möglich, wenn zum einen der Boden selbst in seiner Qualität als homogen angenommen wird, da ansonsten extensive Differentialrenten in Abhängigkeit von der Bodenqualität anfallen würden, und zum anderen qualitativ unterschiedliche Tätigkeiten in Lohndifferentiale bzw. unterschiedliche Mengen an Nahrungsmitteln umgerechnet werden können. Aus diesen Überlegungen schließt Cantillon,

> [...] daß der Wert der täglichen Arbeit zum Ertrag des Bodens in Beziehung steht, und daß der innere Wert einer Sache an der Menge des Bodens gemessen werden kann, die zu ihrer Herstellung verwendet wird, und an der Menge der Arbeit, die in sie eingeht, das heißt auch noch nach der Bodenmenge, deren Ertrag jenen zufällt, die daran gearbeitet haben. (Cantillon, [1755] 1931, S. 27)

Einkommen. Die Höhe des Lohnsatzes wird durch Gewohnheiten determiniert und bestimmt ihrerseits implizit die Geburtenrate und das Arbeitsangebot. Cantillon unterstreicht dabei die soziale Komponente in der Lohnentstehung: Niveauunterschiede innerhalb Europas sind auf unterschiedliche Lebensumstände in den jeweiligen Ländern zurückzuführen.[7] Der Verfasser erkennt zu Recht, daß Lohndifferentiale auf Faktoren wie Bildungskosten, Risikoschwere der Tätigkeit und eingeforderte Mobilität zurückgehen. Die zweite Verteilungsvariable bildet die Rente für den Grundbesitzer, die in Cantillons Beispiel rund ein Drittel des Agrarprodukts beträgt. Obwohl aus seinen Ausführungen klar hervorgeht, daß die Renten aus dem Überschussprodukt bezahlt werden, weist der Verfasser nur ein einziges Mal explizit darauf hin

7 Hierzu wurden intensive Studien während seiner Reisen geführt, die wesentlicher Bestandteil des Supplements gewesen sein sollen.

(Cantillon, [1755] 1931, S. 3). Hervorzuheben ist die Absenz von Profiten im heutigen Sinn: Unternehmer erhalten stattdessen einen Quasilohn, der kein fixes Salär darstellt und lediglich das Geschäftsrisiko kompensieren soll. Der Profitrate als eigenständige Verteilungsvariable in Abhängigkeit vom Wert des Kapitals kommt damals noch keine Bedeutung zu. Insofern unterscheidet Cantillon nicht explizit zwischen einer Kapitalisten- und einer Arbeiterklasse. Es kann dabei nicht von vornherein ausgegangen werden, daß der Bauer mehr verdient als sein Lohnarbeiter; sodass auch keine hierarchische Struktur innerhalb der Unterklasse abgeleitet werden kann (Klingen, 1992, S. 85 ff.).

Innerer Wert und Marktwert. Die Werttheorie Cantillons ist an sich nicht originär; sehr wohl aber die Bestimmung jener Gründe, durch die Marktpreise zu ihren normalen Werten gravitieren. Der natürliche Preis eines Gutes wird durch dessen Produktionskosten bestimmt, d. h. den Renten und Löhnen, Kapitalgütern und Rohstoffen (die ihrerseits wieder in Morgen Land gemessen werden können). Der innere Wert ändert sich nicht, wenn – so wie im *Essai* – von technologischem Fortschritt abstrahiert wird. Marktpreise reagieren auf Änderungen in der Nachfrage, wodurch es zu Abweichungen vom normalen Wert kommt. Wie Cantillon argumentiert, wird durch die Reaktion des Angebots sichergestellt, daß der Marktpreis sich immer wieder dem eigentlichen Wert der Ware annähert; seine Werttheorie enthält damit die Grundidee, daß das Spiel der freien Marktkräfte zu einem einheitlichen Preis für jedes Gut führt, welcher seinem inneren Wert entspricht.

Geldtheorie. Der zweite Teil des *Essai* schließt nahtlos an den ersten an. Die Güterströme, die zuvor skizziert wurden, werden in Geldströme transformiert. Dabei hängt die Geldnachfrage von der Umlaufgeschwindigkeit des Geldes ab: Je kürzer die Perioden, für die Pacht gezahlt wird, desto rascher zirkuliert das Geld in der Wirtschaft.[8] Einen wesentlichen Beitrag liefert Cantillon in der Erklärung, wie Geld die relativen Preise, die Konsumnachfrage und den Zinssatz beeinflussen kann (Niehans, 1987, S. 34). Der Geldbe-

[8] Die Umlaufgeschwindigkeit des Geldes findet sich schon in der Quantitätstheorie John Lockes und davor bei Petty.

griff bezog sich in dieser Zeit auf Münzgeld aus Gold und Silber. Europa war in bezug auf den Abbau beider Metalle stark auf die bestehenden amerikanischen und die Erschließung neuer Territorien angewiesen. Daraus ergab sich eine enge Verknüpfung zwischen Geld- und Außenhandelstheorie. Nach Cantillon führt eine positive Zahlungsbilanz, wie sie von den Merkantilisten propagiert wird, zwar zu einem höheren Geldangebot im Inland, wodurch langfristig auch die Preise steigen.[9] Anders als bei David Hume muß durch die Preisänderungen aber nicht notwendigerweise ein bilateraler Anpassungsprozeß erfolgen.[10] Die höhere Geldmenge stellt in erster Linie Gewinne für Händler und Produzenten dar, die das Geld horten, um es später zu investieren. Daher ist nur mit einem sehr langsamen Preisanstieg zu rechnen. Doch selbst wenn die Preise eklatant in die Höhe schnellen, muß das System der positiven Außenhandelsbilanz nicht kippen, wenn das Land in bezug auf seine Exportgüter am internationalen Markt nach wie vor wettbewerbsfähig ist. Ebenso muß ein gestiegenes Geldangebot nicht konsequenterweise zu einem sinkenden Zinssatz führen, sondern es hängt davon ab, wie sich der Bedarf nach Geld entwickelt; steigt aufgrund der guten Konjunkturlage auch die Geldnachfrage, kann der Zinssatz auf seinem Ausgangsniveau verbleiben.

Internationaler Zahlungsverkehr. Im letzten Teil des *Essai* gibt Cantillon einen präzisen Einblick in die Theorie der Wechselkurse und in das Bankwesen im Allgemeinen. Cantillon nutzt die verbleibenden Kapitel, um implizit die Ideen seines Weggefährten John Law zu kritisieren. Hier seien vor allem die Ausführungen zum Kreditwesen und zur Idee einer Banque Générale, einer Nationalbank, wie sie Law umzusetzen versuchte, genannt. In beiden Punkten ist der Schotte kläglich gescheitert. Die Kapitel sind hinsichtlich origineller wirtschaftstheoretischer Überlegungen zweifelsohne weniger erhellend als die vorherigen, zeigen aber deutlich auf, daß Cantillon seinen Beruf als Bankier gut beherrschte.

9 Die Entdeckung einer neuen, gut auszubeutenden Gold- oder Silbermine im Inland würde dieselben Konsequenzen haben.

10 Nach Hume führt die Erhöhung der Preise zu einem Wettbewerbsverlust im Außenhandel, die Exporte sinken, die Importe steigen aufgrund der Änderung in den relativen Preisen, wodurch es wieder zu einem Ausgleich der Zahlungsbilanz kommt *(price specie flow mechanism)*.

3. Wirkung

Schon bevor das Werk 1755 posthum veröffentlicht wurde, mußten zumindest zwei Manuskripte in Umlauf gewesen sein: Anders ist es nicht zu erklären, daß der englische Schriftsteller M. Postlethwayt einige Sequenzen aus dem Werk in seinem bereits 1751 publizierten Buch *Universal Dictionary of Trade and Commerce* im Wortlaut übernahm. Auch in den *Political Discourses* von David Hume, welche 1752 erschienen sind, weisen bestimmte Ausführungen zur Geldtheorie frappante Ähnlichkeiten zu Teil II des *Essai* auf.

Ein Manuskript des *Essai* befand sich vor seiner Veröffentlichung zumindest 16 Jahre im Besitz von Victor Riquetti, Marquis de Mirabeau, der einen Kommentar dazu verfassen wollte. Sein Vorhaben setzte er letztendlich nicht um. Cantillons Bevölkerungstheorie findet sich aber zweifelsohne in Mirabeaus 1757 veröffentlichten Werk *L' Ami des Hommes* wieder. Cantillons Theorien waren auch Gegenstand von Unterredungen mit Francois Quesnay, der mit den folgenden Worten strenge Kritik am *L' Ami des Hommes* übte:

> *Das Kind ist mit schlechter Milch aufgezogen worden; die Kraft seines Temperaments hilft ihm oft zu richtigen Ergebnissen, aber von den Grundsätzen versteht es nichts.* (Cantillon, [1755] 1931, S. X)

Es sei dahingestellt, ob Quesnay mit seinen Kommentaren eigentlich Cantillons Ansichten verriß, oder Mirabeau vorwarf, den *Essai* nicht verstanden zu haben. 1756 verwies er jedenfalls in einem Artikel lobend auf Cantillons Beitrag zur Entstehung von Städten. Inwiefern das Werk auch Einfluß auf das *Tableau Economique* hatte, läßt sich schwer sagen.

Direkten Einfluß hatte der *Essai* nach Anthony Brewer auf Sir James Steuart (1714–1780) und dessen Werk *An Inquiry into the Principles of Political Oeconomy* (Brewer, 1992, S. 175 ff.). Adam Smith (1723–1790) verweist in seinem magnum opus *An Inquiry into the Nature and Causes of the Wealth of Nations* (Bd. 1, S. 70) auf einen «Mr. Cantillon», als er das notwendige Einkommen eines Arbeiters diskutiert. Auch er führt Lohndifferentiale auf unterschiedliche Beschäftigungsmöglichkeiten zurück. Malthus (1766–1834) muß ebenso Cantillons Bevölkerungstheorie gekannt haben.

Jedoch sieht er das Subsistenzminimum als rein physische Konstante an, während Cantillon soziale Faktoren und Lebensumstände zur Berechnung des Subsistenzniveaus zuließ. Wenn aber die Ideen Cantillons in Malthus' Werk einflossen und Malthus nachweislich Darwin beeinflußte, dann kann, so Higgs (1892, S. 455), daraus abgeleitet werden, daß der *Essai* die Geschichte der gesamten Nationalökonomie nachhaltig prägte. In Deutschland konnte sich das Werk nicht durchsetzen, was vor allem der Voreingenommenheit der dortigen Vertreter der physiokratischen Schule zuzuschreiben ist.

Nach 1776 verschwindet das Buch in der Versenkung. Es ist William Stanley Jevons zu verdanken, daß durch seinen 1881 erschienenen Artikel «What is the Nationality of Political Economy?» der *Essai* nach mehr als einem Jahrhundert wiederentdeckt wird. Jevons selbst bezeichnet das Werk als «die Wiege der Politischen Ökonomie» (1871, S. 164). Auch spätere Autoren wie Higgs (1891, 1892) und Spengler (1954) verweisen auf den Genius Cantillons. Und Joseph Schumpeter schreibt über ihn: «Die Palme aber gebührt Cantillon, dessen [...] *Essai* [...] als erste systematische Darstellung des Feldes der Nationalökonomie betrachtet werden kann.» (1914, S. 143)

Literatur

1. Werkausgaben

Cantillon, R. [1755] 1931. Abhandlung über die Natur des Handels im allgemeinen, übersetzt von Hella Hayek, hrsg. und eingel. von Friedrich A. Hayek, Jena.

Cantillon, R. [1755] 1964. Essai sur la nature du commerce en général, hrsg. und übersetzt von H. Higgs, New York.

2. Weiterführende Literatur

Blaug, M. (Hrsg.) 1991. Richard Cantillon (1680–1734) and Jaques Turgot (1727–1781). Pioneers in Economics, Bd. 9, Cheltenham und Northhampton.

Brewer, A. 1992. Richard Cantillon. Pioneer of Economic Theory, London und New York.

Higgs, H. 1891. Richard Cantillon, in: Economic Journal Bd. 1, S. 262–291.

Higgs, H. 1892. Cantillon's Place in Economics, in: Quarterly Journal of Economics, Bd. 6, S. 436–456.

Hone, J. 1944. Richard Cantillon, Economist – Biographical Note, in: The Economic Journal, Bd. 54, S. 96–100.
Hume, D. 1752. Political Discourses, Edinburgh.
Jevons, W.S. 1871. Principles of Economics: A Fragment of a Treatise on the Industrial Mechanism of Society, and Other Papers (with a Preface By Henry Higgs), London.
Jevons, W.S. 1881. Richard Cantillon and the Nationality of Political Economy, in: Contemporary Review, Wiederabdruck in: R. Cantillon, Essai sur la nature du commerce en general, hrsg. und übersetzt von H. Higgs.,1964, New York.
Klingen, H. 1992. Politische Ökonomie der Präklassik. Die Beiträge Pettys, Cantillons und Quesnays zur Entstehung der klassischen politischen Ökonomie, Marburg.
Law, J. 1705. Money and Trade Considered with a Proposal for Supplying the Nation with Money, in: Law (1934).
Law, J. 1934. Œuvres Complètes, 3 Bde., hrsg. von P. Harsin, Paris.
Malthus, T.R. 1815. An Inquriy into the Nature and Progress of Rent, and the Principles by which it is regulated, London.
Murphy, A. E. 1986. Richard Cantillon: Entrepreneur and Economist, Oxford.
Niehans, J. 1987. Richard Cantillon und sein *Essai*. Vademecum zu einem frühen Klassiker der ökonomischen Wissenschaft, hrsg. von H. C.: Recktenwald, W. Engels, H. Hax und F. A. v. Hayek, Düsseldorf.
Petty, W. [1676] 1690. Political Arithmetick, London. Wiederabdruck in: Petty (1986).
Petty, W. 1986. The Economic Writings of Sir William Petty, hrsg. von C.H. Hull, New York.
Postlethwayt, M. 1751. The Universal Dictionary of Trade and Commerce. Translated from the French of the Celebrated Monsieur Savary. Bd.1, London.
Schumpeter, J. 1914. Epochen der Dogmen- und Methodengeschichte, Grundriß der Sozialökonomik, I/1, Tübingen.
Smith, A. 1976. An Inquiry into the Nature and Causes of the Wealth of Nations, 2 Bde., in: The Glasgow Edition of the Works and Correspondence of Adam Smith, hrsg. von R. H. Campbell und A. S. Skinner, Oxford.
Spengler, J.J. 1954. Richard Cantillon: First of the Moderns II, in: Journal of Political Economy, Bd.62, S. 406–424.
Sraffa, P. 1960. Production of Commodities by Means of Commodities, Prelude to a Critique of Economic Theory, Cambridge.
Walsh, V. 1987. Cantillon, Richard, in: The New Palgrave. A Dictionary of Economics, hrsg. von John Eatwell, M. Milgate und P. Newman, Bd.1, S. 317–320.

Wolfgang Eichert

François Quesnay
(1694–1774)

I. Leben

François Quesnay erblickt im Jahr 1694 in Mère, Seine-et-Oise, als achtes von insgesamt dreizehn Kindern einer französischen Kleinbauernfamilie das Licht der Welt. Sein Vater Nicholas, der neben der Landwirtschaft auch als Krämer tätig ist, kann nur wenig Zeit für die Erziehung des Jungen aufbringen, sodaß diese Rolle der Mutter zukommt. François wächst ohne Schulbildung auf, lernt aber von einem Gärtner Lesen und Schreiben und zeigt schon bald Interesse an den Schriften von Platon, Aristoteles und Cicero. Mit 17 Jahren beginnt er eine Ausbildung als Kupferstecher in Paris und belegt an der Medizinischen Fakultät Kurse in Chirurgie, aber auch in den Naturwissenschaften, der Mathematik und der Philosophie. Die Lehre schließt er 1716 ab, und ein Jahr darauf erhält er auch das Diplom zum *Maître-chirurgien*, wonach er sich als Wundarzt in Mantes niederläßt. Im gleichen Jahr heiratet er Jeanne-Cathérine Dauphin, die Tochter eines Gewürzkrämers. Sie wird ihm vier Kinder gebären, von denen allerdings nur zwei überleben. Jeanne-Cathérine selbst stirbt 1728, worauf Quesnay bis zu seinem Lebensende Witwer bleibt.

Seine Arbeit als Wundarzt betreibt er recht erfolgreich und praktiziert auch in aristokratischen Kreisen. 1734 bekommt er schließlich eine feste Stelle beim Herzog von Villeroy. In dieser Zeit erscheint auch seine erste medizinische Veröffentlichung «Essai physique sur l'économie animale» (Bd. 1, S. 7–60).[1] Er beschäftigt sich umfassend mit Theorie und Praxis des Aderlasses, wird jedoch von vielen Medizinern anfangs nicht ernst genommen. Mit zunehmen-

1 Sämtliche Verweise auf die Primärliteratur von François Quesnay beziehen sich auf die 2005 erschienene Ausgabe des Institut National d'Études Démographiques im Originaltext. In Band 2 befindet sich auch die ausführliche, leicht überarbeitete Biographie von Jacqueline Hecht aus der ersten Auflage 1958. Eine deutsche Version der ökonomischen Texte bietet z. B. die Übersetzung von Marguerite Kuczynski aus dem Jahr 1972, die in der Einleitung zahlreiche biographische Details enthält.

der Bekanntheit schwindet jedoch diese Geringschätzung und Quesnay wird 1737 in die Gilde der Chirurgen von Saint-Côme zu Paris aufgenommen. Drei Jahre später wird er zum Sekretär der Königlichen Chirurgischen Akademie ernannt. Weitere medizinische Publikationen folgen, so auch seine Promotionsschrift «De affectibus soporosis in genere». Das Jahr 1749 bringt für Quesnay einen weiteren Karrieresprung. Er wird Leibarzt der Marquise de Pompadour, der offiziellen Favoritin des Königs. Er wird zugleich in den Adelsstand erhoben und lebt fortan in Versailles. Die Gunst des Königs sichert er sich in den folgenden Jahren, als er den Dauphin, den Thronfolger, von den Pocken heilt. Auch finanziell hat er damit vorerst ausgesorgt und kauft sich für 40 000 Livres ein Herrengut in Beauvoir.

Quesnay wird Mitglied der Akademie der Wissenschaften und der Royal Society in London und steht mit knapp 60 Jahren am Höhepunkt seiner medizinischen Laufbahn, was für ihn gleichzeitig auch einen Wendepunkt bedeutet. Er wendet sich sukzessive von medizinischen Fragestellungen ab und beginnt sich für philosophische und ökonomische Themen zu interessieren. Er steht in engem Kontakt zum Intellektuellenkreis der *Enzyklopädisten* D'Alembert, Buffon, Diderot, Helvetius und Condillac und schreibt auch selbst einige Beiträge zur *Encyclopédie*. Vor allem der Protektion und den Beziehungen von Madame de Pompadour (vgl. Hecht, 2005, S. 1375) ist es zu verdanken, daß seine Beiträge «Fermiers» (Farmer) und «Grains» (Getreide) in den Jahren 1756 und 1757 veröffentlicht werden (Bd. 1, S. 127–159 und S. 161–212). Beide Artikel schreibt er in Anbetracht der angespannten politischen Lage unter dem Pseudonym «M. Quesnay, le fils». Die Einträge «Hommes» (Bevölkerung), «Impôts» (Steuern) und «Intérêt de l'argent» (Geldzins) (Bd. 1, S. 213–323 und Bd. 2, S. 847–853) werden von Quesnay nach einem Anschlag auf den König zurückgezogen. Die ersten beiden Texte werden erst zu Beginn des zwanzigsten Jahrhunderts publiziert, der dritte im Jahre 1766 im *Journal de l'agriculture*. Diese Schriften kennzeichnen den Beginn der *Physiokratischen Schule* der Nationalökonomie, deren Gründer François Quesnay werden soll.

Von besonderem Interesse für Quesnay ist neben der Landwirtschaft auch der Einfluß politischer Reformen, für die sich Quesnay zunehmend einzusetzen beginnt. Er kann den einflußreichen Marquis de Mirabeau von seinen Ansichten überzeugen und als treuen Anhänger und Fürsprecher der *Physiokratie* gewinnen. Mirabeau gibt seine alte Doktrin, allein die Bevölkerung eines Landes bestimme dessen Reichtum, zugunsten Quesnays Lehrmeinung, die Landwirtschaft sei die Basis des Wohlstands, auf. Zu diesem Thema publiziert Quesnay zu Beginn des Jahres 1758 den Artikel «Questions intéressantes sur la population, l'agriculture et le commerce» (Bd. 1, S. 331–387), in welchem er die grundlegenden Ideen der *Physiokratie* darlegt. Am Ende desselben Jahres erscheint schließlich die erste Ausgabe des «Tableau Économique» (Bd. 1, S. 397–403) und damit auch sein berühmtestes Werk. Es enthält eine kombinierte Darstellung der Produktions- und Verteilungsprozesse sowie der Nachfrage der gesamten Volkswirtschaft. Diese erste Darstellung enthält ein komplexes, ohne Erklärungen nur schwer zu verstehendes Schema. Durch spätere Dogmenhistoriker geprägt, hat sich für diese erste Version des *Tableaus* der Begriff des Zick-Zack-Schemas durchgesetzt (*la version zigzag*). Trotz der Komplexität zeigt sich König Ludwig XV. interessiert, und der Marquis de Mirabeau überredet Quesnay dazu, an einer verständlicheren Formulierung zu arbeiten, die schließlich auch im Jahr 1759 als zweite bzw. dritte Edition (Bd. 1, S. 404–411 und S. 412–438) folgt.

Bald darauf veröffentlicht Mirabeau die «Philosophie rurale» (Bd. 1, S. 639–820), die von Quesnay überarbeitet bzw. sogar teilweise selbst geschrieben wird (vgl. Kuczynski, 1971, S. XV). Die Physiokratische Schule findet danach weitere Anhänger, darunter auch einflußreiche Persönlichkeiten wie den Baron Turgot, der ein Jahrzehnt später Minister wird und einige Reformen im Sinne Quesnays durchsetzt (allerdings ohne allzu großen Erfolg). 1766 wird die «Analyse de la formule arithmétique du Tableau écono-mique» (Bd. 1, S. 527–41) publiziert, in der Quesnay auf die verwirrende Zick-Zack-Darstellung verzichtet und die Wirtschaftsverflechtungen mit aggregierten Größen darstellt. Ein Jahr später erscheinen in der «Physiocratie» (Bd. 1, S. 597–635) die letzten großen Werke von Quesnay, die von vielen Seiten heftig kritisiert werden. Der Einfluß der Physiokratischen Schule ist im Abstieg begriffen und Quesnay beschäftigt sich in seinen letzten Lebensjahren mit Problemen der Mathematik und Geometrie, ohne jedoch jemals Ergebnisse zu publizieren.

Nach dem Tod von Ludwig XV. muß er das königliche Schloß

verlassen und stirbt kurz darauf im Dezember 1774 in der Nähe von Versailles. Sein Vermögen beträgt beachtenswerte 250 000 Livres, die seinem einzigen verbliebenen Sohn Blaise-Guillaume zufallen (vgl. Kuczynski, 1971, S. XXVII).

2. Werk

François Quesnay befaßte sich einerseits mit einem breiten Spektrum an theoretischen Fragestellungen, andererseits waren die Physiokraten auch immer bemüht, diese in der Praxis zu implementieren. Im *Tableau Économique* stehen vor allem Produktion, Verteilung und Verwendung des Reichtums einer Gesellschaft im Vordergrund. Die Beschäftigung mit diesen Materien führte jedoch unweigerlich auch zu Fragen der Preistheorie, der Besteuerung sowie des Außenhandels und des Wachstums.

Das zentrale Dogma der *Physiokratie*[2] lautet, daß jedwede Analyse von den Gesetzen der Natur auszugehen habe. Insbesondere das Wirtschaftssystem ist aus dieser Perspektive zu betrachten und zu verstehen. Quesnay beschäftigt sich insbesondere mit der landwirtschaftlichen Produktion. Allein die Landwirtschaft ist im Stande, einen *Surplus*, ein Überschußprodukt zu erzeugen, das sich aus einem Überschuß an Outputs über Inputs definiert. Alle anderen Sektoren führen aus Sicht der Physiokraten lediglich Transformationen von bestimmten Gütern in andere durch, tragen jedoch nicht zur Wertschöpfung bei. Ein wichtiges Anliegen der Physiokratischen Schule ist daher die Stärkung der Landwirtschaft durch innenpolitische Reformen aber auch durch Liberalisierung des Außenhandels. Quesnay tritt für eine *Grande Culture* und Produktion auf höherem Skalenniveau ein. Die Vorstellung «Arme Bauern – Armes Königreich» (Kuczynski, 1971, S. LXIII) zieht sich wie ein roter Faden durch die Werke der Physiokraten.

Der *Tableau Économique* konkretisiert diese Konzepte in einem analytischen Rahmen. Es stellt eine zirkuläre, miteinander verflochtene Wirtschaft dar und erklärt sowohl die Produktionsprozesse als auch die Verteilung und die Verwendung des Reichtums. Ausgangspunkt ist die Unterscheidung von drei Klassen der Gesellschaft anhand ihrer Stellung in der Wirtschaft. Die *Produktive*

[2] Griechisch: Herrschaft der Natur.

Klasse setzt sich aus Landwirten und Pächtern zusammen, die *Sterile Klasse* umfaßt den ganzen Manufaktursektor, und die *Grundbesitzende Klasse* kann weitgehend als aus König, Adel und Klerus bestehend verstanden werden. Die Produktive Klasse stellt landwirtschaftliche und die Sterile Klasse Manufakturprodukte her, während die Grundbesitzer selbst nicht in der Produktion tätig sind, aber für ihren Grund und Boden eine Rente erhalten. Die erste Ausgabe des *Tableau Économique*, das sogenannte Zick-Zack-Modell, beschreibt nun die Ausgaben aller Klassen für diese zwei Produkttypen, wobei Quesnay unterstellt, daß die Ausgaben jeweils zur Hälfte für landwirtschaftliche und für Manufakturprodukte getätigt werden. Am Ende dieses Kreislaufs haben die Produktive und die Sterile Klasse genau soviel Geld erwirtschaftet, wie nötig ist, um die Inputs für die nächste Produktionsperiode zu kaufen. Zusätzlich hat die Produktive Klasse einen Überschuß von 100 % erwirtschaftet, der jedoch sofort der Grundbesitzenden Klasse als Rente zufließt. Danach beginnt die Produktion unter gleichen Bedingungen wieder von vorne. Quesnay beschreibt mit dem *Tableau* eine zirkuläre und stationäre Wirtschaft, die oft als Analogie zu William Harveys (1578–1657) Modell des Blutkreislaufs interpretiert wurde. Dies erscheint in Anbetracht von Quesnays Vergangenheit als Chirurg logisch, Rieter (1990) präsentiert jedoch schlüssige Argumente, wonach der *Tableau Économique* einer Kugellaufuhr nachempfunden sein könnte.

In der zweiten bzw. dritten Ausgabe des *Tableaus* und in der «Analyse de la formule arithmétique du Tableau économique» beleuchtet Quesnay neben der Ausgabenstruktur auch die Güterlieferungen genauer, die vorher nur rudimentär erkennbar waren. Diese Darstellung wurde oft als Multiplikatormodell (Helmstädter, 1983) oder einfache Input-Output-Tabelle (Phillips, 1955, S. 137–144) interpretiert. Quesnay selbst wollte mit dem *Tableau* auch eine normative Aussage treffen. Die Werte entsprechen nicht der gegenwärtigen Produktion in Frankreich, sondern dem anzustrebenden Zustand nach den notwendigen Reformen. Ausgehend von der *Culture actuelle* zeigt er, wie die Einkommen bei einer *Grande Culture* um ein Vielfaches gesteigert werden können.

Wirtschaftswachstum hängt im Kontext der Physiokratischen Schule nur von der Ausgabenstruktur ab. Je höher der Anteil des Einkommens, der in produktiven Konsum (landwirtschaftliche

Güter) investiert wird, um so größer ist auch das Überschußprodukt und Einkommen der nächsten Periode. Quesnay unterstellt dabei implizit, daß die Landwirte mit ihren Überschüssen die weitere Kultivierung des Landes finanzieren (Loïc, 2000, S. 6) und auf diese Weise eine *Grande Culture* der Landwirtschaft erreichen. Er erkennt, daß mit der Erhöhung der Nachfrage nach Korn und anderen landwirtschaftlichen Produkten die Bevölkerung wachsen muß. Er unterstellt, daß durch den Reichtum des Landes zahlreiche Immigranten nach Frankreich kämen und so die Nachfrage entsprechend anstiege. Grundvoraussetzung für Wirtschaftswachstum ist allerdings die Liberalisierung des Kornhandels, die sowohl das französische Steuersystem als auch die Importzölle betrifft. Wirtschaftswachstum wird durch Veränderung der Ausgabenstruktur bzw. Rahmenbedingungen verursacht. Ohne einen derartigen Anstoß ist eine Physiokratische Ökonomie stationär.

Die *Wert- und Preistheorie* von Quesnay kennt bereits die Unterscheidung des *valeur usuelle* (Gebrauchswert) und des *valeur vénale* (Tauschwert), wie sie später auch Adam Smith (1976) trifft. Um den Wohlstand einer Gesellschaft zu bestimmen, sind daher auch die Tauschwerte zu berücksichtigen, da die Gebrauchswerte eines Gutes individuell variieren können (Vaggi, 1987, S. 60). Zur Illustration des *valeur usuelle* und *valeur vénale* nennt er das bekannte Beispiel von Diamanten und Wasser bzw. Nahrung, welches das erste Mal bei Locke (1823, S. 41) vorkommt. Während Diamanten einen außerordentlich hohen Tauschwert, aber einen geringen Gebrauchswert haben, verhält es sich bei Wasser genau umgekehrt. Der Tauschwert spiegelt dabei die Schwierigkeit der Herstellung wider. Diamanten sind knapp und erfordern viel Aufwand zur Beschaffung, während Wasser ohne Probleme zu besorgen ist.

Neben diesem Konzept der Werttheorie differenziert Quesnay vor allem bei landwirtschaftlichen Produkten auch zwischen dem *prix du vendeur* und dem *prix de l'acheteur*. Ersterer bezeichnet jenen Preis, den der Farmer vom Großhändler erhält, während letzterer den Preis des Endverbrauchers darstellt. Die Differenz dazwischen ist der Gewinn des Händlers. Quesnay kritisierte den Zwischenhandel massiv, da die Händler im Vergleich zu den Produzenten und Konsumenten erheblich mehr Marktmacht besitzen und den *prix du vendeur* künstlich niedrig bzw. den *prix de l'acheteur* entsprechend hoch halten. Da Händler der Sterilen Klasse zugehörig sind und durch ihre Tätigkeit keinen Überschuß erzielen, verringert diese Diskrepanz die Produktivität und den Wohlstand. In einer idealisierten *Grande Culture* seien Zwischenhändler schlußendlich gar nicht mehr nötig.

Der *prix fondamental* der Physiokraten kann als Pendant zum *natürlichen Preis* bei Adam Smith (1976) angesehen werden. Dieser umfaßt die Kosten für alle Rohstoffe, Löhne sowie den Verschleiß von Fixkapital. Wenn der *prix du vendeur* unter den *prix fondamental* fällt, wird der Landwirt die Bewirtschaftung des Bodens beenden. Liegt er darüber, so kann er investieren und im nächsten Jahr mehr produzieren.

Die *Verteilungstheorie* der Physiokraten behandelt in erster Linie Löhne und Grundrenten, und Profite bzw. Zinsen nur hintergründig. In Analogie zu anderen klassischen Autoren werden die Verteilungsvariablen asymmetrisch behandelt (Kurz und Salvardori, 2003, S. 44). Für gegebene Löhne ergeben sich die Grundrenten endogen aus dem Produktionsprozeß. Die Rolle der Profite der Landwirte sieht Quesnay darin, daß diese sofort für Investitionen verwendet werden und nicht in den Konsum fließen.

Quesnay fordert eine *impôt unique* (Alleinsteuer) auf die Grundrente. Dieses Besteuerungskonzept entspricht exakt der Physiokratischen Doktrin, daß nur die Landwirtschaft produktiv sei und die gesamte Wertschöpfung als Rente an die Grundbesitzer bezahlt wird. Nur diese Komponente kann besteuert werden, da bei allen anderen Sektoren aufgrund des Rückgangs der Vorräte notwendigerweise die Produktion der nächsten Periode zurückginge. Durch eine *impôt unique* könnten die Farmer im Gegenteil sogar mehr investieren und einen weiteren Schritt in Richtung *Grande Culture* machen. Hier identifiziert Quesnay die Möglichkeit von technischem Fortschritt und propagiert beispielsweise den Einsatz von Pferden statt Ochsen in der Landwirtschaft. Diese erbringen mehr Leistung, sind aber auch im Unterhalt teurer, sodaß sie nur für reiche Farmer rentabel sind. Die Alleinsteuer würde die Bauern entlasten und eine Produktion auf höherem Niveau erlauben.

Die *Außenhandelstheorie* der Physiokratie sagt aus, daß ein größerer Markt für landwirtschaftliche Produkte und freie Konkurrenz die Handelsspanne zwischen dem *prix du vendeur* und dem *prix de l'acheteur* verringern würde. So würde die Produktivität steigen und der *Surplus* wachsen. Quesnay spricht sich deshalb für eine Lockerung der Zollbestimmungen aus und fordert den freien Handel landwirtschaftlicher Basisprodukte. Diese Idee eines unbeschränkten Marktes wird von Turgot während seiner Amtszeit als Minister weitergeführt, aufgrund innen- und außenpolitischer Kritik konnte dieser Plan allerdings nicht vollständig in die Realität umgesetzt werden (Eltis, 1993). Turgot will die Transformation von zentralistischen Strukturen in eine Marktwirtschaft zu schnell durchsetzen, was zu Aufständen und letztendlich auch zur Revolution führt (Faccarello, 1994).

3. Wirkung

Das Werk von François Quesnay fasziniert und inspiriert Autoren der unterschiedlichsten Denkrichtungen. Vor allem die Konzeption des *Tableau Économique* beeinflußt klassische und neoklassische, keynesianische und empirische Ökonomen.

Adam Smith (1976) beschäftigt sich intensiv mit Physiokratischen Theorien und verwendet ein ähnliches Konzept der Gebrauchs- und Tauschwerte. Smith sieht die Rente als Zeichen der Freizügigkeit der Natur und betont den hohen Stellenwert der Landwirtschaft. An der Physiokratie kritisiert er jedoch die Ansicht, lediglich die Landwirtschaft sei produktiv. Er bezeichnet mit *produktiver Arbeit* all jene Tätigkeiten, die akkumulierbares Kapital erzeugen. Unproduktiv ist Arbeit dann, wenn kein akkumulierbarer Output hergestellt wird. Die Manufaktur kann unter dieser Definition durchaus produktiv sein und zum Überschußprodukt beitragen.

Karl Marx ist voll des Lobes für François Quesnay und bezeichnet den *Tableau* als einen «höchst geniale[n] Einfall, unstreitig der genialste, dessen sich die politische Ökonomie bisher schuldig gemacht hat.» (Marx, 1968, S. 319) Er entwickelt aus dem *Tableau* ein eigenes Schema der Produktion und Verteilung (Gehrke und Kurz, 1995). Die Identifikation der gesellschaftlichen Klassen nach ihrer wirtschaftlichen Tätigkeit prägt die Vorstellung von Marx. Das Verständnis eines *produit net*, als Überschuß des Outputs über die Inputs, führt letztendlich zur Theorie des Mehrwertes bei Marx.

Die simultane Betrachtung der Landwirtschaft und der Manufaktur im *Tableau Économique* deutet auch auf ein allgemeines Gleichgewicht der Neoklassik hin (Schumpeter, 1954). Die Akteure produzieren und konsumieren derart, daß am Ende jeder Periode alle Märkte vollständig geräumt sind und sich ein Gleichgewicht einstellt. Quesnays *Tableau* kann auf diese Weise als Totalanalyse mit interdependenten Märkten betrachtet werden.

Mit der Forderung, die landwirtschaftliche Produktion zu steigern und die Multiplikatoreffekte zu nützen, ist die Physiokratie ein Vorläufer der Keynesianischen Theorie. Helmstädter (1983) zeigt, daß insbesondere die erste Ausgabe des *Tableaus* als Multiplikatormodell verstanden werden kann. Der zirkuläre Aspekt der Produktion wird von Piero Sraffa (1960) betont, der die Differenzierung zwischen Produktionsfaktoren und Endprodukten in der Neoklassik ablehnt.

Neben dem Einfluß auf die ökonomische Theorie leistet François Quesnay auch Pionierarbeit bei empirischen Fragestellungen. Für Wassily Leontief ist die von ihm eingeführte Input-Output-Methode «eine Anwendung der Kreislaufidee Quesnays» (Leontief und Recktenwald, 1987, S. 18), dessen *Tableau Économique* ebenso wie Input-Output-Tabellen die Güter- und Dienstleistungsströme zwischen den Sektoren einer Volkswirtschaft beschreibt.

Literatur

1. Werkausgaben

Quesnay, F. 1971. Ökonomische Schriften, hrsg. und übersetzt von Marguerite Kuczynski, 2 Bde., Berlin.

Quesnay, F. 2005. Œuvres Économiques Complètes et Autres Textes, hrsg. von Christine Théré, Charles Loïc, und Jean-Claude Perrot, 2 Bde., Paris.

2. Weiterführende Literatur

Cannon, D. B. 1997. Physiocrats, The, in: International Encyclopedia of Economics, Bd. 2, London, S. 1165–1168.

Cartelier, J. 1998. Quesnay, François, and the Tableau Économique, in: The Elgar Companion to Classical Economics, Bd. 2, hrsg. von Heinz D. Kurz und Neri Salavdori, Cheltenham und Northampton.

Eltis, W. 1993. France's Free Market Reforms in 1774-6 and Russia's in 1991–3: The Immediate Relevance of L'Abbé de Condillac's Analysis, in: The European Journal of the History of Economic Thought, 1, S. 5–19.

Faccarello, G. 1994. ‹Nil Repente!›: Galiani and Necker on Economic Reforms, in: The European Journal of the History of Economic Thought, 1, S. 519–550.
Gehrke, Ch., und Kurz, H. D. 1995. Karl Marx on Physiocracy, in: The European Journal of the History of Economic Thought, 2, S. 53–90.
Hecht, J. 2005. La vie de François Quesnay, in: Œuvres Économiques Complètes et Autres Textes, hrsg. von Christine Théré, Charles Loïc und Jean-Claude Perrot, 2 Bde., Paris.
Helmstädter, E. 1983. Quesnays Multiplikatortableau als kreislaufanalytisches Instrument, in: Studien zur Entwicklung der ökonomischen Theorie III, hrsg. von Harald Scherf, Berlin.
Kellner, G. 1847. Geschichte des Physiokratismus, Göttingen.
Kuczynski, M. 1971. Einleitung des Herausgebers, in: François Quesnay – Ökonomische Schriften, hrsg. und übersetzt von Marguerite Kuczynski, 2 Bde., Berlin.
Kuczynski, M., und Meek, R. 1972. Quesnay's Tableau Économique, London.
Kurz, H. D. 2008. Physiocracy, in: International Encyclopedia of the Social Sciences, 2. Aufl., Bd. 6, Detroit, S. 266–268.
Kurz, H. D. 2008. Quesnay, François, in: International Encyclopedia of the Social Sciences, 2. Aufl., Bd. 6, Detroit, S. 666 f.
Kurz, H. D., und Salvadori, N. 2003. Classical Economics and Modern Theory – Studies in Long Period Analysis, London.
Leontief, W. 1941. The Structure of American Economy, 1919–1939, Cambridge.
Leontief, W., und Recktenwald, H. C. 1987, Über François Quesnays «Physiocratie« – Vademecum zu einem frühen Klassiker, Düsseldorf.
Locke, J. 1823. Some Considerations of the Consequences of the Lowering of Interest and Raising the Value of Money, (Original 1691), in: The Works of John Locke, Bd. 5, hrsg. von T. Tegg, London.
Loïc, Ch. 2000. From the Encyclopédie to the Tableau Économique: Quesnay on Freedom of Grain Trade and Economic Growth, in: The European Journal of History of Economic Thought, 7, S. 1–21.
Marx, K. 1968, Theorien über den Mehrwert, Teil 1, Frankfurt am Main.
Meek, R. 1962. The Economics of Physiocracy, Fairfiled.
Phillips, A. 1955. The Tableau Économique as simple Leontief Model, in: Quarterly Journal of Economics, 69, S. 137–144.
Pressman, St. 1994. Quesnay's Tableau Économique, A Critique and Reassessment, Fairfield.
Rieter, H. 1990 Quesnays Tableau Économique als Uhren-Analogie, in: Studien zur Entwicklung der ökonomischen Theorie IX, hrsg. von Harald Scherf, Berlin.
Schumpeter, J. A. 1954. History of Economic Analysis, London.
Smith, A. 1976. An Inquiry into the Nature and Causes of the Wealth of Nations (1. Aufl. 1776), in: The Glasgow Edition of the Works and Correspondence of Adam Smith, 2 Bde., hrsg. von R. H. Campbell, A. S. Skinner und W. B. Todd, Oxford.
Sraffa, P. 1960. Production of Commodities by Means of Commodities. Prelude to a Critique of Economic Theory, Cambridge.

Vaggi, G. 1987. The Economics of François Quesnay, Macmillan, Durham.
Vaggi, G. 1998. François Quesnay, in The New Palgrave. A Dictionary of Economics, London, Bd. 4, S. 22–29.

Richard Sturn

Adam Smith
(1723–1790)

I. Leben

Adam Smith wird 1723 als Sohn von Margaret Douglas und Adam Smith Sr. in Kirkcaldy an der Ostküste Schottlands geboren und am 5. Juni getauft. Sein Vater, der im Januar 1723 verstorben war, hatte verschiedene gehobene Beamtenpositionen in Zolldienst und Militärgerichtsbarkeit bekleidet. Über die Kindheit des berühmtesten aller Ökonomen berichtet Dugald Stewart, Smith' erster Biograph, daß seine Konstitution nicht die robusteste gewesen sei. Erst im neunten Lebensjahr beginnt er mit dem Schulbesuch an der Burgh School in Kirkcaldy. Smith, der unverheiratet bleibt, entwickelt eine enge und zeitlebens für ihn zentrale Beziehung zu seiner Mutter, in deren Haushalt er in verschiedenen Phasen seines Lebens zurückkehren wird. 1737, im Alter von vierzehn Jahren, immatrikuliert er sich an der Universität Glasgow, wo er von dem bedeutenden Philosophen Francis Hutcheson beeinflußt wird, dessen proto-utilitaristische Lehre ethischer Gefühle das Recht als Instrument zur Kanalisierung des Egoismus im Sinn der allgemeinen Wohlfahrt begründet.

1740 kommt er in den Genuß eines Stipendiums für das Balliol College in Oxford, wo er bis 1746 bleibt. In seinem Magnum opus *An Inquiry into the Nature and Causes of the Wealth of Nations* (kurz *WN*) wird er diese ehrwürdige Universität als Negativmodell einer erstarrten Bildungsinstitution zeichnen. Für den jungen Smith indes bieten das Oxforder Milieu, die geringe Belastung durch curriculare Verpflichtungen und die vorzüglichen Bibliotheken treffliche Voraussetzungen für den Erwerb von Literaturkenntnis und die Verfeinerung des sprachlichen Ausdrucks. Beides kommt ihm zugute, als er 1748 nach einem zweijährigen Aufenthalt in Kirkcaldy eine erfolgreiche Vorlesungstätigkeit in Edinburgh im Bereich Rhetorik und Literatur aufnimmt, die ihm sowohl ein passables Einkommen wie auch Reputation beschert.

1751 erlangt er die Professur für Logik an der Universität Glasgow, worin er, wie auch beim Zustandekommen der Edinburgher

Vorlesungen, von Henry Home (Lord Kames, selbst ein bedeutender Sozialtheoretiker) unterstützt wird. Da im November 1751 in Glasgow der Lehrstuhl für Moralphilosophie durch einen Todesfall vakant wird, findet er durch eine entsprechende Berufung schon bald seine institutionelle akademische Verankerung auf jenen Terrains, auf die sich sein Wirken als Theoretiker konzentrieren sollte: Ethik, Rechtswesen und Ökonomik. Die Publikation der erfolgreichen und bedeutenden *Theory of Moral Sentiments* 1759 (kurz *TMS*) – von der zu Smith' Lebzeiten sechs, teilweise ausführlich überarbeitete und erweiterte Fassungen erscheinen – begründet seinen Ruf über die Britischen Inseln hinaus, ein Ruf, der sogar Hörer aus dem fernen Rußland nach Glasgow führt.

Es ist charakteristisch für Smith, daß er auch immer wieder Verantwortung für die Universität Glasgow übernimmt, nicht nur durch die Bekleidung akademischer Ämter (Dekan 1760, Vizerektor 1761, Lord Rector 1787). Etwa erwägt er schon 1751, selbst frisch Berufener, das Für und Wider einer Berufung von David Hume nach Glasgow, und zwar in einer Art und Weise, die durchaus strategisch-politisches Kalkül in heiklen Angelegenheiten erkennen läßt (*Correspondence of Adam Smith* Nr. 10). Hume, mit dem Smith spätestens seit 1752 in zunehmend freundschaftlichem Kontakt steht, vermittelt diesem eine lukrative Tutorenstelle, für die er 1764 seine Professur aufgibt, Glasgow verläßt und den jungen Herzog von Buccleuch und dessen Bruder bei einem Frankreich-Aufenthalt begleitet. Nach einem wenig befriedigenden Auftakt der Reise in Toulouse lernt Smith in Genf Voltaire und in Paris d'Alembert, Holbach, Helvetius und Quesnay (den er auch als Arzt für seine beiden Zöglinge konsultiert, die nacheinander erkranken) kennen. 1766 stirbt der Bruder des jungen Herzogs, worauf Smith mit dem Herzog nach London zurückkehrt. Verschiedentlich berät er politische Entscheidungsträger, 1766 etwa Charles Townsend, Stiefvater des Herzogs von Buccleuch und Schatzkanzler. Seine Beratungstätigkeit hinsichtlich der Probleme des amerikanischen Unabhängigkeitskriegs spiegelt sich in einem Manuskript (*Correspondence* App. B) und diversen Passagen des *WN* wider. 1767 übersiedelt er – finanziell unabhängig aufgrund des als Pension weiter gewährten Tutorenhonorars von £ 300 p. a. – wieder nach Kirkcaldy, um an seinem Hauptwerk zu arbeiten, welches 1776 erscheint und sich alsbald als enormer Erfolg in jeder Hinsicht erweist.

1778 wird er – nicht ohne Zutun des Herzogs von Buccleuch – zum Commissioner of Customs für Schottland ernannt, was ihm zusammen mit der weitergewährten Pension des Herzogs und den Einnahmen aus dem *WN* ein mehr als komfortables Einkommen sichert. Im gemeinsamen Haushalt mit seiner Mutter und seiner Cousine Janet Douglas läßt er sich in Edinburgh nieder. In den 1780er Jahren ist er mit seinen Pflichten als Commissioner of Customs beschäftigt, ein Amt, das er entgegen Schumpeters Vermutung keineswegs als Sinekure genießt. Daneben unternimmt er ausführliche Revisionen von *WN* und *TMS* (von der eine gründlich umgearbeitete 6. Auflage 1790 erscheint) und hat nach eigenem brieflichen Zeugnis (*Correspondence* Nr. 248) zwei Werke «auf dem Amboß», deren eines das Rechtswesen zum Gegenstand hat und die systematische Lücke in seinem publizierten Werk zwischen Ethik (*TMS*) und Ökonomie (*WN*) geschlossen hätte. Die Vorarbeiten hierzu verbrennen Joseph Black und James Hutton wenige Tage vor Smith' Tod (17. Juli 1790) auf dessen Geheiß vor seinen Augen ebenso wie jene zu einer «philosophischen Geschichte» aller Literaturgattungen, von denen er im erwähnten Brief spricht.

Edinburgh verläßt er für längere Zeit nur 1782 und 1787. In diesen Jahren weilt er für einige Monate in London. 1782 steht dies u. a. in Zusammenhang mit umfänglichen Arbeiten an der 3. Auflage von *WN*, während 1787 medizinische Behandlungen ein Anlaß der Reise sind, in deren Rahmen er wohl auch von der Regierung Pitts des Jüngeren (der als Smithianer gilt) konsultiert wird. Nach dem Tod seines Freundes David Hume, mit dem ihn eine von konstruktiver Differenz und kritischer Übereinstimmung getragene Beziehung verbunden hatte, sind Smith' letzte Lebensjahre von zwei weiteren persönlichen Verlusten überschattet: jener der Mutter 1783 und jener von Janet Douglas 1787.

2. Werk

Smith als Ökonom. Smith' ökonomisches Werk ist für den interessierten modernen Leser gut zugänglich und bereitet gerade in der Originalsprache einiges an Lesevergnügen. Im Gegensatz zur ökonomischen Fachliteratur späterer Generationen können auch Nichtökonomen an diesem Vergnügen teilhaben und Smith mit Gewinn lesen – so wie eine gelungene Bildkomposition auch Betrachter anspricht, die wenig um ihre kunstgeschichtlichen und ikonographischen Hintergründe wissen. Smith' Werk gehört dennoch von seinen Entstehungsbedingungen und seiner Wirkungsgeschichte her zum Komplexesten, was die ökonomische Theoriegeschichte zu bieten hat. Sinn und Bedeutung seines Werks sind nicht ohne die Berücksichtigung einiger Schlüsseltatsachen zu erfassen:

- Smith ist die Leitfigur eines politisch in hohem Maße anschlußfähigen, empirieoffenen Wirtschaftsliberalismus mit breiter und nachhaltiger Strahlkraft.
- Sein Beitrag ist maßgebend für die Entwicklung der Ökonomie als akademische Disziplin in Lehre und Forschung.
- Wie bei keinem anderen großen Ökonomen sind bei Smith die genuin ökonomischen Probleme im modernen Sinn (Ressourcenallokation, Anreize, Preissystem, Arbeitsteilung) in ein Milieu dynamischer Prozesse eingebettet.
- Er strebt dies alles mit beispielloser Umsicht in Hinblick auf die Wirkung und auf die theoretischen Grundlagen an. Griswold (1999, S. 26) bringt dies trefflich auf den Punkt: «Smith wußte, was er tat und schrieb genau das, was er schreiben wollte.»

In *Wealth of Nations,* Smith' Hauptwerk, sind drei zusammenhängende Momente der Vermögensvermehrung die zunehmende Arbeitsteilung, die Ausdehnung von Marktbeziehungen und die Akkumulation von Kapital. Die eingangs des *WN* als zentrale Problemperspektive eingeführte dynamische Sicht von Arbeitsteilung und Spezialisierung kann als Grundmotiv seines Gesamtwerks gar nicht hoch genug eingeschätzt werden. Das Phänomen der ökonomischen Arbeitsteilung und ihre wohlfahrtsdienlichen Effekte sind zu Smith' Zeit schon lange bekannt. Deswegen wird mitunter argumentiert, originell bei Smith sei in diesem Zusammenhang nur die außergewöhnlich starke Gewichtung, welche der Arbeitsteilung unter den Triebkräften des Wachstums zugeschrieben werde. Diese Einschätzung ist aus zwei Gründen falsch:

(1) Sie verkennt die entschiedenen Fortschritte, die Smith in der Konzeption von innerbetrieblicher und gesamtgesellschaftlicher Arbeitsteilung und Spezialisierung macht. Smith bleibt keineswegs beim berühmten Beispiel der innerbetrieblichen Arbeitszerlegung stehen, wonach sich die tägliche Menge an produzierten Steckna-

deln vervielfachen läßt, wenn die benötigten 18 Arbeitsschritte auf 18 Arbeiter verteilt und nicht von jedem Arbeiter nacheinander vollzogen werden. Die Pointe seiner Darstellung ist vielmehr, daß die moderne Form von Arbeitsteilung weitere neue Arbeitsteilungen hervorbringt: Sie ist ein ungeplanter (und unplanbarer) Prozeß der kumulativen Verursachung mit dynamisch steigenden Skalenerträgen, ein Prozeß, dessen Fortschreiten nur durch die Reichweite des Marktes begrenzt wird. Von diesen dynamischen Elementen ist auch bei den zeitnäheren Vorläufern Smith' wenig zu sehen, während Rae, Babbage und Marx im 19. Jahrhundert kritisch darauf aufbauen können.

(2) Smith stellt die Ausführungen über die Arbeitsteilung wohl nicht ohne Grund an den Anfang seiner Abhandlung. Dies hat den Sinn, die im langen Titel des *WN* annoncierte allgemeine Problemstellung des Werks in Hinblick auf die damit verbundenen wissenschaftlichen Herausforderungen zu präzisieren: Das relevante Milieu, bezüglich dessen es *the nature and causes of wealth* zu erforschen gilt, ist ein Wachstumsprozeß auf der Basis interdependenter Sub-Prozesse mit eigenen Spezialisierungsdynamiken. Eindrucksvoll ist etwa Smith' Skizze der Spezialisierungsdynamiken hinsichtlich der Erzeugung neuen technologischen Wissens. Gerade anhand der *Early drafts* zum *WN*, welche die Beschäftigung Smith' mit ökonomischen Problemstellungen in den frühen 1760er Jahren belegen, läßt sich schön nachvollziehen, wie Smith aus diesem Komplex ungeplanter dynamischer Interdependenzen heraus die zentrale Rolle wettbewerblich-marktförmiger Koordination und preislicher Anreize begründet. Moralisch gestützte Koordination ist in einem solchen Milieu entbehrlich: Die *unsichtbare Hand* in Wettbewerbs- und Preismechanismen sorgt dafür, daß wir nicht auf das Wohlwollen des Metzgers, Bäckers oder Braumeisters für unsere Mahlzeit angewiesen sind, sondern auf deren Eigeninteresse bauen können, wie Smith in *WN* I.ii erklärt. Diese Stelle wird nicht nur aufgrund ihrer einprägsamen Rhetorik zu Recht viel zitiert: In der Tat bringt sie das Motiv des Moralphilosophen Smith für seine konsequente Orientierung auf ein ökonomisches Forschungsprogramm im Sinne moderner Wissenschaft prägnant auf den Punkt.

Folglich werden im Anschluß an die Zentralkonzeptionen Arbeitsteilung und Tausch die ungeplanten und unerwarteten Effekte und Rückkopplungen im Gefüge komplexer Tauschbeziehungen –

der Marktwirtschaft – in den Blick genommen. Preis- und Lohntheorie ergeben sich hieraus als primäre Forschungsagenda. Dabei zeichnet sich auch eine weitere Zentralkonzeption der Smithschen Politischen Ökonomie ab: die Konkurrenz. Diese ist auch Dreh- und Angelpunkt seines ordnungspolitischen Entwurfs des *systems of natural liberty.*

Preis- und allokationstheoretische Fragen werden in einem dynamischen Rahmen formuliert und abgearbeitet: Smith ist an den Bedingungen einer wachsenden Wirtschaft interessiert – gerade auch in Hinblick auf Preise und Löhne. Daraus folgt allerdings, daß Smith' einschlägige Modellierungen nicht ohne weiteres als Vorform der modernen Allokationsproblematik gesehen werden können, in der Preise ausschließlich als Knappheitssignale fungieren. Formen und Ursachen von Arbeitsteilung sowie deren Bezug zu marktförmiger Koordination werden in den ersten drei Kapiteln des *WN* diskutiert. Die Ausdifferenzierung eines spezifischen Gutes als Geld und im weiteren einschlägiger Institutionen (Kapitel 4) ergibt sich als koevolutorischer Prozeß zur fortschreitenden Arbeitsteilung. Hieraus motiviert Smith nun die Frage nach den Gesetzmäßigkeiten, wonach sich Tauschrelationen herausbilden. Er wendet sich aber nicht sofort der theoretischen Bestimmung relativer Preise zu: Zunächst gilt es, im Anschluß an das Geldkapitel im Rahmen einer Werttheorie merkantilistische Fehleinschätzungen zu korrigieren, wonach eine größere Geldmenge höhere Wohlfahrt und dynamische Prosperität ausdrücke.

Dieses Problem, das auch Smith' Freund David Hume (1988, 205 ff.) in seinem berühmten Essay «Über Geld» scharfsinnig behandelt hatte, motiviert die Einführung von Arbeit als absolutem Wertmaßstab: «Einzig und allein die Arbeit, die sich in ihrem Wert niemals verändert, ist daher das endgültige und wirkliche *(ultimate and real)* Maß, mit dem der Wert aller Waren immer und überall geschätzt und verglichen werden kann.» (*WN* I.v.7) Das Problem derartiger Vergleiche – auch zwischen historisch bzw. geographisch distanzierten Ökonomien – führt somit zur vielkritisierten Arbeitswertlehre. Zur Bestimmung der Austauschverhältnisse auf Märkten reicht die Arbeitswertlehre freilich nur in jenem Frühstadium wirtschaftlicher Entwicklung aus, in dem kein Kapital und kein Grundeigentum existieren. Unter modernen Bedingungen folgen die relativen Austauschverhältnisse den natürlichen Entlohnungen jener Faktoren, die zur Produktion der jeweiligen Güter benötigt werden: Arbeit (Lohn), Kapital (Profit) und Grundeigentum (Rente). Smith' Drei-Komponententheorie des Preises korrespondiert mit einer Gesellschaftsanalyse, welche von drei funktional für den Produktionsprozeß notwendigen Klassen (Arbeiter, Kapitalisten, Grundbesitzer) ausgeht, denen die drei Einkommensarten (Lohn, Profit, Rente) zufallen. Der durch die Addition dieser drei Komponenten herzuleitende *natürliche Preis* ist jenes Gravitationszentrum, jenes Gleichgewicht, zu dem die Marktpreise unter Konkurrenzbedingungen beständig tendieren. Die Marktpreise sind von zufälligen und kurzfristigen Faktoren abhängig, die auf Angebot und Nachfrage wirken. Sie können niemals für längere Zeit unter den natürlichen Preisen verharren, wohingegen es institutionelle Umstände (z. B. Monopole) gibt, die sie längere Zeit bzw. dauerhaft über den natürlichen Werten stabilisieren.

Aber wie werden die natürlichen Entlohnungen der drei Faktoren bestimmt? Zentrum der Lohntheorie Smith' ist ein sozio-kulturell erweiterter und langfristig demographisch rückgekoppelter Familien-Reproduktionslohn, ergänzt um vielfältige Betrachtungen, die kompensierende Lohndifferentiale ebenso vorwegnehmen wie Elemente der Effizienzlohntheorie (vgl. Sturn 1990). Insbesondere letztere lassen sich zusammen mit sozio-demographischen Überlegungen trefflich in seine These integrieren, wonach Wirtschaftswachstum, erhöhte Arbeitsproduktivität und höhere Löhne sich wechselseitig bedingen. Auch die Profitrate steht, wenn auch mit anderem Vorzeichen, in Zusammenhang mit den dynamischen Bedingungen der Ökonomie, nämlich der «Zunahme oder Abnahme des Reichtums der Gesellschaft» (*WN* I.ix.1): Je größer die Zunahme des Kapitalstocks, desto geringer tendenziell die Profitrate – wegen der sich dabei intensivierenden Konkurrenz der Kapitaleigner, die Smith mit einer fragwürdigen partialanalytischen Analogie zum Sinken sektoraler Profitraten «when the stocks of many rich merchants are turned into the same trade» zu plausibilisieren sucht. Analog zu kompensierenden Lohndifferentialen erörtert Smith auch Unterschiede in den Profitraten, die durch unterschiedliche Risiken bedingt sind.

Die Rente wird hingegen zunächst aus einer institutionellen Tatsache, nämlich dem Privateigentum an Grund und Boden abgeleitet (*WN* I.vi.8). Bemerkenswert aus moderner Sicht ist, daß knappheitstheoretische Erwägungen hier nicht systematisch einfließen. Im Anschluß an die berühmte, das Renten-Kapitel perspektivierende Feststellung, «[d]ie Rente ist in anderer Weise als Lohn und Gewinn an der Zusammensetzung der Warenpreise beteiligt. Hohe und niedrige Löhne und Gewinne sind die Ursachen hoher oder niedriger Preise; hohe oder niedrige Renten sind deren Wirkung» (*WN* I.xi.a.8), wird keine kohärente knappheitstheoretische Logik der Rententheorie sichtbar. Smith erörtert zwar ausführlich den Fall, daß sich ein hoher Preis für Bordeauxwein aus dem Zusammenspiel einer relativ hohen effektiven Nachfrage mit nicht vermehrbarem Boden ergibt, dessen spezifische Qualität ihn für die Produktion von Bordeauxwein einzigartig geeignet macht (*WN* I. xi.b31). Alternative Verwendungszwecke (Opportunitätskosten) spielen bei dieser Überlegung – und bei der daran angeschlossenen Überlegung bezüglich der Qualitätsanreize hoher spezifischer Renten – keine Rolle. Wenn Smith sodann im Kontext der Begründung von Diamantenpreisen das Begriffspaar *scarcity/plenty* einführt, spricht er ausdrücklich von der sozialpsychologischen Funktion, die Seltenheit («scarcity») in Bezug auf den Demonstrationskonsum der Reichen (*WN* I.xi.c.31) besitzt – nicht von Knappheit im Sinne von Opportunitätskostenüberlegungen. Letztere klingen eher an anderer Stelle an, und zwar im Kontext der einführenden Bemerkungen zur werttheoretischen Rolle von Arbeit, wenn Smith schreibt: «Was jedes Ding dem Menschen, der es erworben hat ... wirklich wert ist, ist die Anstrengung und Mühe, die es ihm ersparen und anderen Leuten auferlegen kann.» (*WN* I.v.2)

Ein natürliches Preissystem bei Smith ist somit nicht primär eines, welches die Nutzungskonkurrenz um knappe Ressourcen effizient reguliert. Es ist vielmehr Teil der Bedingungen der Systemdynamik. Preise sind dezentralisiert wirkende Signale für die Adjustierung des eigeninteressierten individuellen Handelns an die Bedingungen der ungeplanten Systemdynamik, nicht an relative Knappheiten. Diese Dynamik ist durch die wechselseitige Abhängigkeit von Kapitalakkumulation und Spezialisierung der Arbeit (*WN* II.1–6) geprägt. Produktivitätssteigernde Spezialisierung ist durch die Größe des Marktes begrenzt (*WN* I.iii). Die «Größe des Marktes» nimmt einerseits durch die Minimierung künstlicher und natürlicher Handelshemmnisse (Transportkosten) zu, andererseits aber durch Wirtschaftswachstum, welches mithin ein Hebel für weitere Spezialisierung und Produktivitätssteigerung ist. Sparen und Investieren sind wichtig: Ein hoher Anteil von Luxuskonsum und ein hoher Anteil unproduktiver Arbeit sind Kennzeichen einer stagnierenden Gesellschaft und Wirtschaft. Wachstumsfördernde investive Verwendung von Überschüssen ist hingegen mit dem Einsatz produktiver Arbeit verbunden. Fortschritt ist Produktivitätsfortschritt durch Einsatz neuen Kapitals und verbesserter Arbeitsteilung. Zudem geht von der mangelhaften Wirtschaftsgesinnung jener Eliten, die in Luxuskonsum schwelgen und eine Unzahl unproduktiver Diener unterhalten, eine ungünstige Vorbildwirkung auf die niedrigeren Schichten aus.

Im Hinblick auf die Wachstumsdynamik macht also Smith' vielkritisierte Unterscheidung von produktiver und unproduktiver Arbeit durchaus Sinn. Smith betont übrigens, daß es unter den unproduktiven Arbeiten neben frivolen und unnützen auch höchst ehrenwerte und für die institutionelle Infrastruktur einer modernen Marktgesellschaft unentbehrliche gibt. Er scheint allerdings zu glauben, daß letztere, wenn sie erst einmal ordentlich institutionalisiert sind, eine konstante Größe bilden. Daß sie ko-evolvierender Teil einer wachsenden Wirtschaft sein könnten, zieht er nicht in Betracht. Eine bedeutende Ausnahme hiervon bildet die kritische Erörterung der Arbeitsteilung insbesondere in *WN* V im Zusammenhang der Entwicklung von Bildung und Wissenschaft, die in verschiedenartiger Weise von der Arbeitsteilungsdynamik erfaßt werden. Berühmt sind die theoretisch subtilen Ausführungen, in denen Smith die Rolle des staatlichen und nicht-staatlichen öffentlichen Sektors im Bereich Bildung, Erziehung und Religion erörtert. Schattenseite der Spezialisierung ist demnach die Vereinseitigung, welche langfristig sogar die politische und militärische Stabilität des Gemeinwesens prekär macht. Speziell problematisch sind erwerbsförmig-industrielle Beschäftigungsmöglichkeiten für Kinder. Diese schaffen Bildungshemmnisse (Schulbildung bedeutet entgangenen Lohn), deren soziale Brisanz durch fortschreitende innerbetriebliche Zerlegung von Arbeitsprozessen verschärft wird. Dies rechtfertigt öffentliche Bildungsmaßnahmen.

Buch III enthält eine «philosophische Geschichte» der Epoche des Untergangs des Römischen Reiches bis zum Aufkommen von Städten und Handel. Smith nutzt diese, um die im säkularen Maßstab ungeplanten Effekte institutioneller Arrangements auf die

Wirtschaft und die Rückwirkungen auf die Institutionen selbst modellhaft zu demonstrieren. Buch IV enthält eine ausführliche kritische Erörterung der theoretischen Grundlagen und wirtschaftspolitischen Auffassungen des «Merkantilsystems» und ein kürzeres Kapitel über die Physiokratie. Es schließt mit einer Kritik an allen Systemen, welche den ökonomischen Prozeß durch unnatürlichen Interventionismus zu steuern suchen und einer prägnanten Artikulation des Gegenentwurfs: der rechtsförmig geordnete Wettbewerb im *system of natural liberty* (*WN* IV.ix.50 ff.).

Im fünften Buch diskutiert Smith schließlich Staatsaufgaben, die ökonomische Rolle des öffentlichen Sektors und Steuern. Dieses Buch ist grundlegend für eine in die Politische Ökonomie integrierte Finanzwissenschaft, im Unterschied zur institutionell abgegrenzten Finanzwissenschaft in kameralistischer Tradition. Smith stellt seiner Erörterung eine ökonomische Begründung der Ausgabenseite voran: Elementare öffentliche Funktionen sind militärischer Schutz, Recht und Ordnung und – nach Aufgabenstellung unterschiedlichen Gebietskörperschaften zukommend – öffentliche Infrastruktur (z. B. im Transportwesen). Einnahmenseitig bietet Smith eine problemorientierte und differenzierte Erörterung der Frage «Steuern oder Gebühren?» Bezüglich der Steuerfinanzierung stellt er vier klassisch gewordene Steuerprinzipien auf: Gleichheit (im Sinne einer Kombination von Leistungsfähigkeits- und Äquivalenzprinzip); Bestimmtheit (Vermeidung von Intransparenz und Willkür); Bequemlichkeit für die Steuerzahler; Vermeidung von Zusatzlasten der Besteuerung (Anreizverzerrungen sowie unnötig hohe Einhebungs- und Administrationskosten). Smith' Begründung für eine höhere Steuerzahllast der Reichen ist primär am Äquivalenzprinzip orientiert, enthält aber auch Formulierungen, welche auf das Leistungsfähigkeitsprinzip deuten.

Adam Smith-Probleme und Theoriearchitektur des Gesamtwerks. Schon früh war die Rezeption von Smith durch die Schwierigkeit geprägt, wie Smith, der Ökonom, und Smith, der Moralphilosoph, auf einen gemeinsamen Nenner zu bringen seien. Denn Smith stellt keine umfassende und als solche deklarierte Landkarte seiner Theoriearchitektur bereit. Somit existieren für den Leser keine probaten Abkürzungen auf dem Weg durch die verschiedenen Ebenen des vielschichtigen Gebäudes von Theorien, Modellen, Reflexionen und Beobachtungen. Um zu erfahren, wie Smith diese im großen und ganzen einordnet und zueinander in Beziehung setzt, muß der Leser sich selbst auf den Weg machen. Smith' schriftstellerisches Talent mildert die Beschwernisse dieses Weges beträchtlich: prägnante Beobachtungen und Einsichten, der scharfe Blick auf das einzelne Problem, kleinere oder größere Modellskizzen auf verschiedenen Ebenen, daraus abgeleitete Pointen, daran anschließende «qualified conclusions» (die Dugald Stewart zu Recht rühmt), bei deren Formulierung mitunter *en passant* größere Ausschnitte des Panoramas ins Blickfeld kommen. Smith setzt mit großer Sorgfalt gerade in seinen Hauptwerken für den Leser dramaturgische Anreize mit dem Ziel, diesen vom jeweils entfalteten gedanklichen Konstrukt zu überzeugen (*Theory of Moral Sentiments*, *TMS*, IV. i.11). Das *«desire of persuading»*, laut Smith «eines der stärksten natürlichen Begehren» (*TMS* VII.iv.25), führt am ehesten zum Ziel, indem beim Adressaten die ebenso natürliche *«love of system»* befriedigt wird (*TMS* IV.i.11): Im Bereich der Wissenschaft wie auch der Politik überzeugt man laut Smith am ehesten mittels eines wohlgeordneten «Systems», welches komplexe Interdependenzen möglichst anhand eines einzigen Prinzips erklärt.

Smith' Zugang zu Grundlagenfragen, wie sein Deismus, die stoischen Einflüsse auf sein Denken, seine Rezeption des modernen Naturrechts und sein Verständnis von Wissenschaft – insbesondere die von ihm prägnant argumentierte wissenschaftliche Überlegenheit der Newtonschen Methode über jene des Aristoteles (*Lectures on Rhetoric and Belles Lettres*, ii.133 f.) – bietet im Gesamtzusammenhang jedoch eine spezifische Hermeneutik für das Gesamtwerk. Darin liegt der Schlüssel für die Aufklärung jenes «klassischen», v. a. von deutschsprachigen Autoren (z. B. Knies und Oncken) diskutierten «Adam Smith-Problems»: die beiden Leitprinzipien von *WN* und *TMS* – Egoismus und Sympathie – erscheinen zunächst inkompatibel. Unter Einbezug der unterschiedlichen Problemstellungen der beiden Werke und der von Smith sozialtheoretisch begründeten Eigenheiten großer Gesellschaften fügen sie sich jedoch in ein sinnvolles Gesamtbild ein (eine konzise kritische Einordnung der Inkonsistenz-These bieten die Herausgeber der Glasgow-Edition der *TMS*, S. 20 ff.). Bemerkenswert ist im Anschluß an die scheinbare Mehrdeutigkeit in den Grundlagen auch, daß er sowohl für unterschiedliche ökonomische Schulen und Modellierungen als auch für unterschiedliche wirtschaftspolitische Visionen reklamiert wird. Betrachten wir drei «Adam Smith-Probleme», die als unterschiedliche Dimensionen des «klassischen» Adam-Smith Problems begriffen werden können.

(1) Als Autor des *obvious and simple system of natural liberty (WN* IV.ix.51*)* wirkt er als Protagonist des Wirtschaftsliberalismus, wenngleich er in seinem Gesamtwerk ganz offenkundig Theoretiker einer gemischten Wirtschaft mit sozialliberalen Zügen ist (z. B. *WN* IV.vii.2).

(2) Er lotet im *WN* ausführlich das theoretische Potential des Eigeninteresses aus, benützt aber sowohl im *WN* als auch in der *TMS* ein reiches Repertoire an Hypothesen über Motive, psychologische Bewertungsmechanismen und kognitive Beschränkungen. Er kritisiert gelegentlich die Neigung der Wissenschaftler, alle Erscheinungen mit möglichst wenigen Prinzipien zu erklären (z. B. *TMS* VII.ii.2.14).

(3) Smith' Kritik am *man of system* (*TMS* VI.ii.2.17) kann als Betonung der Eigenlogik spontaner Ordnungen und darauf fußende Kritik am reformorientierten Aufklärungsrationalismus gelesen werden (Hayek, 1973). Die von Smith dargelegten Voraussetzungen seines eigenen Systems der natürlichen Freiheit und der Gestus seiner Darstellung sind indes kaum mit seiner Vorstellung vereinbar, daß die Realisierung eines Systems der natürlichen Freiheit ein durchwegs spontaner, unpolitischer Prozeß sei (Brubaker, 2006).

Eine Würdigung des Smithschen Werks ist nicht in erster Linie wegen solcher Adam Smith-Probleme schwierig, sondern wegen der sich in diesen Rezeptionsproblemen spiegelnden Reichweite und Vielschichtigkeit seines Forschungsprogramms. Diese läßt sich in zwei Sätzen andeuten. Erstens: Von grundlegenden philosophischen Problemstellungen her kommend, ergibt sich für Smith die Fundierung und Systematisierung der Politischen Ökonomie als Gebot der Stunde. Zweitens: Die Wirkungsgeschichte seines Œuvres nimmt historische Dimensionen an, die sowohl im Rahmen der Ökonomie als auch der modernen Wissenschaft insgesamt einzigartig ist. Schumpeter zieht den Vergleich mit Charles Darwin. Karl Marx ist der einzige ähnlich komplex, wenn auch anders gelagerte Fall unter den Ökonomen.

Die skizzierten Adam Smith-Probleme stellen keine Widersprüche dar, die auf einen (etwa seinem Frankreich-Aufenthalt geschuldeten) «Umschwung» in seiner theoretischen Grundkonzeption hinweisen würden. Smith' Gesamtwerk weist auch in der Chronologie seiner Entstehung eine innere Logik auf. Die zeitlich am Anfang stehenden Reflexionen zu Rhetorik und literarischen Darstellungsformen, die wissenschaftstheoretischen Überlegungen in seiner «philosophischen Geschichte der Astronomie» sind die Grundlagen seines sorgfältig reflektierten Zugangs zu Darstellung und Methode in der *TMS*, besonders aber im *WN*. Allerdings hängen seine beiden Hauptwerke nicht in jenem starken Sinn zusammen, daß etwa die Morallehre der *TMS* als eine notwendige Fundierung und Ergänzung der Ökonomik des *WN* anzusehen wäre. Sie steht jedoch dazu nicht im Widerspruch, im Gegenteil: Ganz deutlich entwickelt Smith aus seinen Arbeiten zu Ethik, Wissenschaftstheorie und Rhetorik einleuchtende Prinzipien für ein modernes sozialtheoretisches Forschungsprogramm seiner Epoche. Diese lauten: Priorität für die Entwicklung der Politischen Ökonomie sowie für jene Gebiete, die heute als Rechtsphilosophie, Rechtssoziologie und Rechtsökonomie bekannt sind. Außerdem wird eine Reihe von Argumentationsfiguren der *TMS* im *WN* in verändertem Problemkontext aufgenommen oder zugrunde gelegt, so etwa die «unsichtbare Hand».

Grundlegend für den *WN* ist eine Quintessenz des *TMS*, nämlich die Unterscheidung zweier normativer Sphären: (1) präzise Normen der Gerechtigkeit, die als strukturelle Bedingungen für das Funktionieren moderner großer Gesellschaften wissenschaftlich zu erforschen sind, und (2) moralische Urteile, deren normative Komplexität und situationsabhängige Unschärfe eine Affinität zu ästhetischen Urteilen aufweisen. Bei Smith kommt in diesem Zusammenhang der oft mißverstandenen Sympathie eine zentrale Rolle zu. Die Fähigkeit zur Sympathie wirkt eigen- und fremdbezogen. Sie ist Grundlage des Gefühls moralischer Billigung und informiert uns auch darüber, welches Gefühl andere bei unserer eigenen (Miß-)Billigung einer bestimmten Handlungsweise entwickeln. So können wir aufgrund dieser Fähigkeit lernen, welche Dosierung und Richtung von Gefühlen alle Akteure in einer bestimmten Situation billigen würden. Daraus folgt die Idee des unparteiischen Beobachters.

Auf der Basis dieses theoretischen Gerüsts demonstriert Smith nun die Implausibilität von ethischen Systemen, welche einseitig ein einziges Prinzip zum Maßstab der (Miß-)Billigung machen und (Miß-)Billigung auf einen einzigen Typus von Tugenden konzentrieren (vgl. insb. *TMS* VII). Die Heuristik der Billigung ist vielfältig, entsprechend dem in der Philosophiegeschichte zutage getretenen Katalog der Tugenden. Es gilt, der irreduziblen Pluralität moralischer Motive und der Komplexität ethischer Gefühle Rechnung zu tragen. Smith zufolge wird dann deutlich, daß Projekte einer wissenschaftlichen Ausarbeitung detaillierter moralischer Regelwerke, die kasuistisch jeden denkbaren Fall abzudecken versuchen (etwa als praktische Handreichung für den Alltag), theoretische Sackgassen sind. Die Lektüre wohlgeratener philosophisch-ethischer Werke stärkt indes den Charakter, schärft die moralische Urteilsfähigkeit und ist von hohem Wert für die moralische Bildung, insbesondere in der Jugend (VII.iv.6). Sie kann aber weder Gegenstand einer modernen Wissenschaft noch Bestandteil eines politischen Programms sein.

Auf der Basis dieses theoretischen Gerüsts identifiziert Smith jedoch auch – als Pointe – jene Klasse von Normen, die durchaus einer präzisen Formulierung zugänglich sind: die Normen der Gerechtigkeit, die für das Zusammenleben in großen Gesellschaften unbedingt nötig sind. In deren Sphäre findet die moderne Wissenschaft ein ertragreiches Betätigungsfeld. Forschungsziel ist, die Bedingungen für (1) die Annäherung der positiven Rechtsnormen an natürliche Gerechtigkeit (*«Iuris-Prudence»*) und (2) die Annäherung der Institutionen/Mechanismen von *«police, revenue, and arms»* an die natürliche Logik der Ökonomie (*«expediency»*) zu erforschen. Smith zeigt damit in der *TMS* (VII.iv.36f.) explizit, daß Forschung auf dem Gebiet der *Lectures on Jurisprudence* und des *WN* praxisrelevant ist und daß insbesondere die Anwendung moderner wissenschaftlicher Methoden ergiebig zu sein verspricht – im Gegensatz zur Ethik, in der die verschiedenen philosophischen Schulen seit der Antike die bedeutenden Prinzipien schon herausgearbeitet haben. In der Ethik ist es sinnlos, die daraus sichtbar werdende Unumgänglichkeit komplexer moralischer Lernprozesse mit kasuistischer Pseudo-Präzision zu verwissenschaftlichen.

Conjectural history. Für den Smithschen Ansatz wichtig ist schließlich das Konzept der *philosophical history*, für den Dugald Stewart später den Begriff *conjectural history* prägen sollte. Dieser betrifft nicht nur die beiden unvollendeten Publikationsprojekte, die Smith ausdrücklich so bezeichnet (*Correspondence* Nr. 248): als

Philosophical History of all the different branches of literature, of Philosophy, Poetry and Eloquence und als *theory and history of Law and Government.* Auch in den historisch-institutionellen Teilen des *WN* (v.a. III und IV) und in der *TMS* finden sich Elemente von *philosophical history.* In diesen Hauptwerken geht es Smith bei seinen (ideen)geschichtlichen Ausführungen nicht um möglichst akkurate Archäologie vergangener Ideen und Institutionen. Vielmehr haben diese Ausführungen theoriebildende Funktion: Es geht darum, institutionelle oder ethische Systeme in ihren Vorzügen und Defiziten möglichst prägnant zu skizzieren, um das eigene System nicht etwa nur abzugrenzen, sondern um dessen Problemlösungspotential herauszuarbeiten. In dieser Weise werden sogar die Lehren hochgeschätzter Kollegen und Lehrer wie jene Humes und des «*never to be forgotten Dr. Hutcheson*» (*Correspondence* Nr. 274) genutzt: wer etwas über deren philosophiegeschichtlichen Stellenwert erfahren will, wird von Smith einseitig informiert.

3. Wirkung

Adam Smith gilt als Ökonom, Philosoph und Polyhistor neben seinem Freund David Hume als der bedeutendste Vertreter jener philosophisch-sozialtheoretischen Richtung, die als Schottische Aufklärung bekannt ist. Die Reichweite seines Wirkens wird dennoch besser durch jene gebräuchliche Charakterisierung angedeutet, die ihm eine Schlüsselrolle bei der Begründung der Politischen Ökonomie als eigenständige Disziplin zuschreibt. Er ist es in dem Sinne, daß er wie kein anderer vor ihm und kaum jemand nach ihm den disziplinären Horizont der Ökonomie definiert, herausarbeitet und entwickelt, und zwar im Hinblick auf Gegenstandsbereich, Methode und Politikrelevanz. Daß Smith zum wirkungsmächtigen Protagonisten des ökonomischen Liberalismus wurde, kam nicht von ungefähr: «To enlighten and reform the commercial policy of Europe» war wohl seine Bestimmung, wie Dugald Stewart in seinem *Account of the Life and Writings of Adam Smith, LL.D.* meint (*Essays on Philosophical Subjects,* S. 270). Wie immer man dies verstehen mag: Smith hat treffliche Voraussetzungen dafür. Er ist Universitätsprofessor und hat Kontakt zu den Führungsschichten seines Landes – daher auch Zugang zur Perspektive der praktischen Politikberatung.

Die *TMS* erscheint zu Lebzeiten Smith' in sechs Auflagen in englischer Sprache. Die erste französische Übersetzung wird 1764 publiziert. Im selben Jahrhundert sollten ihr noch zwei weitere (darunter eine durch die Marquise de Condorcet) sowie zwei deutsche folgen. Die fünf bis 1789 publizierten Auflagen des *WN* bescheren ihrem Autor ein Vermögen. Vier französische Übersetzungen folgen bis 1801. Die erste einer ansehnlichen Zahl von deutschen Übersetzungen wird noch in den 1770er Jahren von J.F. Schiller und C.A. Wichmann angefertigt. Später machten sich namhafte Philosophen an die Übersetzungsarbeit: Christian Garve (1794–1796) und Max Stirner. Dies illustriert die Intensität der Smith-Rezeption nicht nur in Frankreich, zu dessen Geistesleben Smith schon zu Lebzeiten bedeutende Austauschbeziehungen pflog (man denke an die Physiokratie, die Enzyklopädisten, Rousseau und Voltaire), sondern speziell auch in Deutschland.

Während für Kant trotz deklarierter Wertschätzung für Smith das kritische Denken Humes wichtiger gewesen sein dürfte, ist Smith im 19. Jahrhundert ein bedeutender Einfluß für Hegel und Marx, für Hermann und Rau, die Nationalökonomie der deutschen Romantik sowie Roscher und Knies. Noch im 18. Jahrhundert treten im Gefolge der Rezeption des *WN* deutsche und österreichische Smithianer wie Fürst Windischgrätz, Christian Jacob Kraus (Königsberg) und Georg Sartorius (Göttingen) auf. Letzterer zählte u.a. Hardenberg zu seinen Studenten. Im 19. Jahrhundert erscheinen in vielen Auflagen Ausgaben des *WN*, die umfängliche Einführungen, Anmerkungen, wirtschaftspolitische Aktualisierungsversuche und auch «Korrekturen» einzelner Smithscher Lehren enthielten (so hielten viele Smith' Votum für Zinssatzobergrenzen für einen Irrtum). Dazu zählen die von J.R. McCulloch besorgte und bei Adam and Charles Black (Edinburgh) verlegte englische Ausgabe sowie eine unter maßgeblicher Beteiligung von Blanqui entstandene und mit Anmerkungen J.B. Says versehene französische. John Stuart Mills *Principles of Political Economy* lassen strukturell, didaktisch und in bezug auf den wirtschaftspolitischen Impetus die Prägekraft des *WN* erkennen. Mill artikuliert jene Implikationen, die sich aus dem *system of natural liberty* für die Struktur wirtschaftspolitischer Argumentation ergeben: «... and few will dispute the more than sufficiency of these reasons, to throw, in every instance, the burden of making out a strong case, not on those who resist, but on those who recommend government interference. Letting alone, in short, should be the general practice: every departure from it, unless required by some great good, is a certain evil.» (Mill 1848 V.xi.7) Für diesen elastischen, robusten, empirieoffenen und dennoch politisch prägnanten Wirtschaftsliberalismus steht Smith. Die Gründe für politische Eingriffe und deren Beurteilungsmaßstäbe werden je nach Problem- und Interessenlagen historisch variabel sein, aber sie relativieren nicht das Prinzip der Beweislast, welche den Vertretern dieser Eingriffe zukommt. Trotz Mills vielzitierter Formulierung bleibt *WN* bis auf den heutigen Tag die Bibel verschiedener Spielarten des Wirtschaftsliberalismus. Dies nicht nur aufgrund seiner literarischen Vorzüge und der analytisch wenig bedeutenden, als Hebel der Popularisierung jedoch wirksamen Metapher der Unsichtbaren Hand: Trotz der von Jacob Viner im Smithschen Œuvre ausgemachten 29 Staatsinterventionsgründe legt er sich weniger fest als Mill, wenn es gilt, das Profil der öffentlichen Aufgaben *in concreto* zu benennen.

Smith' theoretischer Einfluß auf die ökonomische Klassik verdichtet sich einerseits in bezug auf zentrale Konzepte und Fragestellungen (etwa jene nach dem invarianten Wertmaßstab), andererseits aber auch in der Rolle des *WN* für die Lehrbarkeit der Politischen Ökonomie als Disziplin. Der grundlegende Status von Konzepten wie dem des natürlichen Preises, des Wettbewerbs, von Gravitationsprozessen, Eigeninteresse und dezentraler Koordination führte dazu, daß nicht nur die Klassik, sondern auch die Neoklassik an Smith anknüpfen, wenngleich vom Smithschen Eigeninteresse zum neoklassischen *homo oeconomicus* ein ebenso verschlungener Weg führt wie von Smith' Dynamik zur Fokussierung auf Knappheit als Kern des «ökonomischen Problems». Die Fülle problemorientierter kleiner oder größerer Modellskizzen im *WN* erlaubt es auch Vertretern der modernen Informations-, Industrie-, Religions- und Institutionenökonomik bei Smith Inspiration zu suchen, der beispielsweise ökonomische Erklärungen für den unterschiedlichen Ehrlichkeitsgrad der Kaufleute diverser Nationen (*Lectures on Jurisprudence* B, 327) ebenso anbietet wie eine Ökonomik protestantischer Sekten (*WN* V).

Reflexionen über die Wirkungsgeschichte der Smithschen Überlegungen zu Arbeitsteilung und Spezialisierung enden dagegen oft in jenem Paradoxon, das George Stigler (1976, 1209f.) als Kombination von überwältigendem Erfolg und bedauerlichem Scheitern umschrieb. Sie sei eine der fruchtbarsten Verallgemeinerungen der ökonomischen Literatur, urteilte Allyn Young – neben Kaldor einer der wenigen, welche die Frage dynamisch steigender Skalenerträge aufgriffen. Houthakker zufolge gibt es kaum ein Gebiet der Ökonomie, welches durch die vertiefte Analyse von Spezialisierung nicht gewinnen würde. Jedoch, so Stigler (1976, 1210), «... almost no one used or uses the theory of the division of labor, for the excellent reason that there is scarcely such a theory.» Inzwischen gibt es wohl einige Forschungsgruppen, die sozio-ökonomische Prozesse und ihre Charakteristika (wie Irreversibilität) mehr in den Mittelpunkt ihrer Agenda rücken. Davon abgesehen, ist von Stiglers Einschätzung ein großer Ökonom auszunehmen: Karl Marx. Schon dessen ökonomisch-philosophische Manuskripte vom Jahre 1844 dokumentieren, wie stark Marx' Auffassungen der Dynamik und der Spannungen des Kapitalismus, der Arbeitsteilungsprozesse und der ökonomischen Rolle seiner Klassen zu einem Zeitpunkt von Smith beeinflußt wird, da er Ricardos analytische Fortschritte auf dem Gebiet der Wert- und Rententheorie noch nicht rezipiert hat. Marx liest Smith nicht als optimistischen Propheten liberaler Harmonie, sondern als «den Ökonomen», der die Spannungen der modernen Marktwirtschaft analytisch schärfer faßt als Hegel und sie nicht wie dieser idealistisch durch politische Versöhnungskonstrukte neutralisiert. Tatsächlich gehört Smith mit Marx zu jenen Theoretikern, die marktwirtschaftliche Dynamik mit den Spannungen der modernen Gesellschaft in Verbindung bringen: Die Dynamik lebt geradezu von der fortgesetzten Verarbeitung dieser Spannungen.

Beide Hauptwerke Smith' haben weltliterarischen Rang. Der darüber hinausreichende Stellenwert des *WN* ergibt sich daraus, daß er die (1) disziplinäre Lehrbarkeit der Ökonomie, (2) ein zeitgemäßes, aber auch über seine Zeit hinausreichendes Koordinatensystem wirtschaftspolitischer Argumentation und (3) einen ausbalancierten Ordnungsentwurf eines wissenschaftlichen Wirtschaftsliberalismus begründet. Obwohl die *TMS* unmittelbar nach Erscheinen ein großer Erfolg war, obwohl Smith selbst die *TMS* als das bedeutendere seiner Hauptwerke eingeschätzt haben soll und obwohl sie derzeit wieder verstärkt rezipiert wird, ist die Würdigung ihrer Bedeutung schwieriger als im Hinblick auf den *WN*. Gewiss: Die *TMS* wird heute als Fundgrube für prägnante Formulierungen und Denkanstöße geschätzt, nicht zuletzt von der größer werdenden Zahl an Ökonomen, welche sich von einem komplexeren Modell des Akteurs Fortschritte in der Theoriebildung versprechen. Allerdings präsentiert die *TMS* nicht einen Ansatz, der für nachfolgende große Werke der praktischen Philosophie ein Fixpunkt für kritische Weiterentwicklung oder kritische Distanz war, in dem Sinn, wie dies für Kant, Bentham oder Hegel zutrifft. Für Hegel und seine Konzeption der bürgerlichen Gesellschaft etwa ist Smith wichtig, aber eher der *WN* als die *TMS*.

Die *TMS* wird in der Geschichte der Philosophie mitunter als letzte und subtilste Ausformulierung einer nichtrationalistischen, auf moralischen Gefühlen basierenden Ethik eingeordnet (Schneewind 1998, 388ff.). Mit seiner skeptischen Einschätzung der Entwicklungsmöglichkeiten dessen, was er als wissenschaftliche Individualethik versteht, liegt Smith so falsch nicht. Zwar erscheinen nach Smith noch die bedeutendsten Ansätze rationalistischer Ethik. Die großen Diskussionen der praktischen Philosophie nach Smith' *TMS* betreffen jedoch mehr die Fundierung der normativen Bewertung sozialer Institutionen und der von ihnen auf die Dauer und im Durchschnitt erzeugten Ergebnisse.

Auf Basis der in der Glasgow Edition zugänglichen Manuskripte (z.B. *Lectures on Jurisprudence*) bedauert der moderne Leser, welch interessantes und treffliches Material ihm durch Smith' publizistische Zurückhaltung entzogen ist. Es zeichnet sich jedoch kein Werk von ähnlichem Stellenwert wie *TMS* und *WN* ab. Die für Smith' Denken besonders aufschlußreiche, wenn auch nicht an den weltliterarischen Rang der beiden Hauptwerke heranreichende *Geschichte der Astronomie* hat Smith ja selbst ausdrücklich von seinem Vernichtungsverdikt ausgenommen – auch hierin ein gutes Urteil beweisend. Sie wurde von seinen Nachlaßverwaltern Black und Hutton auch relativ früh (1795) im Rahmen der *Essays on Philosophical Subjects* herausgegeben und erlebte bald mehrere Auflagen. Smith' im wesentlichen auf Vorlesungsmitschriften basierende *Lectures on Rhetoric and Belles Lettres* wurden erst 1963 von John M. Lothian publiziert, der 1958 auch die in der Glasgow Edition als A-Manuskript bezeichnete Mitschrift der *Lectures on Jurisprudence* fand, während Edwin Cannan schon 1896 das jetzt als B-Manuskript figurierende Konvolut herausgab. Es läßt sich ex post natürlich nicht feststellen, inwiefern die Dynamik der Rezeption v.a. des *WN* tatsächlich (wie von Smith wohl befürchtet) kontaminiert worden wäre, hätten im 19. Jahrhundert etwa Smithsche Publikationen zur Rechtsphilosophie und Politik vorgelegen. Daß der Erfolg noch größer gewesen wäre, ist jedoch schwerlich vorstellbar.

Literatur

1. Werkausgaben

Smith, A. 1863. An Inquiry into the Nature and Causes of the Wealth of Nations with a Life of the Author, an Introductory Discourse, Notes, and Supplemental Dissertations. New edition revised, corrected, and improved, edited by J.R. M'Culloch, Esq. Edinburgh.

Smith, A. 1976. ‹An Inquiry into the Nature and Causes of the Wealth of Nations›. R.H. Campbell und A.S. Skinner (Hrsg.). Glasgow Edition of the Works and Correspondence of Adam Smith, Bd. 1 und 2, Oxford. Kurzzitat: WN.

Smith, A. 1976. ‹The Theory of Moral Sentiments›. D.D. Raphael und A.L. Macfie (Hrsg.). Glasgow Edition of the Works and Correspondence of Adam Smith, Bd. 1, Oxford. Kurzzitat: TMS.

Smith, A. 1977. ‹Correspondence of Adam Smith›. E.C. Mossner und I.S. Ross (Hrsg.), Glasgow Edition of the Works and Correspondence of Adam Smith, Bd. 6, Oxford. Kurzzitat: Correspondence.

Smith, A. 1978. ‹Lectures on Jurisprudence›. R.L. Meek, D.D. Raphael und P.G. Stein (Hrsg.), Glasgow Edition of the Works and Correspondence of Adam Smith, Bd. 5, Oxford.

Smith, A. 1980. ‹The History of Astronomy›, in: W.P.D. Wightman und J.C. Bryce (Hrsg.), Essays on Philosophical Subjects. Glasgow Edition of the Works and Correspondence of Adam Smith, Bd. 3. Oxford.

Smith, A. 1983. ‹Lectures on Rhetoric and Belles Lettres›. J.C. Bryce (Hrsg.), Glasgow Edition of the Works and Correspondence of Adam Smith, Bd. 4, Oxford.

Smith, A. 1999. Untersuchung über Wesen und Ursachen des Reichtums der Völker, ed. und eingeleitet von Erich W. Streissler, übersetzt von Monika Streissler. Bde. 1 u. 2. Düsseldorf:. Kurzzitat: WN.

2. Weiterführende Literatur

Brown, V. 1994. Adam Smith's Discourse: Canonicity, Commerce and Conscience, London und New York.

Brown, V. 1997. «Mere Inventions of the Imagination»: A Survey of Recent Literature on Adam Smith, in: Economics & Philosophy, 13, S. 281–312.

Brubaker, L. 2006. Does the ‹wisdom of nature› need help?, in: L. Montes, L. und E. Schliesser, E. (Hrsg.), New Voices on Adam Smith, London und New York.

Griswold, Ch. 1999. Adam Smith and the Virtues of Enlightenment, Cambridge.
Hayek, F. A. 1973. Law, Legislation and Liberty, Vol. 1, London.
Hollander, S. 1973. The Economics of Adam Smith, Toronto.
Hume, D. 1988. Politische und ökonomische Essays, Teilband 2, Hamburg.
Lavezzi, A. 2003. Smith, Marshall and Young on division of labour and economic growth, in: European Journal of the History of Economic Thought, 10, S. 81–108.
Marx, K. 1988. Karl Marx. Ökonomisch-philosophische Manuskripte vom Jahre 1844, Leipzig.
Meyer-Faje, A., und Ulrich, P. (Hrsg.) 1991. Der andere Adam Smith. Beiträge zur Neubestimmung von Ökonomie als Politischer Ökonomie. St. Galler Beiträge zur Wirtschaftsethik, Bd. 5, Bern und Stuttgart.
Mill, J. St. 2004. Principles of Political Economy. Great Minds Series, Amherst, NY.
O'Donnell, R. 1990. Adam Smith's Theory of Value and Distribution, New York.
Otteson, J. R. 2002. Adam Smith's Marketplace of Life. Cambridge.
Rosenberg, N. 1960. Some Institutional Aspects of the Wealth of Nations, in: Journal of Political Economy, 68, S. 557–570.
Ross, I. S. 1995. The Life of Adam Smith, Oxford.
Rothschild, E. 2001. Economic Sentiments: Adam Smith, Condorcet and the Enlightenment, Harvard.
Schneewind, J. B. 1998. The Invention of Autonomy, Cambridge.
Schumpeter, J. A. 1954. A History of Economic Analysis, London.
Skinner, A. S. 1996. A System of Social Science: Papers relating to Adam Smith, Oxford.
Stigler, G. 1976. The Success and Failures of Professor Smith, in: Journal of Political Economy, 84, S. 1199–1213.
Sturn, R. 1990. Natürliche Freiheit und soziale Kontingenz, in: H. D. Kurz (Hrsg.), Adam Smith (1723–1790) – Ein Werk und seine Wirkungsgeschichte, Marburg.
Viner, J. 1927. Adam Smith and Laissez faire, in: Journal of Political Economy, 35, S. 198–232.
Werhane, P. 1991. Adam Smith and his Legacy for Modern Capitalism, Oxford.
West, E. G. 1990. Adam Smith and Modern Economics: From Market Behaviour to Public Choice, Cheltenham.
Winch, D. 1996. Riches and Poverty: An Intellectual History of Political Economy in Britain, 1750–1834, Cambridge.

Peter Kalmbach

Thomas Robert Malthus
(1766–1834)

I. Einleitendes

Im Jahre 1798 erscheint in Wien ein *Handbuch der inneren Staatsverwaltung mit Rücksicht auf die Umstände und Begriffe der Zeit* des höchst renommierten Joseph von Sonnenfels. Darin wird noch einmal vieles von dem zusammengefaßt, was man als die herrschende Meinung der zu dieser Zeit eigentlich schon überwundenen merkantilistischen und kameralistischen Epoche bezeichnen könnte. Das gilt insbesondere im Hinblick auf die Vorstellungen über Bevölkerung und Bevölkerungsentwicklung, die von Sonnenfels vorträgt. Ganz in Übereinstimmung mit zahlreichen gleichgesinnten Vorgängern betont er die zentrale Bedeutung, die einem hohen und wachsenden Bevölkerungsstand zukomme. Vom Standpunkt des jeweiligen Herrschers – und damit auch für die meist aus dessen Perspektive her argumentierenden merkantilistischen und kameralistischen Autoren – liegen die Gründe für diese Position auf der Hand: Mehr Menschen bedeuteten mehr Macht und mehr Steuerzahler für den Regenten. Dazu kommt aber auch die historische Erfahrung von Epochen, die durch Seuchen oder Kriege (ein besonders dramatisches Beispiel liefert dabei der Dreißigjährige Krieg) immer wieder drastische Bevölkerungsrückgänge erleben und damit nach diesen Katastrophen eine Politik der Bevölkerungsförderung geradezu erzwingen. Schließlich ist von Sonnenfels aber auch, wie viele seiner Zeitgenossen, davon überzeugt, daß es seit der Antike zu einem Rückgang der Weltbevölkerung gekommen sei. So äußert z.B. Montesquieu die Befürchtung, daß die Erde in tausend Jahren eine Einöde sein wird, wenn dieser Bevölkerungsrückgang nicht aufhört.

In eben dem Jahr, in dem von Sonnenfels – immerhin 22 Jahre nach dem Erscheinen des *Wealth of Nations* von Adam Smith und neun Jahre nach der Französischen Revolution – noch einmal die «conventional wisdom» zu Gehör bringt, erscheint in England – anonym – die erste Publikation eines 32jährigen Autors, der die radikale Gegenthese zu dem ihm vermutlich nicht bekannten Wiener «Wirklichen Hofrat» und Universitätsprofessor formuliert. Der Name des Autors: Thomas Robert Malthus. Der Titel seiner 1798 erscheinenden Schrift: *An Essay on the Principle of Population as it affects the future Improvement of Society, with Remarks on the Speculations of Mr. Godwin, M. Condorcet, and other Writers.* In diesem Essay und in den wesentlich erweiterten und überarbeiteten späteren Auflagen, die zu seinen Lebzeiten dann unter dem Titel *An Essay on the Principle of Population; or A View of its past and present Effects on Human Happiness; With an Inquiry into our Prospects respecting the future Removal or Mitigation of Evils which it occasions* (1803, 1806, 1807, 1817 und 1826) erscheinen sollten, versucht Malthus den Nachweis zu liefern, daß das «Bevölkerungsgesetz» (so der Titel der deutschen Übersetzung des *Essay* von 1798) unvermeidlicherweise negative Auswirkungen haben muß: Das Wachstum der Bevölkerung müsse letztlich stets das Wachstum des Nahrungsmittelspielraums übertreffen. Eine Förderung – oder auch nur ein Zulassen – des Bevölkerungswachstums muß deshalb zwangsläufig zu Armut und Elend führen.

Im folgenden werden wir auf die Frage einzugehen haben, wie Malthus seine Position begründet und wie sie aus heutiger Sicht einzuschätzen ist. Will man Malthus gerecht werden, so kann man es aber nicht dabei belassen, sich ausschließlich mit dem Malthus des *Essay* zu befassen. Zwar ist es in breiten Kreisen nur dieser Malthus, der auch heute noch bekannt ist. Für Wirtschaftswissenschaftler ist der – allerdings mit unverkennbar ökonomischen Fragenstellungen an die Frage der Bevölkerungsentwicklung herangehende – Demograph Malthus dagegen nur eine seiner Erscheinungsformen. Zumindest zwei weitere sind für sie von Interesse: einmal Malthus als Diskussionspartner von und Briefkorrespondent mit David Ricardo, der theoretisch wie politisch in entscheidenden Fragen diametral verschiedene Positionen vertritt; zum anderen Malthus als Autor der erstmals 1820 erschienenen *Principles of Political Economy*. In diesem Werk stellt Malthus u. a. das Saysche Gesetz in Frage, betont die Bedeutung der effektiven Nachfrage und wird deshalb mitunter als ein Vorläufer von Keynes angesehen – nicht zuletzt von diesem selbst. Es wird deshalb auch auf einige der Punkte einzugehen sein, in denen sich Malthus und Ricardo unterscheiden und auch darauf, ob es berechtigt ist, in Malthus einen Vorläufer von Keynes zu sehen.

2. Zur Person

Thomas Robert Malthus wird am 13. Februar 1766 in Wotton bei Dorking, in der englischen Grafschaft Surrey, als sechstes von sieben Kindern geboren. Sein Vater Daniel ist stark durch aufklärerische Ideen beeinflußt und in Kontakt mit einigen Exponenten der Aufklärung – so wird z. B. berichtet, daß drei Wochen nach der Geburt von Malthus junior Jean-Jacques Rousseau und David Hume der Familie Malthus einen Besuch abstatteten. Auch die Erziehung des jungen Malthus ist durch die politischen und weltanschaulichen Positionen des Vaters geprägt: Er wird zunächst vom Vater selbst unterrichtet, später von Privatlehrern und schließlich vom radikalen Gilbert Wakefield, einem Lehrer der Warrington Academy, einem Unterrichtsinstitut der Dissenters, d. h. derjenigen, die nicht der englischen Hochkirche angehören. 1784 wird Malthus schließlich Student am Jesus College der Universität Cambridge mit dem Hauptfach Mathematik. 1788 beendet er sein Studium und erhält danach die geistliche Weihe – Voraussetzung für eine Anstellung als Pfarrer oder Hilfsgeistlicher, aber auch für zahlreiche Fellowships in Oxford und Cambridge. Er wird danach Hilfsgeistlicher in Okewood, nahe bei seinem Elternhaus, in dem er danach auch wohnt und in den folgenden zehn Jahren reichlich Zeit zu seiner freien Verfügung hat. 1793 wird er für ein Fellowship des Jesus College ohne Anwesenheitspflicht ausgewählt.

Ein nicht veröffentlichtes und heute verschollenes politisches Pamphlet aus dem Jahr 1796 ist Malthus' erster Versuch, als Autor in Erscheinung zu treten. 1798 dann der Paukenschlag: Sein *Essay*. Nach Reisen, die ihn nach Skandinavien, Frankreich und in die Schweiz führen, veröffentlicht er 1803 die stark ausgeweitete und um historische Beispiele angereicherte zweite Auflage seines Werks und wird im gleichen Jahr Rektor von Walesby in Lincolnshire – wieder ohne Anwesenheitszwang, aber auskömmlich genug, um 1804 als 38jähriger eine Ehe eingehen zu können, aus der drei Kinder hervorgehen sollten, womit aber auch das Unverheirateten vorbehaltene Fellowship verlorengeht. 1805 wird er an das neugegründete East India College berufen, das die Ost-Indien-Kompanie zur Ausbildung von 15–18jährigen ins Leben gerufen hatte, die in ihren Dienst treten wollten. Der ursprüngliche Titel war «Professor für allgemeine Geschichte, Politik, Handel und Finanzen», später geändert in «Professor für Geschichte und Politische Ökonomie». Malthus war damit der erste, der eine Professur für Politische Ökonomie innehatte und Wirtschaftswissenschaft als Berufsausübung betreiben konnte. Seine Stelle machte es ihm möglich, sich intensiv mit den Fragen seines Fachs zu befassen – nicht ohne die von Professoren wohlbekannte Klage anzustimmen, daß seine Lehrverpflichtungen ihn von ihm wichtigen Projekten abhalten. Immerhin gelingt es ihm, neben den immer wieder revidierten Neuauflagen seines *Essay* und kleineren Veröffentlichungen, in den Folgejahren seine *Principles of Political Economy* (1820) sowie *Measure of Value* (1823) und *Definitions in Political Economy* (1827) zu veröffentlichen. Darüber hinaus ist er Zeit seines Lebens ein emsiger Briefeschreiber[1] – mehr als 230 seiner Briefe sind erhalten und mehr als 50 Briefpartner sind uns bekannt.

Malthus stirbt am 29. Dezember 1834 während eines Besuchs der Familie seiner Frau in Bath und wird in Bath Abbey beerdigt.

3. Werk

3.1 Bevölkerungstheorie

Im Vorwort zu dem 1798 erschienenen *Essay* teilt Malthus gleich im ersten Satz mit, daß sein Beitrag aus Gesprächen mit einem Freund hervorgegangen sei, die sich zunächst auf einen Essay von Godwin[2] bezogen, dann aber der allgemeineren Frage einer zukünftigen Verbesserung der Gesellschaft galten. Es gibt zahlreiche Indizien dafür, daß dieser «Freund» sein Vater war, der stark den Ideen der französischen Aufklärer anhing und der auch den Positionen von Godwin nahestand. Wir haben es hier also mit einem der eher seltenen Fälle zu tun, daß jemand zu den Ideen des Vaters und dessen Säulenheiligen eine scharfe Oppositionshaltung einnimmt, gleichwohl aber in der Lage ist, mit diesem Vater ein ungetrübtes Verhältnis zu be-

1 Das schließt natürlich den für die Entwicklung der Politischen Ökonomie so folgenreichen Briefwechsel mit Ricardo ein, der mit einem Brief von Malthus an Ricardo vom 16. Juni 1811 beginnt und den sinkenden (Gold-)Wert der Papierwährung zum Inhalt hat. Zu dieser Korrespondenz siehe insbesondere Ricardo, D. (1951–1973).

2 Der englische Philosoph und Schriftsteller William Godwin (1756–1836) vertritt die Idee der Vervollkommnungsfähigkeit der Gesellschaft. Sein Hauptwerk ist *An Enquiry Concerning Political Justice* (1793).

wahren.[3] Diese Fähigkeit, intellektuelle Gegensätze mit einer unverminderten Wertschätzung des Kontrahenten zu vereinbaren, ist ein besonderer Charakterzug von Malthus.

In seinem Essay vertritt Malthus eine Position, die schon vieles von dem vorwegnimmt, was für die spätere Wirtschaftswissenschaft kennzeichnend werden sollte und ihr den Ruf eintrug, eine «dismal science» zu sein. Er bezweifelt die Realisierbarkeit der von den Aufklärern an die Wand gemalten schönen neuen Welt, die ins Leben zu rufen es nur neuer und verbesserter Institutionen bedarf; ihren Propagandisten zufolge würden diese dann die Probleme beseitigen, die bisher die Menschheit gequält haben.

Demgegenüber betont Malthus zwei gleichsam naturwüchsige Sachverhalte: Zum einen, daß der Mensch zu seinem Überleben Nahrungsmittel benötigt und daß der Nahrungsmittelspielraum begrenzt ist, zum anderen, daß der Sexualtrieb des Menschen eine historische Konstante ist: «In den fünf- oder sechstausend Jahren seit Bestehen der Welt (sic!) hat sich kein Anzeichen für das Erlöschen der Leidenschaft zwischen den Geschlechtern ergeben» (Malthus, 1977, S. 97). Der Idee, daß es mittels geeigneter Institutionen möglich sein müsse und werde, eine immer vollkommenere Gesellschaft zu erschaffen, wird die ernüchternde Antithese entgegengestellt, daß dem Fortschritt der Menschheit eine unüberwindliche Zwangsgesetzlichkeit gegenübersteht: Die Bevölkerungsentwicklung hat stets die Tendenz, die Entwicklung des Nahrungsmittelspielraums zu überschreiten: «Die natürliche Ungleichheit, die zwischen den beiden Kräften – der Bevölkerungsvermehrung und der Nahrungsmittelerzeugung der Erde – besteht, und das große Gesetz unserer Natur, das die Auswirkungen dieser beiden Kräfte im Gleichgewicht halten muß, bilden die gewaltige, mir unüberwindlich erscheinende Schwierigkeit auf dem Weg zur Vervollkommnungsfähigkeit der Gesellschaft» (Malthus, 1977, S. 19).

Um die Dramatik dieser Tendenz zu betonen, verweist Malthus darauf, daß ein nicht an Grenzen stoßendes Bevölkerungswachstum einer geometrischen Reihe folge, also – wenn man den Aus-

3 Obwohl weltanschaulich stark gerade durch diejenigen geprägt, die Malthus attackiert, zollt sein Vater ihm durchaus Anerkennung für seine Argumente und ermuntert ihn stark, seine Überlegungen zu veröffentlichen.

gangspunkt auf 1 normiert – die Folge 1, 2, 4, 8, ... aufweist, wobei ihm eine Verdoppelung der Bevölkerung in etwa 25 Jahren durchaus realistisch erscheint. Die Nahrungsmittel können nach seiner Sicht in den gleichen Zeiträumen aber allenfalls wie eine arithmetische Reihe zunehmen, also wie 1, 2, 3, 4, ...

Dies ist aber eine rein hypothetische Überlegung, wenn die Grundhypothese richtig ist: Kann das Wachstum der Nahrungsmittel mit dem der Bevölkerung nicht Schritt halten, so wird man nur für eine beschränkte Zeit und nur unter besonders günstigen Bedingungen ein geometrisches Wachstum der Bevölkerung beobachten können. Eher früher als später muß das Bevölkerungswachstum zwangsläufig an Schranken stoßen.

Diesen Beschränkungen oder Kontrollen (er spricht von «checks») schenkt Malthus, insbesondere in den späteren umfangreicheren Auflagen seines *Essay*, große Aufmerksamkeit. Er unterscheidet hierbei zwischen positiven und präventiven Beschränkungen. Als positive Beschränkungen bezeichnet er all die von der Natur und den Menschen angewendeten Techniken, die durchschnittliche Lebenserwartung zu verkürzen bzw. die Sterberate zu erhöhen. U.a. zählen dazu: Krankheiten, Seuchen, Hungersnöte, Kindersterblichkeit, Kriege, stark belastende Arbeit, Leben in großen Städten, usw. Wie diese durchaus unvollständige Liste zeigt, beschränkt sich Malthus also nicht auf Hungersnöte als dem sichtbarsten Ausdruck dafür, daß die Nahrungsmittel für die Gesamtbevölkerung nicht ausreichen. Er war vielmehr der Auffassung, daß auch all die anderen von ihm genannten Beschränkungen ihre letzte Ursache im Mißverhältnis zwischen Bevölkerungszahl und verfügbaren Nahrungsmitteln haben.

Dem stehen die präventiven Beschränkungen gegenüber. Dabei wird man zuerst an Maßnahmen zur Empfängnisverhütung denken. Diese werden von Malthus zwar in der Tat als eine präventive Beschränkung verstanden, allerdings von ihm als lasterhaft abgelehnt. Die «sittliche Beschränkung» (prudential restaint) ist die einzige von ihm akzeptierte und propagierte Form. Darunter versteht er – der Zeit entsprechend wird allein von der männlichen Perspektive her gedacht – die Verschiebung einer Heirat bis es möglich ist, Frau und Kindern (deren Zahl schon durch die spätere Heirat reduziert wird) ein auskömmliches Leben zu ermöglichen. Verhütungstechniken, mitunter auch als «Malthusianische Praktiken» zur

Begrenzung des Bevölkerungswachstums bezeichnet, hätten also nicht die Zustimmung desjenigen gefunden, mit dessen Namen sie oft in Verbindung gebracht werden.

Mit seinem Bevölkerungsprinzip wendet sich Malthus gegen die Philosophen der Aufklärung, die – wie die im Titel der ersten Auflage genannten Godwin und Condorcet – die These vertreten, daß mit fortschreitender Rationalität und der damit zu erwartenden Herausbildung überlegener Institutionen sich das Glück der Menschen geradezu zwangsläufig vermehren müsse.

Malthus setzt sich aber nicht nur mit Aufklärungsphilosophen auseinander, sondern auch mit der Politik seiner Zeit. Nicht sehr überraschend wendet er sich entschieden gegen die Armengesetze («Poor Law Bill»). Ihm zufolge wird dadurch das Bevölkerungswachstum angeregt, ohne daß jedoch die Mittel zum Unterhalt der zusätzlichen Bevölkerung geschaffen werden. Eine im folgenden immer wiederkehrende Denkfigur in Teilen der Wirtschaftswissenschaft findet hier ihren frühen Ausdruck: Gutgemeintes erweist sich oft als das Gegenteil von gut, weil die Hilfen, die man bestimmten Bevölkerungsgruppen zur Verfügung stellt, sich für diese letztlich gerade als schädlich erweisen.

Die von Malthus vorgebrachten Ideen über die Bevölkerungsentwicklung sind von anderen Ökonomen – insbesondere auch von Ricardo, der mit ihm in vielen anderen Punkten nicht übereinstimmt – aufgegriffen worden und haben dazu geführt, daß das Bevölkerungswachstum als eine endogene Größe aufgefaßt wurde. Jede Erhöhung des Reallohns über das Subsistenzniveau hinaus mußte demnach dazu führen, daß die Bevölkerung anstieg (oder ein schon positives Bevölkerungswachstum sich verstärkte). Dieser Anstieg müsse aber früher oder später unvermeidlicherweise dazu führen, daß der damit verbundene Anstieg des Arbeitsangebots den Reallohnanstieg beendet und schließlich sogar sinkende Reallöhne zur Folge haben wird. Das aber wird dafür sorgen, daß sich die Bevölkerungszunahme (oder sogar die Bevölkerung) reduziert, weil mit sinkenden Reallöhnen eine Verringerung des Bevölkerungswachstums einhergeht. Im Hinblick auf diesen Zyklus ist gelegentlich von einem Malthusianischen Lebensrhythmus gesprochen worden.

Diese von einflußreichen anderen Ökonomen übernommene Verknüpfung von Reallohn und Bevölkerungsentwicklung hat eine lange und wirkungsträchtige Rolle in den Wirtschaftswissenschaften gespielt. Sie diente insbesondere als Begründung dafür, daß im Zuge der wirtschaftlichen Entwicklung nicht mit einem trendmäßigen Anstieg des (konventionellen) Subsistenzlohns gerechnet werden könne.

Daß es, zumindest in den heute fortgeschrittenen Industriestaaten, ganz anders gekommen ist, hängt mit zwei Entwicklungstrends zusammen, die Malthus offenbar noch nicht hat erkennen können. Der eine bestand darin, daß die Entwicklung der realen Produktion, ganz im Gegensatz zur Vermutung von Malthus, schon zu seinen Lebzeiten und dann auch danach durchaus einer exponentiellen Entwicklung entsprechen sollte: die geometrische Entwicklung, die er der Bevölkerungsentwicklung vorbehalten sah, hat sich in der Zeit, die zwischen ihm und uns liegt, in den heutigen Industriestaaten eher bei der Entwicklung des realen Bruttoinlandsprodukts als bei der Bevölkerungsentwicklung gezeigt, mit der Folge, daß trotz steigender Bevölkerung ein nachhaltiger Anstieg der realen Pro-Kopf-Einkommen eingetreten ist[4]. Geschuldet ist das vor allem anderen einem bis heute anhaltenden technischen Fortschritt, der zu einem Anstieg der Produktion und insbesondere auch der Nahrungsmittelproduktion geführt hat, wie man sich das zu Malthus' Zeiten wohl wirklich nicht hat vorstellen können.

Was die heute entwickelten Industriestaaten anbelangt, so hat sich Malthus auch im Hinblick auf die angeblich unvermeidliche Bevölkerungsvermehrung geirrt, die auf jede Erhöhung des Reallohns sich zwangsläufig ergeben müsse. Seiner Prämisse, daß der Sexualtrieb eine historische Konstante ist und «es kein Anzeichen für das Erlöschen der Leidenschaft zwischen den Geschlechtern» gibt, muß man dabei gar nicht widersprechen. Tatsache ist jedoch, daß verschiedene Entwicklungen (Verstädterung, verbesserte Verhütungstechniken, verstärkte Erwerbsbeteiligung der Frauen, u. a.) dazu geführt haben, daß nicht mehr jede Erhöhung des Reallohns zu einem verstärkten Bevölkerungswachstum führt. Bekanntlich wird heute sogar in manchen fortgeschrittenen Industriestaaten in-

[4] Nach den Berechnungen von Maddison (A. Maddison, The World Economy. A millennial Perspective, Paris 2001) ist das reale Pro-Kopf-Einkommen in Westeuropa 1998 um den Faktor 14,5 höher als 1820. Für die USA beträgt dieser Faktor sogar 21,7.

tensiv darüber nachgedacht, wie man dem sich abzeichnenden Bevölkerungsrückgang begegnen kann.

Lassen wir dahingestellt, ob Malthus mit seiner Theorie das, was ihm als historisches Anschauungsmaterial zur Verfügung stand, zutreffend interpretiert hat. Für die Gesellschaft, in der er lebte, und für vergleichbare, haben sich jedenfalls andere Entwicklungen vollzogen als er sie vorhersah. Insofern ist es verständlich, daß ihm das Etikett angehängt wurde, ein «Prophet der Vergangenheit» zu sein. Schaut man allerdings auf Entwicklungsländer, so scheint der «Malthusianische Lebensrhythmus» keinesfalls vollkommen überwunden zu sein.

3.2 Malthus und Ricardo

Der Briefwechsel zwischen Malthus und Ricardo[5], die *Principles* von Malthus, die in Auseinandersetzung mit Ricardos *Principles* entstanden sind, Ricardos kritische Anmerkungen dazu (*Notes on Malthus*[6]) sowie seine *Notes on Malthus's ‹Measure of Value›*[7] vermitteln einen lebhaften Eindruck über die unterschiedlichen Sichtweisen der beiden. Kontrahenten sind sie in methodologischen, theoretischen und politischen Fragen. Was die methodologischen Positionen anbelangt, so ist Ricardo entschieden der Auffassung, daß es Aufgabe der Politischen Ökonomie sein müsse und nur sein kann, in jedem Moment wirksame Gravitationszentren oder Attraktoren zu identifizieren. Ihm ist – wie schon Adam Smith – wohl bewußt, daß von plötzlichen Veränderungen der effektiven Nachfrage starke Auswirkungen auf die Preise ausgehen können. Wissenschaftlich läßt sich dazu nach seiner Auffassung aber wenig aussagen, da hier Zufälligkeiten walten, die keiner erkennbaren Regel folgen. Der Analyse zugänglich sind dagegen die «natürlichen Preise» bzw. die Produktionspreise, d. h. diejenigen Preise, die das Gravitationszentrum darstellen, also angeben, wohin die Preise tendieren, wenn man ein ökonomisches System betrachtet, in dem die zufälligen Kapriolen von Angebot und Nachfrage überwunden sind. Für diese Preise ist insbesondere charakteristisch, daß es sich

5 Siehe dazu die mustergültige, von Sraffa herausgegebene Ricardo-Gesamtausgabe (Ricardo, 1951–1973).

6 Band 2 von Ricardo (1951–1973).

7 Ricardo (1992).

dabei um diejenigen handelt, die sich einstellen (würden), wenn der Konkurrenzprozeß einen Ausgleich der Profitraten herbeigeführt hat.

Malthus kann sich nicht dazu verstehen, nur die natürlichen Preise zu analysieren. Einerseits versucht er, das von Smith verwendete und von Ricardo kritisierte Konzept der kommandierten Arbeit[8] wiederzubeleben, andererseits verweist er aber auch auf Angebot und Nachfrage als Determinanten der Preise – und zwar auch der langfristigen. Seiner Auffassung von den Aufgaben der Politischen Ökonomie entsprechend, will er sich aber nicht auf langfristige Gleichgewichtspositionen beschränken, vielmehr für die jeweils auftretenden Probleme Lösungen anbieten[9].

Durchaus damit in Zusammenhang steht ein wesentlicher anderer Unterschied zwischen den beiden Kontrahenten. Ricardo ist unter den Klassikern der Ökonomie am deutlichsten ein ‹Modell-Ökonom›. Er abstrahiert von zahlreichen, in der Realität gegebenen Einflußgrößen und konzentriert sich ganz auf die von ihm für wesentlich gehaltenen, indem er sich ein vereinfachtes Bild der Realität verschafft. Diese deduktive Methode der isolierenden Abstraktion ist bis heute die vorherrschende Vorgehensweise der Wirtschaftswissenschaft geblieben, freilich immer wieder angefochten, wie z.B. in Deutschland durch die sogenannte Historische Schule. Malthus ist zwar kein Vorläufer dieser Richtung, wohl aber neigt er einem eher induktiven Vorgehen zu und ist von großer Skepsis gegenüber Handlungsempfehlungen, die aus einem einfachen, von vielen real gegebenen Sachverhalten abstrahierenden Modell abgeleitet werden. Schumpeter sollte diese Position später stützen, indem er diesbezüglich vom ‹Ricardianischen Laster› sprach.

Die theoretischen Kontroversen zwischen Malthus und Ricardo sind zu zahlreich, um hier angemessen Erwähnung finden zu können. Verwiesen sei hier nur kurz auf die Werttheorie (siehe aber auch 3.3).

Adam Smith hatte die Gültigkeit der Arbeitswerttheorie auf den Fall eines «rohen und frühen Zustands der Gesellschaft» beschränkt,

[8] Wieviel Arbeit eine Ware «kommandiert», ermittelt man, indem man den Preis der Ware durch den Nominallohnsatz dividiert.

[9] «Die Wissenschaft der Politischen Ökonomie ist im wesentlichen eine praktische und auf die gewöhnlichen Geschäfte des menschlichen Lebens anwendbar» (Malthus, 1989, S. 12).

in dem ohne Produktionsmitteleinsatz, also nur unter Einsatz direkter Arbeit produziert wird. Für eine weiter fortgeschrittene Wirtschaft mit Kapital- und Grundbesitzer entwickelt er dann eine andere und einigermaßen angreifbare Werttheorie, die sogenannte Komponententheorie des Preises, der zufolge sich der Preis in Lohn, Profit und Rente auflösen läßt. Ricardo widerspricht dieser Sicht. Mit seiner Erklärung der Grundrente begründet er zunächst, weshalb diese Preisfolge und nicht Preisursache ist. Da der Preis am (rentenlosen) Grenzboden bestimmt wird, kann die Grundrente für die Preisbestimmung keine Rolle spielen. Andererseits ist die Existenz von Produktionsmitteln und von Profit allein noch kein Grund, die Arbeitswerttheorie über Bord zu werfen. Berücksichtigt werden muß allerdings neben der direkten nun auch die indirekte, in den Produktionsmitteln verkörperte Arbeit.

Allerdings bleibt Ricardo nicht verborgen, daß Arbeitswerte und Produktionspreise dennoch in der Regel voneinander abweichen werden. Der Grund dafür sind die unterschiedlichen Kapitalintensitäten und die unterschiedliche Lebensdauer von Kapitalgütern in den verschiedenen Sektoren der Ökonomie. Schließt man die beiden Spezialfälle einer Ökonomie mit einer Profitrate von Null und einer Ökonomie mit identischen Kapitalintensitäten in allen Sektoren aus, so weichen Arbeitswerte und Produktionspreise voneinander ab – ein Problem, mit dem sich später noch Marx herumschlagen sollte und das ihm das sogenannte Transformationsproblem bescherte, für das er nur scheinbar eine Lösung finden sollte.

Ricardo ist sich zum Zeitpunkt der Veröffentlichung seiner *Principles* also bewußt, daß Arbeitswerte nur ein unvollkommenes Maß für Produktionspreise sind. Dennoch sieht er in dem Prinzip der inkorporierten Arbeit die beste Annäherung zur Bestimmung der Tauschwerte (Ricardo, VIII, S. 279). Malthus dagegen stellt fest: «Es scheint, daß die Arbeitsmenge, die eine Ware zu ihrer Produktion gekostet hat, weder zu einer bestimmen Zeit oder an einem bestimmten Ort ein korrektes Maß des relativen Werts ist, noch ein Maß des realen Tauschwerts … in verschiedenen Ländern und in verschiedenen Perioden» (Malthus, 1989, S. 108).

Die scharfen theoretischen Meinungsverschiedenheiten zwischen Malthus und Ricardo führen auch zu politisch verschiedenen Auffassungen. Besonders deutlich wird das bezüglich der jeweiligen Haltung zu den Gesetzen über die Getreidezölle («Corn laws»).

Ricardo, der als Börsenmakler mit Kriegsanleihen der englischen Regierung ein großes Vermögen erworben hatte, sich danach aus dem Geschäft zurückzieht, Grundbesitzer wird und sich der Beschäftigung mit der Politischen Ökonomie zuwendet, argumentiert – eigene ökonomische Interessen zurückstellend – scharf gegen Einfuhrzölle auf Getreide. Indem sie die Einfuhr des billigen ausländischen Getreides faktisch verhindern, verteuern sie das für die Lebenshaltungskosten der Arbeiter entscheidende Gut, erhöhen damit die Grundrente, wirken also zum Vorteil der Grundbesitzer. Da das die im wesentlichen aus den Gewinnen gespeiste Kapitalakkumulation behindern muß, sieht Ricardo in den «Corn laws» eine Behinderung von Wachstum und Entwicklung der englischen Wirtschaft. Obwohl Malthus mit der von Ricardo verfochtenen Rententheorie weitgehend übereinstimmt, in diesem Punkt also keine dezidiert andere Theorie vertritt, ist er dagegen ein Befürworter dieser Gesetze. Dies ist ihm gelegentlich als eine nur noch ideologisch zu verstehende Parteinahme für die Grundbesitzer vorgeworfen worden, unvereinbar mit der grundsätzlich freihändlerischen Haltung, die er sonst einnahm. Wie gleich gezeigt werden soll, bemüht sich Malthus jedoch durchaus, für seine Haltung eine theoretische Begründung beizubringen.

3.3 Malthus und die effektive Nachfrage

Eine im vorangegangenen Abschnitt nicht erwähnte theoretische Kontroverse zwischen Malthus und Ricardo betrifft deren jeweilige Haltung zur Möglichkeit einer allgemeinen Überproduktion («general glut»). Ricardo ist, wie bereits Smith, der Auffassung, daß es dazu nicht kommen könne. Zwar könnten von einzelnen Waren immer wieder einmal zu viel oder zu wenig produziert werden, ausgeschlossen sei jedoch eine allgemeine Überproduktion. Ricardo stützt sich dabei auf das sogenannte Saysche Gesetz, demzufolge sich das aggregierte Angebot eine gleich hohe aggregierte Nachfrage schaffe. Anders als später in der Neoklassik, ist bei Ricardo das Saysche Gesetz allerdings kein Garant für Vollbeschäftigung: Der Ausgleich von gesamtwirtschaftlichem Angebot und gesamtwirtschaftlicher Nachfrage kann ihm zufolge bei ganz unterschiedlichen Beschäftigungssituationen erfolgen.

Malthus widerspricht der Auffassung von Smith, Say und Ricardo. Grob zusammengefaßt argumentiert Malthus wie folgt: Die Existenz von Profit und Grundrente bedeutet, daß die Arbeiter mit ihrem – in der Regel kein Sparen erlaubenden – Lohn allein nicht für eine Nachfrage sorgen können, die ausreicht, das erzeugte Produkt zu Preisen zu verkaufen, die die Gewinne und die Grundrente aufrechterhalten. Was die beiden anderen Klassen anbelangt, so sind unter dem Gesichtspunkt der Nachfrage die Kapitalisten die Problemverursacher. Sie sehen von jedem überflüssigen Konsum ab und sparen einen Großteil ihres Einkommens. Das aber müsse zu einem übermäßig ansteigenden Kapitalstock führen – übermäßig in dem Sinne, daß dem gestiegenen Produktionspotenzial keine gleichermaßen gestiegene Nachfrage gegenüberstehe.

Die Lösung des Problems liegt auf der Hand: Die dem Luxuskonsum bzw. dem «unproduktiven Konsum» zugeneigten Grundbesitzer sind die Klasse, die alles zu richten im Stande ist. Fließt ihnen zusätzliches Einkommen zu, so braucht man sich um die effektive Nachfrage keine weitere Sorge zu machen. Ihre Nachfrage wird sich im wesentlichen auf «unproduktive Arbeit» richten, also auf Dienstleistungen, mit denen keine Ausweitung des Produktionspotentials verbunden ist. Die damit in Beschäftigung gesetzten «unproduktiven Arbeiter» sorgen ihrerseits mit ihrer Nachfrage dafür, daß das Problem einer unzureichenden effektiven Nachfrage überwunden wird oder gar nicht erst entsteht. Das Plädoyer für die «Corn laws» findet so scheinbar seine wirtschaftstheoretische Begründung: Grundbesitzer sind keine Parasiten der Gesellschaft, vielmehr eine höchst notwendige Gesellschaftsschicht, die mit ihrer Konsumfreude der Wirtschaft hilft, krisenhafte Entwicklungen zu vermeiden.

Die Schwächen dieser Argumentation sind aus heutiger Sicht unübersehbar. Malthus kann sich nicht von der für die damaligen Autoren charakteristischen Sichtweise lösen, daß Sparen und Investieren letztlich ein und dasselbe ist – im klassischen Begriff der «Akkumulation» findet diese Gleichsetzung ihren Ausdruck. Die von Keynes so sehr betonte Unterscheidung von «Sparer» und «Investor» und die Herausarbeitung der ganz unterschiedlichen Motive, die den einen und den anderen anleiten, sind bei Malthus gänzlich abwesend. Für ihn sind die sparenden Kapitalisten gleichzeitig die investierenden. Von der dann für die Keynessche Theorie so bedeutsamen Investorensouveränität ist bei ihm keine Rede.

Malthus sieht im wesentlichen nur den von Investitionen ausgelösten Kapazitätseffekt, der sich letztlich schädlich für die Gewinne und damit für weitere Akkumulation auswirken müsse. Daß Investitionen auch Nachfrage darstellen, tritt demgegenüber zurück. Wie von Harrod und Domar später gezeigt werden sollte, haben Investitionen einen Kapazitäts- und einen Einkommenseffekt, und es bedarf einer ganz speziellen Wachstumsrate, um beide in Übereinstimmung zu bringen.

4. Wirkung

Thomas R. Malthus hat, vor allem mit seinem *Essay*, eine geradezu ungeheuerliche Wirkung gehabt. Das findet seinen Ausdruck in der großen Zahl von Anhängern und Kritikern seiner Positionen. Sehen wir dabei zunächst auf einige der von ihm in der Wissenschaft ausgelösten Reaktionen.

Insbesondere in der ersten Fassung sind seine Aussagen z. T. so zugespitzt, daß sie geradezu zwangsläufig auf harscheste Kritik stoßen mußten. Karl Marx gehört zu den schärfsten Kritikern, der Malthus jedes intellektuelles Format abspricht, indem er feststellt, «dass diese Schrift in ihrer ersten Form nichts als ein schülerhaft oberflächliches und pfäffisch verdeklamiertes Plagiat ... ist und nicht einen einzigen selbstgedachten Satz enthält» (Marx, 1962, S. 664). Gleichzeitig unterstellt er ihm, der herrschenden Klasse in England als Ideologe zu dienen, da er ihr mit dem «Populationsprinzip» das Gegengift gegen die Lehren von Condorcet u. a. liefere, «jubelnd begrüßt von der englischen Oligarchie als der große Austilger aller Gelüste nach menschlicher Fortentwicklung» (Marx, ebenda).

Malthus hat mit einigen seinen Ideen aber nicht nur die Zustimmung der englischen Oligarchie gefunden. Interessanterweise sind auf ihn zurückgehende Vorstellungen auch von sozialistischer Seite aufgegriffen worden, wie man z. B. im Hinblick auf das von Lassalle formulierte «eherne Lohngesetz» feststellen kann, das mit von Malthus entwickelten Argumenten eine stets wirksame Tendenz zum Existenzminimumlohn postuliert.

Der Einfluß von Malthus geht aber weit über den ökonomischen Bereich hinaus. Darwin hat in seiner Autobiographie z. B. seine Lektüre von Malthus' *Essay* als eine ganz wesentliche Anregung für die Entwicklung seiner Theorie der natürlichen Selektion hervorgehoben.

Aber auch die *Principles* haben ihre Wirkung entfaltet. Insbesondere Keynes sieht in Malthus einen Vorläufer seines eigenen Ansatzes und stellt fest: «Wäre doch nur Malthus, statt Ricardo, die Stammwurzel der Nationalökonomie des neunzehnten Jahrhunderts geworden, ein wieviel weiser und wohlhabenderer Platz wäre die Welt dann heute!» (Keynes, 1989, S. 31). Er deutet an anderer Stelle aber auch an, weshalb es nicht so gekommen ist: «Da Malthus nicht in der Lage war, klar zu erklären ... wie und warum die effektive Nachfrage zu gering oder zu hoch sein könne, scheiterte er an der Entwicklung einer alternativen Konstruktion und Ricardo eroberte England so vollständig wie die Heilige Inquisition Spanien» (Keynes, 1936, S. 32).

Die Wirkung von Malthus ist aber sicher nicht auf die von ihm in der Wissenschaft bewirkten Reaktionen beschränkt. Mehr als die meisten Ökonomen hat er Einfluß auf die Politik ausgeübt und diese mit seinen Ansichten beeinflußt. Sie ist ihm zwar nicht darin gefolgt, die von ihm propagierte sittliche Beschränkung als die einzig zulässige anzusehen, hat aber in verschiedenen Ländern doch Maßnahmen ergriffen, ein zu starkes Bevölkerungswachstum zu begrenzen, um einen «Malthusianischen Lebensrythmus» zu verhindern und zu durchbrechen. Das prominenteste Beispiel dafür ist die in China propagierte Ein-Kind-Politik.

Literatur

1. Werkausgaben

Malthus, T. R. 1823. The Measure of Value Stated and Illustrated, With an Application of it to the Alterations in the Value of English Currency, London.

Malthus, T. R. 1827. Definitions in Political Economy. Preceded by an Inquiry into the Rules which Ought to Guide Political Economists in the Definition and Use of their Terms; with Remarks on the Derivation from these Rules in their Writings, London.

Malthus, T. R. 1905. Eine Abhandlung über das Bevölkerungsgesetz, oder eine Untersuchung seiner Bedeutung für die menschliche Wohlfahrt in Vergangenheit und Zukunft, nebst einer Prüfung unserer Aussichten auf eine künftige Beseitigung oder Linderung der Übel, die es verursacht, zwei Bände, Jena (Übersetzung der 6. Auflage von 1826).

Malthus, T. R. 1966: First Essay on Population 1798 (An Essay on the Principle of Population, as it Affects the Future Improvement of Society, with Remarks on the Speculations of Mr. Godwin, M. Condorcet, and Other Writers), New York u.a.

Malthus, T.R. 1970. The Pamphlets of Thomas Robert Malthus, Reprints of Economic Classics, New York.

Malthus, T.R. 1977. Das Bevölkerungsgesetz, hrsg. von C.M. Barth, München (Übersetzung des ersten Essays von 1798).

Malthus, T.R. 1989. An Essay on the Principle of Population. Or A View of its Past and Present Effects on Human Happiness; With an Inquiry into our Prospects Respecting the Future Removal or Mitigation of the Evils which it Occasions, 2 Bde., hrsg. von P. James, Cambridge.

Malthus, T.R.1989. Principles of Political Economy, Variorum Edition, hrsg. von J. Pullen, Cambridge.

2. Weiterführende Literatur

James, P. 1979. Population Malthus. His Life and Times, London.

Keynes, J.M. 1972. The General Theory of Employment, Interest and Money, The Collected Writings of John Maynard Keynes, Vol. VII, London und Basingstoke.

Keynes, J.M. 1973. Thomas Robert Malthus, The Collected Writings of John Maynard Keynes, Vol. X, Essays in Biography, Kapitel 12, London und Basingstoke.

Keynes, J.M. 1989. Malthus' Persönlichkeit und Opus, in: Vademecum zu einem wegweisenden Klassiker der ökonomischen Wissenschaft, hrsg. von H.C. Recktenwald, Düsseldorf.

Marx, K. 1962. Das Kapital, Bd. 1, Berlin.

Porta, P.L. 1998. Malthus, Thomas Robert, in: The Elgar Companion to Classical Economics, hrsg. von H.D. Kurz und N. Salvadori, Cheltenham und Northampton.

Pullen, J.M. 1987. Malthus, Thomas Robert, in: The New Palgrave, A Dictionary of Economics, Vol. 3, hrsg. von J. Eatwell, M. Milgate und P. Newman, London und Basingstoke.

Pullen, J.M. 2008. Malthus, Thomas Robert (1766-1834), in: The New Palgrave, A Dictionary of Economics, 2. Aufl., hrsg. von S. Durlauf und L. Blume, London und Basingstoke.

Ricardo, D. 1951–1973. The Works and Correspondence of David Ricardo, 11 Bde., hrsg. von P. Sraffa, Cambridge.

Ricardo, D. 1992. Notes on Malthus's ‹Measure of Value›, hrsg. von P.L. Porta, Cambridge.

Winch, D. 1987. Malthus, Oxford und New York 1987.

Wood, J.C. (Hrsg.) 1986. Thomas Malthus. Critical Assessments, Bd. 1–4, London.

Jochen Schumann

Jean Baptiste Say
(1767–1832)

I. Leben

Jean Baptiste Say wurde am 5. Januar 1767 in Lyon geboren. Seine Vorfahren waren Protestanten aus Nîmes, denen im Edikt von Nantes 1598 Religionsfreiheit zugesichert worden war. Nach dem Widerruf des Edikts 1685 mußten sie nach Genf emigrieren. Im Zuge der literarischen Aufklärung kehrten einige der (nach dem Genfer Bürgermeister Hugues) dann Hugenotten genannten Protestanten nach Frankreich zurück, so auch die Vorfahren Says, die als Geschäftsleute tätig waren.

Jean Baptiste nahm schon in früher Jugend eifrig an einem Kolleg des Pater Lefèvre über experimentelle Physik teil. Er besuchte ab 1776 ein Internat nahe Lyon, in dem durch die Aufklärung geprägte Methoden und Inhalte der Erziehung gepflegt wurden. Nachdem Says Familie wegen geschäftlicher Veränderungen nach Paris gezogen war, erhielt Jean Baptiste dort eine Ausbildung in einem Kontor. 1785 sandte ihn sein Vater gemeinsam mit Bruder Louis zur weiteren Ausbildung nach England. Er lernte so nicht nur die englische Sprache und Kultur kennen, sondern wurde auch Zeuge der erfolgreichen Anwendung neuer Techniken in dem sich entwikkelnden Fabriksystem und der Eroberung ausländischer Märkte. Dort entstanden auch seine Vorbehalte gegen staatlichen Interventionismus in wirtschaftliche Abläufe.

Nach seiner Rückkehr nach Paris spielte Say mit dem Gedanken einer beruflichen Laufbahn als Literat, gab jedoch dem Drängen seines Vaters auf weitere Ausbildung im Geschäftsleben nach. Im Jahr 1787 nahm er eine Tätigkeit im Versicherungswesen auf. Durch seinen Chef Clavière wurde er auf Adam Smith' *An Inquiry into the Nature and Causes of the Wealth of Nations* aufmerksam, kaufte sich selbst ein Exemplar des noch nicht übersetzten Werkes, nahm es begierig auf und erkannte schnell, daß es für ihn wegweisend war. Er nahm Anteil an den politischen Umwälzungen, die sich in Frankreich anbahnten, und sympathisierte mit republikanischen Vorstellungen. Seine erste Veröffentlichung *Sur la liberté de la presse* erschien 1789, also im Jahr des Beginns der französischen Revolution. Sie erregte die Aufmerksamkeit des republikanischen Publizisten Mirabeau, der ihn daraufhin in seiner Zeitung *Courrier de Provence* beschäftigte. Say brachte diese Tätigkeit, nach eigenem Bekunden, materiell nichts ein, stellte aber den begehrten Kontakt zu Schriftstellern her. 1792 war er Freiwilliger der Revolutionsarmee gegen die erste Koalition der Gegner Frankreichs. 1793 heiratete er Mlle Deloche, die Tochter eines geachteten Anwalts. Die bescheidenen Vermögen der Familien Say und Deloche zerfielen in der Zeit der Revolution und beschränkten Says Möglichkeiten, zu geschäftlichem Erfolg zu kommen. Mit vier Gleichgesinnten gründete er 1794 *La décade philosophique, littéraire et politique, par une société des republicains*; es war die erste literarische Zeitschrift, die im Durcheinander der Revolution entstand (bis sie 1807 verboten wurde, erschienen 54 Bände).

In der Zeit des Konsulats wurde Say 1799 Mitglied des Tribunats – eines vom Senat vorgeschlagenen, aus 100 Personen bestehenden Gremiums, das Gesetze und Maßnahmen diskutieren und begutachten sollte, ehe sie dem Corps Législative zur Verabschiedung vorgelegt wurden. Unter dem Einfluß des militärisch erfolgreichen Napoléon Bonaparte war die neue Verfassung, die auch das Tribunat vorsah, durch Plebiszit angenommen worden. Die Bevölkerung, die sich nach dem Chaos der Revolution nach Ordnung sehnte, akzeptierte in den Folgejahren auch Napoléons demokratisch eingekleidete Militärdiktatur; sie begrüßte die Neugestaltung der Verwaltung, des Erziehungswesens, der Sozialordnung und des Rechts (*Code civil*). 1804 ließ sich Napoléon zum Kaiser wählen, führte weitere Kriege gegen die Koalitionen europäischer Staaten, bis er schließlich 1812 in Moskau, 1813 bei Leipzig und 1815 bei Waterloo scheiterte. Say gehörte als Tribun einem Gremium an, das Napoléons Aufstieg ebnete. Er widmete sich im Tribunat hauptsächlich den öffentlichen Finanzen und der Wirtschaftsreform. Bald durchschaute er die ursurpatorischen Züge in Napoléons Politik. Ein ihm angebotenes Amt in der Steuerverwaltung lehnte er ab. Er mußte 1804 aus dem Tribunat ausscheiden. Nur in der privaten Wirtschaft konnte er die Freiheit und die geistige Unabhängigkeit bewahren, die er in öffentlichen Ämtern nicht gefunden hatte.

Mit seiner Familie übersiedelte Say nach Auchy in Pas-de-Calais und engagierte sich zunächst acht Jahre lang erfolgreich in der Baumwollmanufaktur als Mitunternehmer, als Architekt und als Ingenieur. Er nutzte die damals modernsten Maschinen aus England und beschäftigte 400 bis 500 Arbeitskräfte. Da unter den öffentlichen Lasten die Geschäfte in der Baumwollmanufaktur dann jedoch schlecht liefen, verkaufte er seinen Besitz und kehrte 1813 nach Paris zurück. Dort widmete er sich vorwiegend schriftstellerischen Aufgaben. 1815 trug er sich mit dem Gedanken, in die Vereinigten Staaten zu emigrieren, um dort an den Möglichkeiten des wirtschaftlichen Fortschritts teilzuhaben, die er in England kennengelernt hatte. Thomas Jefferson, an den er sich brieflich gewandt hatte, riet ihm jedoch wegen seines bereits fortgeschrittenen Alters von fast 50 Jahren von einer Auswanderung ab.

Schon 1803 war Says Hauptwerk *Traité d'Economie Politique* erschienen, das methodisch klar und einfach geschrieben war und sich durch viele praktische Beispiele auszeichnete. Es machte ihn schnell bekannt. Adam Smith' *Wealth of Nations* hatte ihm die Richtung gewiesen, nach seiner Meinung aber doch Lücken hinterlassen und Erläuterungen nicht gegeben – Mängel, die er beheben wollte. Say machte übrigens Napoléon dafür verantwortlich, daß eine Neuauflage des *Traité* zunächst nicht erscheinen konnte. Dieser habe ihm in einem persönlichen Gespräch eine seinen imperatorischen wirtschafts- und finanzpolitischen Vorstellungen angepaßte Überarbeitung nahegelegt. Says Ausscheiden aus dem Tribunat sei auch im Zusammenhang mit seiner Weigerung zu sehen, dieser seinen Überzeugungen widersprechenden Aufforderung nachzukommen. Die aus dem *Traité* resultierenden Forderungen nach Handelsfreiheit, nach niedrigen Steuern, nach Vermeidung öffentlicher Verschuldung widersprachen in der Tat den damals aktuellen Kennzeichen der Wirtschafts- und Finanzpolitik wie der Kontinentalsperre gegen England, den steigenden Konsumsteuern und Staatsausgaben. Erst 1814 erschien die zweite, überarbeitete und erweiterte Auflage; 1817 und 1819 waren die 3. und die 4. Auflage fällig. Später folgten noch zwei weitere Auflagen; die letzte Ausgabe erschien 2006. Es lagen zu Says Lebenszeit bereits zahlreiche Übersetzungen vor, die ihn international bekannt machten. Als deutsche Übersetzung war eine 1807 von Jakob, eine weitere erstmals 1818/1819 von Morstadt erschienen, deren Titel *Darstellung der Nationalökonomie oder der Staatswirtschaft* lautete.

Das berühmt gewordene Saysche «Gesetz der Absatzwege» hatte schon in der 1. Auflage die Aufmerksamkeit von David Ricardo und von Thomas R. Malthus erregt; es fand in der 2. Auflage seine fast endgültige Formulierung. Say wurde 1814 von der Regierung nach England entsandt, um die wirtschaftliche Entwicklung und die Kriegsfolgen für die englische Wirtschaft zu untersuchen. Als bereits bekannter Autor traf er auf dieser Reise u.a. mit Ricardo zusammen. In der Universität Glasgow durfte er, wie er selbst berichtete, auf dem Stuhl von Adam Smith Platz nehmen. Nach seiner Rückkehr veröffentlichte er die Schrift *De l'Angleterre et des Anglais* (1815), welche die drastischen Kriegsfolgen für die Bevölkerung, die Entwertung des Geldes und die öffentliche Verschuldung beschrieb. Im gleichen Jahr publizierte er *Catéchisme d'Economie Politique*, ein Werk mit einem langen Untertitel, das wirtschaftswissenschaftliche Grundsätze in einfachen Dialogen einem breiten Leserkreis nahebringen wollte. Say verfasste weitere Arbeiten, die nicht nur die Ökonomie, sondern auch philosophische Fragen betrafen. Alle zeichneten sich durch leichten Stil und Einfallsreichtum aus. Ein gutes Beispiel ist *Petit Volume Contenant Quelques Aperçus des Hommes de la Société* (1817). Says Schriften wurden viel gelesen, und seine Vorträge waren gut besucht.

Say wurde 1819 Professor am «Conservatoire des arts et métiers» auf einem neu geschaffenen Lehrstuhl für «Economie industrielle». Seine Vorlesungen waren keine schwungvollen, mitreißenden Reden; sie hielten sich genau an den ausgearbeiteten Text. Die Vorlesungen gab er unter dem Titel *Cours Complet d'Economie Politique Pratique* in sechs Bänden 1828–1829 heraus; auch ihnen war großer Erfolg beschieden. Eine deutsche Übersetzung erschien erstmals 1829, dann 1845 unter dem Titel *Ausführliches Lehrbuch der praktischen politischen Ökonomie* in drei Bänden. Schließlich wurde Say in der neuen Monarchie 1830 an das «Collège de France» berufen. Er wurde Mitglied der bekanntesten Akademien der Wissenschaften in Europa. In Frankreich war seine Mitgliedschaft in der «Académie des sciences morales et politiques» vorgesehen, deren Wiedergründung sich jedoch bis kurz vor seinem Tod hinauszögerte. Nach einer Serie von Schlaganfällen starb Say am 15. November 1832 im Alter von 66 Jahren.

2. Werk

Für Says Werk ist Adam Smith' *Wealth of Nations* das große Vorbild. Say tritt für eine humanistische und liberale Gesellschaft ein, in welcher der einzelne selbstverantwortlich handeln soll in einer Umgebung, die nicht national begrenzt, sondern kosmopolitisch angelegt sein soll. Ein besonderes Merkmal seiner Schriften ist eine einfache Ausdrucksweise, die ökonomisches Argumentieren durch viele Beispiele erläutert. Auf diese Weise trug er dazu bei, die klassisch-liberale Volkswirtschaftslehre zu prägen und zu popularisieren. Es wäre allerdings falsch, in Say nur einen Aufbereiter und Verbreiter von Adam Smith' Lehren zu sehen. Schon in der Einleitung des *Traité* übt er Kritik an Smith' Auffassung, daß nur menschliche Arbeit Werte hervorbringt, daß Reichtum nur die Werte enthält, «welche an Körperstoffen hängen». Smith liefere «nichts Vollständiges und nicht gehörig Zusammenhängendes über die Vertheilungsweise der Reichthümer ...». «Smith ermangelt der Klarheit in vielen Stellen; der Methode aber fast allenthalben» (Quellenangabe im folgenden aus der deutschen Ausgabe, 2. Aufl., hier: Bd. 1, S. 62–65). Says *Traité* bringt methodisch neue Ordnung in die Volkswirtschaftslehre, indem er den Stoff in Produktion (Buch 1), Distribution (Buch 2) und Konsumtion (Buch 3) gliedert, was sich in vielen Werken späterer Epochen durchsetzte. Inhaltlich enthält Says Werk zumindest vier vorab zu nennende, damals wichtige Neuigkeiten:

- Ansätze einer subjektivistischen Wertlehre, die in der Ablehnung der Smithschen Arbeitswertlehre zugunsten einer an den Bedürfnissen und dem durch Genuß von Gütern orientierten Wertlehre bestehen (vgl. z. B. Bd. 2, Buch 2, § 308).
- Eine Sichtweise auf immaterielle Güter- und Dienstleistungen, die deren produktiven Beitrag zum Wohlstand einer Volkswirtschaft zum Ausdruck bringt, anstatt wie Adam Smith nur die physischen Güter in Ansatz zu bringen (Bd. 1, Buch 1, Kap. XIII).
- Die Einteilung der Produktionsfaktoren in die Triade Arbeit, Kapital und Boden (Natur) sowie die Einführung eines (vom Kapitalgeber zu unterscheidenden) Unternehmers, der die Produktionsfaktoren zusammenfügt (Bd. 1, Buch 1, Kap. V, VI).
- Das «Gesetz der Absatzwege» (Bd. 1, Buch 1, Kap. XV), das die

Angebots- und Nachfragetätigkeiten in einer Volkswirtschaft in ihrer gegenseitigen Abhängigkeit zu erfassen versucht und damit eine lebhafte Diskussion der Vertreter zeitgenössischer und auch späterer Schulen der Nationalökonomie (Klassikern, Neoklassikern, Keynesianern) auslöste, die bis heute, besonders was ihre wirtschaftspolitischen Konsequenzen angeht, nicht abgebrochen ist.

Die ersten drei dieser Neuigkeiten trugen zur Debatte um die Ansätze der britischen Klassiker zur Wert- und Verteilungstheorie bei. Der Besuch Says in England sowie seine Korrespondenz besonders mit Ricardo (vgl. dazu Gehrke und Kurz [2001]) schlugen sich in Formulierungen und Ergänzungen der Neuauflagen des «Traité» nieder. Gemessen an der Resonanz auf die vierte Neuigkeit, das «Gesetz der Absatzwege», bleibt Says Einfluß auf die Entwicklung der Wert- und Verteilungstheorie jedoch mäßig.

Das «Gesetz der Absatzwege» («loi des débouchés») knüpft an Formulierungen der Physiokraten Mercier de la Rivière und Quesnay an (vgl. Blaug (1972, Bd. 1, Kap. 1), vor allem aber an Adam Smith' Vorstellung von einer funktionierenden Marktwirtschaft. Es sagt in einer übervereinfachenden Kurzform aus: Jedes Angebot schafft seine eigene Nachfrage. Genauer: Die Summe der Einnahmen des Verkaufs von Gütern und Leistungen entspricht genau der Summe der Ausgaben, die zum Kauf der Güter und Leistungen verwendet wird. Es wird damit die Gesamtheit der Angebots- und Nachfragetätigkeiten in einer Volkswirtschaft (bei Unterstellung freien internationalen Handels sogar: in der Weltwirtschaft) angesprochen, und damit auch der wichtige Tatbestand der gegenseitigen Abhängigkeit aller Märkte. Das Saysche Gesetz bedeutet nicht weniger als die Feststellung, ein allgemeines Überangebot an (englisch: «glut») bzw. eine allgemeine Übernachfrage nach Gütern oder Leistungen sei unmöglich. Es könne damit auch kein Überangebot an Arbeit (unfreiwillige Arbeitslosigkeit) oder ein Überangebot an Gütern (in einem Konjunkturtief) geben. Laut Schumpeter (Bd. 1, S. 755) ist das Saysche Gesetz «in erster Linie ein Argument für die Politik des Laissez-faire und gegen jede Produktionseinschränkung. [...] Seine Leser werden mit einem Bild vom kapitalistischen Wirtschaftsprozeß traktiert, der lediglich einen triumphalen Vormarsch der Industrie kannte und in dem die sich im Stadium der Vollbeschäftigung vollziehende Aufwärtsentwicklung höchstens durch falsche Anpassung in einzelnen Industriezweigen oder durch eine restriktive Politik der Regierung gestört werden könnte». Says Ausführungen waren in der 1. Auflage des *Traité* kein sorgfältig formulierter und abgesicherter Lehrsatz; er legte mehr Wert auf intuitive wirtschaftspolitische Anwendung. Den theoretischen und den empirischen Zweifeln, die laut wurden, begegnete er in späteren Stellungnahmen und in Neuauflagen des *Traité* mit Erläuterungen, die nicht immer klar, ja teils mißverständlich oder falsch waren. Gegen manche seiner eigenen Formulierungen muß Say in Schutz genommen werden. So beschränkt er in *Lettres à M. Malthus*, in späten Auflagen des *Traité* und in *Cours Complet* seine Konzeption von Angebot und Nachfrage unglücklicherweise auf die Produktion von Gütern, deren Preis nur die Kosten deckt (vgl. Schumpeter, Bd. 1, S. 757). Ablehnung oder Zustimmung hingen stets auch davon ab, wie man Says unscharfe Aussagen interpretierte.

In der neueren Wirtschaftstheorie wird das Saysche Gesetz in einer ersten, strengen Version als eine Beziehung diskutiert, nach der in einer Volkswirtschaft die Summe der Einnahmen aus dem Verkauf angebotener Güter (einschließlich Leistungen) stets identisch gleich der Summe der Ausgaben für den Kauf nachgefragter Güter ist, so daß ein allgemeines Überangebot oder eine Übernachfrage unmöglich sind. Das Saysche Gesetz wird in einer zweiten Version auch als eine Gleichgewichtsbedingung aufgefaßt, nach der eine Marktwirtschaft zu einem stabilen Gleichgewicht mit Räumung aller Märkte nur tendiert. Für jede der Versionen lassen sich in den Schriften Says Belege finden. Die heute gängige Zweiteilung des Gesetzes in eine «Saysche Identität» und in eine «Saysche Gleichung» entstammt einem Aufsatz von Becker und Baumol (1952).

Die erste, strenge Version wird in der neueren Literatur mit Methoden der mikroökonomischen Totalalanalyse aller Märkte einer Volkswirtschaft untersucht; wichtige Quellen sind Lange (1942), Patinkin (1956), Hahn (1960/61), Helmstädter (1969), Krelle (1989); vgl. zum Folgenden Blaug (1972, Bd. 2, Kap. 5, S. 9 ff.). Es gebe in einer geschlossenen Volkswirtschaft ohne staatliche Aktivität $i = 1, 2, \ldots, n-1, n$ Güter, darunter auch Dienstleistungen einschließlich Arbeits-, Kapital- und Bodenleistungen. Das Gut n sei ein Geldgut, welches benötigt wird, um den Gütertausch durchzuführen. Das Geldgut erfüllt als Recheneinheit also nur die Tauschmittelfunktion des Geldes, nicht die Funktion der Wertaufbewahrung. Wenn p_i der Preis, D_i und S_i die insgesamt nachgefragten und angebotenen Mengen des Gutes *i* sind, muß gelten, daß der Gesamtwert aller nachgefragten mit dem Gesamtwert aller angebotenen Güter identisch ist:

$$(1) \qquad \sum_{i=1}^{n} p_i D_i \equiv \sum_{i=1}^{n} p_i S_i.$$

Nach der Identität (1), die auch Walras-Gesetz genannt wird, ist es nicht möglich, daß in der Volkswirtschaft eine allgemeine Übernachfrage oder ein allgemeines Überangebot besteht. Denn sowohl für jedes der Güter 1, 2, …, $n-1$ als auch für das Geldgut n ist der Wert von Angebot und Nachfrage identisch.

Würde allerdings das Geldgut n nicht nur wegen seiner Tauschmittelfunktion, sondern auch zur Wertaufbewahrung verwendet, dann würden zum Aufbau von Kassenbestand mehr Einnahmen bzw. weniger Ausgaben, also mehr Verkauf bzw. weniger Kauf von Gütern notwendig sein. Analog würde zum Abbau von Kassenbestand weniger Verkauf bzw. mehr Kauf erforderlich sein. Wenn beim Geldgut n die Nachfrage vom Angebot abweicht, weicht auch bei den Gütern 1, 2, …, $n-1$ der Wert der nachgefragten von dem der angebotenen Güter ab. Wird diese Möglichkeit grundsätzlich zugelassen, bleibt die Identität (1) nicht mehr erhalten. Nur wenn die Werte von Nachfrage und Angebot für die Güter 1, 2, …, $n-1$ gleich sind, müssen auch die Nachfrage und das Angebot für das Geldgut gleich sein ($D_n = S_n$).

Dabei ist die Nachfrage nach Geld D_n gleich dem Wert der angebotenen, das Angebot an Geld S_n gleich dem Wert der nachgefragten Güter 1, 2, …, $n-1$:

$$(2) \qquad D_n = \sum_{i=1}^{n-1} p_i S_i, \qquad S_n = \sum_{i=1}^{n-1} p_i D_i.$$

Nach diesen Überlegungen stellen Unterschiede zwischen Angebot von und Nachfrage nach Gütern stets positive oder negative Überschüsse in der Nachfrage nach Geld dar; es gilt also $D_n > S_n$ oder

$S_n > D_n$. Ein Überangebot an Gütern ist identisch mit einer Übernachfrage nach Geld. Ist ES_{n-1} ein Überangebot an Gütern und ED_n die entsprechende Übernachfrage nach Geld, so gilt

$$(3) \qquad \sum_{i=1}^{n-1} p_i D_i - \sum_{i=1}^{n-1} p_i S_i \equiv -ES_{n-1} \equiv ED_n.$$

Das bedeutet, daß die Wirtschaftssubjekte, also Haushalte und Unternehmen, in der betrachteten Periode ihre Kassenbestände erhöhen möchten und dies nur erreichen können, wenn sie weniger Güter nachfragen als anbieten. Wenn nach dem Sayschen Gesetz also alle angebotenen Güter nachgefragt werden sollen und eine Überproduktion von Gütern unmöglich sein soll, dann muß gelten:

$$(4) \qquad ED_n \equiv 0.$$

Dann halten die Wirtschaftssubjekte die vorhandene Geldmenge nur als Kassenbestände zu Tauschzwecken in der jeweiligen Periode; sie planen nicht, diese Bestände durch zusätzlichen Güterkauf zu verkleinern oder durch zusätzlichen Güterverkauf zu vergrößern. Das Saysche Gesetz läßt sich mithin durch die Identität (4) ausdrücken, die besagt, daß es keine Übernachfrage nach Geld (und ebenso kein Überangebot an Geld) geben darf. In einer Welt, in der das Saysche Gesetz gilt, wollen die Wirtschaftssubjekte das durch Güterverkauf erhaltene Geld in der gleichen Periode und ausschließlich zum Kauf von Gütern verwenden.

Aus der linken Seite von (3) ergibt sich unter Beachtung von (4), daß bei Geltung des Sayschen Gesetzes als Identität eine Vervielfachung aller Preise mit dem gleichen Faktor die Angebots- und die Nachfragemengen nicht verändert (die Angebots- und die Nachfragefunktionen sind dann, formal ausgedrückt, homogen vom Grad Null). Die Anbieter und die Nachfrager reagieren auf eine proportionale Änderung aller Preise nicht; sie handeln «ohne Geldillusion». Dann ist die absolute Höhe der Preise ohne Bedeutung, es kommt nur auf die Preisrelationen an.

Mit diesen Eigenschaften entspricht das Saysche Gesetz einer Wirtschaft, wie sie die meisten Vertreter der klassischen und der neoklassischen Theorie unterstellten. Das Geld ist neutral oder stellt nur einen «Schleier» dar, der weggezogen werden muß, um zu den allein realwirtschaftlich determinierten Größen vorzudringen. Es besteht eine Zweistufigkeit oder Dichotomie des Preisbildungsprozesses. Preisrelationen und Gütermengen werden auf der ersten Stufe realwirtschaftlich bestimmt. Die absolute Höhe der Preise ergibt sich auf der zweiten Stufe durch die Geldmenge in einer Volkswirtschaft – so, wie es die Quantitätstheorie des Geldes aussagt.

Say diskutiert im *Traité* (Bd. 1, Buch 1, Kap. XXI ff.) das Geld und die Geldmenge; er deutet sinngemäß deren Neutralität an. Für die Wirksamkeit der Geldmenge sei auch wichtig, wie oft eine Geldeinheit pro Periode zur Durchführung von Güterumsätzen eingesetzt wird. Say vertritt damit die Quantitätstheorie des Geldes in einer Form, die diese unter Beachtung der Verwendungshäufigkeit des Geldes gefunden hat. Wenn, wie bei Say anzunehmen, die Geldmenge von den Wirtschaftssubjekten in der Form von Kassenbeständen nur zu Tauschzwecken in der jeweiligen Periode gehalten wird, muß sich bei einer – willkürlich angenommenen – Veränderung der Geldmenge bei konstanter Verwendungshäufigkeit des Geldes die damit einhergehende proportionale Veränderung aller Güterpreise auf die Kaufkraft oder den Realwert der Kassenbestände so auswirken, daß immer noch die gleichen Gütermengen umgesetzt werden, die Neutralität des Geldes also gewahrt bleibt.

Aufbau oder Abbau von Kassenbeständen zu anderen Zwecken als dem Zweck der Transaktion von Gütern in einer Periode bedeutet stets, daß die Identität (4) nicht erfüllt ist und das Saysche Gesetz in seiner strengen Form nicht gilt. Dann ist die Dichotomisierung der Preisbildung in die Schritte der Bildung von relativen und absoluten Preisen aufgehoben und ein Zusammenhang zwischen Geldmarkt und Gütermärkten hergestellt. Für eine Kassenhaltung zu anderen als Transktionszwecken lassen sich viele Gründe anführen, z.B. Aufbau einer Vermögenshaltung, erwartete Preis- und Zinsänderungen. Sie sind Ansatzpunkte für die vielfältigen Entwicklungen, welche die Geldtheorie in den letzten Jahrhunderten durchlief. Ein wichtiger Markstein ist Don Patinkins Buch *Money, Interest and Prices* (1956), in dem die Lehre von der Dichotomisierung der Preisbildung ausführlich kritisiert und die Auswirkungen der Kassenhaltung auf Güterangebot und -nachfrage detailliert untersucht werden.

Aber nicht nur die Entwicklungen der Geldtheorie, sondern schon die klassischen Lehren gaben Anlass, das Saysche Gesetz nicht in der strengen Form der Identität (4), sondern in der bereits angesprochenen zweiten Version zu sehen. Es ist ja keineswegs so, daß Say selbst und seinen Zeitgenossen, die inhaltlich das Saysche Gesetz anzuerkennen schienen, die mit diesem Gesetz unvereinbaren wirtschaftlichen Rückschläge verborgen geblieben waren. Say selbst diskutiert z.B. im *Traité* (Bd. 1, Buch 1, Kap. XV) ausführlich die zeitweise «verstopften Absatzwege» («débouchés fermés») für produzierte Güter, die nicht nachgefragt werden und daher nicht abgesetzt werden können. «[D]er Mangel an Absatz ... [ist] das bloße Resultat einer Anpfropfung in einem oder mehreren der Industriecanäle», in denen «eine größere Masse jener Producte steckt als der allgemeine Bedarf erheischt» (Bd. 1, Buch 1, S. 245 f.). Ricardo, der Says Gesetz grundsätzlich akzeptierte, führt in die 3. Auflage seiner *Principles of Political Economy and Taxation* (1821) ein Kap. XXXI «Über Maschinenwesen» ein, in dem er sich mit den Folgen der Ersetzung menschlicher Arbeit durch Maschinen befaßt, die zumindest vorübergehend in Arbeitslosigkeit bestehen können. Für die Gesamtwirtschaft wiesen die Krisen von 1825, 1836 und 1847 auf Konjunkturschwankungen als typisches Erscheinungsbild von Marktwirtschaften hin. Laut Blaug (1972, Bd. 2, Kap. 5, S. 22) sollten wir den klassischen Autoren zubilligen, daß sie nicht der Ansicht waren, es gelte jederzeit das Saysche Gesetz als Identität; sie vertrauten allerdings darauf, daß die wirtschaftliche Entwicklung nach Störungen in der Tendenz wieder zu Produktion und Absatz bei Vollbeschäftigung führt. Blaug zufolge hätten Say und die meisten Klassiker sicherlich eine Aussage wie die folgende akzeptiert: Ein Überangebot an Gütern oder eine Übernachfrage nach Geld führen über sinkende Preise und Zinsen zu steigender Kaufkraft der Kassenhaltung, so daß die Wirtschaftssubjekte die Kassenhaltung reduzieren und die Güternachfrage steigern werden, das Überangebot an Gütern mithin tendenziell verschwinden wird. Auf diese Weise wird über die Zeit hinweg tendenziell die Saysche Aussage, daß das Angebot sich seine Nachfrage schafft, doch noch bestätigt. Damit wird aus der ersten, strengen Version der Sayschen Identität die zweite Version der Sayschen Gleichung, bei der die Dichotomisierung des Preisbildungsprozesses aufgehoben ist (vgl. Blaug, 1972, Kap. 5, S. 21 ff.).

3. Wirkung

Die meisten der klassischen Ökonomen nehmen nicht explizit zum Sayschen Gesetz Stellung. Mit ihren Hinweisen auf Anpassungsprozesse an Vollbeschäftigung geben sie eher einen Anhalt dafür, daß sie die schwächere Version der Sayschen Gleichung meinen. Nur John Stuart Mill liefert im zweiten Aufsatz der *Unsettled Questions of Political Economy* (1844) eine genaue Auseinandersetzung; er beschränkt, was heute Says Identität genannt wird, auf den Fall einer Tauschwirtschaft, in der Geld nur als Recheneinheit fungiert; eine Anpassungstendenz gemäß Says Gleichung akzeptiert er allgemein, jedoch nicht mit Hinweis auf den steigenden Realwert der Kassenhaltung, sondern nur mit dem Argument, daß sich ein Preisverfall nicht unbegrenzt fortsetzen könne (vgl. Blaug, 1972, Kap. 5, S. 23 ff.). Als einziger der prominenten klassischen Ökonomen lehnte Malthus im zweiten Buch seiner *Principles of Political Economy* (1820) auch die heute so genannte Saysche Gleichung ab, indem er eine Unterkonsumtionstheorie aufgrund zu hoher Ersparnis entwarf, nach der eine anhaltende Überproduktion aller Güter möglich sein soll.

Später wurde Malthus' Widerspruch gegen Say von Keynes gelobt, der in den dreißiger Jahren des vergangenen Jahrhunderts vor dem Hintergrund der Weltwirtschaftskrise in seiner *General Theory* jedoch aus einer ganz anderen Position zur Ablehnung des Sayschen Gesetzes kam: Wenn es nicht zuträfe, daß, wie in der Tradition von Say impliziert, die Gesamtnachfragefunktion so mit der Gesamtangebotsfunktion verknüpft ist, daß Vollbeschäftigung stets gewährleistet ist, müsse ein wichtiges Kapitel der Wirtschaftstheorie erst noch geschrieben werden (Keynes, 1936, S. 26). Weil die durchschnittliche und die marginale Konsumneigung kleiner als eins sind, reiche die Konsumnachfrage nicht aus, die gesamte Produktion aufzunehmen. Es komme darauf an, ob die Ersparnis von Investitionen absorbiert wird. Die Ersparnis hänge als Komplement des Konsums vom Volkseinkommen, die Investition hingegen von der marginalen Ertragskraft des Kapitals ab. Ganz anders als in den älteren Theorien werden, nach Keynes, Ersparnisse und Investitionen nicht durch den Zinssatz in ein Gleichgewicht gebracht; der Zinssatz bestimme sich vielmehr durch die Liquiditätspräferenz von Vermögensbesitzern. Ein Vollbeschäftigungsgleichgewicht, das dem Sayschen Gesetz entspräche, wäre dann die Ausnahme, Unterbeschäftigungsgleichgewichte wären die Regel.

Zusammenfassend lassen sich in der Wirkung Says auf das ökonomische Denken vier Perioden unterscheiden (vgl. dazu Wood und Kates, 2000, S. 6f.). Die erste Periode umfaßt die Zeit der Entstehung und Verbreitung des Sayschen Werkes im 19. Jahrhundert, als dieses die Aufmerksamkeit auf sich zog und seinem Autor, trotz einsetzender Kritik, höchste Anerkennung eintrug. Es war vor allem das «Gesetz der Absatzwege», das größte Beachtung fand; aber auch die über das Werk von Adam Smith hinausführenden Beiträge zur Wertlehre, zu den Dienstleistungen, zu den drei von Unternehmern kombinierten Produktionsfaktoren wurden als Fortschritte geachtet.

Die zweite Periode bahnt sich mit der Wende zum 20. Jahrhundert an. Nun werden Says Leistungen weniger enthusiastisch eingeschätzt. Es herrscht die Meinung vor, er sei von seinen Zeitgenossen überbewertet worden. Das «Gesetz der Absatzwege» sei nicht allzu tiefgründig.

Die dritte Periode betrifft die Zeit, nachdem Keynes die *General Theory* (1936) veröffentlicht und die Aufmerksamkeit von der Angebotsseite auf die Nachfrageseite verschoben hatte. Say wird zum Vorwurf gemacht, er habe mit dem «Gesetz der Absatzwege» die ökonomische Zunft dazu verleitet, die Natur und die Herkunft von dauerhaften Rezessionen und unfreiwilliger Arbeitslosigkeit zu verkennen. Es setzt die gründliche, formal-analytische Überprüfung der Bedingungen ein, unter denen das Gesetz entweder als Identität gilt oder nur als eine Gleichung, welche ein Gleichgewicht beschreibt, das sich längerfristig, nach Beseitigung «verstopfter Absatzwege», mit Tendenz zur Vollbeschäftigung durchsetzt.

Eine vierte Periode wird in der zweiten Hälfte des vergangenen Jahrhunderts erkennbar, als mit dem Monetarismus die «Gegenrevolution» zum Keynesianismus einsetzte, die neues Vertrauen in die Wirksamkeit von Marktmechanismen schuf. Darin könnte eine gewisse Rehabilitation des «Gesetzes der Absatzwege» in der Form der Sayschen Gleichung gesehen werden – als Ausdruck des Vertrauens in die längerfristige Stabilität von Marktwirtschaften.

Literatur

1. Werkausgaben

Say, J.B. 1803. Traité d'economie politique ou simple exposition de la manière dont se forment, se distribuent et se consomment les richesses, 1. Aufl., Paris 1803. Überarb. und erw. Aufl. 1814, 1817 und 1819 in 2 bzw. 3 Bänden; es gibt zwei weitere Auflagen. Zuletzt erschien unter dem unveränderten Titel: édition variorum des six éditions établie par Claude Mouchot, deux tomes, Paris 2006. Deutsche Ausgaben von Jacob 1807 und Morstadt (1. Aufl. 1818/1819, 2. Aufl. 1927, 3. Aufl. 1933; hier verwendet die 2. Aufl. «Darstellung der Nationalökonomie oder der Staatswirtschaft« in 2 Bänden, Heidelberg).

Say, J.B. 1815. De l'Angleterre et des Anglais, Paris.

Say, J.B. 1815. Catéchisme d'économie politique pratique, Paris.

Say, J.B. 1817. Petit volume contenant quelques aperçus des hommes de la société, Paris.

Say, J.B. 1820. Lettres à M. Malthus sur differents subjects d'économie politique, notamment sur les causes de stagnation générale du commerce, Paris und London.

Say, J.B. 1828–1829. Cours complet d'économie politique pratique, vol. 1–6, prem. éd. Deutsch von J. v. Theobald 1829, weitere Übersetzung von M. Stirner in 4 Bänden «Ausführliches Lehrbuch der praktischen politischen Ökonomie«, Leipzig 1845.

Say, J.B. 1996. Cours déconomie politique et autres essais, ed. et introd. par P. Steiner, Paris.

2. Weiterführende Literatur

Amonn, A. 1956. Art. «Say, Jean-Baptiste», in: Handwörterbuch der Sozialwissenschaften, 9, S. 93–95.

Baumol, W. 1977. Say's (at Least) Eight Laws, or What Say and James Mill May Really Have Meant, in: Economica, 44, S. 145–161.

Becker, G., und Baumol, W. 1952. The Classical Economic Theory: The Outcome of the Discussion, in: Economica, 19, S. 355–376.

Blaug, M. 1997. Economic Theory in Retrospect, rev. ed., Homewood/Ill. 1968, 5th ed. Cambridge. Deutsch von J. Hengstenberg: Systematische Theoriegeschichte der Ökonomie, 4 Bände, München 1972.

Forget, E. L. 1999. The Social Economics of Jean-Baptiste Say. Markets and Virtue, London und New York.

Hahn, F. 1960/61. The Patinkin Controversy, in: Review of Economic Studies, 28, S. 37–43.

Helmstädter, E. 1969. Patinkin-Kontroverse-Beitrag Nr. X, in: Kyklos, 22, S. 506–517.

Kates, St. (Hrsg.) 2003. Two Hundred Years of Say's Law. Essays on Economic Theory's Most Controversial Principle, Cheltenham-Northampton, Ma.

Keynes, J.M. 1936. The General Theory of Employment, Interest and Money, London. Repr. in: A. Robinson und D. Moggridge, (Hrsg.), The Collective Writings of John Maynard Keynes, vol. 7, 1971–82. Deutsch: Allgemeine

Theorie der Beschäftigung, des Zinses und des Geldes, Berlin 1936 (letzte Ausgabe: 2006).
Krelle, W. 1989. «Jean-Baptiste Say (1767–1823)«, in: J. Starbatty (Hrsg.), Klassiker des ökonomischen Denkens, Bd. 1, München, S. 172–187.
Lange, O. 1942. Say's Law: A Restatement and Criticism, in: Studies in Mathematical Economics and Econometrics. In Memory of Henry Schultz, Chicago.
Malthus, Th. J. 1820. Principles of Political Economy, London. Deutsch von V. Marinoff, Grundsätze der politischen Ökonomie, Berlin 1910.
Mill, J. St. 1844. Essays on Some Unsettled Questions of Political Economy, Repr. in: J.M. Robson (Hrsg.), The Collected Works of John Stuart Mill, Vol. 4, Toronto 1963.
Patinkin, D. 1956. Money, Interest and Prices, Evanston, Ill.
Recktenwald, H. C. 1965. Lebensbilder großer Nationalökonomen. Einführung in die Geschichte der politischen Ökonomie, Köln und Berlin.
Ricardo, D. 1821. Principles of Political Economy and Taxation, 3rd ed. Repr. in: P. Sraffa (Hrsg.), The Works and Correspondence of David Ricardo, 11 vols., Cambridge 1951–73. Deutsch von G. Bondi, überarb. von O. Kotheiner, hrsg. von H. D. Kurz und C. Gehrke, Über die Grundsätze der politischen Ökonomie und Besteuerung, 2. Aufl., Marburg 2006.
Schumpeter, J. A. 1955. History of Economic Analysis. Edited from Manuscript by Elizabeth Boody Schumpeter, 2nd printing, London. Deutsch von G. Frenzel, Geschichte der ökonomischen Analyse, 2 Bde., Göttingen 1965.
Smith, A. 1776. An Inquiry into the Nature and Causes of the Wealth of Nations, 1st ed. Repr. in: Glasgow Edition of the Works and Correspondence of Adam Smith, vol. 2, Oxford 1976. Neueste deutsche Übersetzung von M. Streißler: Untersuchung über Wesen und Ursachen des Reichtums der Völker, 2 Bde., Tübingen 1999.
Sowell, Th. 1972. Say's Law. An Historical Analysis, Princeton, N.J.
Sowell, Th. 1987. «Say's Law», in: J. Eatwell, M. Milgate und P. Newman (Hrsg.): The New Palgrave. A Dictionary of Economics, vol. 4, London und New York.
Steiner, P. 1998. The Structure of Say's Economic Writings, in: The European Journal of the History of Economic Thought, 5, S. 227–229.
Wood, J. C., und Kates, St. (Hrsg.) 2000. Jean-Baptiste Say. Critical Assessments of Leading Economists. London und New York.

Heinz D. Kurz

David Ricardo
(1772–1823)

I. Leben

Ricardo wird am 18. April 1772 in London in eine wohlhabende, strenggläubige jüdische Familie sephardischer Herkunft geboren.[1] Ricardos Vater, ein erfolgreicher Börsenmakler, übersiedelt kurz vor der Geburt Davids mit der Familie von Amsterdam nach London. David wird u. a. von Privatlehrern unterrichtet. Nach Aussage eines seiner Brüder entwickelt er bereits in jungen Jahren den «Gefallen an abstrakter und allgemeiner Argumentation» (Bd. XI, S. 4).[2] Im Alter von vierzehn tritt er in das Geschäft seines Vaters ein. Mit eindundzwanzig Jahren heiratet er Priscilla Ann Wilkinson, eine Quäkerin, die ihm acht Kinder gebären wird. Anläßlich der Heirat brechen seine Eltern mit ihm.[3] Auf sich selbst gestellt, beginnt Ricardo eine äußerst erfolgreiche Karriere als *stock jobber*. In der Zeit von 1811 bis zum Ende der Napoleonischen Kriege zählt er am London Stock Exchange zu den bedeutendsten Kontraktoren von Darlehen zugunsten der englischen Regierung. Sein finanziell bestes Jahr ist 1815. Vier Tage vor der Schlacht von Waterloo am 18. Juni nimmt die Regierung die bis dahin größte Kriegsanleihe in ihrer Geschichte auf. Die Ungewißheit über den Ausgang der Schlacht und das Volumen der Anleihe drücken die Kurse. Ricardo, der auf die Niederlage Napoleons spekuliert, setzt fast sein gesam-

1 Die Ricardos gehören zu jenen spanischen und portugiesischen Juden, die gegen Ende des 15. Jahrhunderts zum Übertritt zum Christentum gezwungen werden (sog. «Marranos»). In der Hochzeit der Inquisition emigrieren die Ricardos über Livorno nach Amsterdam, wo sie zum Judaismus zurückkehren.

2 Alle Hinweise auf Schriften Ricardos beziehen sich auf die von Piero Sraffa besorgte Gesamtausgabe in elf Bänden (Ricardo, 1951–1973). Die Übersetzungen von Textpassagen stammen mit Ausnahme von den aus Band I zitierten Stellen von mir: Bezüglich der in Band I enthaltenen *Principles* verwende ich die von Christian Gehrke und mir herausgegebene Übersetzung; siehe Ricardo (2006). Die Seitenangaben bezüglich der deutschen Fassung werden der leichteren Vergleichbarkeit halber in eckigen Klammern angegeben.

3 Ricardo wendet sich vom jüdischen Glauben ab und den Unitariern, einer die Trinitätslehre ablehnende protestantischen Strömung, zu.

tes Vermögen ein – und gewinnt. Er wird auf einen Schlag zu einem der reichsten Männer Englands. Der heutige Gegenwert des anläßlich seines Todes geschätzten Ricardoschen Vermögens beträgt ca. 60 Millionen Euro.

Die Lektüre von Adam Smith' *Wohlstand der Nationen* im Jahr 1799 entfacht Ricardos Interesse an Politischer Ökonomie, die Ereignisse der Zeit verstärken es. Im Februar 1797 suspendiert die Bank von England die Einlösungspflicht ihrer Banknoten in Gold. Während der Napoleonischen Kriege kommt es wiederholt zu inflationären Tendenzen in England. 1809 veröffentlicht Ricardo anonym seinen ersten Aufsatz im *Morning Chronicle* zum Thema «Der Preis des Goldes». Ein Jahr später folgt die Streitschrift *Der hohe Preis der Goldbarren, ein Beweis für die Abwertung der Banknoten*, der ihn in intellektuellen und politischen Kreisen geschwind bekannt macht. Der berühmte *Bullion Report* an das Abgeordnetenhaus vom August 1810 spiegelt Ricardos Einfluß wider. Ricardo wird zu einem der Hauptkombattanten in den geldtheoretischen und -politischen Debatten seiner Zeit, bekannt als «Bullion Kontroverse» (vgl. Laidler, 1987, Rieter, 1995, und Aron, 1998). Er lernt James Mill und Thomas Robert Malthus kennen. Ersterer wird ihn mit Hartnäckigkeit zur Niederschrift seiner Überlegungen anspornen. Mit letzterem wird er zahlreiche Debatten ausfechten, in deren Verlauf allmählich, wie er selbst meint, eine «sehr schlüssige Theorie» heranreift.

Ausgelöst durch eine 1815 vom Parlament verfügte Einschränkung des Getreideimports («Corn Laws») beginnt Ricardo die Auswirkungen der Akkumulation von Kapital auf die Profitrate zu untersuchen. Im März 1814 verfaßt er einige Manuskripte zum Thema, die indes verloren gehen. Im Jahr darauf veröffentlicht er die Abhandlung «Über den Einfluß eines niedrigen Getreidepreises auf den Kapitalprofit», bekannt als *Essay on Profits.* Er argumentiert darin, daß eine Importbeschränkung die inländische Profitrate verringert und infolge hiervon die Rate der Kapitalakkumulation und das wirtschaftliche Wachstum. Seither zählt die Frage nach dem Zusammenhang zwischen Einkommensverteilung und Wachstum zu den bedeutendsten Themen der Politischen Ökonomie. Ricardos Einmischung in die Debatte um die Getreidegesetze ist parlamentarisch allerdings kein Erfolg beschieden.

Nach der Schlacht von Waterloo faßt Ricardo den Entschluß, sich von der Börse zurückzuziehen und ganz seinem «Lieblingsthema» (Bd. VI, S. 263), der Politischen Ökonomie, zu widmen. Sein Vermögen legt er vor allem in Grund und Boden an, eingedenk des Fundes im *Essay*, wonach in einer wachsenden Wirtschaft Grund und Boden immer knapper werden und im Preis steigen. Nichts ist praktischer als eine gute Theorie! Obgleich Ricardos Hauptaugenmerk jetzt Fragen des Werts und der Verteilung in einer expandierenden Wirtschaft gilt, kehrt er immer wieder zu monetären Problemen zurück. Im Februar 1816 veröffentlicht er *Vorschläge für eine wirtschaftliche und sichere Währung* und unterbreitet darin seinen «Barren-Plan». Dieser empfiehlt eine Rückkehr zum Goldstandard, allerdings nicht, indem Banknoten in Goldmünzen, sondern nur in Goldbarren eingelöst werden können. Auf diese Weise würde sparsamer Gebrauch vom teuren Edelmetall gemacht, vom Papiergeld als Hauptzahlungsmittel müßte nicht abgegangen werden, und die Inflation würde verringert werden. Überdies würden die hohen Gewinne der Bank von England (einer bis 1946 privaten Institution) beschnitten werden – zu Recht, denn sie stehen Ricardo zufolge der Bevölkerung zu und nicht einigen wenigen Bankdirektoren. Ricardos Plan wird ab 1819 für kurze Zeit verwirklicht, aber schon 1821 erfolgt die Abkehr davon und die Einführung des vollen Goldstandards mit in größerem Umfang zirkulierenden Goldmünzen.[4]

Aus dem *Essay on Profits* geht nach stetem Drängen von James Mill im Jahr 1817 schließlich Ricardos Hauptwerk, *On the Principles of Political Economy, and Taxation* – die *Grundsätze* –, hervor. Das Hauptproblem der Politischen Ökonomie, heißt es dort eingangs, ist die Ergründung der Gesetze, die die Aufteilung des Produkts auf die drei Klassen der Gesellschaft – Grundbesitzer, Kapitaleigner und Arbeiter – regulieren (Bd. I, S. 5 [S. 1]). Das Buch ist in wenigen Wochen vergriffen und wird in England und bald darauf auf dem europäischen Kontinent und andernorts heftig diskutiert. Eine zweite Auflage erscheint 1819, eine dritte erheblich überarbeitete 1821. Übersetzungen in zahlreiche Sprachen folgen.

1819 wird Ricardo durch den Erwerb des Sitzes von Portarlington, Irland, Mitglied des Parlaments und kann fortan den «richtigen Glauben», so James Mill, auch mit der «Zunge» vertreten (Bd. VI,

[4] Nach 1819 kommt es in größerem Umfang zu Fälschungen der Noten der Bank von England und infolgedessen zu größeren Abflüssen aus den Edelmetallvorräten der Bank.

S. 138). Ricardo beteiligt sich an zahlreichen Debatten zu geld-, währungs- und finanzpolitischen Themen. Er setzt sich für bürgerliche Freiheiten, geheime Wahlen, die Gleichbehandlung von Religionen, eine Strafrechtsreform sowie die Abschaffung des Schachers mit Unterhaussitzen ein. Berühmt wird sein Vorschlag, die im Verlauf der Napoleonischen Kriege merklich angeschwollene Staatsschuld in wenigen Jahren durch eine einmalige Vermögensteuer zu tilgen. Eine derartige Steuer würde das Gesamtvermögen nicht verringern. Sie würde auch die besitzenden Klassen nicht ungebührlich belasten, denn der Kapitalwert der laufenden Steuern auf Vermögen zur Begleichung der Zins- und Amortisationszahlungen wäre gleich hoch wie die vorgeschlagene Abgabe. In der Literatur ist der Vorschlag als «Ricardos Äquivalenztheorem» bekannt. Er wird nicht umgesetzt.

1820 erscheinen Thomas Robert Malthus' *Principles of Political Economy*, die als Erwiderung auf Ricardos *Principles* konzipiert sind. Ricardo verfaßt daraufhin seine *Notes on Malthus*, die jedoch erst posthum erscheinen. Malthus' Redeweise, nicht nur die «Markt-», sondern auch die «natürlichen Preise» der Waren würden durch Angebot und Nachfrage bestimmt, sei ohne Gehalt und könne die überlieferte Sicht, «wonach die Produktionskosten der große Regulator des Preises sind,» nicht ersetzen (Bd. II, S. 39). Auch Malthus' Auffassung über den Zusammenhang von Kapitalakkumulation und Profitrate hält Ricardo für unhaltbar.

Ricardo wird Mitglied des 1821 in London gegründeten einflußreichen «Political Economy Club.» Im Parlament ist er 1821 und 1822 in zwei Ausschüssen für Landwirtschaft tätig und führt den Verfall der Preise landwirtschaftlicher Produkte zum einen auf außergewöhnlich gute Ernten, zum anderen auf die Politik der Bank von England zurück. Diese hatte anläßlich der Rückkehr zum Goldstandard 1821 zur Prägung von Münzen große Mengen Goldes u. a. aus dem Privatbesitz von deren Direktoren aufgekauft und ihnen über den dadurch hervorgerufenen Anstieg des Goldpreises beträchtliche Gewinne beschert. 1823 verfaßt Ricardo einen *Plan zur Errichtung einer Nationalbank*, der die Entmachtung der Bank von England vorsieht. Das Recht, Papiergeld zu emittieren, sollte einer unabhängigen, aber im Auftrag der Regierung handelnden Institution anvertraut werden. Ricardos Überlegungen haben merklichen Einfluß auf die sog. *Currency*-Schule (Laidler, 1987).

1822 begibt sich Ricardo mit seiner Frau und seinen beiden jüngsten Töchtern auf eine mehrmonatige Reise durch einige Länder Kontinentaleuropas. Zurück in England führt er seine Auseinandersetzungen mit Malthus, Mill und anderen fort und arbeitet an Fragen der Wert- und Wertmaßtheorie. Ricardo stirbt überraschend am 11. September 1823 im Alter von 51 Jahren an den Folgen einer Mittelohrentzündung.

2. Werk

Geld- und Währungsfragen. Ricardos Pionierleistungen auf diesem Gebiet betreffen die Quantitätstheorie des Binnenwertes des Geldes, die Kaufkraftparitätentheorie der Wechselkurse und die Theorie der Goldwährung einschließlich der Mechanik des Zahlungsbilanzausgleichs (Rieter, 1995). Die Quantitätstheorie ist dabei das geldtheoretische Kernstück seiner Analyse und zugleich Komplement seiner Wert- und Verteilungstheorie. Der Anstieg des Preisniveaus während der Zeit der Suspendierung der Konvertibilität der Banknoten durch die Bank von England zwischen 1797 und 1821 ist Ricardo zufolge vor allem das Ergebnis einer zu starken Betätigung der Notenpresse. In der Bullion-Kontroverse, die in diese Periode fällt und bedeutende Einsichten in die Funktionsweise eines monetären Systems ohne Konvertibiltät liefert, ficht Ricardo auf der Seite der «Bullionisten», die eine geschwinde Rückkehr zum Goldstandard fordern. Ein relativ zum ausländischen steigendes inländisches Preisniveau führt über Waren- und Kapitalströme zu einem sinkenden Außenwert der Währung und bewirkt auf diese Weise eine Tendenz zur Parität (Gleichstellung) der Kaufkraft einer Währungseinheit im In- und Ausland.

Die *Currency-Schule*, Gegenspielerin der *Banking-Schule*, macht sich nach 1821 hinsichtlich der einlösbaren Banknoten weitgehend Ricardos quantitätstheoretische Position zu eigen. Zwar kommt es nicht zur Errichtung der von Ricardo geforderten Notenbank, aber im Jahr 1844 immerhin zu einer Reform der Bank von England, bei der einige seiner Vorstellungen zum Tragen kommen.

Wert- und Verteilungstheorie. Ricardo ist, wie gesehen, ein Mann von beträchtlichem praktischen Sinn und wirtschaftlicher Erfahrung. Gleichwohl verteidigt er die ökonomische Theorie gegen die «gewöhnlichen Anschuldigen» von Leuten, «die nur etwas für Tatsachen und nichts für die Theorie übrig haben.» Derartige Leute «sind kaum imstande, ihre Fakten zu sieben. Sie sind notwendigerweise leichtgläubig, weil sie kein Bezugssystem besitzen.» (Bd. III, S. 160 und 181) Er bleibt dabei: *Nichts ist praktischer als eine gute Theorie*. Adam Smith lobt er ob dessen Konzentration auf die systematischen und dauerhaften im Unterschied zu den zufälligen und vorübergehenden Einflüssen auf das wirtschaftliche Geschehen. Über letztere lassen sich keine verallgemeinerungsfähigen Aussagen treffen. Die verwendete Methode ist bekannt als *Methode der langen Frist*. In der Werttheorie führt sie zur Unterscheidung zwischen «natürlichen» Preisen und «Marktpreisen». Erstere drükken die ständig wirksamen Faktoren aus, letztere diese sowie zudem alle möglichen Zufallseinflüsse. Erstere werden begriffen als das «Gravitationszentrum» der letzteren. Bei *freier Konkurrenz*, d. h. der Abwesenheit nennenswerter Markteintritts- und Marktaustrittsschranken, können Arbeitskräfte und Kapital auf der Suche nach der besten Vergütung zwischen verschiedenen Wirtschaftszweigen wandern. Der «rastlose Wunsch aller Kapitaleigner, ein weniger profitables Gewerbe zugunsten eines vorteilhafteren zu verlassen, führt zu einer starken Tendenz zum Ausgleich der Profitrate aller.» (Bd. I, S. 88 [S. 76]) Diese Tendenz wird durch Geldbesitzer und Bankiers verstärkt, die über große liquide Fonds – ein «flüssiges Kapital» – verfügen, das sie Investoren auf der Suche nach der besten Anlageform zur Verfügung stellen. Die Bestimmung der allgemeinen Profitrate zu einer gegebenen Zeit sowie ihres Trends über die Zeit hinweg stehen fortan im Zentrum der Analyse Ricardos und der Politischen Ökonomie schlechthin. Die Profitrate entscheidet über die Geschwindigkeit, mit der Kapital akkumuliert wird und die Wirtschaft wächst. Sie ist die Schlüsselgröße des Systems.

Der *natürliche Preis* eines Produkts deckt alle normalen Kosten der Produktion (Löhne, Rohstoffe, Verzehr von fixem Kapital) und die Normalverzinsung des eingesetzten Kapitals ab. Weicht der Marktpreis vom natürlichem Preis ab, so bewirkt das eigeninteressierte Verhalten der Akteure, daß die Abweichung beseitigt wird. Liegt z. B. der Marktpreis über dem natürlichen Preis und werden infolgedessen in einem Gewerbe überdurchschnittliche Gewinne relativ zum eingesetzten Kapital erzielt, dann lockt dies zusätzliches

Kapital (und Arbeitskräfte) an, die Produktion steigt relativ zur Nachfrage und der Marktpreis beginnt zu sinken. Auf diese Weise werden die Extragewinne wegkonkurriert, bis sich schließlich der Marktpreis hinreichend dem natürlichen Preis angenähert hat. Ricardo zufolge ist es legitim, von den «zeitweiligen Wirkungen» der «zufälligen Ursachen» ganz abzusehen und sich auf die «Gesetze» zu konzentrieren, «welche die natürlichen Preise, natürlichen Löhne und natürlichen Profite bestimmen.» (Bd. I, S. 92 [S. 78])

Welche Gesetze sind dies? Waren sind relativ teuer bzw. billig nach Maßgabe ihrer «Schwierigkeit der Produktion», d. h. in Abhängigkeit von den bei einem gegebenen technisch-organisatorischen Wissen notwendigen physischen Aufwendungen. Dazu gehören die im Zuge der Produktion verbrauchten Roh- und Hilfsstoffe, die Abnutzung dauerhafter Produktionsmittel (Werkzeuge, Maschinen) sowie die zur Alimentierung der Arbeitskräfte bereitzustellenden Unterhaltsmittel (Reallöhne). Ein einfaches Gedankenspiel kann das *surplustheoretische Prinzip* der Ricardoschen Bestimmung der Profitrate veranschaulichen. Angenommen, in einer Wirtschaft wird nur ein einziges Produkt erzeugt, Getreide. Um 1 dz Getreide zu erzeugen, wird in der fraglichen «Kornökonomie» 1/2 dz zur Bezahlung von Arbeitskräften und 1/4 dz als Saatgut benötigt. (Von allen anderen Aufwendung sehen wir der Einfachheit halber ab.) Der Gesamtverbrauch bzw. *Kapitalaufwand* beträgt demnach 3/4 dz Getreide und das *Überschußprodukt* bzw. der *Surplus* 1/4 dz. «Die Profite kommen aus dem Überschußprodukt.» (Bd. II, S. 128) Im vorliegenden Fall ist die *Profitrate*, d. h. das Verhältnis von Überschußprodukt (1/4 dz) zu Kapitaleinsatz (3/4 dz), gleich 1/3, was 33 1/3 % entspricht. Wäre der Reallohn (Getreidelohn) höher, so wäre die Profitrate unter sonst gleichen Umständen niedriger. Zwischen der Profitrate und dem Reallohnsatz je Arbeitskraft gilt demnach für gegebene technische Bedingungen der Produktion ein *gegenläufiger* Zusammenhang. Dies ist Ricardos *fundamentales Gesetz der Einkommensverteilung*.

Das fragliche Gesetz gilt nicht nur im geschilderten höchst speziellen Fall, sondern allgemein. Verläßt man jedoch die hypothetische Welt mit nur einer Ware, dann bekommt man es mit dem Problem *heterogener Waren* zu tun, welches die Entwicklung einer Werttheorie verlangt. Angenommen, es werden nur zwei Typen von Waren erzeugt, «Getreide» (Rohstoffe bzw. Unterhaltsmittel) und «Eisen» (Pflüge bzw. Werkzeuge). Hierbei handelt es sich um die Beschreibung einer Wirtschaft mittels zweier Sektoren, Landwirtschaft und Industrie, wie man sie erstmals in François Quesnays *Tableau Économique* antrifft. In der Erzeugung beider Produkte werden sowohl das landwirtschaftliche als auch das industrielle Produkt verwendet. Das in einem Sektor eingesetzte Kapital ist daher nicht mehr von gleicher physischer Beschaffenheit wie das in ihm erzeugte Produkt. Folglich kann die Profitrate eines Sektors nicht mehr unmittelbar durch einen Vergleich stofflich gleichartiger Warenmengen ermittelt werden: Die Elemente des Kapitals eines Sektors müssen erst miteinander vergleichbar gemacht werden. Aber wie?

Arbeitswertlehre. Wie kann man heterogene Waren auf einen gemeinsamen Nenner bringen? Die klassischen Ökonomen gehen die Frage über die Suche nach einem «letzten Wertmaß» an. Ricardo entscheidet sich zugunsten von einfacher *Arbeit* als Maß. In der Erzeugung aller Waren wird Arbeit benötigt. Eine Ware läßt sich begreifen als die «Verkörperung» einer bestimmten Menge an Arbeit, die direkt und indirekt in der Erzeugung der Ware aufgewandt wird. So enthält z. B. ein Paar Strümpfe die Arbeit des Strumpfwirkers, der Garnspinnerin, des Baumwollproduzenten, usw. Die Gesamtmengen an verkörperter Arbeit, oder *Arbeitswerte*, erlauben es nun, die verschiedenen Waren bzw. Warenaggregate miteinander zu vergleichen. Die allgemeine Profitrate ist stofflich das Verhältnis zweier solcher Warenaggregate: des gesamtwirtschaftlichen Nettoprodukts, bestehend aus den Überschußmengen der verschiedenen Waren, und des gesamtwirtschaftlichen Kapitaleinsatzes, bestehend aus den verbrauchten Mengen an Rohstoffen, Werkzeugen und Unterhaltsmitteln. Steigt der Reallohn (d. h. die Menge an Waren, die an die Arbeitskräfte gehen), dann steigt der Anteil der aktuellen gesellschaftlichen Arbeit, der in die Produktion des Reallohns geht, und es sinkt die Profitrate: «Je größer der Anteil des Arbeitsergebnisses, der an die Arbeiter gegeben wird, desto kleiner ist die Profitrate, und umgekehrt.» (Bd. VIII, S. 194)

Theorie der Grundrente. Im bisherigen Argument ist von knappen natürlichen Ressourcen, insbesondere Grund und Boden, sowie von der an die Eigner für die Nutzung gezahlten Vergütung, der Pacht oder *Grundrente*, abgesehen worden. Natürliche Ressourcen sind indes ein unverzichtbares Element in der Produktion, und es fragt sich, ob und unter welchen Umständen die Vernachlässigung der Rente zulässig ist. Ricardo gebührt das Verdienst, die Grundsätze extensiv (und intensiv) abnehmender Erträge mit großer Klarheit herausgearbeitet und in sein System der Politischen Ökonomie integriert zu haben. Er tut dies in seiner Abhandlung «Über die Profite» (1815) und in Kapitel II, «Über die Rente», seiner *Grundsätze*.

Betrachten wir den Fall *extensiv sinkender Ertragszuwächse* etwas näher. Die in einem Land zur Verfügung stehenden Böden unterschiedlicher Qualität werden für ein gegebenes technisches Wissen in eine Rangfolge gemäß ihrer «Fruchtbarkeit» gebracht. Diese ordnet die Böden nach den sich darauf ergebenden Kosten je dz Getreide, wobei der fruchtbarste Boden die niedrigsten Stückkosten, der zweitfruchtbarste die zweitniedrigsten usw. aufweist. Ist der gesamtwirtschaftliche Getreidebedarf hinreichend klein, dann kann er durch die Bebauung ausschließlich des fruchtbarsten aller Böden gedeckt werden.

Tatsächlich erzwingt die Konkurrenz der Getreideproduzenten kostenminimierendes Verhalten und damit die Kultivierung nur dieses Bodens. Solange die insgesamt verfügbare Menge dieses Bodens größer ist als die davon zur Deckung des Bedarfs benötigte, ist keiner der Böden *knapp*. Der Wettbewerb der Bodeneigentümer um Pächter führt dazu, daß die Grundrente auf allen Böden gegen Null tendiert und vernachlässigt werden kann. Es kann keine Rente gezahlt werden, und zwar «aus den schon dargelegten Gründen, aus denen nichts für den Gebrauch von Luft und Wasser oder irgendwelche Naturgaben gegeben wird, die in unerschöpflicher Menge vorhanden sind.» (Bd. I, S. 69 [S. 59])

Steigt nun infolge der Akkumulation von Kapital und des Wachstums der Bevölkerung der Getreidebedarf, dann wird irgandwann der Boden erster Qualität knapp, d.h. er wird nicht mehr ausreichen, um den Bedarf zu decken. In diesem Fall wird die Bewirtschaftung auf Teile des Bodens zweiter Qualität ausgedehnt, was indes wegen der höheren Kosten je dz nur zu einem höheren Getreidepreis möglich ist. Da der Preis der gleiche ist, unabhängig davon, mittels welchen Bodens ein dz erzeugt wird, liegen die Kosten auf dem Boden erster Qualität jetzt unter dem Preis. Dies ermöglicht den Eigentümern dieser Bodenqualität von den Pächtern eine

Rente einzuheben, die gerade so groß ist, daß sich unter ihrer Berücksichtigung auf beiden Böden Kostengleichheit ergibt. Auf dem nicht knappen Boden zweiter Qualität, dem *Grenzboden* in der neuen Lage, wird keine Rente gezahlt.

Die Grundrente ist demnach eine *Differentialrente*, die auf die mit der Nutzung verschiedener Bodenqualitäten verbundenen Unterschiede in den Produktionskosten je dz Getreide zurückzuführen ist. Steigt der gesellschaftliche Bedarf an Getreide weiter an, so wird schließlich auch die dritte Qualität von Boden bewirtschaftet werden, mit dem Ergebnis, daß nun auch auf dem knapp gewordenen Boden zweiter Qualität eine Rente gezahlt wird und eine höhere Rente auf dem Boden erster Qualität, usw. Da die Kosten der Getreideproduktion überproportional mit der Menge steigen, ergibt sich für einen gegebenen Reallohnsatz notwendig eine *sinkende Profitrate* (siehe Bd. I, S. 120 [S. 103]).

Adam Smith hatte argumentiert, die Rente sei Ausdruck der Freigiebigkeit der Natur. «Unfug!» lautet Ricardos Urteil: Die Grundrente ist Ausdruck des «Geizes der Natur». Wäre Boden bester Güte in unbegrenzter Menge verfügbar, dann gäbe es keine Grundrente. Nur weil er in beschränkter Menge vorhanden ist, kommt es zu ihr. Die Rente ist auch nicht, wie Smith behauptet hatte, die Ursache eines hohen Getreidepreises, sondern dessen Folge. Da sich der Preis auf dem Grenzboden bestimmt, kann die Rente kein Preisbestandteil sein.

Im Fall *intensiv abnehmender Ertragszuwächse* wird die Produktionsmenge durch die intensivere (d. h. kostenträchtigere) Bewirtschaftung eines Bodens gegebener Qualität gesteigert. Auch hier entsteht die Grundrente als Folge der Knappheit des fraglichen Bodens und ist Ausdruck der mit unterschiedlichen Methoden seiner Bewirtschaftung verbundenen Kostenstrukturen je Produkteinheit. Jene Methode, die im Vergleich zu einer anderen die höheren Arbeits- und Kapitalkosten aufweist, ist zugleich jene, die je Hektar den höheren Output ergibt. Bei ihr fallen daher je Produkteinheit niedrigere Pachtzahlungen an.

Der Fall der intensiv sinkenden Erträge sollte später von marginalistischen Autoren vom Boden unterschiedslos auf alle produktiven Faktoren, einschließlich Arbeit und «Kapital», und von der Landwirtschaft auf alle Produktionszweige, einschließlich dem Verarbeitenden Gewerbe, verallgemeinert werden. Auf diese Weise sollten alle ökonomischen Preis- und Verteilungsgrößen einem einzigen Prinzip subsumiert werden: demjenigen der universellen *Knappheit*. Dieser Versuch der Verallgemeinerung stößt indes auf bedeutende Schwierigkeiten, die von Autoren wie Knut Wicksell erstmals erkannt worden sind (vgl. Garegnani, 1970, Kurz und Salvadori, 1995, Kap. 14, sowie Kurz, 2000).

Löhne und Profite. Das verbleibende Residuum des Nettoprodukts sind die Profite. Ihre Größe hängt, wie gesehen, von den Löhnen ab. Eine Bestimmung der Profitrate setzt eine solche des Lohnniveaus voraus. Auch bezüglich der Löhne unterscheidet Ricardo zwischen Markt- und natürlicher Höhe. Bei letzterer handelt es sich um jenen Preis, «der notwendig ist, um den Arbeitern, einem wie dem anderen, zu ermöglichen, sich zu erhalten und die Existenz ihres Standes ohne Vermehrung oder Verminderung weiterzuführen.» (Bd. I, S. 92 [S. 79]) Während Ricardo den natürlichen Lohn hier mit Blick auf eine konstante Arbeitsbevölkerung definiert, faßt er ihn an anderer Stelle unter Bezugnahme auf ein auf die Rate der Kapitalakkumulation abgestimmtes Bevölkerungswachstum. Ricardos diesbezügliche Überlegungen spiegeln seine Auseinandersetzungen mit seinem Freund und intellektuellen Widerpart Malthus wider. Dieser hatte mit seinem «Bevölkerungsgesetz» argumentiert, daß steigende Reallöhne über eine sinkende Kindersterblichkeit und verlängerte Lebenserwartung zu einem Überschußangebot an Arbeitskräften bei sich verschlechternden Bedingungen der Nahrungsmittelproduktion führen. Dies drückt den Reallohn früher oder später wieder auf das Existenzminimum hinab. Ricardo akzeptiert Malthus' Argument wohl vorrangig aus taktischen Gründen: Ein langfristig starrer Reallohn erleichtert die Bestimmung der Profitrate. Aber überzeugt ist er vom Malthusschen «Gesetz» offenbar nicht. So lesen wir, daß die Bevölkerung durch höhere Löhne u. U. «nur so wenig angereizt werden kann, daß sie mit geringster Rate wächst – oder sich sogar in die Gegenrichtung entwickelt» (Bd. VIII, S. 169). Eine «bessere Erziehung und geänderte Gewohnheiten» (Bd. II, S. 115) können den Bevölkerungsmechanismus durchbrechen.

Relative Preise und invariables Wertmaß. Ricardo nimmt zunächst an, daß die Preise der verschiedenen Waren durch die in ihrer Erzeugung direkt und indirekt aufzuwendenden Arbeitsmengen bestimmt werden. Unterschiedliche Arbeiten rechnet er dabei für eine gegebene und als relativ stabil unterstellte Lohnsatzstruktur in einfache Arbeit um. Die Arbeitsmengentheorie des Werts befreit die gegenläufige Beziehung von Profitrate und Löhnen aus einem «Labyrinth von Schwierigkeiten» (Bd. VI, S. 214). Diesen Schwierigkeiten kann sich Ricardo jedoch nicht dauerhaft entziehen. Ihm ist frühzeitig klar, daß die Arbeitswertlehre «nicht streng wahr ist» (Bd. VII, S. 279): Deren Regel wird «durch die Anwendung von Maschinerie und anderem fixen und dauerhaften Kapital erheblich modifiziert» (Bd. I, S. 30 [S. 22]). Der Grund ist folgender. Verschiedene Waren werden mit unterschiedlichen Einsatzproportionen von direkter Arbeit und Produktionsmitteln bzw. von direkter und indirekter Arbeit erzeugt. Deshalb sind die Preise der Waren nicht nur von den zur Anwendung kommenden Produktionsverfahren abhängig, auf deren Grundlage die Arbeitswerte ermittelt werden. Sie hängen auch von der Aufteilung des Produkts in Löhne und Profite ab: Je höher die Profitrate (und damit je niedriger die Löhne), desto relativ billiger sind Waren, die mit einer relativ hohen Einsatzproportion und einem relativ niedrigen Anteil an langlebigen Produktionsmitteln erzeugt werden. Denn wenn auf den Wert des vorgeschossenen Kapitals eine einheitliche Profitrate erzielt wird, dann wird in der Vergangenheit eingesetztes Kapital mit Zins und Zinseszins zu Buche schlagen. «Der Umstand, daß die Profite gemäß der Zinseszinsformel wachsen, ist für einen großen Teil der sich ergebenden Schwierigkeiten verantwortlich» (Bd. IX, S. 387).

Die relativen Preise hängen demnach von der verwendeten Technik *und* von der Einkommensverteilung ab. Nur in zwei Spezialfällen gilt die Arbeitswerttheorie uneingeschränkt: (a) im Spezialfall einer Profitrate von Null und (b) in demjenigen überall gleicher Einsatzproportionen. Beide Fälle sind jedoch wenig interessant. Damit aber steht Ricardos neue Theorie der Profitrate auf schwankendem Fundament. Denn das gesamtwirtschaftliche Nettoprodukt sowie der zum Einsatz kommende gesamtwirtschaftliche Satz an Kapitalgütern müßten richtigerweise zu natürlichen Preisen und nicht zu Arbeitswerten bewertet werden. Die natürlichen Preise hängen aber just von jener Größe ab, die bestimmt werden soll – der Profitrate. Die Suche nach einem Ausweg aus dem Dilemma beschäftigt Ricardo bis zum Ende seines Lebens. Noch auf dem Sterbebett arbeitet er daran.

Er versucht das Problem über die Definition eines «invariablen Wertmaßes» zu lösen (vgl. Kurz und Salvadori, 1993). Ursprünglich sollte das Konzept dazu dienen, Vergleiche zwischen ein und derselben Wirtschaft zu unterschiedlichen Zeiten bzw. zwischen verschiedenen Wirtschaften zur gleichen Zeit zu ermöglichen. Ein für diesen Zweck taugliches invariables Wertmaß ist eine Ware, die zu allen Zeiten mittels der gleichen Menge an Gesamtarbeit erzeugt wird. Würde eine andere Ware relativ zum Wertmaß billiger oder teurer werden, so könnte man eindeutig sagen, daß dies auf Änderungen in der Erzeugung der fraglichen Ware zurückzuführen ist.

Jetzt muß sich Ricardo dem ganz anderen Problem stellen, daß sich selbst unter gegebenen technischen Bedingungen das Werteverhältnis zweier Waren durch eine Veränderung der Einkommensverteilung ändern kann. Ein vollkommenes Wertmaß müßte jedoch auch gegenüber Veränderungen in der Einkommensverteilung unveränderlich sein. Diese Überlegung führt Ricardo zur Untersuchung der «Unterschiedlichkeit der Umstände», unter denen verschiedene Waren hergestellt werden (Bd. IV, S. 368). Die denkbaren Extremfälle sind zum einen eine Ware, die durch direkte Arbeit fast ohne Produktionsmittel, zum anderen eine Ware, die fast ohne direkte Arbeit, aber mittels zahlreicher und langlebiger Produktionsmittel erzeugt wird. Fällt der Lohnsatz (und steigt die Profitrate), dann verbilligt sich die erstgenannte Ware relativ zur zweitgenannten, weil bei ihr die Lohnkomponente relativ stärker kleiner und die Profitkomponente relativ schwächer größer wird. Bei einer Ware indes, deren Einsatzproportion von direkter Arbeit und Produktionsmitteln genau in der «Mitte zwischen den Extremen» (Bd. IV, S. 373) liegt, würde die Lohnkomponente genau um soviel kleiner werden, wie die Profitkomponente größer. Diese Ware wäre das gesuchte Wertmaß, weil ihr Wert von Änderungen der Verteilung nicht betroffen ist.

Ricardos diesbezügliche Überlegungen zeigen einen Ökonomen auf der Suche nach einer schlüssigen Wert- und Verteilungstheorie. Das gesuchte Wertmaß soll die Vermutung stützen, daß die Gesetze der Verteilung des Produkts «nicht wesentlich mit der Wertlehre verbunden sind» (Bd. VIII, S. 194). Eine wirklich befriedigende Lösung gelingt Ricardo jedoch nicht. Insbesondere sind beide Eigenschaften eines idealen Wertmaßes – konstante Arbeitskosten und Verteilungsunabhängigkeit – nicht miteinander vereinbar.

Kapitalakkumulation, technischer Fortschritt und wirtschaftliches Wachstum. Die Theorie des Werts und der Verteilung bildet die Grundlage der Politischen Ökonomie Ricardos. Auf ihr basiert seine gesamte restliche Analyse, darunter seine Ansichten zur Kapitalakkumulation, zum Wachstum und zum technologischen Wandel, von dem wir bislang abgesehen haben.

Ricardo vertritt das sog. «Saysche Gesetz» in der Form, daß es «keine Kapitalsumme gibt, die nicht in einem Lande verwendet werden könnte, da die Nachfrage nur durch die Produktion beschränkt wird» (Bd. I, S. 290 [S. 245 f.]; siehe auch Gehrke und Kurz, 2001) Ein Mangel an effektiver gesamtwirtschaftlicher Nachfrage ist entgegen der Auffassung von Malthus (und ein Jahrhundert später von John Maynard Keynes) Ricardo zufolge demnach nicht möglich. Der Disput zwischen beiden ist Teil der berühmten Debatte über die Möglichkeit einer «allgemeinen Überproduktion» (vgl. Hagemann, 1998). In den *Anmerkungen zu Malthus* wendet sich Ricardo vor allem gegen die Behauptung, die Profitrate würde durch den unproduktiven Konsum der Klasse der Grundbesitzer gesteigert. Sarkastisch wendet er ein: Nimmt man den Produzenten einen Teil ihrer Waren weg, so erhöht dies die Profite «in der gleichen Weise wie eine Feuersbrunst» (Bd. II, S. 425). Einig sind sich die beiden, daß Ersparnis Nachfrageausfall bedeutet, denn wer Teile des Einkommens spart, fragt keine Waren nach. Einig sind sie sich auch bezüglich der Annahme, daß jeder Ersparnis eine gleich große Investition folgt. Investitionen bedeuten jedoch Nachfrage nach Waren. Jeder Nachfrageausfall wird dieser Sicht zufolge kompensiert. Wie kann Malthus angesichts dessen behaupten, die Wirtschaft könne von der Nachfrageseite her beschränkt werden?

Wird Kapital akkumuliert und wächst die Bevölkerung, dann müssen immer mehr Böden und diese immer intensiver bewirtschaftet werden. Dies führt, wie gehört, zu einem Anschwellen der Grundrenten und einem Fall der Profitrate. Diesem Fall wird jedoch durch verbesserte Produktionsverfahren – technischen Fortschritt im weitesten Sinn – ein ums andere Mal entgegengewirkt. Über den langfristigen Trend der Profitrate entscheidet das Gegenspiel von Geiz der Natur und Erfindungskraft des Menschen.

In den *Grundsätzen* erörtert Ricardo verschiedene Formen des technischen Fortschritts und deren unterschiedliche Wirkungen auf das ökonomische System. Der angesprochene Konflikt zwischen

Grundherren und Kapitaleignern zeigt sich auch darin, daß bodensparender technischer Fortschritt die Grundrenten verringert, die Profite aber erhöht (vgl. Gehrke, Kurz und Salvadori, 2003). Es ist daher mit der Gegnerschaft der Grundherren gegenüber derartigen Neuerungen zu rechnen, was historisch auch zu beobachten war. Ein weiterer sozialer Konflikt betrifft das Verhältnis von Kapitaleignern und Arbeitern. In der dritten Auflage der *Grundsätze* revidiert Ricardo im neu hinzugefügten Kapitel «Über Maschinerie» unter dem Eindruck der Aktivitäten der *Ludditen* (Maschinenstürmer) seine bis dahin vertretene optimistische Sicht. Die Ersetzung von Arbeits- durch Maschinenkraft kann zu länger anhaltender Arbeitslosigkeit führen und die Arbeiterschaft insgesamt schädigen. Erst wenn sich über eine steigende Profitabilität die Rate der Kapitalakkumulation erhöht, kommt es zu einer Ausweitung der Nachfrage nach «Händen». Trotz der geschilderten Nachteile ist Ricardo kein Gegner technischer Neuerungen. Unterbindet man diese in einem Land, dann ergeben sich für die dortige Bevölkerung wegen der Verschlechterung der Position des Landes im internationalen Wettbewerb noch weit größere Nachteile.

Die Rententheorie führt Ricardo wiederholt gegen die «Corn Laws» ins Feld. Das Getreidegesetz des Jahres 1815 verbietet die Einfuhr von Getreide, solange der heimische Getreidepreis nicht ein gewisses Niveau übersteigt. Dieses Gesetz, so Ricardo, dient nur den Grundbesitzern, schädigt jedoch Arbeiter und Kapitaleigner. Es verringert die Profitrate, drosselt Kapitalakkumulation und Wachstum und verhindert so steigende Löhne.

Außenhandel und komparative Vorteile. Wie Adam Smith tritt auch Ricardo für Freihandel ein. Smith' Erklärung des Spezialisierungsmusters von Ländern auf der Grundlage absoluter Kostenvorteile hält er jedoch für zumindest unvollständig. Gesetzt, das Inland kann alle Waren zu niedrigeren Kosten als das Ausland erzeugen. Dann exportiert nur das Inland Waren und das Ausland importiert sie. Dies führt zu einem Zufluß von Edelmetallen (Gold bzw. Silber) im Inland und zu einem Abfluß aus dem Ausland (*specie-flow*-Mechanismus). Gemäß der Quantitätstheorie des Geldes steigen die Preise im Inland, und im Ausland fallen sie. Irgendwann werden die Preise einiger Waren im Ausland unter diejenigen im Inland fallen, so daß der absolute Kostenvorteil sich umkehrt. Um welche Waren handelt es sich dabei? Die Antwort gibt das von Ricardo in Kapitel VII der *Grundsätze*, «Über den auswärtigen Handel», entwickelte Prinzip der *komparativen Vorteile*. Ricardo illustriert es am Beispiel des Handels von Tuch und Wein zwischen England und Portugal. Selbst wenn Portugal beide Waren mit geringeren Mengen an Arbeit herstellen kann als England, gibt es gleichwohl die Gelegenheit für beidseitig vorteilhaften Handel. Dies ist dann der Fall, wenn sich Portugal auf die Erzeugung und den Export jener Ware spezialisiert, bei dem es nicht nur einen absoluten, sondern auch einen komparativen Vorteil besitzt, England hingegen auf die Erzeugung und den Export jener Ware, bei der sein absoluter Nachteil relativ gering ist. Nehmen wir an, die Gesamtmengen an Arbeit zur Erzeugung von einem Ballen Tuch bzw. einem Hektoliter Wein betragen in Portugal 20 bzw. 10 Sunden, in England 30 bzw. 40 Stunden. Dann besitzt Portugal bezüglich beider Waren einen absoluten und bezüglich des Weines auch einen komparativen Vorteil. Es wird sich auf die Produktion und den Export von Wein spezialisieren und aus England Tuch importieren, in dessen Produktion der englische absolute Nachteil vergleichsweise klein ist. Was auf die Spezialisierung zwischen Ländern und Regionen zutrifft, gilt auch für jene zwischen Menschen. Die frohe Botschaft des Ricardoschen *Theorems der komparativen Vorteile* lautet: Wer einer anderen Person in jedweder Hinsicht unterlegen ist, kann sich unter Umständen mit dieser gleichwohl auf eine beidseitig vorteilhafte Arbeitsteilung einlassen. Damit fügt Ricardo Adam Smith' Loblied auf die segensreichen Wirkungen der Arbeitsteilung eine wichtige Strophe hinzu.

Steuern. Bereits im Titel von Ricardos Hauptwerk klingt an, für wie bedeutend er die darin enthaltenen Überlegungen zur Besteuerung hält. Es geht ihm um die Entwicklung eines rationalen Steuersystems. Sein Hauptaugenmerk gilt der Wirkung verschiedener Steuern auf die Rate der Kapitalakkumulation. «Es gibt keine Steuern, die nicht die Tendenz aufweisen, die Fähigkeit zur Akkumulation herabzusetzen. Alle Steuern müssen entweder das Kapital oder die Revenue [das Einkommen] treffen.» (Bd. I, S. 152 [S. 130]) Dabei ist jener, der eine Steuer zahlt, nicht notwendig auch derjenige, der sie trägt: Steuern können überwälzt werden. Würde z. B. eine Lohnsteuer in einer Situation erhoben, in der sich die Löhne auf dem Existenzminimum befinden, dann könnte die Steuer nicht von den

Lohnbeziehern getragen werden. Über kurz oder lang würde der Geldlohn steigen, bei Konstanz des Reallohnes. Ähnliches läßt sich unter den genannten Bedingungen über eine Steuer auf Lohngüter sagen. In Übereinstimmung mit seiner Theorie der Differentialrente vertritt Ricardo die Auffassung, daß eine Steuer auf Grundrenten nicht überwälzt werden kann.

3. Wirkung

«Ricardo eroberte England ebenso vollständig wie die Heilige Inquisition Spanien», schreibt Keynes (1936, S. 32). Diese Behauptung läßt sich nicht halten, denn schon bald nach Ricardos Tod ist sein Einfluß in England am Schwinden (Blaug, 1959). Richtig ist, daß nur wenige Autoren auf die Entwicklung der Politischen Ökonomie einen vergleichbar großen Einfluß nehmen wie er. An ihm scheiden sich die Geister. Neben glühende Bewunderer treten scharfe Kritiker. Keiner der folgenden großen Theoretiker kommt an seinem Werk vorbei. Ricardo werden große Verdienste auf den Gebieten der Geld- und Währungstheorie, der Wert- und Verteilungstheorie, der Theorie der Grundrente, der Akkumulationstheorie und der Außenwirtschaftstheorie bescheinigt.

Für Karl Marx ist Ricardo der «letzte große Repräsentant» der klassischen Politischen Ökonomie. Er habe die «Grundlage der Physiologie des bürgerlichen Systems» gelegt – «des Begreifens seines innren organischen Zusammenhangs und Lebensprozesses» (Marx, 1965, S. 163). In seiner eigenen Analyse lehnt sich Marx trotz gelegentlich beißender Polemik wiederholt eng an Ricardo an. Léon Walras lobt die von Ricardo entwickelte Theorie der Grundrente, bemängelt jedoch, daß dieser das zugrundeliegende Prinzip der Knappheit nicht auf alle Produktionsfaktoren – Boden, Arbeit und Kapital – verallgemeinert hat. Für Knut Wicksell (1893, S. IV) handelt es sich bei Ricardo um einen der scharfsinnigsten Denker des Faches, der «an den Verstand seiner Leser und nicht an ihre Leidenschaften appelliert.»

William Stanley Jevons (1965, S. xlivi und li) wirft Ricardo vor, «den Wagen der Ökonomie aufs falsche Gleis rangiert zu haben» und seine Analyse auf «verworrene und absurde Annahmen» zu gründen. Die österreichischen Ökonomen, allen voran Friedrich von Wieser, wenden ein: Nicht die Kosten, sondern der Nutzen, genauer: der Grenznutzen, sei das regulierende Prinzip des Werts. Joseph A. Schumpeter tadelt als «ricardianisches Laster» die Neigung, wirtschaftspolitische Empfehlungen auf Überlegungen zu stützen, die nur unter sehr einschränkenden Bedingungen gelten.

Ricardo gilt als Begründer einer strengen Analytik. Mit ihm verwandelt sich das Fach von einer im wesentlichen deskriptiven zu einer analytischen Disziplin. Bald nach seinem Tod finden sich Autoren, die seine Überlegungen in eine mathematische Fassung bringen. Die ersten darunter sind William Whewell und John Edward Tozer, später folgen Vladimir K. Dmitriev ([1898] 1986) und Ladislaus von Bortkiewicz (1906/07) (vgl. Schefold, 1986), in jüngerer Zeit Paul A. Samuelson (1959) und Luigi Pasinetti (1960).

Der wichtigste Beitrag zur Neuinterpretation, Reformulierung und Wiederbelebung des klassischen und speziell Ricardoschen Erbes stammt von Piero Sraffa. Seine Ricardo-Edition (1951–1973) bewirkt eine gründliche Wiederbeschäftigung mit Ricardo und der gesamten Klassik. Seine Einleitung im ersten Band (1951) sowie sein 1960 erschienenes Buch (Sraffa, 1960) klären die spezifische logische Struktur der klassischen Wert- und Verteilungstheorie und zeigen, daß es sich nicht um eine frühe Variante der marginalistischen (oder neoklassischen) Theorie handelt. Sie zeigen darüber hinaus, daß die Theorie widerspruchsfrei und ohne jeden Rückgriff auf z.B. die Arbeitswertlehre formuliert werden kann. Die klassische Theorie ist seither in verschiedene Richtungen weiterentwikkelt worden; siehe hierzu u.a. Kurz und Salvadori (1995).

Sraffas Ricardo-Edition gilt als editorische Meisterleistung und trägt ihm 1961 die goldene Söderström-Medaille der Königlichen Schwedischen Akademie der Wissenschaften ein, welche als Vorläuferin des sog. Nobelpreises in der Wirtschaftswissenschaft gilt. Sraffas surplustheoretische Interpretation der klassischen Wert- und Verteilungstheorie stößt anfangs auf fast ungeteilte Zustimmung. Erst als immer deutlicher wird, daß diese nichts weniger als eine Abkehr von der These der kontinuierlichen Entwicklung der Politischen Ökonomie von ihren Anfängen bis zur Gegenwart beinhaltet, regt sich Widerstand. Ein übriges bewirkt die von Sraffas Reformulierung der klassischen Theorie ihren Ausgang nehmende Kritik am neoklassischen Konzept einer gegebenen «Menge an Kapital», die unabhängig von und vor der Bestimmung der Profitrate und der relativen Preise als bekannt unterstellt wird.

Den Versuch einer Reinterpretation der Analyse Ricardos im Sinne der neoklassischen (genauer: Marshallschen) Version von Angebot und Nachfrage als regulativem Prinzip unternimmt insbesondere Samuel Hollander (1979). Gegen Hollanders Konstruktion wird von Autoren wie Pierangelo Garegnani eingewendet, daß sie in Ricardo mehr hinein- als aus ihm herauslese und es sich bei der beschworenen Kontinuität der Entwicklung von Smith über Ricardo, Say, Marx und Walras bis hin zu Marshall um eine reine Erfindung handele. An der Debatte beteiligen sich direkt und indirekt u. a. Kenneth J. Arrow, Mark Blaug, John R. Hicks, Michio Morishima, Paul A. Samuelson, Bertram Schefold und Ian Steedman (vgl. Kurz, 2006).

Ricardos Werk ist erstaunlicherweise auch heute noch imstande, Kontroversen über Grundfragen der Disziplin auszulösen, in die sich einige der einflußreichsten Gegenwartsökonomen einschalten. Gibt es einen besseren Beleg für die anhaltende Bedeutung seines Werks? Maria Edgeworth, einer Schriftstellerin und Freundin des Hauses Ricardo, gebührt das Schlußwort über den vielleicht klassischsten aller Klassiker der Ökonomik: «Ich habe niemals mit jemandem über eine Frage diskutiert, der fairer argumentiert und der weniger um des Rechthabens und mehr um der Wahrheit willen streitet als er.» (Bd. X, S. 168)

Literatur

1. Werkausgaben

Ricardo, D. 1951–1973. The Works and Correspondence of David Ricardo, hrsg. und eingeleitet von P. Sraffa unter Mitarbeit von M. H. Dobb, 11 Bde., Cambridge.

Ricardo, D. 2006. Über die Grundsätze der Politischen Ökonomie und Besteuerung. Übersetzt von G. Bondi, überarbeitet von O. Kotheimer, hrsg. von H. D. Kurz und C. Gehrke, 2. Aufl., Marburg.

2. Weiterführende Literatur[5]

Aron, A. 1998. Bullionist Debate, in: Kurz und Salvadori (1998), Bd. 1, S. 50–56.

Blaug, M. 1958. Ricardian Economics. A Historical Study, New Haven.

[5] Zahlreiche weitere Hinweise auf die Literatur zu Ricardo sowie verschiedene Werkausgaben und Übersetzungen finden sich in de Vivo (1987) und Kurz (2006); siehe auch Kurz und Salvadori (1998).

Bortkiewicz, L. v. 1906/07. Wertrechnung und Preisrechnung im Marxschen System, in: Archiv für Sozialwissenschaft und Sozialpolitik, in drei Teilen, Bd. 23, 1906, S. 1–50; Bd. 25, 1907, S. 10–51 und S. 445–488.

De Vivo, G. 1987. Ricardo, David, in: The New Palgrave. A Dictionary of Economics, Bd. 4, S. 183–198.

Dmitriev, V. K. 1986. David Ricardos Werttheorie: Versuch einer strengen Analyse, ursprünglich veröffentlicht in Russisch, Moskau 1898; deutsche Übersetzung in: Schefold (1986), S. 63–136.

Garegnani, P. 1970. Heterogeneous Capital, the Production Function and the Theory of Distribution, in: Review of Economic Studies, Bd. 37, S. 407–436.

Gehrke, C., und Kurz, H. D. 2001. Say and Ricardo on Value and Distribution, in: European Journal of the History of Economic Thought, Bd. 8, S. 449–486.

Gehrke, C., Kurz, H. D., und Salvadori, N. 2003. Ricardo on Agricultural Improvements: A Note, in: Scottish Journal of Political Economy, Bd. 50, S. 291–296.

Hagemann, H. 1998. General Glut Controversy, in: Kurz und Salvadori (1998), Bd. 1, S. 320–324.

Hollander, S. 1979. The Economics of David Ricardo, Toronto.

Jevons, W. S. 1965. The Theory of Political Economy, 1. Aufl. 1871, Wiederabdruck der 5. Aufl., New York.

Keynes, J. M. 1936. The General Theory of Employment, Interest and Money, London.

Kurz, H. D. 2000. Wicksell and the Problem of the «Missing Equation», in: History of Political Economy, Bd. 32, S. 765–788.

Kurz, H. D. 2006. David Ricardo, in: Ricardo (2006), S. xi–lxx.

Kurz, H. D., und Salvadori, N. 1995. Theory of Production. A Long-period Analysis, Cambridge, Melbourne und New York.

Kurz, H. D., und Salvadori, N. (Hrsg.) 1998. The Elgar Companion to Classical Economics, Cheltenham und Northampton.

Laidler, D. 1987. Bullionist Controversy. The New Palgrave, Bd. 1, London und New York, S. 289–294.

Marx, K. 1965. Theorien über den Mehrwert, Teil 2, MEW, Bd. 26.2, Berlin.

Pasinetti, L. L. 1960. A Mathematical Formulation of the Ricardian System, in: Review of Economic Studies, Bd. 27, S. 78–98.

Rieter, H. 1995. Ricardo, David (1772–1823), in: M. North (Hrsg.), Von Aktie bis Zoll. Ein historisches Lexikon des Geldes, München, S. 340–343.

Samuelson, P. A. 1959. A Modern Treatment of the Ricardian Economy, in: Quarterly Journal of Economics, Bd. 73, S. 1–35 und S. 217–231.

Schefold, B. (Hrsg.) 1986. Ökonomische Klassik im Umbruch, Frankfurt am Main.

Sraffa, P. 1951. Introduction, in: Bd. I von Ricardo (1951–1973), S. xiii–lxiv [S. I–LVIII].

Sraffa, P. 1960. Production of Commodities by Means of Commodities, Cambridge.

Wicksell, K. 1893. Über Wert, Kapital und Rente nach den neueren nationalökonomischen Theorien, Jena.

Heinz D. Kurz

Johann Heinrich von Thünen
(1783–1850)

I. Leben

Johann Heinrich von Thünen wird am 24. Juni 1783 als erstes Kind eines ostfriesischen Marschhofbesitzers in Canarienhausen, heute Wangerland, geboren.[1] Nach Schule und Landwirtschaftslehre besucht er ab 1802 eine Landwirtschaftsschule in Groß Flottbek in der Nähe von Altona bei Hamburg. Dort reift die Idee zu seinem späteren Hauptwerk *Der isolierte Staat* heran. Der mathematisch Begabte und von wissenschaftlicher Neugier Getriebene verfaßt im Frühjahr 1803, noch keine 20 Jahre alt, einen Aufsatz von insgesamt 44 handgeschriebenen Seiten mit dem Titel «Beschreibung der Landwirthschaft in dem Dorfe Großen-Flotbeck» (Thünen, 1995).[2] Im gleichen Jahr besucht er einen Kurs des berühmten Agrarwissenschaftlers Albrecht Thaer in Celle. An der Universität Göttingen belegt er ab Herbst 1803 für zwei Semester Vorlesungen in Nationalökonomie.

1806 heiratet er die Schwester eines engen Studienfreunds, die mecklenburgische Gutsbesitzerstochter Helena Berlin, die ihm vier Kinder gebären sollte. Er pachtet das Gut Rubkow bei Anklam in Vorpommern und beschäftigt sich intensiv mit Fragen der Statik des Landbaus, d.h. des Bodenertrags und den Möglichkeiten seiner Steigerung. Im September 1809 erwirbt er das beinahe 500 ha große Gut Tellow bei Teterow in Mecklenburg. In kurzer Zeit gelingt es ihm, durch Anwendung wissenschaftlicher Methoden und moderner Produktionsverfahren Tellow zu einem zahlreiche Besucher aus dem In- und Ausland anlockenden Mustergut zu entwickeln. 1811 wird Thünen Mitglied der Mecklenburgischen Landwirtschaftsgesellschaft, die sich 1817 in «Mecklenburgischer Patriotischer Verein»

[1] Daten zu Thünens Leben, Werk und Wirken basieren auf Schumacher (1868), Niehans (1987), Recktenwald und Samuelson (1987), van Suntum (1989), Lehmann (1990, Anhang), Engelhardt (1993, 2008), Bartz, Krüger und Mohr (1995), Rieter (1995), Buchsteiner und Viereck (2000), Hippauf (2004) und Ahrend (2006).

[2] Thünen selbst notiert nachträglich auf dem Deckblatt des Aufsatzes, daß «sich darin die erste Idee vom isolirten Staat findet.»

umbenennt. Es handelt sich dabei um einen Zusammenschluß der dem technischen und organisatorischen Fortschritt gegenüber aufgeschlossenen Großgrundbesitzer. Thünen arbeitet aktiv im Verein mit und gilt bald als dessen führender Kopf. Von 1818 bis 1820 ist er Direktor von dessen Teterower Distrikt. Er veröffentlicht zahlreiche Aufsätze zu agrarökonomischen und wirtschaftspolitischen Fragen.

Seine theoretisch gewonnenen und, soweit möglich, experimentell überprüften Erkenntnisse fließen in eine rationale Betriebsführung auf seinem Gut ein, die sich in umfänglichen statistischen Aufzeichnungen und einer vorbildlichen Buchführung niederschlagen. In den Jahren 1818–1819 verfaßt er ein umfängliches Manuskript zum Thema «Über die Ursachen, die den Getreidepreis bestimmen, und über die Wirkung der Auflagen auf den Ackerbau». Es handelt sich hierbei um die Urfassung seines Hauptwerks; darin ist interessanterweise vom «Idealen Staat» die Rede, wohl als Reflex von Thünens Fortschrittsglaube.

1826 erscheint in Hamburg *Der isolirte Staat in Beziehung auf Landwirthschaft und Nationalökonomie, oder Untersuchungen über den Einfluß, den die Getreidepreise, der Reichthum des Bodens und die Abgaben auf den Ackerbau ausüben.* Themen des Bandes sind die Standortwahl verschiedener landwirtschaftlicher Produktionsaktivitäten, die Intensität, mit der diese jeweils zu betreiben sind, sowie die sich auf Boden gleicher Beschaffenheit, aber unterschiedlicher Lage ergebenden Intensitäts- und Lagerenten. Dieser Band ist der Erste Teil des schließlich drei Teile umfassenden *magnum opus* Thünens. Noch im gleichen Jahr entsteht die Abhandlung «Über das Loos der Arbeiter; ein Traum ernsten Inhalts», die schließlich Eingang in den Zweiten Teil seines Werks (1850) finden sollte. Die Abhandlung spiegelt Thünens Sorge betreffend die sich verschärfende «Soziale Frage» wider und enthält neben einer Analyse von deren Ursachen Vorschläge zur Abhilfe. Sozialreformerische Absichten durchdringen sein gesamtes praktisches und theoretisches Schaffen. 1826 liest Thünen die 1821 erschienene deutsche Übersetzung von David Ricardos *Principles of Political Economy, and Taxation* (Ricardo, 1817) (vgl. Thünen, 1990, S. 534f.)[3]. Die Frage, wie sehr sein eigenes Werk von demje-

[3] Im folgenden beziehen sich alle isoliert stehenden Seitenangaben auf die genannte Quelle (Thünen, 1990).

nigen Ricardos beeinflußt ist, ist bis heute strittig (vgl. hierzu Rieter, 2002).

Im Juni 1830 verleiht ihm die mecklenburgische Landesuniversität in Rostock die Ehrendoktorwürde. Auf äußere Anregung hin macht sich Thünen an die Überarbeitung des seit 1833 vergriffenen *Isolierten Staates* und bringt 1842 in Rostock eine zweite Auflage heraus.

Thünen engagiert sich im Vormärz auch politisch. Er ist liberal gesinnt und setzt sich für die nationalstaatliche Einigung Deutschlands sowie die Einführung einer bürgerlich-parlamentarischen, konstitutionellen Monarchie ein. Die Deutsche Revolution 1848–1849 geht an Mecklenburg nicht vorüber. Es kommt u. a. zu Erhebungen von Landarbeitern, jedoch nicht auf Tellow: Dessen Gutsherr verfügt auch in der Arbeiterschaft über ein hohes Ansehen. Gleichwohl reagiert Thünen sofort. Seit geraumer Zeit trägt er sich mit dem Gedanken der Einführung eines Systems der Gewinnbeteiligung seiner Arbeiter. Jetzt ist der Zeitpunkt gekommen, Ernst zu machen: Ab dem Frühjahr 1848 partizipieren die «Dorfbewohner zu Tellow an der Gutseinnahme». Thünen wird zum Ehrenmitglied des Patriotischen Vereins und zum Ehrenbürger von Teterow ernannt. Ein Abgeordnetenmandat zur deutschen Nationalversammlung in der Frankfurter Paulskirche kann er wegen seines sich verschlechternden Gesundheitszustandes nicht antreten.

1850 erscheint der (unvollständig bleibende) Zweite Teil des *Isolierten Staates* mit dem Titel *Der naturgemäße Arbeitslohn und dessen Verhältniß zum Zinsfuß und zur Landrente*. Er befaßt sich mit den die Gesamtwirtschaft beherrschenden ökonomischen Gesetzen und nimmt im Kern die makroökonomische Grenzproduktivitätstheorie der Einkommensverteilung vorweg. Eingangs nennt Thünen jene zwei Autoren, die sein Denken am stärksten beeinflußt haben: «*Adam Smith* war in der Nationalökonomie, *Thaer* in der wissenschaftlichen Landwirtschaft mein Lehrer.» (S. 283)[4] Für den «naturgemäßen Arbeitslohn» entwickelt er die berühmte Form el $\sqrt{ap}$ (a = Subsistenzlohn; p = Durchschnittsprodukt der Arbeit)

[4] Außerdem sieht Engelhardt (1993, 2000) insbesondere einen Einfluß Immanuel Kants auf Thünen. Hinsichtlich seiner sozialreformerischen Ansichten stellt Thünen in hohem Alter befriedigt fest, daß diese denjenigen des jüngeren und von ihm sehr geschätzten Lorenz von Stein ähnlich sind (vgl. Rieter, 2002).

und verfügt, daß sie seinen Grabstein (in Belitz bei Teterow) zieren soll.

Thünen stirbt am 22. September 1850 auf seinem Gut in Tellow infolge eines Schlaganfalles.

Erst 1863 erscheint der Dritte Teil des *Isolierten Staates*, die *Grundsätze zur Bestimmung der Bodenrente, der vortheilhaftesten Umtriebszeit und des Werths der Holzbestände von verschiedenem Alter für Kieferwaldungen*. In ihm widmet sich Thünen u. a. ausführlich dem «Waldproblem», d. h. der Frage nach dem optimalen Abholzungszeitpunkt eines Forstes.[5]

Von Thünen stammen neben dem *Isolierten Staat* zahlreiche andere Schriften, von denen mehrere zu seinen Lebzeiten oder danach publiziert werden, vorwiegend in Mecklenburgischen Periodika. Darin befaßt sich Thünen u. a. mit der Einführung eines Kreditsystems in Mecklenburg (1817) und der Errichtung einer «Kunststraße» zwischen Rostock und Neubrandenburg (1828); zahlreiche Aufsätze behandeln die Schafzucht, darunter die Frage, welchen Einfluß das Futter auf die Güte der Wolle nimmt (1819); eine Studie untersucht empirisch «die quantitative Wirkung des Dungs und die Aussaugungskraft der Gewächse» (1821); mehrere Arbeiten widmen sich dem Problem der Vertiefung der Ackerkrume, z. T. in Verbindung mit einer Erörterung der Vorteile des von Thünen erfundenen Hakenpflugs (1835–1842); eine Studie gilt der Fütterung der Pferde mit gedämpften Kartoffeln (1844); ein Aufsatz zur Sozialen Frage trägt den Titel «Die konstitutionellen Staaten und das Loos der Arbeiter»; mehrere Kommentare beziehen sich auf eine in Mecklenburg geplante Steuerreform (1846).[6] Darüber hinaus hinterläßt Thünen einen umfangreichen Briefwechsel. Einen Überblick über den Nachlaß Thünens, der sich in Archiven an der Universität Rostock, der Universität Stuttgart-Hohenheim sowie im Thünen-Museum auf dem früheren Gut Thünens in Tellow befindet, geben u. a. Buchsteiner und Viereck (2000), Rieter (2002), Ahrend (2006) und Engelhardt (2008).

[5] Eine von Ulrich van Suntum herausgegebene englische Übersetzung ist in Vorbereitung.

[6] Thünens Kritiken und Anregungen sollten im Parlament weithin auf taube Ohren stoßen, was sein Vertrauen in Mehrheitsentscheidungen merklich dämpft; vgl. Schumacher (1868).

Methode der isolierenden Abstraktion. In der Vorrede zur zweiten Auflage des *Isolierten Staates* ersucht Thünen den Leser, sich «durch die im Anfang gemachten, von der Wirklichkeit abweichenden Voraussetzungen nicht abschrecken zu lassen ... Diese Voraussetzungen sind vielmehr *notwendig*, um die Einwirkung einer bestimmten Potenz – von der wir in der Wirklichkeit nur ein unklares Bild erhalten, weil sie daselbst stets im Konflikt mit andern gleichzeitig wirkenden Potenzen erscheint – für sich darzustellen und zum Erkennen zu bringen.» (S. 11 f.) Die Methode der isolierenden Abstraktion (und des Marginalkalküls) hält Thünen «für das Wichtigste in dieser ganzen Schrift.» Er erläutert: «Diese Geistesoperation ist analog dem Verfahren, welches wir bei allen Versuchen in der Physik wie in der Landwirtschaft anwenden, wo wir nämlich nur die eine zu erfassende Potenz quantitativ steigern, alle übrigen Momente aber unverändert lassen» (S. 285).

Ändert sich, ausgehend von der Ruhelage der jeweils betrachteten ökonomischen Einheit, quantitativ eine der Potenzen, dann bewirkt dies einen Anpassungsprozeß der Einheit, bis dieser schließlich in eine neue Ruhelage einmündet. Der Übergang von der einen zur anderen Situation sei zu komplex, als daß man ihn analytisch erfassen könne, nicht so der neue «beharrende Zustand» (S. 303) – das Gravitationszentrum bzw. der Attraktor der Entwicklung. Die Analyse ist *komparativ-statisch* und gilt dem Vergleich *stationärer* ökonomischer Systeme. Thünen erwartet sich von ihr gleichwohl Einsichten in das dynamische Verhalten der Einheit (S. 303 f.).

Die von Thünen betrachteten ökonomischen Einheiten sind sowohl der einzelne Gutshof als auch die Volkswirtschaft insgesamt, wobei der Erste Teil des *Isolierten Staates* vor allem einzelwirtschaftliche, der Zweite hingegen gesamtwirtschaftliche Fragen behandelt. Im ersten Fall wird von Rückwirkungen von der betrachteten Einheit auf den Rest des Systems abgesehen (Partialanalyse), im zweiten werden hingegen die zwischen den verschiedenen Elementen des Systems bestehenden Wechselwirkungen untersucht (Totalanalyse).

Beim Studium der Wirkung von Potenzen auf die Wirtschaft sei die «Buchstabenrechnung» unverzichtbar (S. 41). Auf die «absolute

Richtigkeit» komme alles an. «Glücklicherweise finden wir den Beweis dafür in der Wissenschaft, die nicht trügt – in der Mathematik» (S. 289). Dabei beharrt Thünen ähnlich wie später Lorenz von Stein darauf, daß die «Geistesoperationen» des Ökonomen von *wirklichkeitsnahen Annahmen* ausgehen müssen: Die vorzunehmenden Abstraktionen müssen «Abstractionen aus der uns alle unmittelbar umgebenden Wirklichkeit» sein (vgl. Rieter, 2002, S. 223). Thünen ist einer der ersten mathematischen Wirtschaftstheoretiker in der Geschichte des Faches. Zur Behandlung der ihn interessierenden Optimierungsprobleme greift er auf die Differentialrechnung zurück.

Problemstellung und gewählter Ansatz. Angesichts seiner Charakterisierung als Schüler Adam Smith' verwundert es nicht, daß Thünen sich sowohl hinsichtlich der aufgegriffenen Fragestellungen als auch des gewählten Ansatzes an der englischen ökonomischen Klassik orientiert. Wie bei dieser kreisen seine Überlegungen vor allem um die Frage nach den Gesetzen der Produktion und Verteilung des gesellschaftlichen Reichtums. Die Frage nach der Verwendung desselben spielt insbesondere im Zusammenhang mit seinen Überlegungen zur Verbesserung des Loses der Arbeiterschaft eine Rolle. So bewirke die Akkumulation von Kapital in der Hand der besitzenden Klassen und die damit einhergehende Steigerung der Produktivität der Arbeit zwar u. U. eine den Lohnsatz erhöhende Tendenz – solange diese nicht von einem Wachstum der Arbeitsbevölkerung durchkreuzt wird. Noch wirkungsvoller sei indes die Kapitalbildung durch die Arbeiter selbst, in Verbindung mit einer natürlichen Beschränkung ihrer Zahl. Thünens Tellower Gewinnbeteiligungsmodell sieht daher vor (vgl. S. 467–471), daß die Arbeiter in den Stand gesetzt werden zu sparen. Die an die Arbeiter ausgeschütteten Gewinne werden zinstragend angelegt, wobei das angesparte Kapital erst nach dem 60. Lebensjahr als Altersversicherung genutzt werden kann.[7]

Thünens Aufmerksamkeit konzentriert sich auf langfristige Positionen des ökonomischen Systems, die durch einen einheitlichen Lohn- bzw. Rentsatz für qualitativ gleichartige Arbeit bzw. Boden

[7] Das Thünensche Beteiligungsmodell ist bis zum Verkauf Tellows durch den letzten Thünenschen Eigentümer in Kraft und wird erst durch dessen Nachfolger 1896 aufgekündigt.

gleicher Güte und Lage sowie eine unter Bedingungen freier Konkurrenz sich ergebende einheitliche Verzinsung des Kapitaleinsatzes gekennzeichnet sind. Seine Sichtweise ist objektivistisch, naturalistisch. Es geht ihm um eine «ganz auf der Wirklichkeit beruhende Untersuchung», selbst wenn er in Gestalt des «isolierten Staates» die fragliche Wirklichkeit in eine «bildliche Darstellung, eine Form» bringt, «die den Überblick erleichtert und erweitert» (S. 28). Bei der Beschreibung der Produktionsprozesse kommen nur beobacht- und meßbare Größen zur Sprache, physische Variablen: geleistete Stunden konkret nützlicher Arbeit, die Menge des auf einem Boden gegebener Güte ausgebrachten Dungs, die erzeugte Menge an Roggen einer gegebenen Qualität usw.

Welche Empfindungen die Akteure während ihrer Tätigkeiten haben, interessiert ihn nicht. Thünen ist kein Subjektivist, sondern einer der am härtesten gesottenen Objektivisten in der Geschichte unseres Faches, vergleichbar einem William Petty. Man lese nur den Ersten Abschnitt des Ersten Teils des *Isolierten Staates*: mit einer gelegentlich in Obsession umschlagenden Leidenschaft führt er den Leser auf Kornfelder und Viehweiden, in Ställe, Molkereien, Gewächshäuser und Branntweindestillerien, in Nutzwälder und zu Fischzuchten. Überall stößt er auf Kuppelproduktion, nirgends auf Einzelproduktion: immer werden mehrere Dinge gleichzeitig erzeugt, niemals nur eines allein. Und er fragt umgehend nach der Wirtschaftlichkeit des Beobachteten. So erwägt er beim Vergleich von Stallfütterung und Weidewirtschaft, wie sich wohl die «beträchtlichen Mengen pflanzennährender Gase beim Aushauchen des Viehs» auf den Wert des auf die Weide fallenden Mists auswirken (S. 124). Alfred Marshall, der Thünen viel verdankt, hat nicht unrecht, wenn er in einem Brief an John Neville Keynes, dem Vater von John Maynard, schreibt: «Wie Sie wissen, war Thünens Metier das eines Agrarreformers. Seine abstrakte Ökonomik hat sich beiläufig ergeben. Er steckte bis zu den Augen in Fakten über Roggen, Dung usw.»

Von der Klassik zum Marginalismus. Thünens Theorie geht aus von der Lehre der englischen klassischen Ökonomen und übernimmt zunächst das bei Smith und Ricardo anzutreffende Konzept des «natürlichen» Lohns: Dieser Lohn, ausgedrückt in Scheffel Roggen, setzt den Arbeiter in den Stand, sich und seine Familie zu unterhalten und das Geschlecht gerade zu reproduzieren (S. 316).[8] Die Tendenz des Lohnes zum natürlichen Niveau begreift Thünen ähnlich wie Smith und Thomas Robert Malthus als das Ergebnis einer Bevölkerungsdynamik, die einen latenten Angebotsüberschuß an Arbeitskräften erzeugt. Die Brechung dieser Tendenz ist Gegenstand seiner sozialreformerischen Pläne und Taten. Aber für seine theoretischen Untersuchungen liefert ihm ein gegebener Reallohn zunächst eine solide Grundlage, von der aus er die Gesetze bezüglich der anderen Verteilungsgrößen, der Grundrente und des Zinses bzw. Profits, erforschen kann. Thünen übernimmt damit das *surplustheoretische Erklärungsprinzip* aller Nichtarbeitseinkommen, wie wir es in der ökonomischen Klassik antreffen: Während der Lohn zum periodischen Kapitalvorschuß zählt, sind Rente und Zins (Profit) Teil des gesellschaftlichen Nettoprodukts und werden *residual* bestimmt.[9] Im Fortgang seiner Arbeit stellt Thünen die Verhältnisse dann in einem weiteren Schritt auf den Kopf, geht von einem gegebenen Zinssatz aus und bestimmt den Lohnsatz residual, um schließlich in einem abschließenden Schritt *alle* drei Verteilungsvariablen in *symmetrischer* Weise zu behandeln. Er tut dies durch *Verallgemeinerung des Prinzips der intensiv sinkenden Ertragszuwächse* in bezug auf Boden einheitlicher Qualität unterschiedslos auf alle Faktoren – Boden, Arbeit und Kapital. Nicht ohne Grund spricht er daher in Analogie zur (intensiven) Bodenrente von der Kapital*rente* und meint den Kapitalgewinn. Damit nimmt er in wesentlichen Bezügen jedenfalls für die Produktionsseite die sogenannte *marginalistische Theorie* vorweg und ebnet dem Grenzproduktivitätsprinzips in der Verteilungsfrage den Weg.

Landwirtschaftliche Standortwahl: Thünens Ringe. Wie sieht die optimale Verteilung wirtschaftlicher Aktivität um eine Stadt herum aus, auf deren Markt ländliche Güter gegen städtische gehandelt werden? Diese Frage sucht Thünen mit seinem berühmten Modell der «scharf geschiedenen konzentrischen Kreise» (S. 16) zu beantworten. Er setzt sich darin u. a. kritisch mit der Auffassung seines

[8] «Roggen» ist bei Thünen ähnlich dem «Getreide» bei William Petty und dann bei David Ricardo der Inbegriff aller in einer gegebenen Gesellschaft in einer gegebenen Zeit notwendigen Unterhaltsmittel.

[9] Vgl. hierzu die Arbeiten von Streissler (1995) und Kurz (1995a und 1995b).

Lehrers Thaer auseinander, die in England betriebene Fruchtwechselwirtschaft sei unter allen Bedingungen die günstigste. Thünen widerspricht: die kostenminimierende Methode hängt nicht nur von den jeweils gegebenen technischen Bedingungen ab, sondern auch von den Preisen, welche ihrerseits beeinflußt werden von den eingehobenen Abgaben und Steuern.

Die einfachste moderne Fassung der Thünenschen Ringe blendet zahlreiche der den Tellower Objektivisten interessierenden Aspekte aus (vgl. Samuelson, 1983). Sie kennt nur zwei Produktionsfaktoren, Arbeit und Boden, die jeweils qualitativ homogen sind. Boden ist allerdings in räumlicher Hinsicht heterogen, da die einzelnen Stücke in unterschiedlicher Entfernung zum Markt liegen.[10] Es werden annahmegemäß keinerlei Rohstoffe oder produzierte Produktionsmittel eingesetzt, d.h. es wird gänzlich von Kapital abgesehen. In der Stadt wird Tuch erzeugt, auf dem Land Gemüse und Roggen. Tuch wird ausschließlich durch Arbeit erzeugt, Gemüse und Roggen indes durch Arbeit und Boden. Gemüse ist schwer zu transportieren und verdirbt leicht, Roggen hingegen ist leicht zu transportieren und relativ langlebig. Die Produktion benötigt annahmegemäß keine Zeit und gehorcht konstanten Skalenerträgen. Die Erzeugung der landwirtschaftlichen Produkte wird durch substitutive Produktionsfunktionen beschrieben. Im geschilderten Fall wird die Stadt, so könnte man meinen, von drei Ringen umgeben, wobei im ersten und unmittelbar an die Stadt angrenzenden Ring Gemüse angebaut wird und im zweiten Roggen. Schließlich gibt es eine Grenze, jenseits derer der Boden ein freies Gut ist, d.h. einen Preis von Null hat. Wegen steigender Transportkosten des Tuches stadtauswärts und des Roggens stadteinwärts wird an der genannten Grenze der Preis von Roggen im Verhältnis zum Tuch so niedrig, daß die Besiedelungsdichte gegen Null tendiert. Es handelt sich, wie Thünen in seiner Jugendschrift anmerkt, um «unkultivierte Wildnis» (Thünen, 1995, S. 15).

Aber trägt die sich aufdrängende Intuition? Fällt das Einsatzverhältnis von Arbeit zu Boden mit der Entfernung von der Stadt? Diese Frage kann nicht unabhängig davon beantwortet werden, ob das Arbeits-Boden-Verhältnis von Gemüse für alle Lohn-Rentsatz-

[10] Die Standortwahl des Marktplatzes selbst ist also bereits entschieden. In einem weiter gefaßten Ansatz wäre sie ein Teilaspekt des Problems.

Verhältnisse größer oder kleiner ist als dasjenige von Roggen. Wenn die Roggen-Produktion arbeitsintensiver ist, könnte dann nicht das Arbeits-Boden-Verhältnis im zweiten Ring größer sein als im ersten? Ist es wirklich schlüssig, daß Gemüse nur im ersten Ring angebaut wird? Könnte es nicht auch in einem von der Stadt weiter entfernt liegenden Ring gezogen werden, insbesondere dann, wenn in diesem Ring die Besiedelungsdichte derart groß ist, wie gerade angenommen? Wenn Gemüse mit einer sehr geringen Arbeits- und damit einer großen Bodenintensität hergestellt wird, macht es dann Sinn anzunehmen, daß Gemüse auf Feldern kultiviert wird, deren relative Knappheit sich in sehr hohen Renten je Hektar ausdrückt? Diese Fragen zeigen, daß selbst im vorliegenden, extrem vereinfachenden Modellrahmen eine genauere Spezifikation der produktionstheoretischen Bedingungen vonnöten ist, um zu eindeutigen Aussagen zu gelangen. Um wieviel schwieriger liegen die Dinge im von Thünen selbst gewählten Rahmen! Er kennt sieben Ringe: Freie Wirtschaft (Gartengewächse und Milch), gefolgt von Forstwirtschaft, Fruchtwechselwirtschaft, Koppelwirtschaft, Dreifelderwirtschaft, Viehzucht und Wildnis.[11]

Kuppelproduktion und räumliche Arbeitsteilung. Thünen betont, daß es häufig von Vorteil ist, mehr als eine Produktionstätigkeit in jedem Ring anzusiedeln. Dies ergibt sich daraus, daß ein Output einer derartigen Tätigkeit Input in einer anderen sein kann. So finden sich Thünen zufolge im ersten Ring nicht nur der Anbau von Gemüse und Früchten, sondern auch die Erzeugung von Milch. Die Kuhhaltung benötigt jedoch Heu als Futter und Stroh, um die Ställe auszulegen. In diesem Ring wird Getreide nur wegen des Strohs erzeugt (S. 17). Was in einem Produktionsprozeß also Haupt- und was Nebenprodukt ist, läßt sich demnach nicht *a priori* sagen.

Dung ist ein Nebenprodukt menschlichen Konsums, aber auch

[11] Auf Unverständnis ist Thünens Belegung des zweiten Rings (Forstwirtschaft) gestoßen. Sie ergibt sich jedoch aus dem Zusammenspiel der beiden Dimensionen des Standortproblems: der unterschiedlichen Intensität, mit der der Boden bezüglich der verschiedenen Produkte bewirtschaftet werden kann, einerseits und den unterschiedlichen Kosten des Transports der verschiedenen Produkte andererseits. Die sich ergebenden Transportkosten je genutzter Flächeneinheit sind in der Forstwirtschaft weit höher als bei allen anderen Bewirtschaftungsarten und rechtfertigen die Standortwahl.

der Tierhaltung. Für die Bewohner der Stadt handelt es sich um ein «Ungut», das entsorgt werden muß, gegebenenfalls sogar kostenträchtig. Für die Bauern ist der Dung jedoch ein «Gut», ein nützlicher Input. In vom Markt weiter entfernt liegenden Gegenden wird Dung vor allem aus Stroh gewonnen. Thünen liefert empirische Schätzungen des Strohoutputs verschiedener Getreidesorten, darunter Weizen, Roggen, Gerste und Hafer (§§ 15 und 16), und berechnet die Menge an Dung, die diese über das sich ergebende Stroh abwerfen. Ob ein Produkt ein Gut oder ein Ungut ist, läßt sich dabei nicht *a priori* entscheiden. Ungüter erzielen einen *negativen Preis*, wenn ihre Entsorgung kostenträchtig ist. Dem negativen Preis eines Produkts, das zu entsorgen ist, ist ein positiver Preis für die dazugehörige Entsorgungsleistung zugeordnet.

Erneuerbare Ressourcen. Ein bedeutendes Thema des *Isolierten Staates* geht von der Tatsache aus, daß sich die Qualität des Bodens infolge seiner produktiven Nutzung ändern kann. Der Boden ist demnach grundsätzlich eine erschöpfbare Ressource, die sich jedoch erneuern kann. Dies ist seit alters her bekannt und hat zu Maßnahmen geführt, der Auslaugung des Bodens entgegenzuwirken. Thünen geht ausführlich hierauf ein (vgl. insbesondere §§ 14–15 und 21–23) und erörtert u.a. die Methoden der Fruchtwechselfolge und der Drei-Felder-Wirtschaft. Er erkennt, daß auch diese Methoden Kuppelproduktion beinhalten: mittels der Fruchtwechselfolge soll der Boden zyklisch in seinen ursprünglichen Zustand zurückverwandelt werden.

Mit einer anderen erneuerbaren Ressource hat es die Forstwirtschaft zu tun – Gegenstand vor allem des Dritten Teils des *Isolierten Staates*. Wie sieht die optimale Bewirtschaftung von Wäldern aus? Auch hier leistet Thünen Pionierarbeit, indem er das Problem als Maximierung des Kapitalwerts eines Waldes zu fassen sucht (vgl. van Suntum, 1995).

Kapital und Zins. «Durch welches Gesetz wird die Höhe des Zinsfußes bestimmt, und welche Verbindung findet zwischen Zinsfuß und Arbeitslohn statt?» (S. 283) Hier geht es Thünen um die Erklärung der *funktionellen* (im Unterschied zur personellen) Einkommensverteilung. Seine Kapital- und Zinstheorie entwickelt er in mehreren logischen Schritten, von denen sich ein jeder jeweils auf eine andere Entwicklungsstufe der Gesellschaft bezieht. Er beginnt mit einer Gesellschaft in den Tropen, wo bar jeder produzierten Produktionsmittel z.B. Bataten produziert werden. Wegen des günstigen Klimas und der großen Menge an verfügbarem Boden könne von der Bevölkerung bei einer entsprechenden Länge des Arbeitstages ein Überschuß über das hinaus erzeugt werden, was zu ihrem Unterhalt unbedingt nötig ist. Dieser Überschuß gestatte den Unterhalt von Arbeitskräften, die nicht Lebensmittel, sondern primitive Werkzeuge herstellen, die anschließend die Arbeitsproduktivität in der Erzeugung der Lebensmittel erhöhen. Dies ist Thünens Vorstellung von der *ursprünglichen Akkumulation* von Kapital und des Prozesses der gesellschaftlichen und wirtschaftlichen Entwicklung. Über das Kapital sagt Thünen: «Das Kapital ist angesammeltes Arbeitsprodukt, also vollbrachte Arbeit, entspringt mit der fortlaufenden Arbeit aus einer Wurzel – der menschlichen Tätigkeit –; Kapital und Arbeit sind also wesentlich eins, nur in der Zeitfolge verschieden wie Vergangenheit und Gegenwart» (S. 297).

Anschließend behandelt Thünen kapitalintensive Formen der Produktion, d.h. solche, bei denen produzierte Produktionsmittel in nennenswertem und wachsendem Umfang zur Anwendung kommen. Die einfachste dieser Formen ist die Erzeugung eines Nahrungsmittels mittels seiner selbst – die Erzeugung von Roggen mittels Roggen (vgl. S. 341). Roggen ist zugleich das einzige Kapital- und Konsumgut. Um Roggen zu erzeugen, benötigt man Roggen als Kapitalvorschuß in Gestalt von Saatgut sowie als Unterhaltsmittel für die zu beschäftigenden Arbeitskräfte, d.h. Lohn. Gesetzt, der Boden ist ein freies Gut und 100 t Roggen können mit einem Vorschuß von 80 t (Saatgut: 20 t; Löhne: 60 t) erzeugt werden. Dann ist das in Form von Zins bzw. Profit anfallende Nettoprodukt gleich 20 t. Dieses Nettoprodukt, «dividiert durch das angewandte Kapital, ergibt den Zinssatz» (S. 362), der im vorliegenden Beispiel 25 % beträgt. Wie bereits von David Ricardo gezeigt, gilt: je höher der Lohnsatz, desto niedriger unter sonst gleichen Umständen der Zinssatz.

Thünen beginnt ganz ähnlich wie Ricardo mit einem Kornmodell. Er fragt sich dann, wie sich im Zuge der Akkumulation von Kapital relativ zur Arbeit Zinssatz und Lohnsatz entwickeln, d.h. «ob der Anteil, den jede dieser Potenzen an dem gemeinsamen Produkt hat, sich erkennen und ausscheiden lasse» (S. 361). Was Thünen hier anspricht, ist das sogenannte Zurechnungs- oder Imputationsproblem, an dem sich die österreichischen Ökonomen von Carl Menger bis Eugen von Böhm-Bawerk die Zähne ausbeißen sollten. Beim Versuch, dieses Problem einer Lösung zuzuführen, entwickelt Thünen eine frühe Fassung des *Grenzproduktivitätsprinzips* der Einkommensverteilung. Dieses besagt, daß unter Konkurrenzbedingungen jede der genannten «Potenzen» mit ihrem Grenzprodukt vergütet wird, d. h. mit ihrem marginalen Beitrag zum Produktionsergebnis: Ändert man die Einsatzmenge einer der Potenzen um eine Einheit bei Konstanz der Einsatzmengen der anderen Potenzen, dann gibt der Zuwachs beim Ertrag nicht nur den Vergütungssatz dieser letzten Einheit an, sondern aller dann beschäftigten Einheiten der fraglichen Potenz. Konkurrenzwirtschaftlicher Zinssatz, Lohnsatz und (intensive) Grundrente sind demnach gleich den Grenzproduktivitäten der entsprechenden Faktoren, Kapital, Arbeit und Boden.

Das Kapitalproblem. Während (homogene) Arbeit und Boden in ihren je gegebenen technischen Einheiten gemessen werden können[12], ist dies beim Kapital nicht möglich, da es heterogen ist und aus einer sich im Zeitablauf ändernden Vielzahl an Kapitalgütern besteht. Wie kann man da von einem «Mehr» oder «Weniger» an Kapital sprechen, wie die in einer gegebenen Situation verfügbare «Menge an Kapital» bestimmen? Um heterogene Kapitalgüter zu einer Gesamtmenge an Sozialkapital zu aggregieren, benötigt man Preise. Diese aber hängen im allgemeinen von der Höhe des Lohn- und Zinssatzes ab, d. h. jenen Größen, die erst für bekannte Mengen an «Kapital» und Arbeit knappheitstheoretisch bestimmt werden sollen – ein Zirkel!

Thünen sieht zwar die Schwierigkeit, aber er glaubt ihr dadurch begegnen zu können, daß er die Kapitalmenge zurückführt auf die zur Erzeugung der verschiedenen Kapitalgüter insgesamt, d. h. direkt und indirekt, benötigten Arbeitsmengen bzw. die zur Alimentierung der Arbeiter benötigten Subsistenzmittel. «Hier ist die Arbeit, durch welche das Kapital hervorgebracht ist, Maßstab des Kapitals» (S. 350). Er drückt die in der Wirtschaft existierende Ka-

[12] Heterogene Arbeit kann mittels einer gegebenen Struktur von Lohnsätzen auf eine Art von Arbeit reduziert werden.

pitalmenge fortan in einer gegebenen Menge an Scheffel Roggen aus.

Die Unhaltbarkeit des Thünenschen Vorgehens liegt für uns heute auf der Hand: Es gibt keinen Grund zur Annahme, daß der Preis eines Kapitalguts relativ zum Preis von Roggen gleich dem Verhältnis der zur Erzeugung der beiden Produkte nötigen Gesamtarbeitsmengen ist. Und es gibt keinen Grund zur Annahme, daß sich die Abweichungen der relativen Preise von den relativen Arbeitsmengen im Aggregat aller Kapitalgüter gegenseitig gerade aufheben. Anders gesagt: Thünen entgeht dem Zirkelschluß nicht; sein Kapitalbegriff ist außer im uninteressanten Spezialfall einer Ökonomie mit nur einem Gut nicht haltbar.[13]

Wenn Thünens Kapitalbegriff tragen würde, dann erhielte man bezüglich der Wirkungen einer Erhöhung des Kapitaleinsatzes für gegebenen Arbeitseinsatz folgendes Bild: In völliger Analogie zur sinkenden Grenzproduktivität der Arbeit bei Vermehrung der Einsatzmenge der Arbeit auf einem gegebenen Stück Boden sinkt jetzt die Grenzproduktivität des Kapitals. Wie Thünen schreibt: «Es hat sich das Bedürfnis herausgestellt [sic], eine Reihe [für die Grenzproduktivität des Kapitals] aufzufinden, deren Glieder fortschreitend kleiner werden, und dieser Forderung entspricht die geometrische Reihe, deren Grundzahl ein Bruch ist, wie $9/10$, $(9/10)^2$, $(9/10)^3$, $(9/10)^4$ …» (S. 346). In der geringeren Produktivität des «zuletzt angelegten Kapitalteilchens» zeige sich der Grund dafür, «daß jedes in einer Unternehmung oder einem Gewerbe neu angelegte, hinzukommende Kapital geringere Renten [d.h. Gewinne] trägt als das früher angelegte» (S. 345). Bei wachsendem Einsatzverhältnis von Kapital zu Arbeit gilt: «Die Verminderung der [Kapital-]Rente beim Anwachsen des Kapitals kommt also dem Arbeiter zugute und erhöht den Lohn der Arbeit» (S. 348). Es bleibt Knut Wicksell und Philip Wicksteed vorbehalten, darauf hinzuweisen, daß die Vergütung aller Produktionsfaktoren mit ihrer jeweiligen Grenzproduktivität nur dann gerade das gesamte Produkt ausschöpft, wenn konstante Skalenerträge herrschen.

13 Thünens Versuch der Reduktion heterogener Kapitalgüter auf eine homogene Quantität unabhängig von den relativen Preisen und damit dem Zinssatz ist nur der erste in einer langen Reihe von ähnlich mißglückten Versuchen. Nach ihm kommen u.a. William Stanley Jevons, Eugen von Böhm-Bawerk, Alfred Marshall und John Bates Clark (vgl. Kurz, 1995a).

Der «naturgemäße Lohn». In der Literatur ist diesbezüglich vor allem über folgende Fragen gestritten worden: Hat Thünen seine Formel für den «naturgemäßen Lohn», $\sqrt{ap}$, mit a als Subsistenzlohn und p als Durchschnittsprodukt der Arbeit, richtig abgeleitet? Was bedeutet die Formel ökonomisch? Handelt es sich dabei um eine ethische Forderung oder um eine positive Erklärung der sich tatsächlich einstellenden Lohnhöhe? Dorfman (1983) zeigt, daß die Formel unter den äußerst speziellen Prämissen Thünens gilt (vgl. auch Samuelson, 1983 und 1986, van Suntum, 1988, Helmstädter, 1995, und Binswanger, 1995). Zur Formel gelangt Thünen mit Hilfe der Differentialrechnung bei der Lösung eines Optimierungsproblems, dem sich der Kapital bildende, d. h. sparende, Arbeiter gegenüber sieht: Bei welchem Lohnsatz maximiert er für eine gegebene Kapitalausstattung den Ertrag seiner Ersparnisse? Offenbar gilt die Formel für ein Produkt je Arbeiter (p), das größer oder allenfalls gleich dem Existenzminimum (a) ist. Da das Produkt je Arbeiter von der Ausstattung mit Kapital abhängt, steigt mit dieser der so spezifizierte Lohnsatz.

Wird sich der Lohn in dieser oder in einer vergleichbaren Höhe einstellen? Diese Frage macht nur Sinn, wenn wir unterstellen, daß Thünens Verteilungstheorie trotz des von ihm verwendeten problematischen Kapitalbegriffs richtig ist. Sie ist es im Ein-Gut-Modell, in dem Roggen sowohl Konsum- als auch Kapitalgut ist. In diesem Fall hängt dann alles davon ab, ob die herrschenden Umstände der Realisierung der fraglichen Lohnhöhe (oberhalb von a) förderlich sind oder nicht. Folgende Bedingungen müßten erfüllt sein: Die Arbeiter können sich selbstständig machen, indem sie freien Boden (wie in Nordamerika) in Besitz nehmen und diesen bewirtschaften; die kapitallose Produktion wirft bei entsprechender Länge des Arbeitstages ein Überschußprodukt ab; die Arbeiter nutzen dieses Produkt zur Akkumulation von Kapital; und, vielleicht am wichtigsten, sie halten ihre Zahl im Zaum. Sollte es ihnen nicht gelingen, der «Herrschaft der Vernunft über die Leidenschaft» Geltung zu verschaffen (vgl. Schumacher, 1868, S. 101), dann wären alle Anstrengungen umsonst.

Es liegt auf der Hand, daß die herrschenden gutsherrlich-bäuerlichen Verhältnisse,[14] die Abwesenheit freien Bodens, die Ein-

[14] So wird z. B. die Leibeigenschaft in Mecklenburg erst in den 1820er Jahren abgeschafft.

schränkung der Freizügigkeit usw. einer Verwirklichung des «naturgemäßen Lohns» (oberhalb von *a*) im Wege stehen. Institutionelle Reformen, wie sie Thünen vorschweben, seien unabdingbare Voraussetzungen dafür, daß es schließlich zur von Thünen herbeigesehnten Vergütung der Arbeit nach dem Grenzproduktivitätsprinzip kommen kann.

Sozialreformerische Vorstellungen. Ganz im Geist der Aufklärung ist Thünen davon überzeugt, daß die Lage der Arbeiter durch Reformen, nicht durch Revolutionen, verbessert werden kann – eine Auffassung, in der er sich schließlich durch die Schriften Lorenz von Steins über Sozialismus und Kommunismus in Frankreich bestätigt sieht. Thünen fordert im wesentlichen die folgenden drei eng miteinander zusammenhängenden Reformen. Erstens, durch eine Änderung des Wahlrechts müssen die Arbeiter im Parlament ihre Stimme erheben und ihre Interessen vertreten können. Zweitens, die Kinder der Arbeiterfamilien müssen eine Ausbildung und Erziehung erhalten, um am gesellschaftlichen Leben teilnehmen zu können. Drittens, das Einkommen der Arbeiter muß angehoben werden, damit sie es sich leisten können, ihre Kinder in die Schule zu schicken, usw. Dies kann durch eine Vermögensbildung seitens der Arbeiter erreicht werden.

3. Wirkung

Thünens Hauptwirkung betrifft zu allererst die Raumwirtschaftstheorie. Samuelson (1983, S. 1468) übertreibt nicht, wenn er schreibt: «Unter Geographen und Raumwirtschaftstheoretikern ist Thünen der Gründungs-Gott.» Auf seinen theoretischen Arbeiten baut die deutsche Schule der Raumwirtschafts- und Standorttheorie auf, zu der Autoren wie Wilhelm Launhardt (1832–1918), Alfred Weber (1868–1958), Walther Christaller (1893–1961) und August Lösch (1906–1945) zählen (vgl. Blaug, 1997, Kapitel 14). Sie verallgemeinern die Thünensche Frage nach der optimalen Allokation wirtschaftlicher Aktivität im Raum von der Landwirtschaft auf alle Wirtschaftszweige, insbesondere auch die Industrie und städtische Zonen. Im Rahmen der zügig voranschreitenden Globalisierung und der damit einhergehenden markanten Verschiebungen wirtschaftlicher Aktivitäten weltweit ist es in jüngerer Zeit zu einer deutlichen Belebung des Interesses an *Economics and Geography* gekommen, mit einem teilweisen Rückgriff auf die von Thünen begründete deutsche Tradition.

Aber Thünens Einfluß geht merklich über diese wichtigen Spezialgebiete hinaus. Zu den zahlreichen Ökonomen, die von seinen Leistungen zehren, zählt u.a. Alfred Marshall, der behauptet, Thünen «mehr als jeden anderen meiner Meister geliebt» zu haben. Thünens Vorstellung von der ursprünglichen Akkumulation und der auf die Anwesenheit von Kapital zurückzuführenden Produktivitätssteigerung der Arbeit wird von Eugen von Böhm-Bawerk in die Form des Konzeptes der «Mehrergiebigkeit längerer Produktionsumwege» gegossen (vgl. Böhm-Bawerk, [1884] 1921, S. 145 ff.).

Roscher (1874, S. 881 f.) bezeichnet Thünens Methode der isolierenden Abstraktion als von «der größten Bedeutung für die Geschichte der Wissenschaft» und urteilt über ihren Verfechter: «Er muß unter den deutschen Volkswirthen der *exacten Richtung* sicher der Erste heißen.» Erwähnenswert ist auch Roschers Kompliment, daß Thünen ebenso wie Ricardo «fast allein bedacht ist auf die Anleitung des Lesers zu eigenem Nachdenken.» Schumpeter (1954, S. 465 f.) hält demgegenüber Thünen für den begabteren Theoretiker der beiden, der seiner Zeit analytisch weit voraus war und daher zunächst unverstanden bleiben mußte. In mathematischer Hinsicht sei ihm zur damaligen Zeit allenfalls Antoine Augustin Cournot (1806–1873) überlegen gewesen. Thünen ist einer der Mitbegründer der mathematischen Ökonomik und deren enger Verbindung mit empirischer (heute: ökonometrischer) Forschung.

Mit seiner Vorstellung, das Prinzip intensiv abnehmender Ertragszuwächse lasse sich vom Boden homogener Qualität auf die anderen produktiven «Potenzen», Kapital und Arbeit, übertragen und zur symmetrischen Erklärung von Rente, Zins und Lohn verwenden, wird Thünen zum Vorbereiter der marginalistischen Theorie und der Grenzproduktivitätsidee. Diese versucht alle wirtschaftlichen Phänomene unter ein einziges Prinzip zu subsumieren – dasjenige der *Knappheit*. Er ist damit Vorläufer des heutigen Mainstream. Sein Analogieschluß krankt allerdings an einem fragwürdigen Kapitalbegriff.

Trotz seiner Vertiefung in «Fakten über Roggen, Dung usw.» war Thünens Blick frei, um unter Zuhilfenahme der Methode isolierender Abstraktion bedeutende Einsichten in die Gesetze von

Produktion und Verteilung zu gewinnen. Einige davon haben bis auf den heutigen Tag Bestand und wirken in der Entwicklung des ökonomischen Denkens weiter. Die Thünensche Saat reift noch immer.

Literatur

1. Werkausgaben

Thünen, J.H. v. 1966. Der isolierte Staat in Beziehung auf Landwirtschaft und Nationalökonomie, 1. Aufl. 1826, 2. Aufl. 1846, Stuttgart.
Thünen, J.H. v. 1990. Der isolierte Staat in Beziehung auf Landwirtschaft und Nationalökonomie, hrsg. und unter Benutzung unveröffentlichter Manuskripte kommentiert von H. Lehmann in Zusammenarbeit mit L. Werner, Berlin.
Thünen, J.H. v. 1995. Beschreibung der Landwirthschaft in dem Dorfe Großen-Flotbeck, geschrieben im Jahr 1803, in: Rieter (1995), S. 195-221.

2. Weiterführende Literatur

Ahrend, J. Ch. 2006. Die Korrespondenz Johann Heinrich von Thünens. Agrar-, wirtschafts- und sozialwissenschaftliche Aspekte. Tellower Thünen-Schriften, Bd. 6, Tellow.
Bartz, R.-P., Krüger, H., und Mohr, H.-J. 1995. Johann Heinrich von Thünen. Zeittafel über das Leben und Wirken des genialen Land- und Volkswirts und großen Humanisten, hrsg. von der Universität Rostock et al., Rostock.
Binswanger, H.-Ch. 1995. Der «natürliche Lohn» als Gleichgewichtspreis oder als ethische Forderung?, in: Rieter (1995), S. 83–86.
Blaug, M. 1997. Economic Theory in Retrospect, 5. Aufl., Cambridge.
Böhm-Bawerk, E. v. 1921. Kapital und Kapitalzins. Erste Abteilung: Geschichte und Kritik der Kapitalzins-Theorien, Innsbruck 1884. 4. Aufl., Jena.
Buchsteiner, I., und Viereck, G. (Hrsg.) 2000. Johann Heinrich von Thünen. Schriften – Literatur – Nachlass. Rostocker Beiträge zur Deutschen und Europäischen Geschichte. Bd. 8, Teil I und Teil II, Rostock.
Dorfman, R. 1986. Comment: P.A. Samuelson, «Thünen at two hundred», in: Journal of Economic Literature, Bd. 24, S. 1773–1776.
Engelhardt, W.W. 1993. Von Thünen und die soziale Frage, Regensburg.
Engelhardt, W.W. 2008. Johann Heinrich von Thünen als Vordenker einer Sozialen Marktwirtschaft, Marburg.
Helmstädter, E. 1995. Wie künstlich ist von Thünens natürlicher Lohn?, in: Rieter (1995), S. 43–81.
Hippauf, R. 2000. Johann Heinrich von Thünen. Ein Lebensbild, Rostock.
Kurz, H.D. 1995a. Über die Knappheit und eine mißglückte Analogie zwischen Arbeit, Boden und Kapital: Thünens Theorie der Produktion und Verteilung, in: Rieter (1995), S. 115–151.
Kurz, H.D. 1995b. Thünen und die allmähliche Herausbildung der marginali-

stischen Theorie. Eine Antwort auf Ernst Helmstädter, in: Rieter (1995), S. 165–180.
Kurz, H. D. 1998. Thünen's contribution to location economics and marginal productivity theory, in: M. Bellet und C. l'Harmet (Hrsg.), Industry, Space and Competition. The Contributions of Economists of the Past, Cheltenham und Northampton, S. 25–48.
Niehans, J. 1987. Thünen, Johann Heinrich von (1783–1850), in: The New Palgrave. A Dictionary of Economics, hrsg. von J. Eatwell, M. Milgate und P. Newman, Bd. 4, S. 636–639.
Recktenwald, H. C., und Samuelson, P. A. (Hrsg.) 1987. Thünen – ein Klassiker in unserer Zeit, Mainz und Stuttgart.
Rieter, H. (Hrsg.) 1995. Johann Heinrich von Thünen als Wirtschaftstheoretiker. Studien zur Entwicklung der ökonomischen Theorie, Bd. XIV, Berlin.
Rieter, H. 2002. Johann Heinrich von Thünens nachgelassenes Manuskript über «Nationalökonomie», in: Bericht über Landwirtschaft. Zeitschrift für Agrarpolitik und Landwirtschaft, hrsg. vom Bundesministerium für Ernährung, Landwirtschaft und Forsten, 215, Sonderheft, Berlin, S. 210–227.
Roscher, W. 1874. Geschichte der National-Oekonomik in Deutschland, München.
Samuelson, P. A. 1983. Thünen at two hundred, in: Journal of Economic Literature, 21, S. 1468–1488.
Samuelson, P. A. 1986. Yes to Robert Dorfman's vindication of Thünen's natural-wage derivation, in: Journal of Economic Literature, Bd. 24, S. 1777–1785.
Samuelson, P. A. 1987. Thünen nach 200 Jahren. Eine moderne Würdigung, in: Recktenwald und Samuelson (1987), S. 25–61.
Schumacher, H. 1868. Johann Heinrich von Thünen. Ein Forscherleben, Rostock.
Schumpeter, J. A. 1954. History of Economic Analysis, Oxford.
Schwarze, R. 1995. Johann Heinrich von Thünens Jugendschrift «Beschreibung der Landwirtschaft in dem Dorfe Großen-Flotbeck» (1803), in: Rieter (1995), S. 183–221.
Streissler, E. 1995. Die Grenzproduktivitätstheorie der deutschen Protoneoklassik unter besonderer Berücksichtigung von Johann Heinrich von Thünen, in: Rieter (1995), S. 17–41.
Suntum, U. van 1988. Vindicating Thünen's tombstone formula, in: Jahrbücher für Nationalökonomie und Statistik, Bd. 204, S. 393–405.
Suntum, U. van 1989. Johann Heinrich von Thünen, in: J. Starbatty (Hrsg.), Klassiker des ökonomischen Denkens, Bd. 1, München, S. 208–224.
Suntum, U. van 1995. Johann Heinrich von Thünen als Kapitaltheoretiker, in: Rieter (1995), S. 87–113.

Joachim Zweynert

Friedrich List
(1789–1846)

I. Leben

Friedrich List ist der neben Karl Marx wohl berühmteste deutsche Ökonom überhaupt (Häuser 1989, S. 30). Wie Marx war List kein akademischer Gelehrter, und wie dieser hatte er ein mindestens ambivalentes Verhältnis zur reinen Gelehrsamkeit: «Was aber soll uns eine Wissenschaft, die nicht den Weg beleuchte, den die Praxis wandeln soll?» (List, [1841] 1930, S. 40) fragt er in seinem Hauptwerk, dem *Nationalen System der Politischen Ökonomie*. Solche Fragen sind nicht unbedingt geeignet, sich die Sympathien in der akademischen Nachwelt zu sichern. Entsprechend fällt das Urteil über List in der theoriegeschichtlichen Literatur eher verhalten aus. Joseph Schumpeter etwa meinte, List sei als Ökonom «nicht besonders tief» gewesen, und zumal in theoretischer Hinsicht habe er «kaum etwas Originelles geschaffen» (Schumpeter 1914, S. 71). Gleichzeitig sah Schumpeter deutlicher als andere, worin Lists eigentliche Leistung bestand – nämlich darin, «alles richtig zu koordinieren …, was der Verwirklichung seiner Vision diente» (Schumpeter, 1965, S. 620). Denn auch darin schließlich ähnelt List dem Begründer des ‹Wissenschaftlichen Sozialismus›: Man kann das ökonomische Werk nicht verstehen, ohne die politische Vision seines Schöpfers zu kennen (Eisermann, 1990, S. 11). Es handelt sich um die eines geeinten und freiheitlichen Deutschlands. Friedrich List war ein typischer deutscher Nationalist seiner Zeit, in der Nationalismus und Liberalismus untrennbar miteinander verbunden waren. Wie viele andere politisch engagierte Zeitgenossen – man denke nur an Heinrich Heine, mit dem er in Paris verkehrte – hatte er mit staatlichen Repressionen zu kämpfen, was ihn, der nach Verurteilung wegen eines politischen Vergehens und kurzer Haftstrafe nie wieder eine feste Anstellung in Deutschland finden sollte, während vieler Jahre zum unsteten Leben eines Emigranten zwang. Damit stand die völlige Erschöpfung seiner Kräfte im Alter von 57 Jahren, die ein wesentlicher Grund für seinen Freitod war, zweifellos in enger Verbindung.

Friedrich List wurde wahrscheinlich am 6. August 1789 als Sohn eines wohlhabenden Weißgerbers in Reutlingen geboren. Auch wenn List ([1818] 1932, S. 286) die Französische Revolution rückblickend als einen positiven «Wendepunkt einer Umgestaltung der politischen Formen und des politischen Geistes in Deutschland» sah, so hatte sie auch zur Folge, daß Reutlingen seinen Status als Freie Reichsstadt verlor. 1802 wurde die Stadt im Zuge einer zentralistischen Neuordnung württembergischer Verwaltung unterstellt. Dies war für Lists beruflichen Werdegang von entscheidender Bedeutung: Nachdem er in der Schule nicht eben brilliert und sich für den Beruf des Gerbers als völlig unbrauchbar erwiesen hatte, bot sich ihm die Laufbahn eines mittleren Verwaltungsbeamten als Alternative an, und so begann er 1805 in Blaubeuren eine Ausbildung zum Schreiber. Der Umstand, daß er bereits 1811 eine Stelle als Aktuar im Tübinger Oberamt antrat – er durfte dieses Amt zunächst nur kommissarisch bekleiden, weil er dafür eigentlich zu jung war –, belegt, daß er die richtige Wahl getroffen hatte. Im März 1813 quittierte er vorläufig den Dienst, um seine Studien an der Universität Tübingen (als Gasthörer) zu vertiefen. Im September 1814 legte er das Aktuarexamen ab, das ihn für höhere Verwaltungspositionen qualifizierte. Bereits im Sommer desselben Jahres verfaßte er eine erste Denkschrift zur «Reform der den Oberämtern subordinierten Amtsstellen», der in den nächsten Jahren weitere folgen sollten. In ihnen mahnte der junge Rechnungsrat bei der Kommunenrechnungskammer (ab 1816) immer wieder an, die Ausbildung der Staatsbeamten durch ein geeignetes Universitätsstudium zu verbessern. Als 1817, wesentlich angeregt durch List, an der Universität Tübingen per Ministerialerlass eine Staatswissenschaftliche Fakultät eingerichtet wurde, ernannte man ihn, der weder einen höheren Schulabschluß vorweisen konnte noch ein ordentliches Studium absolviert hatte, im Alter von nur 28 Jahren zum Professor für Verwaltungspraxis – nicht gerade zur Freude des Akademischen Senats und der etablierten Professoren. Schon bald nach Lists Dienstantritt drehte sich der politische Wind in Deutschland: Mit den Karlsbader Beschlüssen des Jahres 1819 begann eine Zeit der Restauration, und ein junger liberaler Professor für Verwaltungspraxis paßte denkbar schlecht in die neue politische Landschaft. Im Frühjahr 1819 wurde der Akademische Senat durch das Innenministerium angewiesen, Lists Leistungen als Professor zu bewerten. War dies dem Senat ohnehin eine willkommene Gelegenheit, seinem Unmut über Lists Ernennung zum Professor Luft zu machen, so trug dieser das Seinige dazu bei, seiner akademischen Karriere ein rasches Ende zu bereiten: Denn er befand sich zu diesem Zeitpunkt in Frankfurt am Main, wo er für eine Abordnung von Kaufleuten eine Denkschrift verfasst hatte, in der die Bildung einer deutschen Zollunion vorgeschlagen wurde. Sein eigenmächtiges Vorgehen brachte ihm eine massive Rüge von seiten der Universitätsleitung ein. Dies veranlaßte ihn, seine Professur aufzugeben.

In den Jahren 1819 und 1820 stellte sich List mit Leib und Seele in den Dienst des «Deutschen Handels- und Gewerbsvereins», der im April 1819 in Frankfurt am Main gegründet worden war. Die Leidenschaft, mit der er sich für eine Zollunion der deutschen Staaten einsetzte, die die wirtschaftliche Entwicklung und den politischen Zusammenhalt des Binnenmarktes durch hohe Außenzölle sichern sollten, kommt in folgender Passage der bereits erwähnten Petition deutlich zum Ausdruck:

> Achtunddreißig Zoll- und Mautlinien in Deutschland lähmen den Verkehr vom Innern und bringen ungefähr dieselbe Wirkung hervor, wie wenn jedes Glied des menschlichen Körpers unterbunden wird, damit das Blut ja nicht in ein anderes überfließe. ... Wer ... das Unglück hat, auf einer Grenze zu wohnen, wo drei oder vier Staaten zusammenstoßen, der verlebt sein ganzes Leben unter feindlich gesinnten Zöllnern und Mautnern; der hat kein Vaterland. (List, [1820] 1933, S. 492)

Trotz Lists unermüdlichem Engagement blieb der Verein ohne direkte Wirkung. Wohl aber setzte er die Frage einer Zollunion auf die politische Agenda, so daß man die Gründung des Zollvereins 1834 auch dem Wirken Friedrich Lists zuschreiben kann.

Während er im Sommer 1819 wieder einmal in Sachen des Handels- und Gewerbsvereins unterwegs war, erreichte ihn aus Reutlingen die Bitte, für die bevorstehende Wahl zur Württembergischen Ständeversammlung zu kandidieren. Er willigte ein und wurde am 5. Juli auch gewählt, konnte sein Mandat jedoch zunächst nicht antreten, weil er das erforderliche Mindestalter von 30 Jahren noch nicht erreicht hatte. Erst der Tod des bisherigen Reutlinger Abgeordneten im Dezember 1820 ermöglichte ihm den Einzug in die Ständeversammlung. Mit großem Eifer stürzte sich List in die politische Arbeit. Doch diesmal kostete ihn das Verfassen einer Denkschrift mehr als nur ein Amt: Die sogenannte «Reutlinger Petition» (Bd. 1, Teil 2 der Gesamtausgabe, S. 684–688), in der er im Auftrage von Mitgliedern des Stadtrates und des Bürgerausschusses die Mißstände im Königreich Württemberg scharf kritisierte, wurde von Regierung und Behörden als eine «Ehrenbeleidigung und Verleumdung» (zitiert nach Eisermann, 1990, S. 27) interpretiert, was – nach über einjähriger Gerichtsverhandlung – am 6. April 1822 zu einer Verurteilung zu zehn Monaten Festungshaft führte. List entzog sich der Urteilsvollstreckung zunächst durch Flucht. Die folgenden zwei Jahre verbrachte er im Exil in Frankreich, in Baden sowie in der Schweiz und betätigte sich während dieser Zeit vornehmlich als freier Journalist. Da es ihm aber nicht gelang, auf diese Weise seinen Lebensunterhalt auf befriedigende Weise zu bestreiten, beschloß er 1824, nach Württemberg zurückzukehren und seine Haftstrafe anzutreten. Gegen die Zusage, seine württembergische Staatsbürgerschaft aufzugeben und das Land umgehend zu verlassen, verkürzte man seine Festungshaft schließlich auf fünf Monate.

Am 9. Juni 1825 traf die Familie List – im Jahre 1818 hatte List die vermögende Witwe Karoline Neidhard, geb. Seybold geheiratet, mit der er drei Kinder hatte – in den Vereinigten Staaten von Amerika ein, wo sie die nächsten fünf Jahre verbringen sollte. In materieller Hinsicht waren dies Lists erfolgreichste Jahre. Die Erfahrungen, die er in den USA machte, beeinflußten auch maßgeblich die Entwicklung seines Denkens. Nach wenig erfolgreicher Betätigung als Landwirt wurde er 1826 Mitarbeiter der deutschprachigen Zeitung *Readinger Adler*, die er von 1827 bis 1830 herausgab. 1827 eröffnete er mit mehreren Kompagnons ein Kohlebergwerk – List selbst hatte die Lagerstätten entdeckt – am Little Schuylkill River, etwa 50 Kilometer nordöstlich von Pottsville im Bundesstaat Pennsylvania. Indem die *Little Schuylkill Navigation, Railroad and Coal Company* im Jahre 1831 ihre zum Transport der Kohle bestimmte Eisenbahnlinie eröffnete, gehört der gebürtige Schwabe List zu den Eisenbahnpionieren der USA. Das Geschäft florierte, und List hätte sich mit dieser Unternehmung aller finanziellen Sorgen entledigen können, hätte er nicht sein Vermögen im Zuge der Finanzkrise des Jahres 1837 eingebüßt. Gerade zu der Zeit, als List in den USA Fuß zu fassen begann, im Jahre 1827, starteten die US-amerikanischen Protektionisten eine Schutzzollkampagne. List beteiligte sich an der sich anschließenden Diskussion, indem er mehrere Briefe an den Vizepräsidenten der *Pennsylvania Society for the Promotion of Manufactures and the Mechanic Arts* Charles J. Ingersoll richtete. In ihnen begründete er die Forderung nach Schutzzöllen erstmals mit dem Argument, die ‹jungen Industrien› in sich nachholend entwickelnden Ländern müßten vor der Konkurrenz aus wirtschaftlich fortgeschrittenen Nationen geschützt werden, um sich entfalten zu können. Ingersoll zeigte sich von den Briefen beeindruckt und regte ihre Publikation an. Sie erschienen im Herbst 1827 in der *National Gazette* (Philadelphia) und dann auch als Broschüre unter dem Titel *Outlines of American Political Economy in a Series of Letters adressed by Frederick List, ESQ. To Charles Ingersoll* ([1827] 1931). Nachdem List eine Streitschrift für die *Pennsylvania Society* zum gleichen Thema verfaßt hatte, bat man ihn, seine Gedanken in einem größeren Werk darzulegen – doch der *American Economist* – so der Arbeitstitel des Werks – ist nie erschienen. Durch seinen Eintritt in die Schutzzolldebatte wurde List in den Präsidentschaftswahlkampf des Jahres 1828 verwickelt. Er ergriff Partei für den Demokraten Andrew Jackson, der ihm dann nach seiner Wahl die Rückkehr nach Deutschland ermöglichte: Er berief List, der im Oktober 1830 amerikanischer Staatsbürger geworden war, zum amerikanischen Konsul in Hamburg. Dieses Amt konnte er jedoch nie antreten, weil die Hanseaten seine Akkreditierung hintertrieben. Nach einer kurzen Zwischenstation als Konsul in Baden wurde er schließlich im Juni 1834 zum amerikanischen Konsul im Königreich Sachsen ernannt – eine wenig beschwerliche Position, die auch nicht fest entlohnt wurde. Wohl gerade weil sie ihn nicht ausfüllten, vernachlässigte List seine Dienstpflichten sträflich. Mit um so größerer Energie setzte er sich für ein neues größeres Projekt ein, das der Einigung Deutschlands und seiner wirtschaftlichen Entwicklung dienen sollte: das Eisenbahnwesen. Um diese Sache zu betreiben, war er in Leipzig, einem wichtigen Verkehrsknotenpunkt, genau am richtigen Ort. Er propagierte die Idee des Eisenbahnbaus, indem er die Zeitschrift *Eisenbahn-Journal und National-Magazin* gründete, und er war die treibende Kraft hinter dem Bau der Eisenbahnstrecke zwischen Leipzig und Dresden, die im Jahre 1837 eröffnet wurde. Doch die Hoffnung, für seinen unermüdlichen Einsatz mit dem Posten des Eisenbahndirektors belohnt zu werden, wurde bitter enttäuscht. Stattdessen speiste man ihn mit 4000 Talern und einem Silberpokal ab.

Verbittert darüber, daß sich nicht nur in Leipzig, sondern in keiner der neuen Eisenbahnverwaltungen eine Stelle für ihn fand, reiste List im Sommer 1837 nach Paris, um dort sein Glück zu versuchen. Einen festen Posten zu finden war für ihn vor allem deshalb dringend nötig geworden, weil er ja im gleichen Jahr sein Vermögen eingebüßt hatte. Von seinem eigentlichen Plan, auch in Frankreich die Sache der Eisenbahnen zu propagieren, wurde er schon bald abgelenkt: Die Französische Akademie der Wissenschaften veranstaltete ein Preisausschreiben zur Frage der Handelsfreiheit, und List beschloß, sich mit einer Schrift zu beteiligen, in der er die Grundsätze, die er in seinen Briefen an Ingersoll formuliert hatte, ausbauen und vertiefen wollte. Hatte er in diesen Briefen bereits die Idee des Schutzzolles für junge Industrien formuliert, so stützte er diesen Gedanken in seinem Wettbewerbsbeitrag *Das natürliche System der Politischen Ökonomie* ([1837] 1927) erstmals mit der Lehre von den produktiven Kräften, die später im Mittelpunkt seines Hauptwerkes stehen sollte. Die Akademie stufte keine der eingereichten Schriften als preiswürdig ein, hob aber Lists als eine von drei «bemerkenswerten» Einreichungen hervor. Enttäuscht über die Entscheidung der Preisrichter, faßte List sogleich den Entschluß, auf Grundlage des *Natürlichen Systems* ein größeres Werk zu verfassen: *Das nationale System der politischen Ökonomie*. Es entstand 1839 und 1840 in Paris und wurde 1841 (1933) von Johann Friedrich von Cotta in Stuttgart verlegt.

Im Frühjahr 1840 kehrte List nach Deutschland zurück. In seinen letzten Lebensjahren trat er weiterhin unermüdlich für den Eisenbahnbau und den Zollschutz ein, betätigte sich journalistisch und gab unter anderem das *Zollvereinsblatt* heraus. Verschiedene Angebote, etwa, Herausgeber der *Rheinischen Zeitung* zu werden – dieser Posten ging dann an den jungen Karl Marx – oder das des russischen Finanzministers Graf Cancrin, eine «bedeutende Karriere» in Russland zu machen, lehnte er wohl auch aufgrund seiner nachlassenden Gesundheit ab. Als er sich dann 1846 auch noch mit seinem Verleger und Mitherausgeber des *Zollvereinsblattes* überwarf, war es um seine beruflichen Perspektiven endgültig geschehen. Ausgebrannt und depressiv nahm er sich im Spätherbst 1846 im Alter von 57 Jahren das Leben.

2. Werk

Das Anliegen des *Nationalen Systems der politischen Ökonomie* – es war als mehrbändiges Werk geplant, von denen aber nur der erste Band erschienen ist – wird bereits im Titel deutlich: List ging es darum, den Gedanken der Nation in die Volkswirtschaftslehre zu integrieren, was seiner Auffassung nach eine grundlegende Revision von deren Theoriegebäude voraussetzte. Die klassische Lehre, von List abwertend als «die Schule» bezeichnet, erschien ihm aus zwei Gründen unzureichend: Zum einen hätten ihre Anhänger übersehen, daß «zwischen dem Individuum und der Menschheit» die Nation «mit ihrer besonderen Sprache und Literatur, mit ihrer eigentümlichen Abstammung und Geschichte, mit ihren besonderen Sitten und Gewohnheiten, Gesetzen und Institutionen» stehe ([1841] 1930, S. 209). Zum anderen hätten sie zu wenig beachtet, daß das Wirtschaften – und zwar gerade im Bereich der internationalen Wirtschaftsbeziehungen – nur in Wechselwirkung mit der nationalstaatlichen Machtpolitik verstanden werden könne ([1841] 1930, S. 218 f.).

Das *Nationale System* gliedert sich in vier Hauptteile, die mit «Die Geschichte», «Die Theorie», «Die Systeme» und «Die Politik» überschrieben sind. Warum Friedrich List als ein wichtiger Vorläufer der Historischen Schulen der Volkswirtschaftslehre gilt (vgl. Rieter, 2002, S. 140 f.), wird deutlich, wenn er – sich abgrenzend von den Klassikern – zu «allererst die Geschichte um ihre Lehren befragen» ([1841] 1930, S. 47) will. Die entscheidende dieser Lehren lautet für ihn, daß sich nur unter Berücksichtigung des Entwicklungsstandes eines bestimmten Landes angeben lasse, welche wirtschaftspolitische Strategie jeweils die richtige sei. Damit führt er die Idee der räumlichen und zeitlichen Relativität wirtschaftspolitischer Empfehlungen in die Volkswirtschaftslehre ein, wie sie ab der zweiten Hälfte des Jahrhunderts im Mittelpunkt der historistischen *National*ökonomie stehen sollte – eine Bezeichnung des Faches übrigens, die es so nur in Deutschland gegeben hat und die ganz wesentlich durch Lists *Nationales System* inspiriert worden ist. Die wirtschaftliche Entwicklung vollzieht sich seiner Auffassung nach in Stufen, wobei am Anfang eines vierstufigen Schemas die reine Agrarnation und an dessen Ende der «Agrikultur-Manufaktur-Handelsstaat» steht. Dieser – und hier wird Lists ganzheitliches Wirtschaftsdenken deutlich – zeichnet sich nicht nur durch ein höheres Bruttoinlandsprodukt aus, sondern sei auch «ungleich zivilisierter, politisch gebildeter und mächtiger als die bloße Agrikulturnation» ([1841] 1930, S. 49). Zwar sei es richtig, wie dies David Ricardo in seinem berühmten Beispiel des Tausches britischen Tuches gegen portugiesischen Wein gezeigt habe, daß die weniger entwickelte Nation durch Außenhandel mit einem weiter entwickelten Land kurzfristig ihr Einkommen mehren könne. Aber zum einen beraube sie sich durch eine einseitige Spezialisierung auf Agrarerzeugnisse langfristiger Entwicklungsmöglichkeiten, auch und gerade zivilisatorischer Art. Und zum anderen sei ein solches Land seinem Handelspartner notwendigerweise militärisch unterlegen. Daraus resultiere politische Abhängigkeit, die nur allzu leicht die wirtschaftlichen Entwicklungsmöglichkeiten einschränken könne. Deshalb gelte es, die jungen Industrien weniger entwickelter Länder so lange durch Außenzölle zu schützen, bis sie ihren Entwicklungsrückstand aufgeholt haben. Dann und erst dann sei der Freihandel für alle an ihm beteiligten Länder von Vorteil. Einen solchen Zollschutz bezeichnet man heute als Erziehungszoll. Industrialisierung und technischer Fortschritt, denen List – anders als viele seiner Zeitgenossen – ausgesprochen positiv gegenüber steht, sind für ihn kein Selbstzweck, sondern selbst eine «soziale Kraft» (Scherf, 1989, S. 102), die den Zivilisationsprozeß fördert.

Worin sich Lists Sicht der Dinge von der der Klassiker unterscheidet, wird hier schon deutlich: Er betrachtet die Entwicklung als ein Wechselspiel materieller und immaterieller sowie wirtschaftlicher und politischer Faktoren, wobei es ihm nicht darum geht, den Anteil dieser Faktoren jeweils genauer zu bestimmen. Entscheidend sind für ihn vielmehr die zwischen ihnen bestehenden Wechselwirkungen selbst:

> Es ist schwer zu sagen, ob die materiellen Kräfte mehr auf die geistigen, oder die geistigen Kräfte mehr auf die materiellen – ob die gesellschaftlichen Kräfte mehr auf die individuellen Kräfte, oder diese mehr auf jene wirken. So viel ist aber gewiß, daß beide in gewaltiger Wechselwirkung stehen, daß das Wachstum der einen das Wachstum der anderen fördert; und daß die Schwächung der einen stets die Schwächung der andern zur Folge hat. (List, [1841] 1930, S. 102 f.)

Dieser Kerngedanke liegt auch seiner *Theorie der produktiven Kräfte* zugrunde, in der die meisten Interpreten seine bedeutendste theoretische Leistung sehen. Zunächst einmal ist zu betonen, daß List diesen Begriff keinesfalls selbst erfunden hat. Vielmehr war er nachweislich bereits in der kameralistischen Literatur des 18. und 19. Jahrhunderts verbreitet (vgl. Schmidt, 1990, S. 83). Angesichts der zentralen Rolle, die der Begriff der produktiven Kräfte in Lists Hauptwerk spielt, überrascht es, daß man an keiner Stelle eine klare Definition findet. Der vielzitierte Halbsatz, «die Kraft, Reichtümer zu schaffen ist ... unendlich wichtiger als der Reichtum selbst» (List [1841] 1930, S. 173), kommt einer Definition noch am nächsten, läßt aber viele Fragen offen. Die Theorie der produktiven Kräfte ist ein Gegenentwurf zur klassischen Lehre, deren Vertreter die Akkumulation physischen Kapitals in den Mittelpunkt ihrer entwicklungstheoretischen Überlegungen stellten. Zwar waren sich Smith, Ricardo und Say durchaus dessen bewusst, daß auch Dienstleistungen Werte schaffen können. Für die «immateriellen Produkte» gelte indes, so Say,

> daß man sie nicht sammeln kann, und daß sie nicht zur Vermehrung des National-Capitals dienen. Ein Volk, daß viel Musikanten, viel Priester und viel Staatsbedienstete hätte, könnte ein sehr vergnügtes, wohl unterrichtetes und gut regiertes Volk seyn. Aber das ist auch alles. (Say, [1803] 1807, Bd. 1, 235 f.)

Dem hält List entgegen:

> Der jetzige Zustand der Nationen ist eine Folge der Anhäufung aller Entdekkungen, Erfindungen, Verbesserungen, Vervollkommnungen und Anstrengungen aller Generationen, die vor uns gelebt haben; sie bilden das *geistige Kapital der lebenden Menschheit* und jede einzelne Nation ist nur produktiv in dem Verhältnis, in welchem sie diese Errungenschaft früherer Generationen in sich aufzunehmen und sie durch eigene Erwebungen zu vermehren gewußt hat ... (List, [1841] 1930, S. 179, Hervorhebungen im Original)

Obwohl es ein Zerrbild der klassischen Lehre darstellt, wenn List den Klassikern unterstellt, die Bedeutung geistiger Fähigkeiten völlig negiert zu haben (vgl. etwa Kurz und Salvadori 1995, Kap. 11), so gehört er doch zu den ersten Autoren, die den Begriff «geistiges Kapital» explizit verwendeten. Er kann daher als ein Vorläufer der Theorie des Humankapitals gesehen werden, wie sie in den sechziger Jahren des 20. Jahrhunderts von Theodore W. Schultz (1961) and Gary S. Becker (1964) in die neoklassische Ökonomik eingeführt worden ist. Ihre Kernidee lautet, daß Menschen in die Aneignung von Wissen investieren, weil sie davon überzeugt sind, daß dieses Investment in der Zukunft monetäre und nicht-monetäre Erträge einbringen wird. Diese Idee findet sich schon bei Friedrich List, etwa wenn er mit dem ihm eigenen Temperament – und wohl letzten Endes nicht ganz zu Recht – gegen die klassische Wertlehre wettert: «Wer Schweine erzieht, ist nach ihr ein produktives, wer Menschen erzieht, ein unproduktives Mitglied der Gesellschaft …» ([1841] 1930, S. 151 f.). Oder, wenn er im Kontext erworbener Fähigkeiten betont: «Ein Individuum kann arm sein, wenn es aber [aufgrund seiner Ausstattung mit Humankapital, J. Z.] die Kraft besitzt, eine größere Summe von wertvollen Gegenständen zu schaffen, als es konsumiert, so wird es reich» (ebenda, S. 173).

Es wäre aber völlig verfehlt, Lists Ansatz auf die Mikroebene reduzieren zu wollen. Denn die mikroökonomischen Aspekte sind bei ihm – anders als bei Schultz, Becker und ihren Nachfolgern – eingebettet in eine Makrobetrachtung, die das Wirtschaften in einen weiten gesellschaftlichen Zusammenhang stellt: «Nirgends», so führt er aus,

> haben Arbeitsamkeit und Sparsamkeit, Erfindungs- und Unternehmungsgeist der Individuen Bedeutendes zustande gebracht, wo sie nicht durch bürgerliche Freiheiten, die öffentlichen Institutionen und Gesetze, durch die Staatsadministration und durch die äußere Politik, vor allem durch die Einheit und Macht der Nation unterstützt gewesen sind. ([1841] 1930, S. 151)

Deshalb gilt für ihn sogar, «daß die Individuen den größten Teil ihrer produktiven Kräfte von der politischen Organisation des Staates und der Macht der Nation empfangen» ([1841] 1930, S. 99 f.). Hier zeigt sich List als ein Vorläufer der institutionellen Ökonomik – und zwar weniger der *New Institutional Economics*, deren Ausgangspunkt die neoklassische Gleichgewichtsvorstellung ist, als vielmehr der deutschen Historischen Schulen oder eben auch der US-amerikanischen «old» oder «original Institutionalists» wie Thorstein Bunde Veblen oder John Roger Commons. Wie diese will er die ökonomische Analyse nicht auf quantifizierbare Faktoren beschränken, sondern das wirtschaftliche Geschehen in seiner

Wechselwirkung mit dem gesellschaftlichen Gesamt begreifen. Zu welchen methodischen Problemen dies unweigerlich führt, wird deutlich, wenn List unter anderem

> die christliche Religion, die Monogamie, die Abschaffung der Sklaverei und der Leibeigenschaft, die Erblichkeit des Throns, die Erfindung der Buchstabenschrift, der Presse, der Post, des Geldes, des Gewichts und Maßes, des Kalenders und der Uhren, die Sicherheitspolizei, die Einführung des freien Grundeigentums und die Transportmittel ([1841] 1930, S. 178)

als Quellen der produktiven Kräfte verstanden wissen will: Wenn diese Dinge wirklich alle Gegenstand ökonomischer Analyse sein sollen, dann kann es strenggenommen keine Wirtschafts-, sondern nur eine integrierte Gesellschaftswissenschaft geben. Diese ermöglicht zwar eine weitere – und nach Ansicht mancher ‹tiefere› – Analyse wirtschaftlicher Entwicklungsprozesse als die von List so bezeichnete «Kaufmannstheorie». Aber es stellt sich auch die Frage, ob es eine solche integrierte Gesellschaftswissenschaft wirklich erlauben würde, in ihren Analysen der Komplexität moderner Gesellschaften gerecht zu werden. Unabhängig davon, wie man diese Frage zu beantworten geneigt ist, bleibt festzustellen: Der ‹Ur-Institutionalist› List weist als einer der ersten Ökonomen auf einen Zielkonflikt hin, der die Wirtschaftswissenschaft immer wieder beschäftigt hat – man denke nur an den berühmten Methodenstreit zwischen Gustav Schmoller und Carl Menger – und gerade im Zeitalter der Globalisierung auch weiterhin beschäftigen wird: Inwieweit kann und sollte sich die Wissenschaft von der Wirtschaft allein auf die ökonomischen Aspekte menschlichen Verhaltens konzentrieren? Anders gefragt: Sollte sie (und wenn ja, in welchem Maße) den gesellschaftlichen Kontext mit berücksichtigen, in den menschliches Denken und Handeln eingebettet sind? Nur wenn man vom *homo oeconomicus* ausgeht, so meinen die meisten Ökonomen heute, könne man mit ausreichender theoretischer Schärfe kausale Zusammenhänge analysieren und empirisch belegen, und nur das mache die Ökonomik zur Wissenschaft. Andere – und List ist einer der Begründer einer solchen Sichtweise – halten dem entgegen, es müsse oberstes Ziel der Wirtschaftswissenschaft sein, die Wirklichkeit zu erklären und gestalten zu helfen. Und wo theoretische Schärfe und praktische Relevanz in Konflikt zueinander gerieten, sei der Wirklichkeitsnähe Priorität einzuräumen.

Wie nun steht es um die Originalität von Lists Theorie der produktiven Kräfte? Was die mikroökonomischen Aspekte des Konzepts anbelangt, so ist zu betonen, daß es zumindest Ansätze zu einer Theorie des Humankapitals schon bei Smith und Say gibt. Die Klassiker hatten jedoch dem Umstand nicht genügend Aufmerksamkeit geschenkt, daß nicht nur physisches Kapital, sondern auch Humankapital in einer Gesellschaft akkumuliert werden kann und folglich einen Beitrag zur Entwicklung zu leisten vermag. Lists Leistung besteht vor allem darin, auf dieses Problem hingewiesen zu haben. Den Versuch, aus seinem Konzept der produktiven Kräfte konsistente theoretische Schlußfolgerungen abzuleiten, unternahm er erst gar nicht, und es darf wohl mit Recht bezweifelt werden, ob er dazu überhaupt in der Lage gewesen wäre.

Im Hinblick auf die makroökonomische Seite von Lists Überlegungen zu den ‹geistigen Kapitalen› wird in der Literatur immer wieder auf Adam Müller verwiesen. Dieser hatte in seinen 1809 publizierten *Elementen der Staatskunst* ganz ähnliche Gedanken formuliert, indem er die britische Prosperität auf das dortige «unermeßliche, allseitige, geistige und physische, nationale und individuelle Capital» (Müller, [1809] 1922, Bd. 2, S. 21) zurückgeführt hatte. Weniger häufig genannt wird der deutsch-russische Ökonom Heinrich von Storch, der in seinem *Cours d'economie politique* (1815) eine «Theorie der inneren Güter» entwickelt hatte, in der es genau wie bei List um das Wechselspiel zwischen materiellen und immateriellen Wachstumsfaktoren in Prozessen nachholender Entwicklung geht. Daß ein möglicher Einfluß Storchs auf List bisher kaum diskutiert wurde, überrascht insoweit, als dieser Storch im *Nationalen System* explizit erwähnt ([1841] 1930, S. 137).

Weder die Stufentheorie der wirtschaftlichen Entwicklung – sie findet sich unter anderem schon bei Adam Smith – noch das Schutzzollargument waren Lists Erfindung, und auch die Idee der «geistigen Kapitale» oder «produktiven Kräfte» war in den Werken früherer Autoren mehr als angedeutet worden. Aber – um noch einmal Schumpeter (1912) zu bemühen – wenn Innovation darin besteht, bekannte Elemente neu miteinander zu kombinieren, dann war List ein Innovator par excellence. Denn er vermochte es meisterhaft, die Stufentheorie der wirtschaftlichen Entwicklung und die Theorie der produktiven Kräfte auf eine Weise zueinander in Beziehung zu setzen, die das Schutzzollargument in das des Erziehungszolles transformierte. Dabei handelt es sich um mehr als eine rhetorische Leistung: War das Schutzzollargument darauf gerichtet, Bestehendes zu verteidigen, so richtet sich das Erziehungszollargument darauf, eine Entwicklung zu ermöglichen, die sonst ausgeblieben wäre.

Dabei sollte man nie vergessen, daß für List das System der Schutzzölle letztendlich dem Ziel dienen sollte, eine «Universalunion» weltweiten Freihandels zu ermöglichen. Das aber setzte für ihn ein ungefähr gleiches Entwicklungsniveau der daran beteiligten Volkswirtschaften voraus, das seiner Auffassung nach nur mit Hilfe von zeitweiligem Protektionismus zu erreichen war. Es hätte Lists ganzheitlicher Sichtweise von Wirtschaft und Gesellschaft zutiefst widersprochen, hätte er die Universalunion allein wegen ihrer ökonomischen Vorteile befürwortet. Im Vordergrund standen für ihn vielmehr die Wahrung des Friedens und der kulturelle und zivilisatorische Fortschritt. Auch wenn er sein System als ein nationales kennzeichnete, so ging seine Vision eindeutig über die Nation hinaus. Für ihn galt allgemein, daß ein System der Schutzzölle einen entscheidenden Beitrag dazu leisten konnte, ein bestimmtes Territorium zu einer politischen Einheit zu verschmelzen. In seinem Land und zu seiner Zeit richtete sich sein Streben auf einen einheitlichen deutschen Nationalstaat. Aber als nächste Stufe auf dem Weg zur Universalunion sah er bereits die Notwendigkeit einer Europäischen Zollunion, die allein in der Lage sein werde, den Frieden auf dem Kontinent dauerhaft zu sichern.

3. Wirkung

Es gibt wohl kaum einen deutschen Ökonomen, der eine solche Breitenwirkung erzielt hat wie Friedrich List. Sein *Nationales System* wurde häufiger – zuletzt von dem List-Forscher Eugen Wendler 2008 – aufgelegt und in mehr Sprachen übersetzt als die meisten vergleichbaren Werke (Häuser, 1989, S. 244), ein von Wendler (1996) herausgegebener Band zu Lists europäischer Wirkungsgeschichte umfasst mehr als 600 Seiten. Und über welchen anderen Ökonomen sind nicht nur gleich mehrere Biographien (u. a. Meissinger, 1930; Brinkmann, 1949; Henderson, [1983] 1984), sondern auch ein Roman (Molo, 1931) geschrieben worden? Auch Straßenbezeichnungen in vielen und Denkmäler in einigen deutschen Städten, die nach ihm benannte wirtschaftswissenschaftliche Gesellschaft und nicht zuletzt das 1989 in Reutlingen begangene Listjahr zeugen von seinem Ruhm.

Gemeinsam mit Adam Müller, aber weitaus einflußreicher als dieser, steht List am Anfang des deutschen Sonderwegs in der Entwicklung der Wirtschaftswissenschaft des 19. Jahrhunderts. Mit seiner Kritik an den seiner Auffassung nach einseitig individualistischen Lehren der Klassiker, denen er eine organizistisch-ganzheitliche Sicht der Dinge entgegenhielt, seiner Betonung der wirtschaftlichen Entwicklung und dem damit verbundenen wirtschaftspolitischen Relativismus benannte er die Themen, die ab der zweiten Hälfte des 19. Jahrhunderts im Zentrum des deutschen wirtschaftswissenschaftlichen Diskurses stehen sollten. Wenngleich keinesfalls unkritisch, bekannten sich die Hauptvertreter der deutschen Historischen Schulen wie etwa Wilhelm Roscher oder Gustav Schmoller zu Friedlich List als wichtigem Vorläufer ihrer eigenen Lehren. Lists kritische Haltung zur angelsächsischen wirtschaftswissenschaftlichen Tradition, die Betonung des Nationalen und seine Idee, Teile Südosteuropas durch deutsche Bauern zu besiedeln, machten ihn auch für die Nationalsozialisten zu einer interessanten Figur. Und so finden sich in der nationalsozialistischen Literatur – und zwar insbesondere in damaligen dogmengeschichtlichen Schriften – immer wieder Versuche, List für eine ‹völkische› Ökonomik zu vereinnahmen (etwa Weinheber, 1935; Wiskemann, 1937). Dabei verschwieg man nicht nur seine zutiefst demokratische Gesinnung, sondern verfälschte seine Lehren auch grob im Sinne des politisch Gewollten. Beides – Lists Rolle als Begründer eines deutschen wirtschaftswissenschaftlichen Sonderwegs und die politische Instrumentalisierung durch die Nationalsozialisten – führte in der Nachkriegszeit, als man bestrebt war, sich wieder in den ‹westlichen› Hauptstrom des ökonomischen Denkens zu integrieren, in Deutschland zu einer eher skeptischen Haltung gegenüber List. Autoren wie der Neo-Historist Edgar Salin (1892–1974), der 1954 die 1925 erstmals gegründete (sie hatte sich 1935 aufgelöst, um sich dem drohenden Eingriff der Nationalsozialisten zu entziehen) Friedrich-List-Gesellschaft wiederbelebte und ihn in zahlreichen Schriften als den Begründer einer ‹anschaulichen› Volkswirtschaftslehre pries (z. B. Salin, 1955), waren zu dieser Zeit eher die Ausnahme – und sind es bis auf den heutigen Tag geblieben.

Standen Lists methodologische Überlegungen im Mittelpunkt der wissenschaftlichen Rezeption im deutschsprachigen Raum, so überwiegen in der internationalen Wirkungsgeschichte die wirtschafts-, vor allem die entwicklungspolitischen Aspekte seines Denkens. Im 19. und frühen 20. Jahrhundert wurde sein Werk besonders intensiv im östlichen Europa diskutiert, und das nicht zufällig: Deutschland war nicht nur das Land, das praktisch vorgemacht hatte, wie ein wirtschaftlich ‹rückständiges› Land zu den weiter entwickelten Ländern aufschließen konnte. Sondern es war – und an dieser Lesart darf man aus heutiger Sicht eher zweifeln (Tilly, 1998) – nach Ansicht vieler zeitgenössischer ausländischer Beobachter Friedrich List, der die wirtschaftstheoretischen Grundlagen dieses Aufstiegs geschaffen hatte. Die berechtigte Interpretation Lists als «Industrialisierungsideologe» (Hardach, 1990) krankte indes nicht selten an einer gewissen Einseitigkeit. So berief sich der ‹Vater der russischen Industrialisierung›, der deutschstämmige Finanzminister Sergei Julewitsch Witte in seiner Schrift *Friedrich List und die Nationalökonomie* (1889) auf dessen Lehre von den Erziehungszöllen, beschwor aber gleichzeitig die Notwendigkeit, die Modernisierung nach Bismarckschem Vorbild ‹von oben› im Rahmen einer autokratischen Ordnung durchzuführen. Davon, daß List für demokratische Freiheitsrechte stritt und selbst unter den Repressionen autoritärer Herrschaft zu leiden hatte, findet sich bei Witte hingegen kein Wort.

Seit der zweiten Hälfte des 20. Jahrhunderts stehen vor allem die Schwellen- und Entwicklungsländer vor der Aufgabe, eine gegenüber Westeuropa und den USA nachholende Entwicklung zu vollziehen. Friedrich List, der weltweit zu den Klassikern des entwicklungsökonomischen Denkens gezählt wird (vgl. etwa Shaffaedin, 2005), spielt in den entsprechenden Diskussionen vor allem im Zusammenhang mit dem sogenannten *infant industry argument* nach wie vor eine wichtige Rolle. Hervorzuheben sind in diesem Zusammenhang die Arbeiten des Bremer Politologen Dieter Senghaas (1989), dessen auch international viel beachtetes protektionistisches Entwicklungskonzept ausdrücklich auf den Ideen Friedrich Lists basiert.

Im Hinblick auf Lists realgeschichtliche Wirkung wurde bereits erwähnt, daß sein Engagement für den deutschen Zollverein um 1820 Jahren wesentlich dazu beigetragen hat, eine solche Union im Jahre 1834 tatsächlich zustande zu bringen, womit er indirekt auch einen Beitrag zur deutschen Einheit geleistet hat. Völlig unstrittig sind auch seine Verdienste für den deutschen Eisenbahnbau, an die unter anderem ein Denkmal im Leipziger Hauptbahnhof erinnert. Die Frage, inwieweit List als ein Vordenker des Europäischen Integrationsprozesses zu sehen ist, läßt sich unterschiedlich beantworten. Einerseits war er in erster Linie ein Nationalist des frühen 19. Jahrhunderts, dessen ganzes Streben der deutschen Einheit galt. Andererseits sah er diese explizit lediglich als Vorbedingung einer «engere(n) Vereinigung des europäischen Kontinents» ([1841] 1933, S. 409), die ihrerseits der Universalunion vorausgehen müsse.

Literatur

1. Werkausgaben

Neueste Ausgabe des Hauptwerks: F. List, Das nationale System der politischen Ökonomie, hrsg. von Eugen Wendler, Baden-Baden 2008.

Werkausgabe: E. v. Beckerath, K. Goeser et al. (Hrsg.), Friedrich List. Schriften, Reden, Briefe, 10 Bde., Berlin 1927–1936.

List, F. [1818] 1932. Die Staatskunde und Staatspraxis Württembergs im Grundriß, in: Bd. 1, Teil 1 der von Erwin von Beckerath et al. herausgegebenen Gesamtausgabe in 10 Bänden, Berlin, S. 284–307.

List, F. [1820] 1933. Bittschrift an die Bundesversammlung, in: Bd. 1, Teil 2 der von Erwin von Beckerath et al. herausgegebenen Gesamtausgabe in 10 Bänden, Berlin, S. 491–496.

List, F. [1827] 1931. Outlines of American Political Economy. In Twelve Letters to Charles J. Ingersoll, in: Bd. 2 der von Erwin von Beckerath et al. herausgegebenen Gesamtausgabe in 10 Bänden, Berlin, S. 97–156.

List, F. [1841] 1930. Das nationale System der politischen Ökonomie. Bd. 6 der von Erwin von Beckerath et al. herausgegebenen Gesamtausgabe in 10 Bänden, Berlin.

2. Weiterführende Literatur

Becker, G. S. 1964. Human Capital, 2. Aufl., New York.

Brinkmann, C. 1949. Friedrich List. Berlin und München.

Eisermann, G. 1990. Friedrich Lists Lebenswerk, in: B. Schefold (Hrsg.), Studien zur Entwicklung der ökonomischen Theorie, Bd. 10, Berlin, S. 11–62.

Hardach, K. 1990. Friedrich List als deutscher Industrialisierungsideologe, in: B. Schefold (Hrsg.), Studien zur Entwicklung der ökonomischen Theorie, Bd. X, S. 115–152.

Häuser, K. 1989. Friedrich List: Sein Leben und Wirken, in: H. C. Recktenwald (Hrsg.), Vademecum zu einem schöpferischen Klassiker mit tragischem Schicksal, Düsseldorf, S. 29–47.

Henderson, W. [1983] 1989. Friedrich List. Der erste Visionär eines vereinten Europas. Eine historische Biographie, Reutlingen.
Kurz, H. D., und Slavadori, N. (1995). Theory of Production. A Long-Period Analysis, Cambridge.
Meissinger, K. A. 1930. Friedrich List. Der tragische Deutsche, Leipzig.
Molo, W. 1931. Eine Deutscher ohne Deutschland. Ein Friedrich List-Roman, Berlin.
Müller, A. [1809/10] 1922. Die Elemente der Staatskunst, 2 Bde., Jena.
Rieter, H. 2002. Historische Schulen, in: O. Issing (Hrsg.), Geschichte der Nationalökonomie, 4. Aufl., München, S. 131–168.
Salin, E. 1955. Politische Ökonomie heute, in: Kyklos, Bd. 8, Nr. 4, S. 369–388.
Say, J. B. [1803] 1814. Abhandlung über die National-Oekonomie oder einfache Darstellung der Art und Weise, wie die Reichthümer entstehen, vertheilt und verzehrt werden, übers. von Ludwig Heinrich Jakob, 2 Bde., Wien.
Scherf, H. 1989. Lists ‹Nationales System der politischen Oekonomie›, in: H. C. Recktenwald (Hrsg.), Vademecum zu einem schöpferischen Klassiker mit tragischem Schicksal, Düsseldorf, S. 91–135.
Schmidt, K.-H. 1990. Lists Theorie der produktiven Kräfte, in: B. Schefold (Hrsg.), Studien zur Geschichte der deutschsprachigen Ökonomie, Bd. 10, Berlin, S. 79–102.
Schultz, Th. W. 1961. Investment in human capital, in: American Economic Review, vol. 51, March, S. 1–17.
Schumpeter, J. A. 1912. Theorie der wirtschaftlichen Entwicklung, Leipzig.
Schumpeter, J. A. 1914. Epochen und Epochen- und Methodengeschichte, in: S. P. Altmann, und G. Albrecht (Hrsg.), Grundriß der Sozialökonomik, Tübingen, S. 19–124.
Schumpeter, J. A. [1954] 1965. Geschichte der ökonomischen Analyse, 2 Bde., Göttingen.
Senghaas, D. 1989. Friedrich List und die moderne Entwicklungsproblematik, in: Leviathan, Bd. 17, Nr. 4, S. 561–573.
Shaffaeddin, M. 2005. Friedrich List and the Infant Industry Argument, in: K. S. Jomo (Hrsg.), The Pioneers of Development Economics. Great Economists on Development, London und New York, S. 42–61.
Smith, A. [1776] 1999. Untersuchung über Wesen und Ursachen des Reichtums der Völker, übers. von Monika Streissler, 2 Bde., Düsseldorf.
Tilly, R. 1998. Die deutsche Industrialisierung, in: R. Porter (Hrsg.), Die industrielle Revolution in England, Deutschland, Italien, Berlin, S. 59–95.
Weinheber, M. 1935. Friedrich List in seiner Bedeutung für die nationalsozialistische Wirtschaftsanschauung, Hamburg.
Wiskemann, E. 1937. Friedrich List, in: E. Wiskemann und H. Lütke (Hrsg.), Der Weg der deutschen Volkswirtschaftslehre. Ihre Schöpfer und Gestalter im 19. Jahrhundert, Berlin, S. 47–56.
Vitte, S. J. 1889, Nacional'naja îkonomija i Fridrich List [Die Nationalökonomie und Friedrich List], Kiew.

Michael S. Aßländer
Hans G. Nutzinger

John Stuart Mill
(1806–1873)

I. Ein einmaliges Erziehungsexperiment

I.1 Kindheit und Jugend im Schatten des Vaters

«I was born in London, on the 20th of May 1806, and was the eldest son of James Mill, the author of The History of British India» schreibt Mill (1989, S. 26) fast zu Beginn seiner Autobiographie. Dies zeigt nicht nur Mills Stolz auf die Stellung und das Werk seines Vaters, es kennzeichnet auch sein generelles Verhältnis zum Vater. Zeit seines Lebens gelang es John Stuart Mill nur schwer, sich in seinem Denken von der Dominanz James Mills zu lösen. Ohne John Stuart Mills Werk und seine Leistungen schmälern zu wollen, lassen sich seine Schriften auch als einen lebenslangen Emanzipationsprozeß verstehen; erst in seinen späten Jahren, beeinflußt durch seine spätere Frau, Harriet Taylor, gelingt es John Stuart allmählich, sich vom Einfluß des Vaters zu befreien.

John Stuart Mill war das Ergebnis eines einzigartigen Erziehungsexperiments. Ausgehend von den pädagogischen Idealen Claude-Adrien Helvétius' glaubt James Mill, seinen Sohn durch Konditionierung zum Genie erziehen zu können. Entsprechend rigide fällt die Erziehung aus: Im Alter von drei Jahren beginnt John Stuart Mill unter der Anleitung seines Vaters, Griechisch zu lernen (Mill 1989, S. 27), es folgen Unterricht in Arithmetik, Geschichte, Latein, Geometrie und Algebra. Im wesentlichen besteht die Methode des Vaters darin, sich regelmäßig mündliche und schriftliche Zusammenfassungen des Gelernten geben zu lassen. Auch muß John Stuart seine jüngeren Geschwister unterrichten: ihr Lernerfolg ist Gradmesser für seine eigenen Fähigkeiten (Mill, 1989, S. 28–33). Mit zwölf Jahren hat er sich durch nahezu alle einschlägigen griechischen und lateinischen Klassiker im Original durchgearbeitet und besitzt umfangreiche Kenntnisse in Analytik, Mathematik, Geschichte und Logik. Mit dreizehn Jahren beginnt der Unterricht in Nationalökonomie. Neben den Einführungen und Erläuterungen seines Vaters wird David Ricardo zur Grundlage des Unterrichts. Wieder muß er die Ausführungen schriftlich zusammenfassen, die schließlich unter James Mills Namen 1821 als *Elements of Political Economy* veröffentlicht werden (Gaulke, 1996, S. 20 f.).

Kontakt zu Gleichaltrigen hat John Stuart bei diesem ausgeklügelten Erziehungsprogramm kaum. Zum Erfolg dieses Programms bemerkt John Stuart in seiner Autobiographie, daß er mit einem Wissensvorsprung von einem Vierteljahrhundert im Vergleich zu seinen Altersgenossen ins Leben gestartet sei (Mill, 1989, 44). Freundschaften mit Gleichaltrigen kennt John Stuart nicht; Ferien, unbeschwertes Spiel oder sportliche Aktivitäten außer den allabendlichen Spaziergängen mit seinem Vater sind im strengen Erziehungsreglement James Mills nicht vorgesehen (Mill, 1989, S. 47 f.). Stets ist der Vater darum bemüht, John Stuart Mill zu erklären, daß dessen außergewöhnliche Fähigkeiten nicht eigenes Verdienst, sondern das Ergebnis der väterlichen Erziehung seien: «... that whatever I knew more than others, could not be ascribed to any merit in me, but to the very unusual advantage which had fallen to my lot, of having a father who was able to teach me, and willing to give the necessary trouble and time; that it was no matter of praise to me, if I knew more than those who had not had a similar advantage, but the deepest disgrace to me if I did not.» (Mill, 1989, S. 47)

Gefühle und menschliche Wärme hatten in diesem Erziehungsprogramm kaum Platz. John Stuart Mill wird, wie er selbst sagt, als Denkmaschine erzogen: «I conceive that the description so often given of a Benthamite, as a mere reasoning machine ..., was during two or three years of my life not altogether untrue to me.» (Mill, 1989, S. 96) Während eines Frankreichaufenthaltes 1820 bei Jeremy Benthams Bruder Samuel, einem Freund der Familie Mill, lernt John Stuart Französisch und entdeckt auf ausgedehnten Spaziergängen in den Pyrenäen seine Liebe zur Natur. Er liest die französischen Klassiker und lernt in Paris Jean-Baptiste Say, den damals wohl führenden Nationalökonomen Frankreichs, kennen (Mill, 1989, S. 60–65).

Als Mill im Sommer 1821 nach England zurückkehrt, beginnt ein neuer Abschnitt in seiner Erziehung: Er erhält Privatunterricht bei John Austin, einem der bedeutendsten Rechtsgelehrten Englands, er lernt Deutsch, um Kant im Original lesen zu können, und beginnt seine publizistische Tätigkeit. Er gründet die «Utilitaristische Gesellschaft» und die «London Debating Society» (Rinderle, 2000, S. 17f.); auf Empfehlung seines Vaters tritt er mit 17 Jahren in die Ostindische Handelsgesellschaft ein, für die er 35 Jahre arbeiten wird. Trotz seiner beruflichen Verpflichtungen findet Mill hier auch weiterhin Zeit für seine schriftstellerische Tätigkeit und seine weitläufige Privatkorrespondenz (Gaulke, 1996, S. 28). Mit zwanzig Jahren scheint er das geglückte Erziehungsexperiment seines Vaters zu sein: Intellektuell begabt, moralisch integer, in seiner Lebensführung bescheiden, beruflich erfolgreich.

1.2 Krise und Karriere

Indessen beginnt sich im Winter 1826/27 bei John Stuart Mill immer häufiger das Gefühl innerer Leere einzustellen. Er zweifelt zunehmend, daß die Erfüllung all seiner hochgesteckten politischen Ziele und intellektuellen Pläne ihm wirklich Befriedigung und Freude verschaffen würden, und kommt zu dem Schluß, daß dies nicht der Fall sei (Mill, 1989, S. 112). Mill beginnt sein Gefühlsleben zu ergründen, er entdeckt seine Fähigkeit zum Mitgefühl, beginnt Gedichte zu lesen und festigt seine Liebe zur Natur. Kritisch analysiert Mill nun seine eigene Erziehung und erkennt, daß die einseitige Ausrichtung seines Vaters auf bloße Rationalität ihn jedweder echten Empfindungen beraubt hat. Er ist antriebslos und sucht nach neuem Sinn in seinem Leben. Sein Vater ist die letzte Person, von der er Hilfe erwartet (Mill, 1989, S. 112ff.). Erst im Frühjahr 1827 gelingt es Mill, seine Depressionen zu überwinden. Mit der Entdeckung der eigenen Gefühlswelt, ausgelöst durch die Lektüre von Jean-François Marmontels «Mémoires d'un père», beginnt sich Mill erstmals von seinem Vater zu emanzipieren. Er erkennt, daß er eine eigene Gefühlswelt besitzt, und zieht hieraus die praktische Konsequenz; der Ausgleich zwischen Gefühl und Ratio wird für ihn zum zentralen Anliegen seiner Philosophie: «The cultivation of the feelings became one of the cardinal points in my ethical and philosophical creed.» (Mill, 1989, S. 118) In der Folge wendet sich Mill der Romantik und den Frühsozialisten, vor allem den Saint-Simonisten zu. Obwohl es ihm gelingt, seine seelische Krise zu überwinden, bleibt er fortan psychisch anfällig. Als sein Vater 1836 stirbt, ist Mill für mehrere Monate arbeitsunfähig und begibt sich auf Erholungsreise nach dem Festland, ebenso nach dem Tod seiner Mutter 1854 (Rinderle, 2000, S. 21).

In die Zeit nach dem Tod seines Vaters fällt wohl Mills kreativste Schaffensphase. Offensichtlich läßt ihm seine Arbeit in der Ostindischen Handelsgesellschaft hinreichend Zeit für seine schriftstellerischen Tätigkeiten. Er verfaßt Schriften zur Logik, zur Ökonomie, zur politischen Philosophie und zur Ethik.

1.3 Harriet Taylor

Im Sommer 1830 beginnt für John Stuart Mill eine der wohl prägendsten Beziehungen seines Lebens. Zu Gast bei John Taylor, einem einflußreichen Londoner Kaufmann, lernt Mill dessen Frau Harriet kennen. Sie ist gebildet, zeigt schriftstellerische Ambitionen und ist ihrem Ehemann vermutlich intellektuell überlegen. Beide erkennen ihre Seelenverwandtschaft. Mill selbst bezeichnet diese Beziehung als größten Segen seiner Existenz (Mill, 1989, S. 145). Beide treffen sich fortan zweimal die Woche zum Abendessen, während John Taylor außer Haus in seinem Club speist (Gaulke, 1996, S. 47). Zwar mag Mill in seiner Euphorie für Harriet Taylor ihre Wirkung auf seine eigene schriftstellerische Arbeit übertreiben, dennoch ist ihr intellektueller Einfluß ein weiterer entscheidender Faktor für Mills allmähliche Emanzipation von seinem Vater.

Allerdings wird diese «ménage à trois» von Mills Zeitgenossen teils mit Spott, teils mit Abscheu betrachtet. John Taylor verlangt von seiner Frau, sich von Mill zu trennen, und schickt sie nach Frankreich, wohin ihr Mill ohne Wissen des Gatten nachreist. Mills Familie, insbesondere seine Mutter, steht der Beziehung mit Ablehnung gegenüber. Als John Taylor sich faktisch von seiner Frau trennt und dieser ein eigenes Landhaus zur Verfügung stellt, ohne jedoch einer Scheidung zuzustimmen, gehen auch Mills Freunde auf Distanz. Das «Paar» gerät zunehmend in Isolation und vermeidet gemeinsame öffentliche Auftritte (Gaulke, 1996, S. 51 ff.). Als John Taylor im Sommer 1849 stirbt, heiraten die beiden nach dem Ende der Trauerzeit im Frühjahr 1851.

Wie groß dieser Einfluß Harriet Taylors auf John Stuart Mill wirklich war, ist umstritten. Mill selbst sieht seine wichtigsten Veröffentlichungen als ein Resultat aus der Zusammenarbeit mit seiner Frau: «When two persons have their thoughts and speculations completely in common; ... when they set out from the same principles and arrive at their conclusions by processes pursued jointly, it is of little consequence in respect to the question of originality which of them holds the pen ...» (Mill, 1989, S. 183 f.) Insgesamt scheint der Einfluß Harriets auf Mills Denken weniger bedeutungsvoll zu sein als Mill selbst glaubt. Die Arbeiten zu seinen wichtigsten Schriften zur Logik und zur Ökonomie beginnt Mill vor seiner Beziehung zu Harriet Taylor. Auch seine tiefe Verwurzelung im utilitaristischen Denken der «Philosophical Radicals» ist nicht Harriet, sondern der Erziehung seines Vaters geschuldet. Harriet hat wohl Mills politische Ansichten zur Sklaverei, zur Todesstrafe oder zur Frauenemanzipation beeinflußt (Rinderle, 2000, S. 25). Sein Wissenschaftsverständnis, sein utilitaristisches Credo, sein tief wurzelnder Liberalismus und sein Hang zu rationalem Argumentieren sind aber das Erbe der väterlichen Erziehung.

Trotz seines angegriffenen psychischen Zustandes hat sich Mill bis zum Todes seines Vaters zum dritthöchsten Beamten der Ostindischen Handelsgesellschaft emporgearbeitet. Mit einem Jahreseinkommen von 1200 Pfund ist Mill finanziell unabhängig. Als er 1856 zum Leiter des Prüfungsbüros bestellt wird, wird sein Gehalt auf 2000 Pfund erhöht. Als die Ostindische Handelskompanie im Dezember 1858 verstaatlicht wird, verlässt Mill seine Arbeitsstätte mit Ruhestandsbezügen von 1500 Pfund jährlich (Rinderle, 2000, S. 23). Am 3. November desselben Jahres stirbt Harriet in Avignon. 1865 wird Mill Abgeordneter des Unterhauses; zur gleichen Zeit wird er zum Rektor der St. Andrew's University gewählt. Mill setzt sich für das Frauenwahlrecht ein und plädiert für die Abschaffung der Sklaverei. Eine weitere Kandidatur für das Unterhaus scheitert im Jahre 1868. Er zieht sich nun fast ganzjährig nach Avignon zurück, wo er sich die verbleibenden Jahre seines Lebens wieder seiner schriftstellerischen Tätigkeit zuwendet. Mill stirbt dort am 7. Mai 1873.

2. Zwischen Publizistik und Wissenschaft

2.1 Politik als praktische Wissenschaft

John Stuart Mill darf in zweierlei Hinsicht als politischer Schriftsteller bezeichnet werden: Zum einen wendet er sich in seiner wissenschaftlichen Arbeit – neben einem umfassenden Werk, das er zum System der Logik herausgibt – vor allem der praktischen Philosophie und hier der Politik und der politischen Ökonomie zu. Zum anderen versucht Mill mit seinen Schriften in das politische Tagesgeschehen und in die laufenden gesellschaftlichen Debatten Englands einzugreifen.

Neben zahlreichen Artikeln und Rezensionen, die er unter anderem für die *Edinburgh Review*, die *Westminster Review* und die *London Review* schreibt, ist Mill zeitweilig selbst Herausgeber und Eigentümer der aus dem Zusammenschluß der beiden letztgenannten Zeitschriften hervorgegangenen *London and Westminster Review* (Gaulke, 1996, S. 53, 57). Parallel zu seinen Arbeiten an seinen *Principles of Political Economy* verfaßt er in nur 15 Monaten 60 Artikel für den *Morning Chronicle* (Gaulke, 1996, S. 74). In Flugblättern setzt er sich für Geburtenkontrolle ein und verfaßt eine Parlamentseingabe zur Durchsetzung des Frauenwahlrechts (Rinderle, 2000, S. 25 f.). In seinen frühen Aufsätzen *The Spirit of the Age* beschreibt er die Notwendigkeit einer sozialen Revolution, setzt dabei aber auf das romantisch verklärte Ideal einer wohlwollenden Herrscherelite. Aufgabe dieser Elite sei es, als «kultivierte Geister» auf die Bildung von Moralität und Intelligenz der unteren Klassen einzuwirken (Gaulke, 1996, S. 49) – eine Vorstellung, die sich durchaus auch in seinen ökonomischen Schriften, insbesondere in den Kapiteln zur wahrscheinlichen Zukunft der Arbeiterklasse und zum stationären Zustand der Wirtschaft, wiederfindet.

Die Haltung der «Philosophical Radicals», zu denen sich nun auch John Stuart Mill zählt, bleibt in politischen Fragen jedoch ambivalent und widersprüchlich. Zum einen setzt man sich für die Verbesserung der Lage der Arbeiterschaft ein, zum anderen lehnt man nicht nur Jugendarbeitsschutzgesetze als Eingriff in die Gewerbefreiheit, sondern auch das allgemeine Wahlrecht ab. Mill hält die Arbeiterschaft für noch nicht «reif» genug, um selbst politische Verantwortung zu übernehmen (Gaulke, 1996, S. 53).

2.2 Das wissenschaftliche Werk

Mills wissenschaftliches Werk umfaßt im wesentlichen drei Teile: Logik, Praktische Philosophie und Ökonomie.

In seiner Schrift «System der deduktiven und induktiven Logik» hat Mill bis heute gültige Grundlagen der wirtschaftswissenschaftlichen Forschungsmethodik erarbeitet. Buch I–III widmet er der deduktiven Methode, Buch IV der Induktion, Buch V den Trugschlüssen. Buch VI handelt «Von der Logik der moralischen Wissenschaft», worunter Mill sowohl die Psychologie als auch die sogenannten Gesellschaftswissenschaften, die Moralphilosophie und vor allem die Ökonomik faßt. Da die Exaktheit der Naturwissenschaften für Mill auch das Vorbild für die Forschungsmethode der moralischen Wissenschaften bildet, untersucht er die Übertragbarkeit naturwissenschaftlicher Methoden auf die Gesellschaftswissenschaften. Er stützt sich dabei auf frühere Überlegungen über die Definition der Ökonomie als Wissenschaft (Mill, 1976, S. 145–184).

Allerdings scheint eine direkte Übertragung der naturwissenschaftlichen experimentellen Vorgehensweise auf die Gesellschaftswissenschaften nicht ohne weiteres möglich: «Die erste Schwierigkeit, die uns bei dem Beginnen entgegentritt, experimentale Methoden zur Ermittlung der Gesetze des gesellschaftlichen Lebens zu verwenden, besteht darin, daß wir keine Mittel besitzen, künstliche Versuche anzustellen.» (Mill, 1968, IV, S. 286). Da so weder Versuch noch systematische Beobachtung als geeignete Methoden für den Erkenntnisgewinn innerhalb der Gesellschaftswissenschaften taugen und auch das Verfahren einer historischen Analyse, gemessen am Leitbild der Naturwissenschaften, wissenschaftlich zu unexakt erscheint (Mill, 1968, IV, S. 286–293), plädiert Mill dafür, die verschiedenen sozialen Phänomene anhand der ihnen zugrundeliegenden Handlungsmotive der Menschen in separate Wissensgebiete zu unterteilen. So etwa erweist sich der Wunsch nach Mehrung des eigenen Vermögens als Hauptmotiv des Wirtschaftens und bildet das Grundgesetz menschlichen Handelns in wirtschaftlichen Dingen (Mill, 1968, IV, S. 310f.). Ökonomie betrachtet den Menschen, als ob er ausschließlich aus Gewinnmotiven handelte, und zeigt, welche Handlungsweisen die Folge wären, wenn sich Menschen ausschließlich nach dieser Maxime verhielten (Mill, 1968, IV, S. 311). Diese Vorgehensweise erlaube es, auch im Bereich der gesellschaftlichen Wissenschaften entsprechend der naturwissenschaftlichen deduktiven Logik zu verfahren.

Der zweite Teil der wissenschaftlichen Werke John Stuart Mills befaßt sich im weitesten Sinne mit Fragen der Moralphilosophie (einschließlich solchen der politischen Philosophie und der Religion). Mills philosophische Überlegungen sind dabei geprägt von vier Grundannahmen: (i) Er geht davon aus, daß es möglich sei, den einzelnen Menschen durch Erziehung und Bildung in seinen Anlagen zu fördern und hin zum «Besseren» zu entwickeln; diese Entwicklung des Menschen wirkt sich in der Summe auch auf den gesamtgesellschaftlichen Zustand aus. (ii) Zum zweiten sieht er sich den Idealen des Liberalismus verpflichtet. Er sieht die Freiheit des Menschen einerseits durch seine Mitmenschen, andererseits durch die Staatsmacht bedroht; per Gesetz müsse daher versucht werden, diese Freiheitsrechte zu schützen. (iii) Zum dritten bildet für Mill das Streben nach Glück das zentrale Handlungsmotiv allen menschlichen Handelns, wobei Glück mit Lust bzw. dem Freisein von Unlust gleichgesetzt wird. Hier erweist sich Mill als strenger Utilitarist, wenngleich er den rein quantitativen Hedonismus seines Lehrers Jeremy Bentham und seines Vaters durch einen qualitativen Hedonismus ersetzt (Mill, 1991, S. 115). (iv) Damit wird der Nutzen für Mill zum zentralen Gradmesser für die moralische Qualität einer Handlung. Er folgt Benthams Postulat des «größten Glücks der größten Zahl», demzufolge eine Handlung moralisch dann als gut zu gelten habe, wenn sie das Glück möglichst vieler zu steigern vermöge. Entsprechend lassen sich soziale Arrangements, wie Privateigentum (Mill, 1924, S. 307–326), Erbrecht (Mill, 1924, S. 330–342), Religionsfreiheit (Mill, 1984, S. 206 f.), aber auch Gerechtigkeit (Mill, 1991, S. 110), am Grad ihrer «sozialen Nützlichkeit» messen. Letztlich überträgt Mill so seine Vorstellungen von Nützlichkeit als oberstes Bewertungskriterium menschlichen Handelns auch auf seine Politische Ökonomie.

Der dritte Teil von Mills wissenschaftlichem Werk umfaßt seine Schriften zur Ökonomie. Bereits 1829/30 verfaßt John Stuart Mill fünf Aufsätze über «Einige ungelöste Probleme der Ökonomie» (Mill, 1976), die sich u. a. mit der Bestimmung des originären Forschungsgegenstandes der Wirtschaftswissenschaften und der hierfür geeigneten Methode auseinandersetzen und die er in seinem 1843 erschienenem System der Logik (Mill, 1968, IV) wiederaufgreift. 1848 erscheinen Mills *Principles of Political Economy* (Mill, 1924, 1921), die er trotz seiner beruflichen und schriftstellerischen Verpflichtungen in nur zwei Jahren fertigstellt. Sein Ziel ist es primär, das ökonomische Wissen seiner Zeit zusammenzufassen. Wesentliche Grundlagen seines Ökonomieverständnisses bilden dabei die Arbeiten von David Ricardo und Thomas Robert Malthus.

3. Das ökonomische Werk

3.1 Ein falscher Vorwurf: Mangel an Originalität

Mill verfolgt mit der Niederschrift seiner *Principles of Political Economy* noch ein weiteres Ziel: Er will die junge Disziplin gegen ihre Kritiker verteidigen. Insbesondere Ricardos analytische Vorgehensweise hatte den Anstoß von Mills Zeitgenossen erregt: Den einen erschienen dessen strenge Analysen als zu abstrakt und entsprechend für nur bedingt anwendbar; andere Kritiker hielten sie generell für ungeeignet, die Erkenntnisse der Geschichte und der sozialen Entwicklung einer Gesellschaft adäquat abzubilden (de Marchi, 1974, S. 126).

Bei seinem Versuch, die Ricardianische Methode zu verteidigen, geht es Mill jedoch nicht primär darum, die Position der Kritiker öffentlich als falsch zu attackieren. Vielmehr will er die unterschiedlichen Positionen miteinander versöhnen, indem er aufzeigt, daß diese Kritik entweder auf einem Mißverständnis der Ricardianischen Theorien beruhe oder aber der Setzung unterschiedlicher Ausgangsprämissen geschuldet sei, denen Mill dann die in seinen Augen richtigen (Ricardianischen) Annahmen gegenüberstellt (de Marchi, 1974, S. 135).

Mit seinen *Principles* gelingt es Mill, ein Standardwerk der klassischen Ökonomie zu veröffentlichen. Anerkennend schreibt sein Zeitgenosse Walter Bagehot (1848, S. 35): «... three men only have by such means attained permanent rank among the great thinkers of their country, and that these three are Adam Smith, Ricardo, and John Mill.» Doch obwohl das Werk noch zu Mills Lebzeiten sieben Auflagen erlebt und auch in den Folgejahren als «undisputed bible of economists» galt, gerät es nach dem Erscheinen von Alfred Marshalls *Principles of Economy* (1890) zunehmend in Vergessenheit und gilt vielen nur mehr als wenig originelle Zusammenfassung der Ricardianischen Lehre. So steht Mill in der nachviktorianischen Zeit zusehends in dem Ruf, als eine von seinem Vater konstruierte Denkmaschine lediglich die philosophischen Theorien Jeremy Benthams und die volkswirtschaftlichen Theorien der ökonomischen Klassik rezipiert zu haben, ohne wesentlich Originelles hinzuzufügen.

Diese Sichtweise verkennt jedoch, daß Mill insbesondere im Bereich der Sozialreform durchaus eigene Theorieentwürfe vorgelegt hat. So etwa finden seine Beschreibung eines «stationären Zustandes», seine Reflexionen zur «wahrscheinlichen Zukunft der arbeitenden Klassen», aber auch seine in den *Unsettled Questions* vorgelegten prinzipiellen Reflexionen zur wissenschaftlich exakten Vorgehensweise der Ökonomie und zur Eingrenzung ihres Forschungsgegenstandes innerhalb der klassischen Ökonomie keine Entsprechung und weisen deutlich über Ricardos theoretische Reflexionen hinaus. Zu Recht konstatiert daher Heinrich Waentig im Vorwort zur deutschen Ausgabe (2. Auflage) der *Principles*: «Mag also der Wirtschaftstheoretiker Mill noch so sehr im Banne des Alten stehen, der Sozialpolitiker weist darüber hinaus.» (Waentig, 1924, S. XV)

3.2 Über einige ungelöste Probleme der Politischen Ökonomie

Etwa 15 Jahre nach ihrer Abfassung erscheinen 1844 Mills *Unsettled Questions* (Mill 1976), eine Sammlung von fünf Essays: (i) über die von Ricardo offengelassene Frage der Verteilung der Gewinne aus Freihandel zwischen den beteiligten Ländern; (ii) über den Einfluß des Konsums auf die Produktion – eine klare Darstellung der Voraussetzungen und der Grenzen des Sayschen Theorems der Übereinstimmung von Angebot und Nachfrage; (iii) über die zu seiner Zeit heftig diskutierte Unterscheidung zwischen «produktiv» und «unproduktiv»; (iv) über das Verhältnis von Profit zu Zins und (v) über die Definition der politischen Ökonomie und die ihr angemessene Forschungsmethode. In der Frage der produktiven Arbeit entscheidet sich Mill (1976, S. 108) dafür, nur solche Aktivitäten für produktiv zu halten, «die darauf gerichtet sind, diese permanenten Quellen zu vergrößern oder in ihrem Bestand zu bewahren». Im vierten Essay geht es Mill (1976) nicht nur darum, Zins und Profit gegeneinander abzugrenzen, sondern vor allem um die Präzisierung des von Ricardo ungenau formulierten Trade-offs zwischen Profitrate und Reallohnsatz.

In seinem Essay über Definition und Forschungsmethode der politischen Ökonomie entwickelt Mill (1976, S. 164) nicht nur eine inhaltliche Abgrenzung der Ökonomik «aus dem Zusammenwirken der Menschen bei der Produktion von Reichtum», sondern er betrachtet dabei auch individuelles Reichtumsstreben als bestimmendes Handlungsmotiv. Ohne den Begriff selbst zu prägen und ohne die Existenz anderer Handlungsziele zu leugnen, wird John Stuart Mill damit zum Vater des «homo oeconomicus»-Modells. Insgesamt sind diese Eassys zu einigen ungelösten Fragen der Ökonomie vor allem durch besondere methodische Originalität geprägt. Mit einem im 19. und auch in 20. Jahrhundert nicht ungewöhnlichen, durch Mills eigene Bescheidenheit geförderten Vorurteil gegenüber den *Principles* spricht sogar sein sozialistischer Kritiker Karl Marx (1972, S. 190) nicht ohne Anerkennung von einem «Schriftlein, das in der Tat alle originellen Ideen des Herrn J[ohn] St[uart] Mill über political economy enthält (im Unterschied von seinem starkleibigen Kompendium).»

3.3 Die Grundsätze der Politischen Ökonomie

Während Mill in seinen Ausführungen zur Zins- und Geldtheorie und in der Darstellung seiner Außenhandelstheorie im wesentlichen den Ricardianischen Vorstellungen folgt, sind es insbesondere seine Produktionstheorie, seine Verteilungstheorie, seine Werttheorie und seine «Sozialutopie», innerhalb derer er eigene Überlegungen entwickelt.

Produktionstheorie. Mill unterscheidet strikt zwischen Fragen der Produktion und Fragen der Verteilung: «Soweit die wirtschaftliche Entwicklung der Völker von dem Stand ihrer Kenntnisse von der Natur abhängt, ist sie Gegenstand der Naturwissenschaften und der auf sie gegründeten Fertigkeiten. Soweit jedoch die Ursachen moralischer oder psychologischer Natur sind, von den sozialen Einrichtungen und Beziehungen oder von den Prinzipien der Menschennatur abhängen, gehört ihre Untersuchung nicht in das Gebiet der Natur-, sondern der moralischen und sozialen Wissenschaft und ist Gegenstand der sogenannten politischen Ökonomie.» (Mill, 1924, S. 31 f.) Wie Smith, Malthus und Ricardo unterscheidet Mill zwischen produktiver und unproduktiver Arbeit, wobei als produktiv jede Arbeit verstanden wird, die der Schaffung dauernder Nützlichkeiten dient, d.h. durch die ein nützliches und «ansammlungsfähiges» Vermögen geschaffen wird (Mill, 1924, S. 71 ff.). Unproduktiv ist in seinen Augen hingegen jede Arbeit, welche «die Gesellschaft und die Welt im Ganzen an materiellen Produkten nicht reicher macht, sondern ärmer ...» (Mill, 1924, S. 74) Allerdings kann auch produktive Arbeit eine Nation ärmer machen, nämlich dann, wenn der durch sie gesteigerte Vorrat an nützlichen Gütern nicht den unmittelbaren Bedürfnissen der Bevölkerung entspricht, weil sie beispielsweise aus Spekulationsgründen in zu hohen Mengen produziert werden (Mill, 1924, S. 77).

Die Erwerbstätigkeit innerhalb einer Volkswirtschaft wird durch den Lohnfonds, also den für Lohnzwecke vorgesehenen Anteil des Kapitals begrenzt. Die Lohnhöhe, so Mill, sei ausschließlich bestimmt durch das zu Lohnzwecken vorgehaltene Kapital (Lohnfonds) und die Nachfrage nach Arbeit. So führt ein zunehmendes Arbeitsangebot bzw. ein Absenken des Lohnfonds stets zum Sinken, ein abnehmendes Arbeitsangebot sowie eine Zunahme der Lohnfonds zum Steigen der Löhne. Dies schließt nicht aus, daß Kapital zeitweise unausgelastet bleibt. Allerdings geht Mill davon aus, daß jede Ausdehnung des Lohnfonds langfristig auch einen Beschäftigungseffekt nach sich zieht, denn, so seine Überzeugung, «wenn arbeitsfähige Menschen vorhanden sind und Nahrung zu ihrer Ernährung da ist, können sie immer in der Produktion von irgendetwas beschäftigt werden.» (Mill, 1924, S. 100) Obwohl Mill an seinen Aussagen zur Lohnfondstheorie auch in der letzten von ihm selbst edierten Fassung seiner *Principles* (1871) festhält, veranlaßt ihn doch die Kritik William Thomas Thorntons zu einem teilweisen Widerruf. In einem in der *Fortnightly Review* erschienenen Aufsatz vom Mai 1869 gesteht Mill zu, daß der Lohnfonds zwar in erster Linie durch das für Lohnzwecke zur Verfügung gestellte Kapital bestimmt sei, allerdings sei die Höhe dieses Kapitals abhängig vom allgemeinen Lohnniveau: «Je kleiner (größer) der zu zahlende Lohnsatz ist, desto kleiner (größer) ist der Lohnfonds.» (Kurz, 2002, S. 276) Geht man davon aus, daß sich Arbeitgeber bei Lohnverhandlungen in der stärkeren Position befinden, bedeutet dies, daß sie das Lohnniveau auf ein Subsistenzminimum herabdrücken können. Entsprechend, so das Argument Mills, seien Gewerkschaften durchaus in der Lage, das Lohnniveau zu heben, ohne daß sich hieraus zwangsläufig negative Beschäftigungseffekte ergeben müßten, solange die Lohnhöhe nicht die notwendige Profirate des Kapitals gefährde. Durch höhere Löhne würde sich in diesem Falle lediglich die Verteilung der Einkommen auf Profit und Löhne verändern (Kurz, 2002, S. 276).

Kapital ist das Ergebnis von Arbeit und Sparen. Im Sinne der von

Mill vertretenen «Abstinenztheorie» leistet der Kapitalist also «Verzicht» auf Konsum und erwirbt damit als Gegenleistung für dieses «Opfer» Anrecht auf den Profit (Kurz, 2002, S. 257). Nachfrageseitig ergibt sich damit jedoch das Problem, daß sich der Warenpreis nicht nach Maßgabe des vom Kapitalbesitzer erbrachten «Opfers», sondern entsprechend der Nützlichkeit und Knappheit der zu erwerbenden Güter bestimmt – ein Umstand, den Mill in seiner «Abstinenztheorie» offensichtlich unberücksichtigt läßt (Kurz, 2002, S. 265 f.). Wird nun das Ersparte zur Mehrung der produktiven Kraft der Arbeit verwendet, erhöht dieser Produktionszuwachs den Fonds für zukünftiges Sparen (Mill, 1924, S. 103 ff.). Obwohl Kapital das Ergebnis von Sparen ist, besteht sein Wesen dennoch im Verbrauch. Allerdings findet der Verbrauch entweder mit zeitlicher Verzögerung durch den Sparer oder unmittelbar durch eine andere Person als die des Sparers statt (Mill, 1924, S. 106 ff.). Die Höhe der produktiven Arbeit ist dabei abhängig von der Höhe des hierfür verausgabten Kapitals und nicht von der Höhe der Nachfrage nach den Produkten dieser Arbeit.

Hinsichtlich der Beschäftigungseffekte steigender Produktivität bleibt Mill skeptisch. So führe eine verbesserte Produktivität zwar zur Verbilligung der produzierten Güter, was es den Konsumenten erlaubt, größere Teile ihres Einkommens auch für andere Konsumzwecke zu verwenden. Aber allein aufgrund der so gestiegenen Nachfrage wird weder ein zusätzliches Warenangebot noch zusätzliche Arbeit geschaffen. Dies ist nur dann der Fall, wenn durch die Produktivitätssteigerung zusätzliches Kapital freigesetzt wird, welches in neue Lohnfonds investiert wird (Mill 1924, S. 145 ff.).

Verteilungstheorie. Fragen der Vermögensverteilung sind in Mills Augen eine rein menschliche Angelegenheit und von den jeweiligen gesellschaftlichen Arrangements und Gesetzen abhängig (Mill, 1924, S. 302). Aufgabe der Ökonomie als Wissenschaft ist es, die Folgen dieser Vermögensverteilung zu untersuchen.

Mill tritt für die Garantie des Privateigentums ein, da nur so verhindert werden könne, daß Personen sich auf Dauer den ihnen zukommenden Arbeitsanteilen entzögen. Nur wer persönlich die Früchte seiner Arbeit erntet, wird bereit sein, diese Arbeit auch zu leisten (Mill, 1924, S. 307 ff.). Umgekehrt definiert Mill Eigentum als die Anerkennung der Verfügungsrechte über das eigene Arbeitsprodukt und den hieraus resultierenden legitimen Erwerb. Es gilt das Recht des Produzenten auf sein Produkt (Mill, 1924, S. 326). Da das Kapital als Ergebnis vergangener Arbeit zu sehen ist, gilt das Verfügungsrecht des Kapitaleigentümers über das Produkt auch für die früher geleistete Arbeit.

Eine Ausnahme bildet in Mills Augen hierbei die Bodenrente. Da die Früchte von Grund und Boden nur mittelbar durch Arbeit hervorgebracht werden, sollen landwirtschaftliche Nutzflächen als Staatseigentum geführt werden, das für bestimmte Zeiträume einzelnen Pächtern überlassen wird (Mill, 1924, S. 348 ff.).

Die Lohnhöhe bestimmt sich durch den Konkurrenzmechanismus und durch die Gewohnheit. Allerdings steht der reine Konkurrenzmechanismus für Mill unter dem Vorbehalt der moralischen Billigkeit: «Für die Entscheidung sollte nicht der Stand des Arbeitsmarktes, sondern natürliche Billigkeit ausschlaggebend sein. Sie sollte dafür sorgen, daß der Arbeiter einen verständigen Lohn und der Unternehmer einen verständigen Gewinn habe.» (Mill, 1924, S. 532) Nötigenfalls ist der Staat dazu aufgerufen, durch öffentliche Maßnahmen Arbeit und damit einen gerechten Lohn für alle Bevölkerungsteile zu schaffen (Mill, 1924, S. 534 f.).

Der Kapitalgewinn setzt sich aus einem Zinsanteil für das entliehene Kapital, einer Risikovergütung und einem derivativen Unternehmerlohn zusammen (Mill, 1924, S. 597 ff.). Profit entsteht allein durch die produktive Kraft der Arbeit und nicht durch Tausch, Konsum oder Kauf und Verkauf. Seine Höhe hängt ab von der Höhe des Arbeitsertrages und den Arbeitskosten. Diese sind bestimmt durch die Wirksamkeit der Arbeit, die Höhe der Arbeitslöhne und das Preisniveau der Bedarfsgüter, die der Arbeiter zu seinem Unterhalt beziehen muß (Mill, 1924, S. 613–618).

Werttheorie. Der Nutzen ergibt sich aus dem Gebrauchswert eines Gutes; der Wert eines Gutes hingegen ist bestimmt durch die Kaufkraft dieses Gutes hinsichtlich aller übrigen Güter (Mill, 1924, S. 643). Damit ein Gut einen Tauschwert besitzt, muß es einerseits einen Nutzen stiften – da ansonsten kein Tauschäquivalent zu seiner Erlangung geboten würde –, andererseits muß seine Erstellung mit gewissen Anstrengungen verbunden sein. Der vom Käufer der Ware empfundene Wert setzt sich dann aus dem subjektiv wahrgenommenen Nutzen der Ware und der Schwierigkeit ihrer Beschaffung zusammen. Je nach Situation wirkt dabei entweder ersteres oder letzteres in stärkerem Maße preisbestimmend (Mill, 1924, S. 649 ff.).

Objektiv ergibt sich der Wert einer Ware aus den Produktionskosten zuzüglich des Gewinnes. «Die Produktionskosten plus dem gewöhnlichen Gewinn können daher der notwendige Preis oder Wert aller durch Arbeit und Kapital hergestellten Güter genannt werden.» (Mill, 1924, S. 663) Tendenziell ergibt sich so ein Marktpreis, der dem Verkäufer die Produktionskosten ersetzt und einen angemessenen Gewinn beinhaltet. Liegt der Gewinn über diesem Satz, bewirkt der Konkurrenzmechanismus zusätzliche Investitionen und durch das somit vermehrte Warenangebot ein Absinken der Gewinne auf ihre als angemessen empfundenen Höhe. Da Kapital solange in erfolgversprechendere Produktionszweige fließt, bis ein Gleichgewicht hergestellt ist, erhalten langfristig alle Produzenten den gleichen Gewinn auf ihre Auslagen (Mill, 1924, S. 663 ff.). Güter, die durch gleichen Arbeits- und Kapitalaufwand hergestellt werden, tendieren langfristig dazu, zu gleichen Preisen getauscht zu werden, wobei sich der Tauschwert eines Gutes gemäß den Kosten für die Erzeugung des kostspieligsten Teils des Angebotes ergeben, der nötig ist, um die effektive Nachfrage zu decken. Besitzt ein Gut dauerhaft einen höheren Wert als ein anderes, liegt der Grund entweder in der für seine Erzeugung mehr aufzuwendenden Arbeit, den höheren Arbeitslöhnen oder dem größeren oder längerfristigen Kapitalbedarf (Mill, 1924, S. 702 f.).

Sozialutopie. «All diejenigen Völker, die wir die zivilisierten zu nennen gewohnt sind, nehmen an Produktion und Bevölkerung allmählich zu ...» (Mill, 1921, S. 311 f.) Insgesamt tendiert materielles Wachstum jedoch dazu, an bestimmte Wachstumsgrenzen zu stoßen, von denen an es dem Menschen nicht mehr möglich ist, trotz hoher Anstrengungen seinen materiellen Wohlstand zu vermehren. Die wirtschaftliche Entwicklung bewegt sich somit auf einen stationären Zustand zu. Im Gegensatz zu den meisten seiner Vorgänger sieht Mill in der Erreichung des stationären Zustandes jedoch nicht die Gefahr der Verelendung der Massen und das Ende der wirtschaftlichen Prosperität. Mill betrachtet den stationären Zustand durchaus als erstrebenswert, da er den fortwährenden Kampf der Gesellschaftsmitglieder um immer größeren Reichtum beendet.

Erst der stationäre Zustand gewährt dem Menschen die Zeit, sich um «höhere Dinge» zu kümmern. Und so kommt Mill zu dem Schluß: «Ich kann daher einen stationären Zustand des Kapitals und des Vermögens nicht mit der ausgesprochenen Abneigung betrachten, die die Nationalökonomen der alten Schule ihm allgemein entgegengebracht haben. Ich möchte vielmehr glauben, daß er, im Ganzen betrachtet, eine beträchtliche Verbesserung im Vergleich mit unserer gegenwärtigen Lage bedeuten würde.» (Mill, 1921, S. 390 f.)

Wesentlich für die gesellschaftliche Transformation hin zu diesem wünschenswerten Zustand scheint Mill die Stärkung der Arbeiterklasse. Durch Erziehung und Verbesserung der Ausbildung läßt sich ihre Stellung insbesondere auch durch Kapitalbeteiligung der Arbeitnehmer stärken (Mill, 1921, S. 411 ff.). Langfristig werde sich ein System wechselseitiger Teilhaberschaft von Arbeitern und Kapitaleignern entwickeln, bei dem die einen das Kapital, die anderen die Arbeit einbringen würden (Mill, 1921, S. 412–422). Dabei sieht Mill vor allem drei positive Aspekte, die diese Entwicklung wünschenswert erscheinen lassen (Mill, 1921, S. 447): (i) Durch Kapital- und Gewinnbeteiligung bestünde für die Arbeiter ein Anreiz zu produktiver Arbeit, da sie über Teile des Ergebnisses der Produktion selbst verfügen. (ii) Da sie als Genossenschaftsmitglieder zugleich Arbeiter und Kapitaleigentümer sind, würde auch der Gegensatz von Kapital und Arbeit aufgehoben werden. Der «Klassenkampf» ließe sich so in einen Wettstreit der produktiven Kräfte überführen. (iii) Zudem resultiere hieraus auch eine Steigerung der Würde der Arbeit. Dies böte der Arbeiterklasse ein neues Gefühl der Sicherheit und Unabhängigkeit und erlaube es ihr, selbstbewußt ihr Schicksal selbst in die Hand zu nehmen. Emphatisch schreibt Mill: «... vielleicht in kürzerer Zeit, als man annehmen mag, werden wir sehen, daß die menschliche Gesellschaft sich infolge des Genossenschaftsgedankens so umändert, daß Freiheit und Selbständigkeit des einzelnen sich mit den sittlichen, geistigen und wirtschaftlichen Vorteilen der gesamten Produktion vereinigen lassen, und daß ohne Gewalt oder Beraubung ... wenigstens im Erwerbsleben die besten Ziele des demokratischen Geistes ... verwirklicht werden ...» (Mill, 1921, S. 449 f.)

Insbesondere seine Nähe zu den Frühsozialisten und die zunehmende Beschäftigung mit der sozialen Frage, aber auch die von Robert Owen beeinflußte Aufnahme des Genossenschaftsgedankens in sein ökonomisches Hauptwerk haben Mill den Vorwurf einer mit zunehmendem Alter wachsenden Annäherung an den Sozialismus eingebracht (Losman, 1971, S. 356).

Vielfach wird dieser scheinbare «Gesinnungswandel» dem Einfluß Harriet Taylors zugeschrieben. Allerdings bleibt fraglich, inwieweit Mill in seinen späteren Jahren tatsächlich von seinen liberalen Gedanken abwich (Aßländer, 2006). Prinzipiell hält er den Weg des Sozialismus an sich für gefährlich: «Wenn wir in dieser Weise fortfahren, kann es uns vielleicht gelingen, die Gesellschaft durch eine sozialistische Revolution zu sprengen, aber die Armen und ihre Armut werden dabei noch schlimmer wegkommen als bisher.» (Mill, 1968, XI, S. 82) Insbesondere die revolutionäre Form des Sozialismus hält Mill für undurchführbar. Während er die gemäßigte Variante Owens und Fouriers mit einem gewissen Wohlwollen betrachtet (Mill, 1968, XII, S. 202f.), fürchtet er im kommunistischen System vor allem die Unterdrückung der Individualität und die Aufhebung des Privateigentums und der Konkurrenz als Triebfeder und Regulativ wirtschaftlichen Handelns (Mill, 1968, XII S. 205 ff.).

Auch hinsichtlich der Arbeitsmotivation hat Mill Zweifel (Mill, 1968, XII, S. 209 ff.), vor allem aber am Bild einer in Eintracht nach kommunistischen Idealen lebenden Gesellschaft, da er die Kämpfe der politischen Kader um Macht und Ansehen fürchtet (Mill, 1968, XII, S. 213). Das System eines revolutionären Sozialismus, das Privateigentum und Wettbewerb als die wichtigsten Leistungsanreize für individuelles Engagement abschaffen zu können glaubt, hält Mill für schlichtweg utopisch (Mill, 1968, XII, S. 221). Er ist weit davon entfernt, das Ideal einer liberalen Wirtschaftsverfassung den Ideen des Sozialismus opfern zu wollen. Vielmehr unterstreicht er nochmals deutlich seine bereits in den *Principles* formulierte Einschätzung des Kommunismus: «Wenn demnach zu wählen wäre zwischen einem Kommunismus mit allen seinen Aussichten und dem gegenwärtigen Gesellschaftszustand mit allen seinen Leiden und Ungerechtigkeiten ..., so würden alle bedeutenden oder unbedeutenden Schwierigkeiten des letzteren nur wie Staub auf der Waage wiegen.» (Mill, 1924, S. 313)

4. Würdigung

Insgesamt erweist sich in Mills Ökonomie die Trennung von Produktion und Verteilung wohl als die wirkungsgeschichtlich nachhaltigste These. Während die Gesetze der Produktion in seinen Augen «wahre» Naturgesetze und durch den Menschen nicht beeinflußbar sind, unterliegt die Güterverteilung vor allem den Aspekten der Gerechtigkeit und den Prinzipen der Moral. Diese Trennung hat für das philosophische Grundanliegen Mills zwei Vorteile: Zum einen gelingt es ihm so, den Konflikt zwischen Kausalität, die sich in der Naturgesetzlichkeit innerhalb der Produktion zeigt, und der individuellen Willensfreiheit, die sich als willentlich herbeigeführte Verteilungsgerechtigkeit äußert, im Sinne seiner liberalen Theorie zu entschärfen. Zum anderen kann er auf diese Weise den moralischen Anspruch des Utilitarismus auch innerhalb der Ökonomie retten. Diese unterliegt zwar teilweise naturgesetzlichen Bestimmungsgründen, aber im Bereich der Verteilung spielen moralische Aspekte die herausragende Rolle; hier gilt es, das moralische Postulat des «größten Glücks der größten Zahl» umzusetzen (Gaulke, 1996, S. 78).

Trotz der immer wieder auftauchenden sozialphilosophischen Ansinnen bleibt Mill auch in seiner Ökonomie den Grundsätzen des Liberalismus und des Utilitarismus verhaftet. Allerdings stellt Ökonomie für ihn – trotz aller Widersprüche – eine Sozialwissenschaft dar. Mindestens im Bereich der Verteilung kann sie nicht wertfrei gedacht werden, vielmehr bleibt sie stets an die Prinzipien der Moral und der Gerechtigkeit als eigentlichem Beurteilungskriterium rückgebunden. Obwohl Mill wesentlichen Anteil an der Etablierung der Ökonomie als eigenständiger Wissenschaft nach dem Vorbild der Naturwissenschaften hat, ist er doch zugleich der letzte große Denker einer Ökonomietradition, in der Ökonomie als Politische Ökonomie und damit als Teil der praktischen Philosophie betrachtet wird.

Literatur

1. Werkausgaben

Mill, J. St. 1921. Grundsätze der politischen Ökonomie – mit einigen ihrer Anwendungen auf die Sozialphilosophie in 2 Bänden, Bd. 2, in: H. Waentig (Hrsg.), Sammlung sozialwissenschaftlicher Meister, 2. Aufl., Bd. 18, Jena.

Mill, J. St. 1924. Grundsätze der politischen Ökonomie – mit einigen ihrer Anwendungen auf die Sozialphilosophie in 2 Bänden, Bd. 1, in: H. Waentig (Hrsg.), Sammlung sozialwissenschaftlicher Meister, 2. Aufl., Bd. 17, Jena.

Mill, J. St. 1963–1991. Collected Works, 33 Vols., Toronto und London.

Mill, J. St. 1968. Gesammelte Werke in 12 Bänden, hrsg. von Th. Gomperz, Aalen.

Mill, J. St. 1971. Betrachtungen über die repräsentative Demokratie, hrsg. von K. L. Shell, Paderborn.

Mill, J. St. 1976. Einige ungelöste Probleme der politischen Ökonomie, hrsg. von H. G. Nutzinger, Frankfurt am Main und New York [Neuaufl. Marburg 2008].

Mill, J. St. et al. 1976. Über die Hörigkeit der Frau, hrsg. von H. Schröder, Frankfurt am Main 1976.

Mill, J. St. 1984. Drei Essays über Religion, Stuttgart.

Mill, J. St. 1989. Autobiography, London.

Mill, J. St. 1991. Utilitarismus, hrsg. von D. Birnbacher, Stuttgart.

Mill, J. St. 1995. Über die Freiheit, hrsg. von M. Schlenke, Stuttgart.

2. Weiterführende Literatur

Aßländer, M. S. 2006. Zwischen Liberalismus und Sozialismus – John Stuart Mill und die Beschäftigungsfrage, in: P. Ulrich und M. S. Aßländer (Hrsg.), John Stuart Mill – Der vergessene politische Ökonom und Philosoph, Bern, S. 155–194.

Bagehot, W. 1848. Principles of Political Economy, in: The Prospective Review, vol. vi/16, S. 460–502. Nachdruck in: J. C. Wood (Hrsg.), John Stuart Mill: Critical Assessments, 4 Bde., London 1987, Bd. 2, S. 7–35.

De Marchi, N. B. 1974. The Success of J. S. Mill's Principles, in: History of Political Economy, Summer, S. 119–157. Nachdruck in: J. C. Wood (Hrsg.), John Stuart Mill: Critical Assessments, 4 Bde., London 1987, Bd. 2, S. 122–154.

Gaulke, J. 1996. John Stuart Mill, Reinbek bei Hamburg.

Kurz, H. D. 2002. Surplus, Abstinenz und Lohnfonds – John Stuart Mill zur Theorie der Einkommensverteilung, in: E. W. Streissler (Hrsg.), Studien zur Entwicklung der ökonomischen Theorie XIX. John Stuart Mill. (Schriften des Vereins für Socialpolitik, N.F. 115/XIX), Berlin, S. 253–280.

Losman, D. L. 1971. J. S. Mill on Alternative Economic Systems, in: American Journal of Economics and Sociology, vol. 30 (1), S. 85–104. Nachdruck in: J. C. Wood (Hrsg.), John Stuart Mill: Critical Assessments, 4 Bde., London 1987, Bd. 1, S. 356–373.

Marx, K. 1972. Theorien über den Mehrwert, MEW, Bd. 26.3, Berlin.
Rinderle, P. 2000. John Stuart Mill, München.
Schumacher, R. 1994. John Stuart Mill, Frankfurt am Main.
Streissler, E.W. (Hrsg.) 2002. Studien zur Entwicklung der ökonomischen Theorie XIX. John Stuart Mill (Schriften des Vereins für Socialpolitik, N.F. 115/XIX), Berlin.
Ulrich, P., und Aßländer, M. S. (Hrsg.) 2006. John Stuart Mill – Der vergessene politische Ökonom und Philosoph, Bern.
Waentig, H. 1924. Mill, in: J. St. Mill, Grundsätze der politischen Ökonomie – mit einigen ihrer Anwendungen auf die Sozialphilosophie in 2 Bdn., Bd. 1, in: H. Waentig (Hrsg.), Sammlung sozialwissenschaftlicher Meister, 2. Aufl., Bd. 17, Jena, S. VII–XVI.
Wood, J.C. (Hrsg.) 1987. John Stuart Mill: Critical Assessments, 4 Bde., London.

Heinz D. Kurz

Hermann Heinrich Gossen
(1810–1858)

I. Leben

Über den ein unauffälliges Leben führenden Junggesellen ist wenig bekannt. Wir wissen nicht einmal, wie er ausgesehen hat. Was wir über sein Leben wissen, verdanken wir im wesentlichen Léon Walras (1885). William Stanley Jevons macht Walras in einem Brief auf Gossen aufmerksam und weist in der zweiten Auflage seiner *Theory of Political Economy* (1879) auf zahlreiche Vorläufer der eigenen Ideen und der Verwendung der Mathematik in der Politischen Ökonomie hin, darunter Gossens *Entwickelung der Gesetze des menschlichen Verkehrs, und der daraus fließenden Regeln für menschliches Handeln* (1854). Er würdigt Gossens «fundamental theory» zu Recht als «even more general and thorough» denn die eigene (Jevons, 1879, S. xxxviii). Walras beschafft sich Gossens Buch, studiert es, ist tief beeindruckt und will mehr über den «économiste inconnu» in Erfahrung bringen.[1] Erst nachdem er Hermann Kortum, Mathematikprofessor und Neffe Gossens, ausfindig macht, fällt etwas Licht auf Leben und Wirken unseres Autors. Kortum stellt die ihm bekannten Daten über Gossen zusammen. Walras veröffentlicht auf dieser Grundlage einen Aufsatz im *Journal des économistes* und nennt Gossen darin «einen der bemerkenswertesten Ökonomen, der je gelebt hat» (1885, S. 71). Erst infolge des diesem posthum zuwachsenden Ruhms kommt es mit erheblichem zeitlichen Abstand und ohne die Möglichkeit der Befragung von Zeitzeugen zu weiteren Annäherungsversuchen an Person und Werksgeschichte, allerdings mit nur bescheidenem Erfolg. In seiner gründlichen Einführung zur amerikanischen Ausgabe der *Entwickelung* faßt Georgescu-Roegen (1983) das verfügbare Material zusammen.

Heinrich Wilhelm Joseph Hermann Gossen wird am 7. September 1810 in Düren bei Köln, zur damaligen Zeit Teil des Napoleonischen Imperiums, in eine Beamtenfamilie geboren. Sein Vater,

[1] Von Walras und einem Kollegen stammt auch die erst 1995 veröffentlichte französische Übersetzung der *Entwickelung*.

Joseph Gossen, ist Steuereintreiber in französischen Diensten, eine Tätigkeit, die er nach dem Zusammenbruch des Imperiums im preußischen Staatsdienst fortführt. Seine Mutter, eine geborene Mechthilde Scholl, ist tief religiös und erzieht ihre drei Kinder streng im katholischen Glauben. Die auferlegten Kasteiungen lassen Gossen zu einem praktizierenden und schließlich die frohe Botschaft vom Lebensgenuß schriftlich verkündenden Hedonisten mit ausgeprägter antiklerikaler Neigung heranreifen.

1824 zieht die Familie nach Muffendorf am Rhein in der Nähe von Bad Godesberg, wo Gossens Vater ein Gut pachtet und bewirtschaftet. Sein Sohn besucht das Gymnasium an wechselnden Orten. Er lernt schnell und überspringt eine Klasse. Nach der Reifeprüfung schreibt er sich auf Wunsch des Vaters, der ihn zu einer Beamtenkarriere drängt, widerwillig an der Universität Bonn in Rechts- und Staatswissenschaften ein. 1831 wechselt er an die Berliner Universität, kehrt jedoch wegen einer Cholera-Epidemie in Berlin nach einem Semester wieder nach Bonn zurück. Was seine Ausbildung in Politischer Ökonomie anbelangt, so sind lediglich zwei der von ihm besuchten Vorlesungen fachlich einschlägig, gehalten von Professoren ohne größeren Ruf, über die sich der junge Student lustig macht. Direkt belegt ist nur, daß er Werke von Jeremy Bentham sowie das weitverbreitete Lehrbuch Karl Heinrich Raus, *Grundsätze der Volkswirthschaftslehre* (1826; 5. Aufl. 1847), gelesen hat (vgl. Georgescu-Roegen, 1983, S. lxxii f., und Chipman, 2005, S. 223). Aber seinem Werk kann man indirekt entnehmen, daß er mit gewissen Lehren der ökonomischen Klassik und der deutschen Nutzwertschule vertraut ist.[2]

Erste Hinweise auf Gossens Originalität finden sich in den anläßlich seiner Aufnahmeprüfungen für den Staatsdienst 1834 verfaßten Aufsätzen (vgl. Blum, o. J.). Hierauf spielt Gossen vermutlich mit dem allerersten Satz seines Buches an: «Auf den folgenden Blättern übergebe ich der öffentlichen Beurtheilung das Resultat eines 20jährigen Nachdenkens.» (S. V)[3]

2 Chipman (2005, S. 178 f. und S. 223–230) dokumentiert im einzelnen den Abglanz Rauscher Ideen im Werk Gossens.

3 Alle isoliert stehenden Seitenangaben beziehen sich auf Gossen (1854). Wird im folgenden nichts anderes gesagt, so stammen alle Hervorhebungen in zitierten Stellen darin von Gossen. Im Original gesperrte Passagen oder Wörter werden kursiv wiedergegeben, in größeren Lettern gedruckte fett.

Im Oktober 1834 wird Gossen Referendar in Köln. Die Beförderung zum Regierungsassessor läßt ungewöhnlich lange auf sich warten. «Der Mensch richte seine Handlungen so ein,» wird Gossen dereinst zu Papier bringen, «daß die Summe seines Lebensgenusses ein Größtes werde» (S. 3). Nach der von ihm zeit seines Lebens bereuten Entscheidung, sich dem Willen des Vaters gebeugt zu haben, hält sich Gossen fortan streng an diese Maxime. Die Beamtentätigkeit ist ihm zuwider, und er flieht sie, so gut er kann. Mehrfach versetzt, ertönt nach kurzer Zeit allerorten das gleiche Lied: Gossen lasse es an beruflichem Engagement missen, ziehe Gasthäuser und andere Orte der Kurzweil der Amtsstube vor, usw. In der zweiten Hälfte des Jahres 1847 spitzt sich die Lage zu. Gossen kommt im November durch seine Kündigung einer unehrenhaften Entlassung zuvor.

Gerade 37jährig stehen die Dinge nicht gut für ihn. Aber er hat Glück im Unglück. Der Vater stirbt im Oktober des Jahres und erspart Gossen peinliche Erklärungen seines Scheiterns. Die ansehnliche Erbschaft macht ihn finanziell unabhängig und läßt ihn in Berlin privatisieren. Mit einem Belgier gründet er schließlich eine Versicherungsgesellschaft in Köln, leitet sie 1849 selbst, zieht sich und sein Kapital jedoch bereits im folgenden Jahr aus ihr zurück. Wie sein Buch zeigt, verfügt er über Kenntnisse der Versicherungs- und Finanzmathematik.

Er ist jetzt fest entschlossen, die Ergebnisse seiner Studien zu Papier zu bringen und zu veröffentlichen. Bei seinen Schwestern in Köln, die ihm den Haushalt führen, arbeitet er fieberhaft an seinem Werk. Die Veröffentlichung, so hofft er, wird ihm den Weg zu einer akademischen Laufbahn ebnen. Im Januar 1853 schließt er die Arbeit ab, findet jedoch keinen Verleger. Er gibt das Buch schließlich beim Braunschweiger Verlag Friedrich Vieweg und Sohn in Kommission und bringt es auf eigene Kosten heraus. Im gleichen Jahr erkrankt er an Typhus; seine Gesundheit nimmt dauerhaft Schaden. Im Sommer des Jahre 1854 erscheint die *Entwickelung*. Es ist die einzige Schrift, die er je veröffentlicht.

Das Buch ist ein veritabler Mißerfolg. Nur wenige Exemplare werden verkauft, kaum eine Bibliothek erwirbt es, und über gut zwei Jahrzehnte hinweg nimmt die Fachwelt keine Notiz davon. Es ist, als wäre es nie geschrieben worden. Gossen ist bis ins Mark getroffen. Kurz vor seinem Tod zieht er die Schrift aus dem Verkehr und übernimmt vom Verlag den Restbestand an Exemplaren. Eine Lungentuberkulose rafft den Geschwächten im Alter von 47 Jahren am 13. Februar 1858 in Köln dahin. Der Herold des Prinzips der Genußmaximierung stirbt enttäuscht und verbittert. Alle Einsicht in Natur und Handeln des Menschen haben ihm selbst letztlich wenig geholfen. Hätte er wenigstens geahnt, welcher Ruhm seiner Schrift weit nach seinem Ableben zuteil werden sollte!

2. Werk

Wir gehen zunächst auf die messianische Botschaft der *Entwickelung* ein und wenden uns dann dem Kern der darin enthaltenen ökonomischen Analyse zu.[4]

2.1 Ein Wegweiser zum Paradies auf Erden

Gossens Theodizee. Gottfried Wilhelm Leibniz (1646–1716) hatte die neue mechanistisch-cartesianische Methodik in der Philosophie mit dem überlieferten platonisch-aristotelisch-christlich-scholastischen Weltbild in Einklang zu bringen versucht und in seiner *Theodizee* (1710) argumentiert, daß dies «die beste aller möglichen Welten» sei. Die in ihr wirkenden «fensterlosen» individuellen Kraftzellen, oder «Monaden», wie er sie in der *Monadologie* (1714) nennt, seien durch eine «prästabilierte Harmonie» miteinander verbunden. Was Gott auch immer erschaffen habe, alles sei wohl aufeinander abgestimmt.

Zwar erwähnt Gossen Leibniz in seiner Schrift an keiner Stelle, er legt jedoch nichts anderes vor als einen neuen Versuch der Fundierung der Leibnizschen These – «eine Art Welterlösungslehre» (Krelle, 1987, S. 13). Im Konflikt zwischen Religion bzw. Kirche und Naturwissenschaften schlägt er sich ganz auf die Seite der letzteren. Er hält sich zugute, als erster «unzweifelhaft» den «wahren Lebenszweck des Menschen», jenen, «den sein Schöpfer gewollt hat» (S. 2), enthüllt zu haben. Dieses Verdienst rechtfertige einen Vergleich mit Kopernikus:

4 Die deutsche Ausgabe der *Entwickelung* weist, abgesehen von Trennstrichen, keine Gliederung auf. In der amerikanischen Ausgabe (vgl. Gossen, 1983) ist das Werk in vier Teile gegliedert: «Das Wirtschaften des isolierten Individuums»; «Die Tauschwirtschaft»; «Das Individuum und die Gesellschaft»; und «Anwendung der Grundsätze auf wirtschaftliche und soziale Reformen».

Was einem Kopernikus zur Erklärung des Zusammenseins der Welten im Raum zu leisten gelang, das glaube ich für die Erklärung des Zusammenseins der Menschen auf der Erdoberfläche zu leisten. Ich glaube, daß es mir gelungen ist, die Kraft, und in großen Umrissen das Gesetz ihrer Wirksamkeit zu entdecken, welche das Zusammensein der Menschen möglich macht, und die Fortbildung des Menschengeschlechts unaufhaltsam bewirkt. Und wie die Entdeckungen jenes Mannes es möglich machten, die Bahnen der Weltkörper auf unbeschränkte Zeit zu bestimmen; so glaube ich mich durch meine Entdeckungen in den Stand gesetzt, *dem Menschen mit untrüglicher Sicherheit die Bahn zu bezeichnen, die er zu wandeln hat, um seinen Lebenszweck in vollkommenster Weise zu erreichen.* (S. V; Hervorhebung hinzugefügt)

Nach der Kopernikanischen die Gossensche Wende![5] Nach dem kläglichen Versagen aller positiven Religionen und Kirchen, den Schöpfungsplan zu enträtseln, hätten sich die Naturwissenschaften der Herausforderung zu stellen. Bei ihnen – die *Entwickelung* zählt er explizit dazu – handele es sich um die «wahre Religion», und sich selbst zählt er implizit zu deren «Priestern» (S. 187f.). «Von Menschen gegebene Moralvorschriften» widersprächen häufig dem Willen des Schöpfers – ja, sie «vereitelten» dessen «Zwecke» (S. 3). So basiere die von den christlichen Kirchen betriebene «Verketzerung» des Genusses und «Egoismus» (S. 4) auf einem folgenschweren Mißverständnis des Schöpfungsplans. Den Weg zur einzig wahren Religion weisen die Naturwissenschaften – insbesondere Astronomie, Physik und «wahre [d.h. Gossensche] Nationalökonomie» (S. VI). Nie zuvor in der Geschichte hat wohl ein Ökonom die Ablösung von Theologie und Philosophie durch Naturwissenschaften und Ökonomik derart kompromißlos gefordert.

Der gütige Schöpfer habe den Menschen mit Vernunft ausgestattet und so dafür gesorgt, daß dieser den Schöpfungsplan erkennen könne. Vonnöten sei die Entwicklung wissenschaftlicher Metho-

[5] Interessanterweise vergleicht sich Gossen nicht direkt mit Sir Isaac Newton (1643–1727), dem Entdecker des Gravitationsgesetzes, sondern mit Nikolaus Kopernikus (1473–1543), der als erster der überlieferten Geozentrik die Heliozentrik entgegenstellt. Gleich Kopernikus glaubt Gossen ein neues Zeitalter, ein neues «Jahrhundert» (S. 194), einzuläuten. Später in seinem Werk (S. 277) stellt er seinen Fund eines sinkenden Grenznutzens jedoch auf eine Stufe mit dem Gravitationsgesetz. Ersteres regele den menschlichen Verkehr, letzteres den der Himmelskörper. Gossen ist nach seinem Selbstverständnis in der Ökonomik das, was Kopernikus und Newton zusammengenommen in der Astronomie sind.

den, in deren Zentrum die Mathematik zu stehen habe. Wenn schon der Schöpfer «Berechnungen» angestellt habe, dann müsse dies auch der Mensch. Auf «mathematischer Grundlage» sei es gelungen, das Gravitationsgesetz zu entdecken. Da «es sich in der Nationalökonomie um das Zusammenwirken verschiedener Kräfte handelt», und es «unmöglich ist, das Resultat der Wirksamkeit von Kräften zu bestimmen, ohne zu rechnen», so sei es denn «ebenso unmöglich, die *wahre Nationalökonomie* ohne Hülfe der Mathematik vorzutragen» (S. VI; Hervorhebung hinzugefügt).[6] Bei ökonomischen Problemen gehe es immer um die Bestimmung «eines Größten rücksichtlich Kleinsten» (S. VII), d. h. die Maximierung bzw. Minimierung einer Größe unter einer oder mehreren Nebenbedingungen. Die dafür benötigte Mathematik ist die Theorie der Optimierung.

Wie steht es aber um den seit alters her behaupteten Konflikt zwischen Selbstsucht des Einzelnen und Wohl der Gesellschaft? Wie erweisen sich, mit Bernard Mandeville gesprochen, «Private Vices» bei genauerem Hinsehen als «Publick Benefits»? Und worin unterscheidet sich Gossens Begründung der sozial segensreichen Wirkungen egoistischen Verhaltens von derjenigen Adam Smith'? Der Schöpfer, lesen wir,

> schrieb durch die Gesetze der Kraft zu genießen dem Menschen ewig und unabänderlich seine Bahn im Zusammenleben mit seines Gleichen vor. Durch sie erreichte er es, daß, sobald dem Menschen die Gesetze der Wirksamkeit jener Kraft erst klar geworden sind [sic], *jeder Einzelne seines eigenen Wohles wegen zugleich zum Heil der Gesammtheit seine Kräfte so verwenden muß* [sic], *wie es zur Förderung des Wohles der Gesammtheit am Zweckmäßigsten ist.* (S. 4)

Und so lautet denn die dem Schöpfer von Gossen gleich anfangs seiner Schrift in den Mund gelegte und in großen Lettern und Fettdruck gefaßte «Vorschrift»:

[6] Die Vorstellung, daß die Natur mathematischen Gesetzmäßigkeiten gehorche, die vom Menschen enthüllt werden können, ist freilich nicht neu. Sie findet sich u. a. bereits bei Galileo Galilei und Francis Bacon und wird von William Petty in der zweiten Hälfte des 17. Jahrhunderts auf die Gesellschaftswissenschaften angewandt. Ein vehementer Vertreter dieser Sicht ist auch, wie Rieter (1992, S. 69 ff.) zeigt, Anfang des 19. Jahrhunderts, gute fünfzig Jahre vor Gossen, Nicolas François Canard.

Mensch! Erforsche die Gesetze meiner Schöpfung, und diesen Gesetzen gemäß handle! (S. 4)

Habe der Mensch die Gesetze mit Hilfe des Gossenschen Buches begriffen und handele danach, so schließt sich der Kreis und Gossen kann am Ende seiner Schrift, wieder in großen Lettern und Fettdruck, verkünden:

so fehlt dann der Erde durchaus Nichts mehr zu einem vollendeten Paradiese. (S. 276)

Gossens Konstruktion beruht auf zwei Axiomen. (1) Das Gesetz des sinkenden Grenznutzens, bis Sättigung eintritt, halte in Verbindung mit der Zeitbeschränkung, der der Mensch unterliegt, den Egoismus des einzelnen im Zaum.[7] (2) Wegen der Vorteilhaftigkeit von Arbeitsteilung, Tausch und Handel gingen die Menschen Formen wechselseitig vorteilhafter Kooperation ein und würden so voneinander abhängig. Egoistisches Verhalten steigere individuell wie kollektiv den Wohlstand.

Im Fortgang seines Werkes ist Gossen geradezu obsessiv darum bemüht, jedes potentiell gesellschaftsschädigende Verhalten als gesellschaftsnützlich umzudeuten. Hätte Voltaire beim Abfassen seines *Candide ou l'optimisme* (1759) nur schon die *Entwickelung* gekannt, zu Dr. Pangloss hätte sich vermutlich ein «Königlich-preußischer Regierungs-Assessor außer Dienst» gesellt. Die sich naturwissenschaftlich gebende philosophische Anthropologie Gossens ist von schlichter Machart. Es ist schwer vorstellbar, daß er Smith' *Theory of Moral Sentiments* (1759) kennt. Aber mit der *Entwickelung* verfolgt er z. T. ähnliche Absichten wie Smith im *Wealth of Nations* (1776). In beiden Werken geht es um die Verteidigung des Egoismus gegen unberechtigte Kritik, und Gossen hält jede Kritik daran für unberechtigt. Sein Blick ist monomanisch, nicht panoptisch.[8]

[7] Wie wir sehen werden, besagt das Gesetz u. a., daß sich der Nutzenzuwachs bei immer längerer Bereitung eines Genusses immer weiter verringert, bis er schließlich in einen Nutzenentgang umschlägt.

[8] Edgeworths Urteil zufolge hatte Gossen im Grunde nur eine einzige, allerdings «unsterbliche» Idee (Edgeworth, 1896); Krelle (1987, S. 13) nennt ihn einen «genialen Außenseiter», Werner Sombart (1910, S. 4) keck einen «genialen Idioten».

Gossen verheißt eine Rückkehr ins «*vollendete* Paradies». In jenem Paradies nämlich, aus dem Adam und Eva der Überlieferung nach vertrieben worden sind, herrscht ein Verbot des Genusses bestimmter Äpfel. Wie nur könne dem Schöpfer eine derartige Torheit angedichtet werden? Dieser hauche dem Menschen nicht Egoismus ein, um ihn dann dafür zu bestrafen. Wir ahnen jetzt auch, warum unser Autor seiner Schrift (S. II) die erste Strophe von Friedrich Schillers *An die Freude* voranstellt. Es genügt, die dem Chor zugedachten Zeilen zu zitieren:

Seid umschlungen, Millionen!
Diesen Kuß der ganzen Welt!
Brüder – überm Sternenzelt
Muß ein lieber Vater wohnen.

Der liebe Vater überm Sternenzelt – anders als der eigene darunter – zwinge einen nicht zu Dingen, die man nicht will, und er strafe nicht für solche, die man, seiner Natur folgend, will.

Die «wahre Religion». Gossens Entwurf mündet konsequent in die Behauptung der Nichtigkeit aller bisherigen und die Etablierung einer neuen, «wahren Religion» (vgl. S. 186–188). Der Hohepriester des neuen Glaubens verkündet:

> Den Inhalt der *wahren Religion* des Schöpfers bilden daher die Wahrheiten, wie wir sie in unseren naturwissenschaftlichen Werken, *zu denen auch das vorliegende im vollen Sinne des Wortes zu rechnen ist*, entwickelt finden. Die *Dogmen* dieser Religion sind die Naturgesetze ... Das *Moralprinzip* dieser Religion ist, seine Handlungen der Art den Naturgesetzen gemäß einzurichten, daß die Summe des Lebensgenusses auf der Erde ein Größtes werde ... Der *Cultus* dieser Religion besteht in den Uebungen, die der Mensch anzustellen hat, um einerseits zum Verständnis der Naturgesetze zu gelangen, andererseits die Fertigkeit zu erwerben, ihnen gemäß zu handeln. Die *Sacramente* derselben sind die physikalischen und chemischen Experimente ... *Priester* dieser Religion sind die Menschen, denen es gelingt, ein neues Gesetz zu entdecken ... (S. 187f.; die ersten beiden Hervorhebungen stammen von mir.)[9]

[9] Vgl. die verblüffende Ähnlichkeit der in den zitierten Passagen zum Ausdruck kommenden Vorstellung mit derjenigen François Quesnays von der Einheit moralisch-religiöser und physisch-ökonomischer Naturgesetze (Rieter, 1983, S. 69f. und 96).

2.2 Theorie der allgemeinen sozio-ökonomischen Harmonie und Effizienz

Eine ausschließlich auf Egoismus gegründete Gesellschaft, so Gossen, sei nicht nur lebensfähig, sondern *statisch und dynamisch effizient*: Sie halte für jedes einzelne ihrer Mitglieder und deren Gesamtheit in jedem Augenblick und über die Zeit hinweg die bestmöglichen wirtschaftlichen Resultate bereit.[10]

Methode. Gossens Methode ist logisch-theoretisch-deduktiv, nicht historisch-empirisch-induktiv. Entdeckt werden sollen die ewigen und unveränderlichen Gesetze der Natur. Ähnlich den ökonomischen Klassikern von Smith bis Ricardo konzentriert sich Gossens Aufmerksamkeit auf jene Preis- und Verteilungsgrößen, die von ersteren als «natürlich» bezeichnet werden: Er wendet die *Methode langfristiger Gleichgewichte* an. Die von Smith mit dem Begriff der «Gravitation» bezeichnete Tendenz der Marktpreise zu ihren natürlichen Niveaus begründet er wie dieser mit der Mobilität von Arbeit und Kapital zwischen verschiedenen Industrien. Bei «freier Concurrenz» – ein klassisches Konzept – ergebe sich eine Tendenz zum Ausgleich des Lohnes für gleiche Arbeit und der Kapitalverzinsung.

Grenznutzen- und Arbeitswertlehre. Gossen polemisiert in zwei Passagen der *Entwickelung* gegen das Konzept des «absoluten Werts» einer Ware (S. 46f. und 87), ohne dieses genauer zu spezifizieren oder wenigstens irgendeinen seiner Vertreter namentlich zu nennen. Für Krelle (1987, S. 35) und zahlreiche andere Interpreten ist klar, worauf sich die Kritik bezieht: Es handelt sich um «die grundlegende Kritik an der klassischen Nationalökonomie, die auf der Arbeitswertlehre beruht». Diese Auffassung läßt sich nicht halten. Gossen kritisiert nur das gängige Konzept des «Gebrauchswerts», das diesen in Gestalt gegebener physischer Eigenschaften einer Sache faßt, nicht jedoch gemäß ihrer Bedeutung für ein Indi-

[10] Smith war bekanntlich weniger optimistisch. Eine nur auf Egoismus fußende Gesellschaft versinke zwar nicht notwendigerweise, wie es z. B. Thomas Hobbes behauptet hatte, in Bürgerkrieg und Anarchie, aber sie funktioniere eher schlecht als recht. Für eine gute Gesellschaft brauche es mehr als nur Eigensucht.

viduum. Ansonsten hält er streng an der naiven Arbeitswertlehre fest, die besagt, daß die relativen Preise proportional den relativen Arbeitswerten der verschiedenen Güter sind. Das Geld, heißt es bei Gossen ganz ähnlich wie bei Smith (*WN* I.v.1–2), sei «kein Maßstab des Werthes, sondern ein Maßstab der Arbeit, die die Herstellung des Gegenstandes erfordert.» (S. 149) Ein gleicher Geldpreis zweier Produkte bedeute, daß ihre Herstellung «der Menschheit gleich viel Arbeit gekostet hat.»[11]

Während Gossen das Konzept des Grenznutzens – er spricht vom «letzten bei jedem Genuß geschaffenen Atoms» (S. 45) – ins Zentrum seiner Analyse stellt, kennt er dasjenige der Grenzproduktivität noch nicht.

Analytische Struktur. Ausgehend von einigen wenigen elementaren Prämissen entwickelt Gossen sein System mit großer innerer Folgerichtigkeit. Er beginnt mit einer Erörterung des isolierten Individuums. Anschließend behandelt er den reinen Tausch zwischen zwei und dann zwischen vielen Individuen. Danach wendet er sich der Arbeitsteilung zu und betont wie Adam Smith deren produktivitätssteigernden Wirkungen. Arbeitsteilung geht notwendig mit Handel einher, heißt es im nächsten Schritt. Dieser wiederum führt zur Herausbildung der Institution des Geldes. Es folgt eine Erörterung des sich im Idealfall ökonomischer Freizügigkeit ergebenden Musters der Spezialisierung über den gesamten Erdball hinweg.[12] Dieses erleichtert die Entdeckung neuer Genüsse und der Mittel zu ihrer Beschaffung. Der resultierende technische Fortschritt sei arbeitsparend. Das System expandiert quantitativ und qualitativ und versorgt die Menschheit immer reichlicher mit Genüssen. Im Ver-

[11] Die Behauptung, daß die von der Grenznutzentheorie bestimmten relativen Preise direkt proportional den relativen Arbeitsmengen sind, findet sich bemerkenswerterweise bei fast allen marginalistischen Autoren, darunter C. Menger, W. S. Jevons, E. v. Böhm-Bawerk und J. B. Clark. Schon bei Zugrundelegung von *Zinseszins*, wie es unter Konkurrenzbedingungen notwendig ist, trifft im allgemeinen nicht zu (vgl. Kurz und Salvadori, 1995, S. 436–438). Die sich bei positivem Zinssatz ergebenden Abweichungen der Preise von den Arbeitswerten sind spätestens seit Ricardo bekannt, werden von den frühen marginalistischen Autoren jedoch ignoriert.

[12] Wir werden später sehen, daß dieser Idealfall Gossen zufolge wegen des Privateigentums an Grund und Boden nicht gegeben ist. Dies führt Gossen zur Forderung nach Nationalisierung der natürlichen Ressource.

gleich zu Gossens alle Grenzen sprengenden Eloge auf das System der natürlichen Freiheit (zum Genießen) nimmt sich Adam Smith' Anpreisung kleinmütig aus.

Gossen, so können wir sagen, schwebt eine dynamisierte Fassung des *Ersten Theorems der Wohlfahrtstheorie* vor: Eigensüchtiges Verhaltens führt unter Konkurrenzbedingungen zu einer paretooptimalen Entwicklung. Seine Betrachtung ist streng utilitaristisch und weist daher folgende drei Momente auf (vgl. Sen und Williams, 1982): (a) Wohlfahrtsorientierung (individuelles Wohlergehen stellt die einzig zulässige Basis für die Zuordnung von ethischem Wert dar), (b) Summenrangordnung (eine gegebene soziale Situation kann mittels der addierbaren individuellen Nutzen beschrieben werden) sowie (c) Folgenorientierung (relevant ist nur der als Konsequenz von Handlungen sich ergebende ethische Wert).

Das isolierte Individuum. Gossen beginnt seine Untersuchung mit einer Robinsonade.[13] Dic beiden Hauptaxiome, auf denen seine diesbezügliche Konstruktion ruht, lauten:

> 1. *Die Größe eines und desselben Genusses nimmt, wenn wir mit Bereitung des Genusses ununterbrochen fortfahren, fortwährend ab, bis zuletzt Sättigung eintritt.*
> 2. *Eine ähnliche Abnahme der Größe des Genusses tritt ein, wenn wir den früher bereiteten Genuß wiederholen, und nicht bloß, daß bei wiederholter Bereitung die ähnliche Abnahme eintritt, auch die Größe des Genusses bei seinem Beginnen ist eine geringere, und die Dauer, während welcher etwas als Genuß empfunden wird, verkürzt sich bei der Wiederholung, es tritt früher Sättigung ein, und beides, anfängliche Größe sowohl wie Dauer, vermindern sich um so mehr, je rascher die Wiederholung erfolgt.* (S. 4 f.)

Sie werden seit Lexis (1895) gemeinhin (und häufig nur unter Bezugnahme auf Satz 1) «Erstes Gossensches Gesetz» genannt. Während sich Satz 1 auf einen einzigen mehr oder weniger lang währenden Akt des Genusses bezieht, betrifft Satz 2 sich wiederholende Genüsse in Abhängigkeit von der Zeitspanne, die zwischen diesen verstreicht. Gossen geht es um die Analyse des komplexen Zeitprofils des Genießens und damit um die dynamischen Eigenschaften

[13] Nach ihm hat u. a. Carl Menger (1871, S. 61) das «isolirt wirtschaftende Subject» unter ausdrücklicher Bezugnahme auf Robinson Crusoe als zentrales Studienobjekt des gewählten Ansatzes herausgestellt.

des Reize-Rezeptorensystems, genannt Mensch. Genießen braucht Zeit. Wie sieht die optimale Allokation der Zeit auf alternative Verwendungsmöglichkeiten aus?[14]

Was ein Genuß ist, sei für verschiedene Menschen verschieden. Aber auf alle träfen die beiden Gesetze zu, auf den «Ascet» ebenso wie den «Lebemann».[15] Ersterer unterscheide sich von letzterem nur darin, «daß er ein weit ungenügsamerer Egoist ist; was die Erde bietet, genügt ihm nicht als Summe des Genusses, er will mehr haben»; die auferlegten Entbehrungen sollen ihm «in einem jenseitigen Leben» vielfach vergolten werden (S. 2).

Schlaraffenland. Der Mensch unterliege in seinem Tun einer oder mehreren Nebenbedingungen. Eine gelte für alle Menschen gleichermaßen, Reiche wie Arme: die *Zeitbeschränkung*.[16] Wer sehr reich ist, unterliege nur dieser, der weniger Reiche darüber hinaus einer Ressourcen- oder Einkommensbeschränkung. Selbst im ersten Fall, demjenigen des Schlaraffenlandes, sei ein ökonomisches Problem zu lösen. Gossen unterstellt im folgenden, daß die verschiedenen Bedürfnisse *unabhängig* voneinander und die Nutzen *addierbar* seien (additiv-separierbare Nutzenfunktion).[17] Elemente

[14] Es ist bemerkenswert, daß selbst glühenden Bewunderern Gossens, darunter Jevons und Walras, dessen Betonung der *Zeit*dimension von Allokationsentscheidungen entgangen ist.

[15] Wenn die Gesetze das höchst unterschiedliche Verhalten aller Menschen zu erfassen imstande sein sollen, so der Einwand von Kritikern, dann kann es sich nur um Tautologien handeln. Tatsächlich sieht Gossen wohl, daß er um eine Erörterung der Frage, was der Mensch wollen soll, nicht herumkommt. Sein Versuch der Bestimmung der Substanz des Genießens mit dem Ziel, dem suchenden Individuum eine Orientierung bezüglich des guten Lebens zu geben, läuft jedoch enttäuschenderweise auf die Empfehlung hinaus, der einzelne möge sich am Durchschnittsverhalten orientieren: Die durch das statistische Erfassen des tatsächlichen Konsums einer Gesellschaft gewonnenen Resultate, lesen wir, geben «**einen genügenden Anhaltspunkt für ein Sittengesetz**» (S. 143).

[16] Ein Vergleich mit Adam Smith' früher (und von ihm später überwundenen) naiven Sicht des Wirkens der «Unsichtbaren Hand» in der *Theory of Moral Sentiments* drängt sich auf. Smith verweist auf die begrenzte «Kapazität des Magens» sowohl von Reichen wie Armen und schließt, daß Gier und Raffsucht über eine unsichtbare Hand annähernd den gleichen Konsum der notwendigen Dinge des Lebens bewirkten, wie er sich bei einer Gleichverteilung des Vermögens ergeben würde (vgl. TMS IV.i.10).

[17] Bei der Nutzenfunktion handelt es sich um den Versuch einer mathemati-

der Nutzenfunktion sind die Zeiten, die den verschiedenen Genüssen gewidmet werden. Korrespondierend hierzu lautet die Nebenbedingung, daß die Summe der solcherart verwendeten Zeiten gleich der insgesamt verfügbaren Zeit sein muß. Gossen nimmt der Einfachheit halber einen linearen Verlauf der Grenznutzenkurven an, welche die Abszissen in Höhe der (zeitlich spezifizierten) *Sättigungsmengen* berühren. Bisher sei es zwar noch nicht gelungen, den Genuß in jedem Zeitmoment zu messen, aber eines Tages werde dies gelingen. Gossen geht fortan von kardinal meßbaren und interpersonell vergleichbaren Größen aus. Er sieht die menschlichen Bedürfnisse als hierarchisch oder *lexikalisch* geordnet an.

Wie hat der optimierende Mensch zu verfahren? Er muß zunächst, anders als der von Höflingen und Mätressen irregeleitete und «beklagenswerte» Ludwig XV., König von Frankreich, seine Sättigungsmengen beachten. Dies sei eine notwendige, nicht aber hinreichende Bedingung für ein Optimum. Letztere lautet:

> *Der Mensch, dem die Wahl zwischen mehreren Genüssen frei steht, dessen Zeit aber nicht ausreicht, alle vollaus sich zu bereiten, muß, wie verschieden auch die absolute Größe der einzelnen Genüsse sein mag, um die Summe seines Genusses zum Größten zu bringen, bevor er auch nur den größten sich vollaus bereitet, sie alle theilweise bereiten, und zwar in einem solchen Verhältniß, daß die Größe eines jeden Genusses in dem Augenblick, in welchem seine Bereitung abgebrochen wird, bei allen noch die gleiche bleibt.* (S. 12)

Hierauf bezieht sich das sogenannte «Zweite Gossensche Gesetz». Tatsächlich handelt es sich um eine Maxime bzw. ein Theorem: Jede letzte auf einen Genuß verwendete Sekunde muß bei allen Genüssen das gleiche Resultat, den gleichen Grenznutzen, *zeitigen*.[18]

Ist der Mensch nicht nur zeit-, sondern auch einkommensbeschränkt, so ist die Regel zu modifizieren. Gossen erörtert eingehend den Fall, in dem das fragliche Individuum sich durch Arbeit ein Einkommen verschaffen muß, um genießen zu können. Er un-

schen Abbildung, wie die Bereitung von Genüssen sich auf das Wohlbefinden, das Nutzenniveau eines Individuums auswirkt.

[18] Da es, wie Gossen wiederholt betont, um die Maximierung des Genusses über das gesamte Leben hinweg gehe, widmet er dem Problem der Ungewißheit erstaunlich wenig Aufmerksamkeit. Wird der *erwartete* oder der *tatsächlich erlebte* Nutzen maximiert? Menger (1871, S. 21–26) zeigt diesbezüglich mit seinem Gegensatzpaar «Zeit – Irrthum» eine größere Sensibilität.

terstellt dabei, daß Arbeit zwar nicht sofort, aber nach einer gewissen Zeit als beschwerlich und mit Leid verbunden wahrgenommen wird. Das Leid begreift er als dimensional von gleicher Art wie den Nutzen, nur mit negativem Vorzeichen.[19] Die zu befolgende Maxime lautet jetzt: Grenznutzen und Grenzleid der Arbeit sind im Optimum einander gleich (S. 45).

Reiner Tausch. Wert habe nur, was dem Menschen Genuß verschafft. Tausch könne diesen Wert steigern. Gossen illustriert den *reinen Tauschgewinn* anhand eines Beispiels mit nur zwei Typen von Genußmitteln und nur zwei Individuen, die annahmegemäß die gleiche Nutzenfunktion besitzen (S. 82 ff.). Das erste (zweite) Individuum besitzt als Anfangsausstattung genau das Doppelte der Sättigungsmenge vom ersten (zweiten) Genußmittel. Offenbar ist für jedes Individuum die über das Sättigungsniveau hinausgehende Gütermenge ohne Wert. Tauschen die beiden Individuen die Überschußmengen gegeneinander, so bewirke dies bei beiden «eine außerordentliche Werthsvermehrung».

Spezialisierung, Arbeitsteilung und Handel. Danach wendet sich Gossen in einer passagenweise stark an Smith erinnernden Erörterung den produktivitätsteigernden Wirkungen der Arbeitsteilung zu. Mit der Arbeitsteilung sind allokative und Lerneffekte verbunden, welche die zur Erzeugung der verschiedenen Güter benötigten Arbeitsmengen verringern und auf diese Weise es allen Mitgliedern der Gesellschaft ermöglichen, ihren Wohlstand zu steigern. Die von Smith erörterten negativen Wirkungen der Arbeitsteilung spielen bei Gossen keine Rolle. Vielmehr behauptet er, die sich ergebende Verteilung des Produktsergebnisses sei *gerecht*: *«jeder Einzelne erhält dann genau* [sic] *den Antheil von dieser Summe, auf welchen er billiger Weise Anspruch machen kann.»* (S. 90)

Den Einwand, der Mensch müsse ein Rechengenie sein, um alle ihm offenstehenden Optionen und deren lebenslangen Folgewirkungen zu kalkulieren und gegeneinander abzuwägen, wischt Gossen als «oberflächlichste Betrachtung» (S. 91) beiseite. Die Emer-

[19] Er setzt sich daher von einer auf Platon zurückgehenden Tradition ab, die Leid und Lust als qualitativ verschiedenartig auffaßt, und vertritt eine Sicht, wie sie bei so gut wie allen ihm nachfolgenden marginalistischen Ökonomen anzutreffen ist.

genz des Geldes als Recheneinheit und allgemeines Tauschmittel und die Herausbildung von Geldpreisen erleichterten das Leben ungemein und lenkten die Produktion trotz der Verfügbarkeit von jeweils nur lokaler Information in effizienter Weise.[20] Die sich herausbildende Geldwirtschaft löse das Problem für den Menschen auf eine «leichte und unmerkliche Weise» (S. 91). Hierüber verwirklichten sich die Forderungen der zeitgenössischen Gesellschaftskritiker wie von selbst (S. 99), Mitleid mit Armen und Besitzlosen sei unangebracht. «*Was Du genießt, verdienst du zu genießen.*» Keine kognitiven Dissonanzen, kein schlechtes Gewissen mehr, wie sie Katholik und Protestant peinigen.

Renten. Der Rest des grundlegenden Teils der *Entwickelung* ist der Entstehung von Renten gewidmet. Diese seien die Folge der unterschiedlichen Güte und Lage von genutzen Böden bzw. anderen natürlicher Ressourcen. Die Eigentümer der besseren Böden etc. beziehen Differentialrenten. Den Fall der Intensitätsrente, die Grundfigur des Konzepts des Grenzprodukts, und sich erschöpfende natürliche Ressourcen erörtert Gossen nicht. Er bleibt diesbezüglich ebenso wie bezüglich der Behandlung der Profite insbesondere hinter Ricardo zurück.

2.3 Zum Rest des Buches

Im verbleibenden Teil der *Entwickelung* befaßt sich Gossen u. a. mit der Kritik überlieferter sozialphilosophischer Auffassungen sowie der Anwendung der gewonnenen Resultate auf wirtschafts- und gesellschaftspolitische Fragen. Sie zeigen einen Autor, der sich – von wenigen Ausnahmen abgesehen – gegen alle Eingriffe in das freie Spiel der Kräfte stemmt, Freihandel propagiert und Protektionismus verwirft, eine Bekämpfung von Arbeitslosigkeit ablehnt und auf die Selbstheilungskräfte des Marktes vertraut, die Gleichberechtigung der Geschlechter und den Abbau von Privilegien fordert, usw. Die Gründe für staatliche Tätigkeit, die Gossen grundsätzlich anerkennt, sind im wesentlichen die gleichen, die uns bei Adam Smith begegnen.

[20] Gossen (und vor ihm andere) nimmt die Hayeksche Idee vom Markt als Entdeckungsverfahren vorweg.

Nationalisierung von Grund und Boden. Gossen sieht auch Fälle von Marktversagen, wie man heute sagt, so z. B. auf Kreditmärkten oder angesichts von Kinderarbeit, aber er neigt sehr dazu, ihre Bedeutung herunterzuspielen. Ein einziges gewaltiges Hindernis stehe dem menschlichen Handeln gemäß den Naturgesetzen noch im Wege: «Es besteht darin, *daß der Mensch sich nicht nach Gutdünken die günstigste Stelle auf der gesamten Erdoberfläche zum Betreiben seiner Production aussuchen kann.*» (S. 250) Das Privateigentum an Grund und Boden und dessen ungleiche Verteilung wirkten wohlstandsmindernd. Dem «Uebelstande» sei jedoch einfach und wirksam abzuhelfen, indem der Staat Kredit aufnimmt, Grund und Boden erwirbt und diesen dann an die bestbietenden Pächter ausleiht. Mit den eingenommenen Renten könne er die Schuld tilgen. Die vorgeschlagene Nationalisierung hat besonders Walras interessiert, der bekanntlich ähnliche Vorstellungen hegte (vgl. Georgescu-Roegen, 1983, S. cxviii–cxxxv).

3. Wirkung

Warum bleibt Gossens Werk zunächst über zwei Jahrzehnte hinweg beinahe gänzlich unbeachtet? Selbst Wilhelm Roscher, dem ansonsten nichts verborgen bleibt, übersieht Gossen in seiner 1874 erscheinenden *Geschichte der National-Oekonomik in Deutschland.* Folgende Gründe dürften eine Rolle gespielt haben. Der Verlag hat keinen Anreiz, das Buch zu bewerben, dessen Titel ist wenig attraktiv, die vor Selbstlob strotzende Vorrede schreckt ab, der Text weist, von Trennstrichen abgesehen, keinerlei Untergliederung auf, nach wenigen Seiten wird der Leser in ermüdende Algebra und trockene numerische Beispiele verstrickt, die Notation ist verwirrend, usw. Fürwahr keine sich aufdrängende Lektüre! Vor allem die Mathematik dürfte den deutschen Leser abgeschreckt haben.

Zwei gängige Erklärungen des Mißerfolges des Buches lassen sich schwerlich aufrecht erhalten. Der einen zufolge sei Gossen seiner Zeit weit voraus gewesen (so z. B. Schumpeter, 1954, S. 463), der anderen zufolge «He only happened to write in the wrong country» (Georgescu-Roegen, 1983, S. lviii). Weder war Gossen von einer unbegreiflichen Originalität, noch trifft er auf eine unvorbereitete deutsche Profession von Nationalökonomen. Seit Anfang des 19. Jahrhunderts kommt es in deutschen Landen zur allmählichen

Herausbildung einer «Nutzwertschule», mit Karl Heinrich Rau als führendem Protagonisten, die zahlreiche der Ideen Gossens antizipiert.[21]

Dreißig Jahre nach seinem Tod erlebt Gossen eine posthume Geburt. Im Jahr 1888 erwirbt der Nachfolger von Vieweg und Sohn, der Verleger R. L. Prager, Berlin, die von Kortum geerbten Exemplare des Gossenschen Bandes und bringt sie 1889 mit einem neuen Titelblatt sowie einem Vorwort als «Neue Ausgabe» heraus. Im Schrifttum setzt sich allmählich die Auffassung durch, Gossen habe Jevons, Menger und Walras antizipiert. Am vielleicht bedeutendsten für die internationale Verbreitung seiner Lehre ist Maffeo Pantaleoni (1889) mit seinen *Principii di economia pura*, die 1898 auch in Englisch erscheinen. Um die Wende vom 19. zum 20. Jahrhundert ist Gossen ein gefeierter Autor. 1927 erscheint eine «dritte Auflage» der *Entwickelung*, bei der es sich indes lediglich um einen Neudruck der mittlerweile vergriffenen 1889er Ausgabe handelt, angereichert um eine von Friedrich August von Hayek verfaßte Einleitung zum Werk (Hayek, 1927). Gossens «Gesetze» finden Eingang in die mikroökonomische Lehrbuchliteratur, Mann und Werk werden in theoriegeschichtlichen Abhandlungen gewürdigt.[22]

Aber von Beginn an wird Gossens Werk nur in Teilen rezipiert. Die religiöse Überhöhung seiner Lehre wird bereits von Walras und Jevons als störendes Beiwerk abgetan. Die von Gossen betonte Tatsache, daß der Konsum bzw. das Genießen ein zeitbeanspruchender Prozeß ist und daher die wirkliche Frage diejenige nach

[21] Die Bedeutung deutscher Autoren für die Entwicklung der ökonomischen Theorie, insbesondere diejenige der Österreicher, hat Streissler in mehreren Beiträgen herausgearbeitet. Vgl. auch die durch Streissler (1990) angeregte umfassende Studie Chipmans (2005). Chipman zufolge war Gossens Analyse «fully in the tradition of German economics» (S. 159).

[22] Stellvertretend für viele andere seien genannt Schumpeter (1954), Bagiotti (1955), Stigler (1959), Schneider (1962), Baloglou (1995) und Blaug (1997). Vor allem Schneider hat mit Teil IV seiner *Einführung in die Wirtschaftstheorie* (Kap. IV, § 2) den Namen Gossens zumindest im Bewußtsein der deutschen Ökonomen fest verankert. Spezielle Studien zu Gossen stammen u. a. von Liefmann (1910, 1927), Beyerhaus (1926), Neubauer (1931), Blum (1934, o. J.), Riedle (1953), Bagiotti (1957), von dem auch eine Übertragung der *Entwickelung* ins Italienische stammt) sowie Bousquet (1958, 1965). Eine Kritik an Gossen aus orthodox-marxistischer Sicht findet sich bei Behrens (1947) und Lehmann (1977, S. 104 ff.).

der optimalen Verwendung der Zeit auf alternative Tätigkeiten ist, gelangt nicht wirklich in den Kanon der mikroökonomischen Lehre. Erst in jüngerer Zeit ist es dank Georgescu-Roegen (1983) zu Versuchen gekommen, dieses Versäumnis wettzumachen. Vor ihm haben sich verschiedene Autoren, jedoch ohne jeden Bezug auf Gossen, Teilaspekten des zeitbeanspruchenden Charakters ökonomischen Tuns zugewandt. Zu erwähnen sind Becker (1965), Linder (1970) und Winston (1982). Die bedeutendste, direkt an Gossen anknüpfende Arbeit zum Thema *Consumption Takes Time* stammt von Ian Steedman (2001). Er weist nach, daß sich ein zwei Beschränkungen (Zeit und Einkommen) unterliegendes Konsumverhalten qualitativ von demjenigen mit nur einer Beschränkung (Einkommen) unterscheidet – mit bedeutenden Implikationen für die Theorie des Konsums und des Arbeitsangebots sowie die Wohlfahrtstheorie. Zu erwähnen sind schließlich empirische Zeitverwendungsstudien, wie z.B. Juster und Stafford (1991).

Paradoxerweise wird Gossen in modernen, weit verbreiteten und mehrere Auflagen durchlaufenden Lehrbüchern zur Mikroökonomik, wenn überhaupt, nur noch am Rande erwähnt. Gerechtigkeit ist auch nach Gossen noch immer keine Angelegenheit von dieser Welt.

Literatur

1. Werkausgaben

Gossen, H.H. 1854. Entwickelung der Gesetze des menschlichen Verkehrs, und der daraus fließenden Regeln für menschliches Handeln, Braunschweig.

Gossen, H.H. 1927. Entwickelung der Gesetze des menschlichen Verkehrs, und der daraus fließenden Regeln für menschliches Handeln, mit einer Einleitung von F.A. v. Hayek, Berlin.

Gossen, H.H. 1983. The Laws of Human Relations and the Rules of Human Action Derived Therefrom, übersetzt von Rudolph C. Blitz und eingeleitet von Nicholas Georgescu-Roegen, Cambridge, Massachusetts, und London.

2. Weiterführende Literatur

Bagiotti, T. 1957. Reminiszenzen anlässlich des hundertsten Jahrestages des Erscheinens des Buches von Gossen, in: Zeitschrift für Nationalökonomie, Bd. 17, S. 39–54.

Baloglou, C. 1995. Die Vertreter der mathematischen Nationalökonomie in Deutschland zwischen 1838 und 1871, Marburg.

Becker, G. 1965. A Theory of the Allocation of Time, in: Economic Journal, Bd. 75, S. 493–517.
Behrens, F. 1949. Hermann Heinrich Gossen oder die Geburt der «Wissenschaftlichen Apologetik» des Kapitalismus, Leipzig.
Beyerhaus, G. 1926. Hermann Heinrich Gossen und seine Zeit, in: Zeitschrift für Volkswirtschaft und Sozialpolitik, N.S., Bd. 5, S. 522–539.
Blaug, M. 1997. Economic Theory in Retrospect, 5. Aufl., Cambridge.
Blum, K.R. o.J. Hermann Heinrich Gossen: Eine Untersuchung über die Entstehung seiner Lehre, Manuskript. (Es handelt sich um eine an der Universität Gießen 1933 eingereichte, aber abgelehnte Dissertationsschrift.)
Bousquet, G.H. 1958. Un centenaire: L'œuvre de H. H. Gossen (1810–1858) et sa véritable structure, in: Revue d'économie politique, Bd. 68, S. 499–523.
Bousquet, G.H. 1965. Gossen, Hermann Heinrich, Handwörterbuch der Sozialwissenschaften, Bd. 4, S. 618–620.
Chipman, J.S. 2005. Contributions of the Older German Schools to the Development of Utility Theory, in: Ch. Scheer (Hrsg.), Die Ältere Historische Schule: Wirtschaftstheoretische Beiträge und wirtschaftspolitische Vorstellungen. Studien zur Entwicklung der ökonomischen Theorie XX, Berlin, S. 157–259.
Edgeworth, F.Y. 1896. Gossen, Hermann Heinrich (1810–1858), in: Palgrave's Dictionary of Political Economy, Bd. 2, London, S. 231–233.
Georgescu-Roegen, N. 1983. Hermann Heinrich Gossen: His Life and Work in Historical Perspective, in: Gossen (1983), S. xi–cxlv.
Hayek, F.A. v. 1927. Einleitung, in: Gossen (1927).
Ikeda, Y. 2000. Hermann Heinrich Gossen: A Wirkungsgeschichte of an Ignored Mathematical Economist, in: Journal of Economic Studies, Bd. 27, S. 394–415.
Jevons, W.S. 1879. The Theory of Political Economy, 2. Aufl. (1. Aufl. 1871), London.
Juster, F.T., und Stafford, F.P. 1991. The Allocation of Time: Empirical Findings, Behavioral Models, and Problems of Measurement, in: Journal of Economic Literature, Bd. 29, S. 471–522.
Krelle, W. 1987. Über Gossens «Gesetze des menschlichen Verkehrs», in: W. Krelle und H.C. Recktenwald (Hrsg.), Gossen und seine «Gesetze» in unserer Zeit. Vademecum zu einem frühen Klassiker, Düsseldorf, S. 13–42.
Lehmann, H. 1977. Grenznutzentheorie. Kritik der theoriegeschichtlichen Grundlagen der heutigen bürgerlichen politischen Ökonomie, Berlin.
Lexis, W. 1895. Grenznutzen, Hantwörterbuch der Staatswissenschaften, Bd. 1, Jena, S. 422–432.
Liefmann, R. 1910. Hermann Heinrich Gossen und seine Lehre, in: Jahrbücher für Nationalökonomie und Statistik, Bd. 40, S. 483–498.
Liefmann, R. 1927. Neuere Literatur über H.H. Gossen, in: Zeitschrift für die gesamten Staatswissenschaften, Bd. 83, S. 500–517.
Linder, S.B. 1970. The Harried Leisure Class, New York und London.
Menger, C. 1871. Grundsätze der Volkswirthschaftslehre, Wien.
Niehans, J. 1987. Gossen, Hermann Heinrich (1810–1858), in: The New Palgrave, Bd. 2, S. 550–554.

Neubauer, J. 1931. Die Gossenschen Gesetze, Zeitschrift für Nationalökonomie, Bd. 2.
Pantaleoni, M. 1889. Principii di economia pura, Florenz.
Priddat, B. (Hrsg.) 1997. Wert, Meinung, Bedeutung. Die Tradition der subjektiven Wertlehre in der deutschen Nationalökonomie vor Menger, Marburg.
Rau, K.H. 1826. Grundsätze der Volkswirthschaftslehre, 4. Aufl. 1841, 5. Aufl. 1847, Heidelberg.
Riedle, H. 1953. Hermann Heinrich Gossen, 1810-1858, Winterthur.
Rieter, H. 1983. Zur Rezeption der physiokratischen Kreislaufanalogie in der Wirtschaftswissenschaft, in: H. Scherf (Hrsg.), Studien zur Entwicklung der ökonomischen Theorie, Bd. III, Berlin S. 55–99.
Rieter, H. 1992. Mechanistische und organismische Ansätze in der Wirtschaftswissenschaft, Selbstorganisation, in: Jahrbuch für Komplexität in den Natur-, Sozial- und Geisteswissenschaften, Bd. 3, S. 51–85.
Roscher, W. 1874. Geschichte der National-Oekonomik in Deutschland, München.
Schneider, E. 1962. Einführung in die Wirtschaftstheorie, IV. Teil: Ausgewählte Kapitel der Geschichte der Wirtschaftstheorie, Tübingen.
Schumpeter, J. A. 1954. History of Economic Analysis, New York.
Sen, A., und Williams, B. (Hrsg.) 1982. Utilitarianism and Beyond, Cambridge.
Smith, A. 1976. The Theory of Moral Sentiments (1. Aufl. 1759), in: The Glasgow Edition of the Works and Correspondence of Adam Smith, hrsg. von D. D. Raphael und A. L. Macfie, Oxford.
Smith, A. 1976. An Inquiry into the Nature and Causes of the Wealth of Nations (1. Aufl. 1776), in: The Glasgow Edition of the Works and Correspondence of Adam Smith, 2 Bde., hrsg. von R. H. Campbell, A. S. Skinner und W. B. Todd, Oxford.
Sombart, W. 1910. Die drei Nationalökonomien, Leipzig.
Spiegel, H. W. 1952. The Development of Economic Thought, New York.
Steedman, I. 2001. Consumption Takes Time. Implications for Economic Theory, in der Reihe The Graz Schumpeter Lectures, London.
Stigler, G. J. 1959. The Development of Utility Theory, in zwei Teilen, in: Journal of Political Economy, Bd. 58, S. 307–327 und 373–396. Wieder abgedruckt in: G. J. Stigler (1965), *Essays in the History of Economics*, Chicago.
Streissler, Erich W. 1990. The Influence of German Economics on the Works of Menger and Marshall, in: History of Political Economy, 22 (Supplement), S. 31–68.
Walras, L. 1885. Un économiste inconnu: Hermann-Henri Gossen, in: Journal des économistes, 4. Folge, Bd. 30, S. 60–90. Eine verkürzte englische Fassung findet sich in Spiegel (1952).
Winston, G. C. 1982. The Timing of Economic Activities, Cambridge.

Christian Gehrke

Karl Marx
(1818–1883)

I. Leben

Karl Marx wurde am 5. Mai 1818 in der rheinischen Provinzstadt Trier geboren, wo sein Vater eine Rechtsanwaltskanzlei betrieb. Väterlicherseits entstammte er einer bedeutenden Rabbinerfamilie; sein Onkel Samuel Marx Levy hatte noch 1827 das Amt des Trierer Oberrabbiners inne. Aber Karls Vater Herschel (seit 1814: Heinrich) Mordechai bzw. Marx konvertierte 1816 zum Protestantismus, um preußischen Beschränkungen gegenüber den Juden zu entgehen, und ließ auch seinen ältesten Sohn Karl und dessen sechs Geschwister 1824 evangelisch taufen. Er war ein gebildeter Mann, der stark von Leibniz, Lessing und Kant beeinflußt war und seine Kinder zu liberalen, staatstreuen Protestanten zu erziehen trachtete. Seine Frau Henriette, geb. Pressburg, war die Tochter eines jüdischen Kaufmanns aus Nimwegen in Holland. Zur Mutter und den Geschwistern entwickelte Karl zeitlebens keine sehr enge Beziehung, aber vom Vater spricht er in Briefen stets mit großer Zuneigung und Respekt.

Den wichtigsten intellektuellen Einfluß auf den jungen Marx übte neben dem Vater der preußische Regierungsrat Johann Ludwig von Westphalen aus, der den begabten Nachbarsjungen und Schulkameraden seines Sohnes Edgar schon frühzeitig als gleichwertigen Gesprächspartner zur Erörterung literarischer und philosophischer Themen behandelte. Während ihn der Vater mit der deutschen und französischen Aufklärung vertraut machte, lernte der junge Karl im Hause seines späteren Schwiegervaters von Westphalen Homer, Shakespeare und die Romantiker kennen. Bis zu seinem zwölften Lebensjahr wurde Karl daheim vom Vater und einem befreundeten Buchhändler unterrichtet. Im örtlichen Gymnasium, das er von 1830 bis 1835 besuchte, fiel Marx vor allem durch seinen Fleiß und durch sein ausgeprägtes Interesse an Kunst und Literatur auf.

Zwischen 1835 und 1841 studierte Marx an den Universitäten Bonn und Berlin. Auf Anraten des Vaters schrieb er sich in Bonn als Student der Rechte ein, besuchte aber auch Vorlesungen aus Geschichte, Medizin und Theologie. 1836 wechselte er an die Reformuniversität nach Berlin, wo er zunächst seine juristischen Studien fortsetzte und u. a. den Mitbegründer der historischen Rechtsschule, Friedrich Carl von Savigny, sowie den Hegelianer Eduard Gans hörte, sich dann aber vornehmlich der Philosophie zuwandte, nachdem er mit einigen Junghegelianern um den radikalen Theologen und Religionskritiker Bruno Bauer in Kontakt gekommen war. 1837 verlobte sich der Neunzehnjährige mit der um vier Jahre älteren Jenny von Westphalen, dem (nicht nur nach Marxens Urteil) «schönsten Mädchen von Trier». 1841 promovierte er an der Universität Jena mit einer philosophischen Doktorarbeit über «Die Differenz der demokritischen und der epikureischen Naturphilosophie». Für eine von ihm zunächst angestrebte akademische Karriere gab es angesichts des strikten Vorgehens der preußischen Behörden gegenüber radikalen Linkshegelianern jedoch keinerlei Aussicht auf Erfolg: Seinem Mentor Bruno Bauer, dem er an die Universität Bonn nachfolgen wollte, um sich dort zu habilitieren, wurde vom preußischen Kultusministerium die Lehrbefugnis entzogen. Durch den Tod des Vaters finanziell auf sich allein gestellt, wandte sich Marx dem Journalismus zu und begann, Artikel für die Anfang 1842 von aufgeklärten Bürgern und liberal gesinnten Unternehmern gegründete *Rheinische Zeitung* in Köln zu schreiben. Im Oktober übernahm er die Leitung des liberalen und anti-klerikalen, unter Marxens Einfluß zunehmend radikaleren Oppositionsblattes. Von der Zensur mit wachsendem Argwohn verfolgt, wurde die *Rheinische Zeitung* im März 1843 schließlich verboten.

Im Juni 1843 vermählte sich Marx mit Jenny von Westphalen – gegen den erklärten Willen ihres (nach dem Tod des Vaters zum Familienoberhaupt aufgestiegenen) Halbbruders, des späteren preußischen Innenministers Ferdinand von Westphalen. Im Oktober übersiedelte das Paar nach Paris, dem damaligen Zentrum radikalen Denkens und politischer Aktivität, wo Marx u. a. mit Heinrich Heine, Georg Herwegh, Pierre-Joseph Proudhon und Michail Bakunin in Kontakt kam und gemeinsam mit Arnold Ruge die Herausgabe eines literarisch-philosophischen Magazins, der sog. *Deutsch-Französischen Jahrbücher*, plante. Die erste und zugleich letzte Ausgabe der *Jahrbücher* erschien 1844; sie enthielt u. a. Friedrich Engels' Beitrag *Umrisse zu einer Kritik der Nationalökonomie* und die beiden Aufsätze *Zur Kritik der Hegelschen Rechtsphilosophie (Einfüh-*

rung) und *Über die Judenfrage* von Marx (Marx Engels Werke, kurz MEW, Bd. 1). Marx war von Engels' Beitrag sehr beeindruckt, und die Begegnung mit dem Autor im August 1844 in Paris sollte den Beginn einer außergewöhnlichen, lebenslangen Freundschaft markieren.[1] In dem Unternehmersohn aus Barmen fand Marx einen kongenialen intellektuellen Verbündeten, der ihm fortan als kritischer Kommentator, gelegentlicher Koautor und großzügiger finanzieller Unterstützer bei seinen wissenschaftlichen und politischen Aktivitäten zur Seite stand.

Unmittelbar nach dem Treffen mit Engels begann Marx im Herbst 1844 erstmals, sich ernsthaft mit der Politischen Ökonomie zu beschäftigen. Er füllte mehrere Notizhefte mit Exzerpten und Kommentaren zum ökonomischen Schrifttum von Boisguilbert bis Ricardo,[2] und schrieb anschließend auf deren Grundlage einen längeren, von ihm selbst nicht zur Veröffentlichung vorgesehenen Text, die sog. *Ökonomisch-philosophischen Manuskripte* von 1844 (MEW, Bd. 40). Dieser erst 1932 aus dem Nachlaß edierte Text enthält neben einer Kritik der idealistischen Elemente der Hegelschen Philosophie auch umfassende Ausführungen zur «Entfremdung» unter kapitalistischen Produktionsverhältnissen. Zu Beginn des Jahres 1845 wurde Marx von den französischen Behörden auf Veranlassung der preußischen Regierung aus Paris ausgewiesen. Mit seiner Frau und dem einjährigen Töchterchen Jenny flüchtete er nach Brüssel, wo er seine ökonomischen Studien fortsetzte, zunächst aber noch vornehmlich philosophisch ausgerichtete Arbeiten verfaßte. In dem 1845–46 gemeinsam mit Engels zur Selbstverständigung geschriebenen Manuskript *Die deutsche Ideologie* (MEW, Bd. 3) setzte er sich nochmals kritisch mit der Hegelschen Philosophie auseinander und entwickelte die Grundideen der dialektisch-materialistischen Geschichtsauffassung,[3] die er später wie folgt zusammenfaßte:

1 Bei einer früheren, eher zufälligen Begegnung in den Redaktionsräumen der *Rheinischen Zeitung* in Köln hatten die beiden Männer kaum Notiz voneinander genommen.

2 Da Marx zu dieser Zeit die englische Sprache noch nicht beherrschte, las er die englischen Klassiker zunächst nur in französischen Übersetzungen.

3 In den später von Engels unter den nachgelassenen Vorstudien zu diesem Werk entdeckten «Thesen zu Feuerbach» betonte Marx die Gegensätze zu den Junghegelianern, kulminierend in dem berühmt gewordenen Satz: «D. Philosophen haben d. Welt nur verschieden *interpretiert*, es kömmt drauf an, sie zu *verändern*».

> In der gesellschaftlichen Produktion ihres Lebens gehen die Menschen bestimmte, notwendige, von ihrem Willen unabhängige Produktionsverhältnisse ein, die einer bestimmten Entwicklungsstufe ihrer materiellen Produktivkräfte entsprechen. ... Die Produktionsweise des materiellen Lebens bedingt den sozialen, politischen und geistigen Lebensprozeß überhaupt. Es ist nicht das Bewußtsein der Menschen, das ihr Sein, sondern umgekehrt ihr gesellschaftliches Sein, das ihr Bewußtsein bestimmt. Auf einer gewissen Stufe ihrer Entwicklung geraten die materiellen Produktivkräfte der Gesellschaft in Widerspruch mit den vorhandenen Produktionsverhältnissen, oder, was nur ein juristischer Ausdruck dafür ist, mit den Eigentumsverhältnissen ... Es tritt dann eine Epoche sozialer Revolution ein. ... In großen Umrissen können asiatische, antike, feudale und modern bürgerliche Produktionsweisen als progressive Epochen der ökonomischen Gesellschaftsformation bezeichnet werden. Die bürgerlichen Produktionsverhältnisse sind die letzte antagonistische Form des gesellschaftlichen Produktionsprozesses. Mit dieser Gesellschaftsformation schließt daher die Vorgeschichte der menschlichen Gesellschaft ab. (MEW, Bd. 13, S. 13 f.)

Im Jahr 1846 schrieb Marx gemeinsam mit Engels auch eine beißende Polemik mit dem Titel *Misère de la philosophie* (*Das Elend der Philosophie*) gegen den einflußreichen französischen Sozialisten Pierre-Joseph Proudhon.[4] In dieser Schrift sowie in dem Aufsatz «Lohnarbeit und Kapital» (MEW, Bd. 6), der auf Vorträge zurückgeht, die Marx 1847 im Brüsseler «Deutschen Arbeiterverein» gehalten hat, findet sich seine Mehrwerttheorie (vgl. unten, Teil 2) in den Grundzügen entwickelt. In Brüssel gründeten Marx und Engels Anfang 1846 auch das *Kommunistische Korrespondenz-Komitee*, dessen Ziel die inhaltliche Einigung und der organisatorische Zusammenschluß der revolutionären Kommunisten Deutschlands und anderer Länder war. Dem Ziel der Schaffung einer internationalen kommunistischen Partei kamen sie im folgenden Jahr mit dem Beitritt zu Wilhelm Weitlings utopisch-sozialistischem *Bund der Gerechten* näher, dessen Umgründung zum *Bund der Kommunisten* Marx im November 1847 durchsetzte. Aus dem an Marx und Engels ergangenen Auftrag zur Formulierung einer Grundsatzdeklaration ging im Februar 1848 das wegen seiner aufrüttelnden Sprachkraft weithin gerühmte *Manifest der kommunistischen Partei* hervor (das Marx,

[4] Der Titel der Schrift spielt auf Proudhons 1846 erschienenes Werk *Système des contradictions économiques ou Philosophie de la misère* («System der ökonomischen Widersprüche oder: Philosophie des Elends») an.

nachdem Engels' Vorarbeiten von beiden als ungeeignet verworfen worden waren, tatsächlich weitgehend allein geschrieben hat).

Anfang 1848, als die revolutionären Bewegungen sich im Gefolge der Februarrevolution von Paris auf ganz Europa auszudehnen begannen, wurde Marx verhaftet und aus Belgien ausgewiesen. Auf Einladung der neu eingesetzten provisorischen Regierung der französischen Republik kehrte er vorübergehend nach Paris zurück, aber nach dem Ausbruch der deutschen Märzrevolution ging er nach Köln, um sich dort als Führer der revolutionären Bewegung in der Rheinprovinz und Herausgeber der *Neuen Rheinischen Zeitung* zu betätigen. Nach dem Scheitern der Revolution wurde die populäre Tageszeitung jedoch zunehmend der Zensur unterzogen und im Mai 1849 schließlich gänzlich verboten.[5] Marx wurde aus Preußen ausgewiesen und ging im August 1849, nach einem kurzen Zwischenaufenthalt in Frankreich, als Staatenloser mit seiner Familie ins Exil nach London, wo er, mit kurzen Unterbrechungen, bis zum Ende seines Lebens bleiben sollte.

Die folgenden dreißig Jahre beschäftigte sich Marx hauptsächlich mit der Politischen Ökonomie, d.h. mit der Erforschung der mit der kapitalistischen Produktionsweise verbundenen ökonomischen Gesetzmäßigkeiten. Tagsüber arbeitete er meist im Leseraum des Britischen Museums, wo er praktisch das gesamte vorhandene Schrifttum zur Politischen Ökonomie, aber auch britische Regierungsberichte (die sog. *Government Blue Books*), die Wirtschafts- und Finanznachrichten der Tageszeitungen sowie andere zeitgenössische Quellen zu den wirtschaftlichen und sozialen Bedingungen in Großbritannien und im Rest der Welt studierte, mehrere hundert Notizhefte und Tausende von Seiten mit Exzerpten, Kommentaren, und bibliographischen Hinweisen füllend.[6] Am Abend und in der Nacht versuchte er dann, aus seinen umfänglichen Notizen eigene Texte, erste Buchentwürfe und schließlich (großteils unfertig gebliebene) Buchmanuskripte zu erstellen.

5 Im April 1849 war in der *Neuen Rheinischen Zeitung* Marxens Arbeit «Lohnarbeit und Kapital» (MEW, Bd. 6) als mehrteilige Artikelserie erschienen.

6 Marx' Studien beschränkten sich keineswegs nur auf das ökonomische Schrifttum. Unter seinen Notizen und Exzerpten, deren Gesamtumfang rund 21 600 Druckseiten Text und 35 000 Buchseiten mit Marginalien ausmacht, finden sich auch viele Auszüge aus historischen Werken und vor allem aus der (damals) neuesten naturwissenschaftlichen Literatur.

Die Krise von 1857 veranlaßte ihn, die Ergebnisse seiner seit 1844 betriebenen ökonomischen Studien in einem ersten, rund 800 Seiten starken Manuskript zusammenzufassen, in dessen Einleitung der zu behandelnde Stoff in sechs «Bücher» eingeteilt ist: «1) Vom Kapital. (Enthält einige Vorchapters.) 2) Vom Grundeigentum. 3) Von der Lohnarbeit. 4) Vom Staat. 5) Internationaler Handel. 6) Weltmarkt.» (MEW, Bd. 42, S. IX) Das zwischen August 1857 und März 1858 geschriebene, aber erst 1939/41 unter dem Titel *Grundrisse der Kritik der Politischen Ökonomie (Rohentwurf) 1857–1858* aus dem Nachlaß edierte Manuskript wird häufig als die «Rohfassung» von *Das Kapital* bezeichnet. Tatsächlich ist es jedoch wesentlich breiter angelegt. Die drei Bände von Marxens späterem Hauptwerk, *Das Kapital*, decken nur den Stoff des ersten der ursprünglich geplanten sechs «Bücher» ab. Im Zuge der weiteren Ausarbeitung sah sich Marx jedoch gezwungen, die Bearbeitung des Stoffes der letzten drei «Bücher» gänzlich zurückzustellen, während er die geplanten «Bücher» zu Grundeigentum und Lohnarbeit teilweise in sein späteres Hauptwerk integrierte (im ersten und dritten Band von *Das Kapital* und in die *Theorien über den Mehrwert*). 1859 bereitete Marx eine überarbeitete Fassung des ersten Buches über Kapital unter dem Titel *Zur Kritik der Politischen Ökonomie (Erstes Heft)* zur Publikation vor (MEW, Bd. 13). Aber dieses Buch, in dem er erstmals seine Werttheorie darlegte, erzielte in der Fachwelt nicht die erhoffte Wirkung, was Marx zu einer Revision seiner Publikationspläne veranlaßte. Als Vorstudien für das nunmehr auf vier «Bücher» (in drei Bänden) angelegte Gesamtwerk schrieb er zwischen 1861 und 1867 zwei weitere umfängliche Manuskriptgruppen, die als «Ökonomische Manuskripte von 1861–63» und «Ökonomische Manuskripte von 1863–67» in der Zweiten Abteilung («Das Kapital» und Vorarbeiten) der Marx-Engels-Gesamtausgabe vollständig ediert wurden. Der erste Band seines ökonomischen Hauptwerks, *Das Kapital. Kritik der Politischen Ökonomie. Erster Band. Buch I: Der Produktionsprozeß des Kapitals*, erschien 1867. Aber es gelang Marx nicht mehr, die zwei folgenden Bände zur Publikation vorzubereiten; diese wurden aus seinen nachgelassenen Manuskripten, nach umfangreichen editorischen Änderungen und Ergänzungen, erst posthum von Friedrich Engels in den Jahren 1885 und 1894 herausgegeben. In den 1870er Jahren hat Marx die Arbeit am zweiten und dritten Band immer wieder unterbrochen und sich diversen anderen Forschungsinteressen zugewandt; spätestens Anfang 1880 hat er sie gänzlich eingestellt.[7] Engels' Edition ist nach heutigen Editionsstandards äußerst kritisch zu beurteilen: als Grundlage für den Text hat Engels auf die von Marx zwischen 1863 und 1867 geschriebenen Manuskripte und die aus späteren Arbeitsphasen stammenden Manuskriptfragmente zurückgegriffen und diese durch eigene Einschübe, Änderungen und Ergänzungen «vervollständigt». Das volle Ausmaß der von Engels vorgenommenen editorischen Eingriffe wird sich erst ermessen lassen, wenn die Zweite Abteilung der Marx-Engels-Gesamtausgabe vollständig erschienen ist.

Der zweite Band sollte nach Marxens Planung den «Cirkulationsprozeß des Kapitals (Buch II) und die Gestaltungen des Gesamtprozeßes (Buch III)» behandeln, aber in der Bearbeitung von Engels wurde das «Buch II» zum zweiten und das «Buch III» zum dritten Band von *Das Kapital.* Als abschließenden dritten Band hatte Marx die «Geschichte der Theorie» (= Buch IV) vorgesehen; diese wurde unter Rückgriff auf Teile der von Marx zwischen 1861 und 1863 geschriebenen Manuskriptgruppe erst zwischen 1905 und 1910 von Karl Kautsky in drei Bänden unter dem Titel *Theorien über den Mehrwert* (MEW, Bde 26.1–26.3) herausgebracht.

Während der Jahre in London litten Marx und seine Familie, trotz fortgesetzter finanzieller Unterstützung durch Friedrich Engels, häufig unter großer materieller Not. Erbärmliche Wohnverhältnisse, unzureichende Ernährung und mangelnde ärztliche Versorgung führten zu einer chronischen Verschlechterung seiner Gesundheit und der seiner Frau sowie zum frühzeitigen Tod von vier seiner sieben Kinder.[8] Marx nahm verschiedene journalistische Arbeiten

7 In den 1870er Jahren beschäftigte sich Marx u. a. intensiv mit Forschungen zur russischen Gesellschaft und zur «asiatischen Produktionsweise», mit Sprachwissenschaft und Mathematik sowie mit den jüngsten Entwicklungen in den Naturwissenschaften, insbesondere der Chemie.

8 Einige Marx-Biographen behaupten, Marx habe während einer Auslandsreise seiner Frau noch ein weiteres Kind mit der Haushälterin der Familie, Helene Demuth, gezeugt, für das Friedrich Engels offiziell die Vaterschaft übernahm. Obgleich Marx' Vaterschaft Frederick Demuths (1851–1929) nach der Quellenlage sehr wahrscheinlich ist, kann nicht ganz ausgeschlossen werden, daß es sich hierbei in der Tat, wie von Marx immer behauptet, um eine böswillige Intrige seiner politischen Gegner handelt. Jedenfalls blieb Helene Demuth, die im Alter von 14 Jahren in den Haushalt der Familie von Westphalen eingetreten war und nach deren Heirat Jennys Haushalt führte, bis zu deren Tod an der Seite von Jenny Marx.

an, die ihm jedoch kein regelmäßiges Einkommen verschafften. Seine Tätigkeit als Europa-Korrespondent der *New York Daily Tribune*, für die er zwischen 1851 und 1862 einige hundert Artikel schrieb, zwang ihn, die britische und kontinentaleuropäische Innen-, Außen- und Wirtschaftspolitik intensiv zu verfolgen. Zwischen 1864 und 1872 wurde die wissenschaftliche Arbeit von Marx oftmals durch seine politischen Verpflichtungen in der «Internationalen Arbeiterassoziation», der sog. «Ersten Internationale», unterbrochen, an deren Gründung im Jahr 1864 er maßgeblich beteiligt war. Von London aus versuchte er auch, die Bildung einer revolutionären sozialistischen Partei in den deutschen Staaten voranzutreiben. Dies geschah zunächst in Abgrenzung zu Ferdinand Lassalles sozialreformerisch ausgerichtetem «Allgemeinen Deutschen Arbeiterverein», der sich jedoch 1875 mit der «Sozialdemokratischen Arbeiterpartei», die Wilhelm Liebknecht in enger Verbindung mit Marx sechs Jahre zuvor gegründet hatte, zur «Sozialistischen Arbeiterpartei Deutschlands» vereinigte.

In seinen letzten Lebensjahren litt Marx zunehmend unter gesundheitlichen Problemen,[9] obgleich sich seine Wohn- und Lebensbedingungen nach einer Erbschaft seiner Frau ein wenig verbesserten. Aber seine angegriffene Gesundheit ließ sich auch durch mehrere Kuraufenthalte in englischen Seebädern und in Karlsbad und Algiers nicht wiederherstellen. Nach dem Tod seiner Frau, die 1880 erkrankte und im folgenden Jahr verstarb, soll Engels gesagt haben, der «Mohr» sei nun auch gestorben. Tatsächlich überlebte der schon seit längerem leberkranke und kaum noch arbeitsfähige Marx seine Frau nur um zwei Jahre. Der Tod seiner ältesten Tochter Jenny nahm ihm schließlich den letzten Lebensmut, und er starb, wohl an den Folgen einer nie ausgeheilten Lungentuberkulose, am 14. März 1883 in London.

2. Werk

Die folgende Darstellung des ökonomischen Werkes von Marx versucht, wesentliche Elemente der in seinem dreibändigen Hauptwerk enthaltenen wirtschaftstheoretischen Konzeption vorzustel-

[9] Marx litt unter chronischen Erkrankungen von Leber und Lunge und immer wieder auch unter Karbunkeln, die heute als eine psychisch bedingte Krankheit diagnostiziert werden.

len. Etwas ausführlicher wird dabei auf zwei zentrale und in der Literatur besonders kontrovers diskutierte Aspekte seines theoretischen Gesamtsystems eingegangen: erstens auf das für die Marxsche Wert- und Preistheorie bedeutsame Problem der «Transformation» von Arbeitswerten in Produktionspreise, und zweitens auf das sog. «Gesetz vom tendenziellen Fall der Profitrate», das in der Marxschen Akkumulations- und Krisentheorie eine zentrale Rolle spielt. Auf die Marxschen Ausführungen zur «Entfremdung», die häufig als zentral für seine Kapitalismuskritik angesehen werden, wird im folgenden hingegen nicht näher eingegangen. Die umfassendsten Ausführungen dazu finden sich in Marxens Frühwerk, v.a. in den *Ökonomisch-philosophischen Manuskripten* von 1844 (MEW, Bd. 40); in den späteren Arbeiten räumt Marx dem Konzept hingegen keinen breiteren Raum mehr ein. Im ersten Kapitel des ersten Bandes von *Das Kapital* verwendet Marx statt dessen den Begriff «Warenfetischismus», um damit die spezifische Form zu charakterisieren, welche die aus arbeitsteiliger Produktion resultierende «Entfremdung» im Kapitalismus annimmt.

Wert- und Mehrwerttheorie. Marx beginnt die Analyse der kapitalistischen Warenproduktion mit der Analyse der Ware, denn «für die bürgerliche Gesellschaft ist ... die Warenform des Arbeitsprodukts oder die Wertform der Ware die ökonomische Zellenform» (MEW, Bd. 23, S. 12). Waren sind zugleich Träger von Gebrauchs- und Tauschwert; Marx sieht in diesem «doppelten Charakter» eine Quelle dialektischer Widersprüche: Während die Gesellschaft an der Erzeugung von Gebrauchswerten zur Befriedigung der Bedürfnisse ihrer Mitglieder interessiert ist, richtet sich das Interesse der Kapitalisten einzig und allein auf die Erzeugung von Tauschwerten; sie wollen «eine Ware produzieren, deren Wert höher ist als die Wertsumme der zu ihrer Produktion erheischten Waren, der Produktionsmittel und der Arbeitskraft» (MEW, Bd. 23, S. 201). Was bestimmt nun den Tauschwert der Waren? Da jede Ware mit jeder anderen ausgetauscht werden kann, ergeben sich viele verschiedene Tauschrelationen, denen Marx zufolge aber ein Gemeinsames zugrunde liegen muß: «Der Tauschwert kann überhaupt nur ... die Erscheinungsform eines von ihm unterscheidbaren Gehalts sein» (MEW, Bd. 23, S. 51). Dieses allen Waren «gemeinsame Dritte» ist laut Marx ihre Eigenschaft, Produkte menschlicher Arbeit zu sein.

Daher entspricht der Wert einer Ware dem in ihr enthaltenen Quantum menschlicher Arbeit (wobei konkrete, qualitativ verschiedene Typen von Arbeit auf gleiche, «abstrakt menschliche Arbeit» reduziert werden müssen). Zu dieser Arbeit gehört die «lebendige», im Produktionsprozeß direkt verausgabte Arbeit ebenso wie die «vorgetane», in den Produktionsmitteln (Maschinen, Materialien und Rohstoffen) enthaltene Arbeit.

Das spezifische Charakteristikum des kapitalistischen Wirtschaftssystems besteht nun darin, daß dort auch die menschliche Arbeitskraft zu einer Ware wird. Deren Wert ist, ebenso wie der Wert aller anderen Waren, durch die zu ihrer (Re-)Produktion notwendige Arbeitsmenge bestimmt. Zur (Wieder-)Herstellung seiner Arbeitskraft benötigt der Arbeiter und seine Familie einen bestimmten Warenkorb an Subsistenzmitteln, dessen Größe und Zusammensetzung physiologisch, historisch und kulturell determiniert ist: «Die zur Produktion der Arbeitskraft notwendige Arbeitszeit löst sich also auf in die zur Produktion dieser Lebensmittel notwendige Arbeitszeit, oder der Wert der Arbeitskraft ist der Wert der zur Erhaltung ihres Besitzers notwendigen Lebensmittel» (MEW, Bd. 23, S. 184).

Dass die Entlohnung der Arbeiter das Subsistenzniveau nicht dauerhaft übersteigen kann, erklärt Marx mit dem Konkurrenzdruck am Arbeitsmarkt, der durch das Vorhandensein einer «industriellen Reservearmee» entsteht, einem Pool von Arbeitslosen, der ständig neu aufgefüllt wird durch die Freisetzung von Arbeitskräften aufgrund der Einführung arbeitsparender technischer Neuerungen. Wie alle Waren besitzt auch die Ware Arbeitskraft einen Gebrauchswert, der in ihrer Einsetzbarkeit im Produktionsprozeß besteht: Der Kapitalist «konsumiert» die von ihm gekaufte Ware Arbeitskraft (v), indem er sie unter Zusatz von Produktionsmitteln (c) im Produktionsprozeß einsetzt. Der Wert des Produktes (w) entspricht dem Arbeitsquantum, das in dessen Herstellung in Form von direkter, «lebendiger» Arbeit (l) und indirekter, «vorgetaner», in den Produktionsmitteln vergegenständlichter Arbeit (c) eingegangen ist: $w = c + l = c + v + m$. Die Größe $m = l - v$ bezeichnet Marx als «Mehrwert», der offenkundig daraus entsteht, daß ein Teil der geleisteten «lebendigen» Arbeit aus «unbezahlter Arbeit» oder «Mehrarbeit» besteht, weil der Arbeiter länger arbeiten muß als es zur (Re-)Produktion seiner eigenen Subsistenzmittel notwendig ist.

Im ersten und zweiten Band des *Kapitals* unterstellt Marx durchgängig, daß alle Waren, einschließlich der Ware Arbeitskraft, zu ihren Arbeitswerten getauscht werden: «Ausbeutung» resultiert somit nicht daraus, daß die Arbeiter für die von ihnen feilgebotene Ware – ihre Arbeitskraft – weniger erhalten würden, als diese «wert» ist.

Wert- und Preistheorie: Das Transformationsproblem.[10] Im ersten Band des *Kapitals* behauptet Marx, daß der Wert einer Ware durch die Menge an gesellschaftlich notwendiger abstrakter Arbeit bestimmt sei, die zu ihrer Herstellung notwendig ist; die Austauschrelationen zwischen den Waren sind dann *per definitionem* bestimmt durch die Arbeitswerte. Aber Marx, der die preistheoretischen Ausführungen von Smith und Ricardo eingehend studiert hatte, wußte natürlich, daß die sich bei freier Konkurrenz bildenden *Produktionspreise* im allgemeinen von den Arbeitswerten abweichen müssen. Er war jedoch davon überzeugt, besser als seine Vorgänger verstanden zu haben, warum es zu diesen Abweichungen kommt und wie sich deren Ausmaß bestimmen läßt. Was hat seine Vorgänger daran gehindert, eine korrekte Lösung des Problems zu entwickeln? Marx zufolge liegt der Grund dafür in Adam Smith' falscher Vorstellung, daß sich das Sozialprodukt (abzüglich der Rente) vollständig in Löhne und Profite auflösen lasse. Diese Vorstellung hat Ricardo implizit übernommen durch seine unzulässige Vorgangsweise, bei der Bestimmung der allgemeinen Profitrate vereinfachend zu unterstellen, daß das Kapital ausschließlich aus Lohnvorschüssen besteht. Beide haben übersehen, so Marx, daß ein Teil des jährlich erzeugten Produkts, den er als «konstantes Kapital» bezeichnet, dazu verwendet werden muß, die im Zuge des Produktionsprozesses verbrauchten Produktionsmittel wieder zu ersetzen. Berücksichtige man dies, so werde sofort deutlich, daß die Abweichungen der Produktionspreise von den Arbeitswerten den unterschiedlichen Proportionen des in der Produktion der verschiedenen Waren eingesetzten Kapitals geschuldet sind, unterschiedlichen Proportionen von «lebendiger» und «vorgetaner» Arbeit. Wenn das konstante Kapital der Einfachheit halber als ausschließlich aus

[10] Vgl. zum Folgenden auch Petri (1998).

zirkulierendem Kapital[11] bestehend aufgefasst wird, dann ist der Arbeitswert des jährlichen Produktes einer Industrie gleich $c + l$, wobei c den Arbeitswert des konstanten Kapitals und l die Menge an «lebendiger» (oder direkter) Arbeit darstellt. Wird der Wert der in dieser Industrie gezahlten Löhne (bei Marx das «variable Kapital») mit v bezeichnet, dann entsprechen die Produktionskosten in dieser Industrie $c + v$, und $m = l - v = c + l - (c + v)$ ist der in diesem Industriezweig erzeugte Mehrwert. Die Wert-Profitrate einer Industrie ist dann gegeben durch

$$(1) \qquad r = \frac{m}{c+v} = \frac{\frac{m}{v}}{\frac{c}{v}+1}.$$

Sie hängt somit von zwei Größen ab: von $\frac{m}{v}$, einem Verhältnis, das Marx als «Mehrwertrate» oder «Ausbeutungsrate» bezeichnet, und von $\frac{c}{v}$, der «organischen Kapitalzusammensetzung». Die erste Größe muß unter Bedingungen freier Konkurrenz für alle Industriezweige einheitlich sein. Die zweite hingegen ist vornehmlich technologisch bestimmt und wird im allgemeinen zwischen den verschiedenen Industriezweigen differieren: ein Austausch der Waren zu ihren Arbeitswerten wäre daher mit sektoral unterschiedlichen Profitraten verbunden. Die durch die Konkurrenz bedingte Tendenz zu einheitlichen Profitraten erzwingt daher eine systematische Abweichung der relativen Preise von den Arbeitswerten. Diese Abweichungen sind notwendig, um den in der Ökonomie insgesamt erzeugten Mehrwert, M, der proportional zu den in den einzelnen Industriezweigen eingesetzten variablen Kapitalien entstanden ist, ins Verhältnis zu setzen zu dem in den Industriezweigen jeweils zum Einsatz gekommenen Gesamtkapital. Die «Umverteilung» des Mehrwerts muß daher einhergehen mit einem Anstieg (Fallen) im Preis derjenigen Waren, die mit überdurchschnittlichen (unterdurchschnittlichen) «organischen Kapitalzusammensetzungen» erzeugt werden, relativ zur Situation, in der die Preise proportional zu den Arbeitswerten sind. Marx glaubte, daß diese Preisabwei-

[11] Zirkulierendes Kapital zeichnet sich, im Unterschied zu dauerhaftem oder «fixem» Kapital, dadurch aus, daß es innerhalb einer Produktionsperiode vollständig verbraucht wird.

chungen sich wechselseitig genau kompensieren müssen, so daß die allgemeine Profitrate identisch ist mit derjenigen, die sich ergibt, wenn die gesamte Ökonomie als eine einzige Industrie aufgefaßt wird, d. h. identisch mit

$$(2) \qquad r = \frac{M}{C + V},$$

wobei *M*, *C*, und *V* jeweils den Gesamtmehrwert, das gesamte konstante Kapital und das gesamte variable Kapital bezeichnen sollen. Für Marx liefert die Arbeitswerttheorie daher zwar unmittelbar keine korrekte Theorie der relativen Preise, bildet aber die Grundlage für eine solche. Daß Marx den ersten und zweiten Band des *Kapitals* auf Basis der Arbeitswerttheorie formulierte, war daher der bereits zuvor von ihm erreichten Schlußfolgerung – von der wir heute wissen, daß sie nicht haltbar ist – geschuldet, daß die zu Produktionspreisen berechnete allgemeine Profitrate die gleiche ist als wenn die Waren zu ihren Werten getauscht werden. Aber wenn die von Marx gewählte Darstellungsweise ihm selbst gerechtfertigt erschienen sein mag als eine für den Leser leicht verständliche, so muß sie im Rückblick doch als ein großer Fehler betrachtet werden, die das Verständnis seines Werkes erheblich erschwert hat.[12]

Als Marx seine Idee der im Zuge der «Transformation» von Arbeitswerten in Produktionspreise stattfindenden Mehrwertumverteilung im zweiten Abschnitt des dritten Bandes des *Kapitals* anhand eines numerischen Beispiels explizierte, merkte er selbst an, daß seine Vorgangsweise fehlerhaft ist, weil auch die Produktionsmittel nicht zu Arbeitswerten, sondern zu Produktionspreisen bewertet werden müssen (MEW, Bd. 25, S. 170 f.). Er übersah allerdings die damit verbundene Implikation, daß er dann nicht mehr berechtigt war zu unterstellen, daß das Verhältnis des Gesamtprofits zum Gesamtkapital das gleiche ist als wenn die Waren zu ihren Arbeitswerten getauscht werden, d. h. daß damit seine «sukzessivistische»,

12 Dieses Verständnis wurde noch zusätzlich dadurch erschwert, daß die Bände 2 und 3 des *Kapitals* erst mit großer zeitlicher Verzögerung verfügbar wurden, so daß sich in der Zwischenzeit die (etwa bei Böhm-Bawerk vorhandene) falsche Vorstellung verfestigen konnte, die Marxsche Arbeitswerttheorie habe eine grundlegendere Bedeutung und solle direkt zur Preisbestimmung dienen.

zwei-stufige Vorgangsweise zur Bestimmung der allgemeinen Profitrate[13] unterminiert wird. Beim Transformationsproblem handelt es sich somit nicht um ein ganz unbedeutendes, nur «technisch-mathematisches» Problem.

Reproduktion, Akkumulation und Krisen. Wie Marx im Vorwort zum *Kapital* bemerkt, ist es «der letzte Endzweck dieses Werks, das ökonomische Bewegungsgesetz der modernen Gesellschaft zu enthüllen» (MEW, Bd. 23, S. 15 f.). In den Schlußkapiteln des ersten Bandes beginnt Marx daher mit der Untersuchung der Reproduktion und Akkumulation des Kapitals. Das Konzept der «Reproduktion» nimmt im Marxschen Denken einen zentralen Stellenwert ein: gesellschaftliche Verhältnisse und Gesellschaftsformationen existieren, weil sie bei einer gegebenen Produktionsweise systematisch reproduziert werden. So ist im Kapitalismus die Reproduktion des Kapitals mit der Reproduktion der Klassenverhältnisse kapitalistischer Gesellschaften verbunden: am Ende der Produktionsperiode hat der Kapitalist sein eingesetztes Kapital samt Mehrwert, der Arbeiter hingegen lediglich seine Arbeitskraft reproduziert. Wenn die gesellschaftliche Produktion kapitalistisch erfolgt, dann reproduziert der Produktionsprozeß selbst Kapitalisten und Arbeiter als gesellschaftliche Klassen.

Kapitalakkumulation bedeutet, daß ein Teil des Mehrwerts wieder im Produktionsprozeß eingesetzt wird. Würde der re-investierte Mehrwert lediglich zur Ausweitung der laufenden Produktionsprozesse verwendet, dann würde das konstante und variable Kapital einfach proportional zunehmen, und es käme zur Reproduktion auf einem höheren Niveau: Marx bezeichnet dies als «erweiterte Reproduktion». Tatsächlich ist der Akkumulationsprozeß jedoch mit grundlegenden Veränderungen in der Struktur und Organisation des Kapitals und der angewandten Produktionsmethoden verbunden: es kommt zur Einführung und Diffusion von neuen Produktions- und Organisationsverfahren, neuer Maschinerie und neuartiger Produkte und zur Erschließung neuer Absatzmärkte. Der Konkurrenzmechanismus zwingt den einzelnen Kapitalisten «bei Strafe des Untergangs» zur ständigen Suche nach kosten-

[13] Bortkiewicz (1907) hat die Marxsche Vorgangsweise, zunächst die Mehrwertrate mit Hilfe der Arbeitswerttheorie zu bestimmen und diese dann in die Profitrate zu transformieren, treffend als «sukzessivistisch» bezeichnet.

günstigeren Produktionsverfahren und neuen Kapitalanlagemöglichkeiten. Marx zufolge muß es im Zuge des Akkumulationsprozesses auch zu einer zunehmenden Konzentration und Zentralisation des Kapitals kommen: Große Kapitalien schlagen kleinere aus dem Feld, einerseits durch Verdrängung aufgrund von Vorteilen der Massenproduktion, andererseits durch Übernahme von Konkurrenten.

Als einer der bedeutendsten analytischen Beiträge von Marx werden weithin die Schemata der einfachen und erweiterten Reproduktion gesehen, die er im 20. und 21. Kapitel des zweiten Bandes des *Kapitals* in Anlehnung an François Quesnays «Tableau Économique» entwickelt hat (Gehrke und Kurz 1995). Das Modell der einfachen Reproduktion bildet die Austauschprozesse zwischen zwei Abteilungen ab: die kapitalgüterproduzierende Abteilung I beliefert sowohl sich selbst als auch die konsumgütererzeugende Abteilung II mit Kapitalgütern. Es bezieht im Austausch dafür die zur Alimentierung der Arbeitskräfte und für die Konsumtion der Kapitalisten benötigten Konsumgüter von der Abteilung II. Marx hat für dieses einfache zweisektorale Modell mit zirkulärer Produktionsstruktur die Bedingungen für ein stationäres Reproduktionsgleichgewicht herausgearbeitet. Anschließend wendet er sich der «Reproduktion auf erweiterter Stufenleiter» zu und zeigt mittels numerischer Beispiele, daß gleichgewichtige Kapitalakkumulation mit einem gleichschrittigen Wachstum der beiden Abteilungen verbunden sein muß.

Bei Marx findet sich zwar keine vollständig ausgearbeitete Konjunkturtheorie, aber verschiedene Ansätze zur Krisenerklärung. Einer davon knüpft an die Reproduktionsschemata an und sieht die Ursache für krisenhafte Entwicklungen in Disproportionalitäten, die im Zuge des Akkumulationsprozesses auftreten und sich selbst verstärken können. Daneben finden sich auch unterkonsumtionstheoretische Krisenerklärungsansätze, die in der mangelnden Kaufkraft der Arbeiterklasse das auslösende Moment für einen allgemeinen Nachfragemangel ausmachen. Aber die am besten ausgearbeitete Krisenerklärung leitet sich aus dem von Marx im dritten Abschnitt des dritten Bandes entwickelten «Gesetz vom tendenziellen Fall der Profitrate» ab.

Das «Gesetz vom tendenziellen Fall der Profitrate». Wie die klassischen Ökonomen vor ihm, so war auch Marx um die Erklärung des empirisch für eindeutig nachweisbar gehaltenen Phänomens einer tendenziell sinkenden Profitrate bemüht. Sein Erklärungsansatz ist in direkter Auseinandersetzung mit demjenigen Ricardos zu sehen, der bekanntlich argumentiert hatte, daß es im Zuge des Wachstumsprozesses zu einem Anstieg des Lohnanteils am gesellschaftlichen Nettoprodukt kommen müsse, weil die Lebensmittelerzeugung nur zu steigenden Kosten erfolgen kann wegen der Notwendigkeit, schlechtere Böden bewirtschaften zu müssen oder bessere Böden intensiver (vgl. Gehrke und Kurz, 2006). Kommt es aufgrund steigender Geldlöhne (die wegen der gestiegenen Lebensmittelpreise auftreten müssen) zur Ersetzung von Arbeitskräften durch Maschinen, die bereits früher bekannt waren, aber zu den früher niedrigeren Geldlöhnen noch nicht profitabel eingesetzt werden konnten, so wird dies den Profitratenfall vorübergehend aufhalten. Technischen Fortschritt im engeren Sinne schließt Ricardo bei seinem Argument explizit aus.

Marx hatte einen gravierenden Fehler in Ricardos Analyse entdeckt. Dieser hatte behauptet, das Niveau der Profitrate sei nur von der Höhe der Lohnquote abhängig: mit dem Anstieg der letzteren müsse die erstere fallen. Aber Ricardo hatte für sein Argument der Einfachheit halber unterstellt, daß das vorgeschossene Kapital ausschließlich aus Lohnkapital besteht bzw. vollständig auf direkt und indirekt vorgeschossenes Lohnkapital reduziert werden kann.[14] Eine solche vollständige Reduktion ist jedoch nur im Fall «unidirektionaler» Produktionsprozesse möglich, d. h. wenn sich in der Reduktionsreihe eine Produktionsstufe finden läßt, auf der zur Herstellung der Produktionsmittel ausschließlich «originäre» Faktoren wie Arbeit und Boden, aber keine produzierten Produktionsmittel eingesetzt werden müssen. Berichtigt man diesen Fehler, berücksichtigt also das von Marx als «konstantes Kapital» bezeichnete Nichtlohnkapital, dann stellt sich die Sache anders dar.

Das zentrale Argument Marxens zur Begründung einer fallenden

[14] Bezeichnet man mit r die Profitrate, mit W die Löhne bzw. das Lohnkapital, mit P die Profite, und mit w die Lohnquote, so gilt in diesem Fall offenkundig: $r = \frac{P}{W} = \frac{1-w}{w}$. Die Profitrate stimmt dann mit der Mehrwertrate überein; Ricardo leitet die fallende Profitrate also aus einer fallenden Mehrwertrate ab.

Profitratentendenz liegt darin, daß die Ersetzung menschlicher Arbeitskraft durch Maschinerie sich in einer steigenden «organischen Kapitalzusammensetzung» niederschlagen muß. In den Worten Marxens:

> Da die Masse der angewandten lebendigen Arbeit stets abnimmt im Verhältnis zu der Masse der von ihr in Bewegung gesetzten vergegenständlichten Arbeit, der produktiv konsumierten Produktionsmittel, so muß auch der Teil der lebendigen Arbeit, der unbezahlt ist und sich in Mehrwert vergegenständlicht, in einem stets abnehmenden Verhältnis stehn zum Wertumfang des angewandten Gesamtkapitals. Dies Verhältnis der Mehrwertmasse zum Wert des angewandten Gesamtkapitals bildet aber die Profitrate, die daher beständig fallen muß. (MEW, Bd. 25, S. 223)

Bezeichnet man mit L die Gesamtmenge an «lebendiger» Arbeit, mit w die Lohnquote und mit R die maximale Profitrate, dann kann aus Gleichung (2) für die allgemeine Profitrate r die folgende Beziehung abgeleitet werden:

$$(3) \qquad r = \frac{M}{C+V} = \frac{M/L}{C/L + V/L} = \frac{1-w}{1/R+w} = \frac{R(1-w)}{1+Rw}$$

Sie zeigt, daß das Niveau der allgemeinen Profitrate von *zwei* Größen (und nicht, wie Ricardo meinte, von nur *einer*) abhängt: von der Lohnquote w (bzw. der Mehrwertrate $(1-w)w^{-1}$) *und* von der maximalen Profitrate R. Wenn die letztere fällt, dann muß bei Konstanz der Mehrwertrate auch die allgemeine Profitrate fallen. Selbst eine moderat steigende Mehrwertrate kann diese Tendenz nicht aufhalten.

Für Marx hatte das «Gesetz vom tendenziellen Fall der Profitrate» zwei faszinierende Aspekte. Einerseits sah er darin eine überaus wirkungsvolle Widerlegung der Vorstellungen Ricardos, der das Fallen der allgemeinen Profitrate ja auf den «Geiz der Natur» in Form steigender Produktionskosten für Subsistenzmittel zurückgeführt hatte und den technischen Fortschritt als Gegentendenz und prinzipiell profitratenerhöhend aufgefasst hatte. Dem setzt Marx die Vorstellung entgegen, die Profitrate falle nicht trotz, sondern gerade wegen des technischen Fortschritts. Zum anderen legte es für ihn einen der inhärenten «Widersprüche» des Kapitalismus bloß: das progressive, historisch positive Element dieser Produktionsweise ist dessen Fähigkeit, durch ständige Revolutionierung der Produktionsmethoden eine gewaltige Entfaltung der gesellschaftlichen Produktivkräfte herbeizuführen. Da der technische Fortschritt im Kapitalismus jedoch zwangsläufig die spezifische Form der Einsparung menschlicher Arbeits- durch Maschinenkraft (in Marxscher Terminologie: steigender organischer Kapitalzusammensetzung) annehmen muß, entzieht er der kapitalistischen Produktionsweise damit paradoxerweise zugleich die Grundlage für ihre Existenz.

Vom Standpunkt der Entwicklung der ökonomischen Analyse besteht Marxens großes Verdienst darin, die von seinen klassischen Vorgängern, und insbesondere von Ricardo, übernommene Analyse des Zusammenhangs von Preisen und Einkommensverteilung einen entscheidenden Schritt vorangetrieben zu haben, indem er durch die Wiederaufnahme der Tatsache, daß die Produktion ein zirkuläres Element hat, die Existenz einer maximalen Profitrate und deren Bedeutung für den Verteilungszusammenhang nachgewiesen hat.

3. Wirkung

Aus der mehr als einhundertvierzig Jahre umfassenden Rezeptions- und Wirkungsgeschichte des ökonomischen Werkes von Marx können hier nur einige der Hauptentwicklungslinien nachgezeichnet werden (eine umfassende Darstellung bieten Howard und King, 1989 und 1992). Es bietet sich an, dabei wiederum der oben verwendeten thematischen Anordnung zu folgen. Zuvor muß jedoch auf einige Besonderheiten in der Rezeption des Marxschen Werkes hingewiesen werden. Obgleich Marx spätestens seit dem Erscheinen des ersten Bandes des *Kapitals* als wissenschaftlicher Kopf der internationalen sozialistisch-kommunistischen Bewegung galt, setzten sich die «bürgerlichen Ökonomen» mit seinen Arbeiten zunächst kaum auseinander. Dies ist nicht nur auf ideologische Vorbehalte, sondern vor allem darauf zurückzuführen, daß von seinem Hauptwerk zunächst nur der erste Band, und auch dieser zunächst nur in Deutsch, verfügbar war.[15] Bis zur Jahrhundertwende fand

[15] Der erste Band des *Kapitals* erschien 1872 in russischer und in französischer Übersetzung.

die wissenschaftliche Auseinandersetzung mit der Marxschen Wirtschaftstheorie hauptsächlich in Deutschland und Rußland, und teilweise auch in Frankreich und Italien, statt; in England, wo Marx seit 1849 lebte, blieb er zu seinen Lebzeiten nahezu unbekannt.

Wert- und Preistheorie. Im Mittelpunkt der Auseinandersetzung mit dem ökonomischen Werk von Marx stand von Beginn an die Wert- und Preistheorie. Als Engels 1885 im Vorwort zum zweiten Band des *Kapitals* die Behauptung zurückwies, Marx habe die Mehrwerttheorie von Rodbertus plagiarisiert, forderte er die Fachwelt auf, «nachzuweisen, wie nicht nur ohne Verletzung des Wertgesetzes, sondern vielmehr auf der Grundlage desselben, eine gleiche Durchschnittsprofitrate sich bilden kann und muß» (MEW, Bd. 24, S. 26), und kündigte an, daß der dritte Band Marxens definitive Lösung dieses Problems enthalten werde. Keiner der zu Engels' «Preisfrage» einlangenden Beiträge, u. a. von Wilhelm Lexis, Julius Wolff, Achille Loria, Conrad Schmidt und P. Fireman, bot eine überzeugende Lösung des Problems, und als der dritte Band 1894 schließlich erschien, richtete sich das Interesse vornehmlich auf die im Zweiten Abschnitt vorgestellte Theorie der allgemeinen Profitrate und der Produktionspreise.

Vom Standpunkt der neoklassischen Theorie wurde die Marxsche Wert- und Preistheorie u. a. von Philip H. Wicksteed (1884, 1885) und Vilfredo Pareto (1902) kritisiert. Die wohl einflußreichste Kritik an der Marxschen Ableitung der Preise aus den Arbeitswerten (und der Profit- aus der Mehrwertrate) war jedoch Eugen von Böhm-Bawerks Streitschrift *Zum Abschluß des Marxschen Systems* (1896). Dort wirft dieser Marx vor, mit der im dritten Band vorgestellten Produktionskostentheorie seine im ersten Band entwickelte Arbeitswerttheorie selbst aufgegeben zu haben: Zwischen erstem und dritten Band herrsche ein «unversöhnlicher Widerspruch»; eine Bestimmung der allgemeinen Profitrate und der relativen Preise in der von Marx intendierten Weise sei zum Scheitern verurteilt; Marxens theoretisches Werk habe «eine Vergangenheit und Gegenwart, aber keine dauernde Zukunft». Aber obgleich Böhm-Bawerk die wirklichen Mängel der Marxschen Konstruktion nicht erkannt hatte, konnte Rudolf Hilferding (1904), der in den anschließend geführten Debatten die führende Rolle in der Verteidigung von Marx übernahm, seiner Kritik nur wenig entgegensetzen (vgl. Kurz,

1989). Das Verdienst, die Fehlerhaftigkeit des von Marx vorgeschlagenen Transformationsalgorithmus erstmals aufgezeigt und zugleich einen korrekten Lösungsansatz für das Problem präsentiert zu haben, kommt Ladislaus von Bortkiewicz (1906–7, 1907) zu.[16] Bortkiewicz lieferte den Nachweis, zunächst für den Fall unidirektionaler Produktionsprozesse (dabei auf eine Arbeit von Dmitriev (1898 [1986]) zurückgreifend) und dann für den Fall eines dreisektoralen, zirkulären Produktionssystems, daß auf der Grundlage der Marxschen Annahmen Profitrate und relative Preise tatsächlich bestimmbar sind. Bortkiewicz' Lösungsansatz, den Paul M. Sweezy 1942 erstmals in Englisch verfügbar gemacht hat, wurde später von Francis Seton (1957) und Paul A. Samuelson (1957) verallgemeinert.

Ein Meilenstein für das Verständnis und die Fortentwicklung des klassischen, an Smith, Ricardo und Marx anknüpfenden surplustheoretischen Ansatzes in der Preis- und Verteilungstheorie war Piero Sraffas *Production of Commodities by Means of Commodities* (1960). Ohne explizit in eine Kritik der Marxschen Theorie einzutreten, zeigt Sraffa, daß die allgemeine Profitrate auf der Grundlage der klassischen, auch von Marx gewählten Annahmen (gegebene Produktionsmengen, gegebener Lohnsatz, gegebene Technik) nur simultan mit den Produktionspreisen bestimmt werden kann.[17] Ian Steedman (1977) hat die Implikationen von Sraffas Reformulierung des surplustheoretischen Ansatzes für die Marxsche Theorie konzise herausgearbeitet: auf der Grundlage der klassischen Annahmen ist eine nicht-zirkuläre Bestimmung der allgemeinen Profitrate und der relativen Preise möglich; der Rückgriff auf Arbeitswerte erweist sich dabei als überflüssig. Steedman zeigte ferner, daß die Arbeitswerte im allgemeinen nicht unabhängig von der Einkommensverteilung vorgegeben werden können und daß die von Michio Morishima als «Marxsches Fundamentaltheorem» bezeichnete Aussage: «the equilibrium rate of profit is positive if and only if the rate of exploitation is positive» (1973, S. 6) unter realistischeren Annahmen zur Produktionstechnologie (Produktion mit Fixkapital oder reine Kuppelproduktion) nicht zutreffen muß.

16 Bortkiewicz' Lösungsansatz wurde in einem Aufsatz Mühlpfordts (1895) antizipiert, der allerdings einige formale Fehler enthält.

17 Erwähnung verdienen auch die lange Zeit unbeachtet gebliebenen Beiträge von Georg von Charasoff (1909, 1910).

Theorie der kapitalistischen Entwicklung. Große Aufmerksamkeit in der Diskussion um die Gültigkeit des «Gesetzes vom tendenziellen Fall der Profitrate», zu der es eine kaum noch überschaubare Zahl von Beiträgen gibt, erlangte ein erstmals von Nobuo Okishio (1961, 1963) bewiesenes Theorem, wonach technischer Fortschritt, ein konstanter Reallohnsatz und eine fallende Profitrate nicht miteinander kompatibel sind.[18] Vielen Ökonomen gilt dies als schlagender Beweis für die Unhaltbarkeit des Marxschen Theoriegebäudes, ist damit doch ein zentraler Baustein seiner Akkumulations- und Krisentheorie als fehlerhaft nachgewiesen worden. Tatsächlich dürfte Marx, wie oben gezeigt, bei der Ableitung seines «Gesetzes» aber nicht konstante Reallöhne, sondern eine konstante *Mehrwertrate* bzw. *Lohnquote* unterstellt haben. Zudem scheint er bei seinem Argument, Ricardo folgend, nur einen durch Verteilungsänderungen induzierten Technikwechsel, aber keinen technischen Fortschritt im engeren Sinne unterstellt zu haben.

Die Marxschen Schemata der einfachen und erweiterten Reproduktion bildeten den analytischen Anknüpfungspunkt für die Entwicklung multisektoraler Konjunktur- und Wachstumsmodelle. Tugan-Baranowsky (1901) und Grossmann (1929) entwickelten auf deren Grundlage Konjunktur- bzw. Krisentheorien; Rosa Luxemburg (1913) verwendete die Reproduktionsschemata zur Entwicklung einer Imperialismustheorie; und russische Ökonomen wie G. A. Feldman entwickelten auf Basis der Reproduktionsschemata mehrsektorale Planungs- und Wachstumsmodelle. Die Marxschen Reproduktionsschemata haben auch Wassily Leontiefs Input-output-Analyse und die daran anknüpfende Literatur sowie die nach dem Zweiten Weltkrieg entstandene Literatur zur Untersuchung gleichgewichtiger Wachstumsprozesse in linearen Produktionsmodellen inspiriert (siehe Turban, 1980).

Die Marxschen Ausführungen zum Zusammenspiel von Kapitalakkumulation und Einkommensverteilung haben auch zur Entwicklung einer noch immer im Wachsen begriffenen Klasse von nicht-linearen Konjunktur- und Wachstumsmodellen geführt, die

[18] Paul A. Samuelson, der sich seit den 1950er Jahren immer wieder mit der Marxschen Theorie auseinandergesetzt hat, hat das Okishio-Theorem in einer Fußnote seines 1957 erschienenen Aufsatzes bereits vorweggenommen, ohne es jedoch rigoros zu beweisen (Samuelson 1957). Tatsächlich ist die Grundaussage des Theorems bereits von Bortkiewicz (1906–7) formuliert worden.

auf der Grundlage des von Richard M. Goodwin entwickelten Predator-Prey-Modells (Goodwin, 1967) endogene Konjunkturzyklen um einen Wachstumstrend generieren. Marxsche Ideen zur Einschleusung und Diffusion technischer Neuerungen sowie zur dynamischen Entwicklung des ökonomischen Systems werden auch in Teilen der an Schumpeters *Theorie der wirtschaftlichen Entwicklung* (1913) anknüpfenden Literatur zur evolutorischen Ökonomik aufgegriffen. Mit den Auswirkungen von Kapitalkonzentrations- und Monopolisierungstendenzen befassten sich nach dem Zweiten Weltkrieg u. a. Steindl (1952) und Baran und Sweezy (1966).

In jüngerer Zeit scheint das ökonomische Werk von Marx erneut auf großes Interesse zu stoßen. Mit Verweis auf die erstaunliche Korrespondenz zwischen den beobachtbaren realwirtschaftlichen Entwicklungen im Globalisierungsprozeß und den Vorhersagen von Marx zur Konzentration und Zentralisation des Kapitals und zur Monopolbildung wird seiner Analyse der Funktionsweise und Entwicklungsbedingungen des kapitalistischen Wirtschaftssystems wieder zunehmend Beachtung geschenkt.

Literatur

1. Werkausgaben

Die Schriften und der Briefwechsel von Karl Marx und Friedrich Engels wurden in der 39 Bände (und 4 Ergänzungsbände) umfassenden Reihe «Marx Engels Werke« (MEW) im Dietz Verlag, Berlin, herausgegeben.

In den 1970er Jahren wurde in Moskau und Ostberlin mit dem Projekt einer vollständigen, historisch-kritischen Ausgabe sämtlicher Veröffentlichungen, der Handschriften und des Briefwechsels von Karl Marx und Friedrich Engels, der sog. «Marx-Engels-Gesamtausgabe« (MEGA), begonnen. Im Jahr 1990 übernahm die Internationale Marx Engels Stiftung (IMES) die wissenschaftliche Verantwortung für die Fortführung des Projekts, dessen geplanter Umfang von 164 auf 114 Bände reduziert wurde, von denen bislang 54 erschienen sind.

Marx, K. 1844 [1973]. Ökonomisch-philosophische Manuskripte von 1844, MEW, Bd. 40, Berlin.

Marx, K. 1859 [1963]. Zur Kritik der Politischen Ökonomie, MEW, Bd. 13, Berlin.

Marx, K. 1867 [1962]. Das Kapital. Kritik der politischen Ökonomie. Erster Band. Der Produktionsprozess des Kapitals, MEW, Bd. 23, Berlin.

Marx, K. 1885 [1963]. Das Kapital. Kritik der politischen Ökonomie. Zweiter Band. Der Zirkulationsprozess des Kapitals, hrsg von F. Engels, MEW, Bd. 24, Berlin.

Marx, K. 1894 [1964]. Das Kapital. Kritik der politischen Ökonomie. Dritter Band. Der Gesamtprozess der kapitalistischen Produktion, hrsg. von F. Engels, MEW, Bd. 25, Berlin.

Marx, K. 1905–10 [1968]. Theorien über den Mehrwert (geschrieben 1861–63, erstmals veröffentlicht 1905–10), MEW, Bd. 26 (1–3), Berlin.

Marx, K. 1939 [1974]. Grundrisse der Kritik der Politischen Ökonomie, (Rohentwurf) 1857–58, erstmals veröffentlicht 1939 im Verlag für fremdsprachige Literatur, Moskau. Unveränderter Nachdruck 1953, 2. Aufl. 1974, Berlin.

Marx, K., und Engels, F. 1846 [1969]. Die deutsche Ideologie, MEW, Bd. 3, Berlin.

Marx, K., und Engels, F. 1848 [1959]. Manifest der Kommunistischen Partei, MEW, Bd. 4, Berlin.

2. Weiterführende Literatur

Baran, P. A., und Sweezy, P. M. 1966. Monopoly Capitalism, Harmondsworth.

Berlin, I. 1959. Karl Marx. Sein Leben und sein Werk, München.

Böhm-Bawerk, E. v. 1896. Zum Abschluss des Marxschen Systems, in O. v. Boenigk (Hrsg.), Staatswissenschaftliche Arbeiten. Festgaben für Karl Knies, Berlin.

Bortkiewicz, L. v. 1906–07. Wertrechnung und Preisrechnung im Marxschen System, in: Archiv für Sozialwissenschaft und Sozialpolitik, Bd. 23, S. 1–50, und Bd. 25, S. 10–51 und 445–488.

Bortkiewicz, L. v. 1907. Zur Berichtigung der grundlegenden theoretischen Konstruktion von Marx im 3. Band des ‹Kapital›, Jahrbücher für Nationalökonomie und Statistik, Bd. 34, S. 319–335.

Charasoff, G. v. 1909. Karl Marx über menschliche und kapitalistische Wirtschaft, Berlin.

Charasoff, G. v. 1910. Das System des Marxismus. Darstellung und Kritik, Berlin.

Dmitriev, V. K. 1898 [1986]. David Ricardos Werttheorie. Versuch einer strengen Analyse, deutsche Übersetzung der ursprünglich in Russisch erschienenen Arbeit in: B. Schefold (Hrsg.), Ökonomische Klassik im Umbruch, Frankfurt am Main.

Gehrke, C., und Kurz, H. D. 1994. Karl Marx on Physiocracy, in: The European Journal of the History of Economic Thought, Bd. 2, S. 54–92.

Gehrke, C., und Kurz, H. D. 2006. Sraffa on von Bortkiewicz: Reconstructing the Classical Theory of Value and Distribution, in: History of Political Economy, Bd. 38, S. 91–149.

Goodwin, R. M. 1967. A Growth Cycle, in: C. H. Feinstein (Hrsg.), Socialism, Capitalism, and Economic Growth, Cambridge.

Grossmann, H. 1929. Das Akkumulations- und Zusammenbruchsgesetz des kapitalistischen Systems, Leipzig.

Hilferding, R. 1904. Böhm-Bawerks Marx-Kritik, Marx-Studien, Bd. 1, Wien.

Hilferding, R. 1910. Das Finanzkapital, Wien.

Howard, M. C., und King, J. 1989, 1992. A History of Marxian Economics, Vol. I, 1883–1929, Vol. II, 1929–1990, Princeton.

Kurz, H. D. 1989. Die deutsche theoretische Nationalökonomie zu Beginn des

20. Jahrhunderts zwischen Klassik und Neoklassik, in: B. Schefold (Hrsg.), Studien zur Entwicklung der ökonomischen Theorie, Bd. 8, Berlin, S. 11–61.
Luxemburg, R. 1913. Die Akkumulation des Kapitals, Berlin.
McLellan, D. 1973. Karl Marx. His Life and Thought, London.
Meek, R. L. 1956. Studies in the Labour Theory of Value, London.
Mehring, F. 1918. Karl Marx. Geschichte seines Lebens, Berlin.
Morishima, M. 1973. Marx's Economics. A Dual Theory of Value and Growth, Cambridge.
Mühlpfordt, W. 1895. Karl Marx und die Durchschnittsprofitrate, in: Jahrbücher für Nationalökonomie und Statistik, Bd. 10, S. 92–99.
Nikolaevskij, B., und Mänchen-Helfen, O. 1963. Karl Marx. Eine Biographie, Hannover.
Oakley, A. 1983. The Making of Marx's Critical Theory: A Bibliographical Analysis, London.
Okishio, N. 1961. Technical Changes and the Rate of Profit, in: Kobe University Economic Review, Bd. 7, S. 85–99.
Okishio, N. 1963. A Mathematical Note on Marxian Theorems, in: Weltwirtschaftliches Archiv, Bd. 91, S. 287–299.
Pareto, V. 1902. Les systèmes socialistes, Paris.
Petri, F. 1998. Labour Theory of Value, in: H. D. Kurz und N. Salvadori (Hrsg.), The Elgar Companion to Classical Economics, Vol. 2, Cheltenham, S. 12–22.
Ricardo, D. 1951. On the Principles of Political Economy and Taxation, Vol. 1 of The Works and Correspondence of David Ricardo, edited by P. Sraffa with the Collaboration of M. H. Dobb, Cambridge.
Rosdolsky, R. 1968. Entstehungsgeschichte des Marxschen ‹Kapital›, Frankfurt am Main.
Rubin, I. I. 1928. Essays on Marx's Theory of Value. Original in Russisch erschienen. Englische Übersetzung Detroit 1972.
Samuelson, P. A. 1957. Wages and Interest: A Modern Dissection of Marxist Economic Models, in: American Economic Review, Bd. 47, S. 884–912.
Samuelson, P. A. 1974. Zum Verständnis des Marxschen Begriffs «Ausbeutung»: Ein Überblick über die sogenannte Transformation von Werten in Produktionspreise, in: H. G. Nutzinger und E. Wolfstetter (Hrsg.), Die Marxsche Theorie und ihre Kritik, Bd. 1, Frankfurt am Main.
Schumpeter, J. A. 1912. Theorie der wirtschaftlichen Entwicklung, Leipzig.
Schumpeter, J. A. 1950. Kapitalismus, Sozialismus, und Demokratie, Tübingen.
Seton, F. 1957. The Transformation Problem, in: Review of Economic Studies, Bd. 24, S. 149–160.
Sraffa, P. 1960. Production of Commodities by Means of Commodities, Cambridge.
Steedman, I. 1977. Marx After Sraffa, London.
Steedman, I. et al. 1981. The Value Controversy, London.
Steindl, J. 1952. Maturity and Stagnation in American Capitalism, New York.
Sweezy, P. M. 1942. The Theory of Capitalist Development, New York.
Sweezy, P., und Baran, P. 1964. Monopoly Capital, New York.
Tugan-Baranowski, M. v. 1905. Theoretische Grundlagen des Marxismus, Leipzig.

Turban, M. 1980. Marxsche Reproduktionsschemata und Wirtschaftstheorie, Berlin.
Vianello, F. 1987. Labour theory of value, in: J. Eatwell, M. Milgate und P. Newman (Hrsg.), The New Palgrave Dictionary of Economics, London.
Wheen, F. 2001. Karl Marx, München.
Wicksteed, P. H. 1884. Das Kapital. A Criticism, in: Today, Bd. 2, S. 388–409.
Wicksteed, P. H. 1885. The Jevonian Criticism of Marx: A Rejoinder, in: Today, Bd. 3, S. 177–179.

Ulrich Schwalbe

Léon Walras
(1834–1910)[1]

I. Leben

Marie Esprit Léon Walras, der Begründer der Theorie des allgemeinen Gleichgewichts, wurde am 16. Dezember 1834 im französischen Evreux in der Normandie geboren.[2] Er war das älteste von vier Geschwistern. Sein Vater, Auguste Walras, war stellvertretender Leiter der dortigen Schule, seine Mutter, Louise Aline, eine geborene de Sainte Beuve, die Tochter eines Notars aus Evreux. Im Jahre 1835 übersiedelte die Familie nach Paris, wo Léons Vater seine Ausbildung fortsetzte. Nach dem Abschluß seiner Studien erhielt er eine Stelle als Lehrer für Philosophie am College Royal in Caen. Neben seiner Berufstätigkeit hat er sich intensiv mit ökonomischen und wirtschaftstheoretischen Fragen befaßt und zwei Bücher zur politischen Ökonomie veröffentlicht (Walras, A., 1831, 1849).

In Caen besuchte Leon Walras das College Royale und war ein erfolgreicher Schüler, der aufgrund guter Leistungen mehrere Preise gewinnen konnte. Nach dem Abschluß der Grundschule besuchte Walras das Gymnasium in Douai/Normandie, wo er zwei Abschlüsse erwarb. Damit bewarb er sich an einer der angesehensten der Grandes Écoles, der École Polytechnique in Paris, scheiterte allerdings mit seiner Bewerbung aufgrund mangelnder Mathematikkenntnisse. Er bemühte sich, seine mathematischen Defizite durch die Lektüre von Newton, Descartes und Lagrange auszugleichen und las – auf Anraten seines Vaters – auch Cournots Untersuchungen über die mathematischen Grundlagen der Theorie des Reichtums (Cournot, 1838). Trotz dieser Vorbereitungen scheiterte er ein zweites Mal und bewarb sich daraufhin an der École des Mines, einer Grande École mit etwas geringerer Reputation, an der er schließlich aufgenommen wurde. Es stellte sich allerdings schnell

[1] Für wertvolle Hinweise und Kommentare danke ich Harald Hagemann und Heinz Kurz.

[2] Zur Biographie von Walras vgl. Boson (1951), Jaffé (1935, 1968, 1984) und Walker (1987a).

heraus, daß Walras den Ingenieurwissenschaften kein großes Interesse entgegenbringen konnte – statt dessen ging er seinen literarischen, philosophischen, historischen und sozialwissenschaftlichen Neigungen nach. Gerade 24jährig veröffentlichte er 1858 den Roman *François Sauveur*, in dem er den Kampf eines jungen Mannes gegen die bürgerlichen Konventionen schildert, und ein Jahr später noch eine Kurzgeschichte. Beiden Werken war jedoch kein kommerzieller Erfolg beschieden. Walras wurde bewußt, daß seine Zukunft weniger im Bereich der Literatur als in den Sozialwissenschaften lag. Bei einem Gespräch während eines sommerlichen Abendspaziergangs versprach er dem Vater, seine literarischen Handübungen aufzugeben und statt dessen sein Leben der Wirtschaftswissenschaft zu widmen. Ein Versprechen, an das sich Walras mit beeindruckender Treue gehalten hat.

In den späten 1850er Jahren begann Walras eine für die damalige Zeit unkonventionelle Beziehung mit Célestine Aline Ferbach (1834–1879), die aus einer früheren Liaison bereits ein Kind hatte. Sie gebar ihm im Jahr 1863 Zwillingstöchter, von denen eine jedoch im Säuglingsalter verstarb. Erst im Jahre 1869 heiratete Walras seine Lebensgefährtin. Ihren Sohn aus erster Ehe, Georges, adoptierte er.

Von 1858 bis 1870 befand sich Walras mit seiner Familie zumeist in einer finanziell schwierigen Lage, da er in diesem Zeitraum meist nur kurzfristige Beschäftigungsverhältnisse hatte oder freiberuflich tätig war, ohne dabei jedoch besonders erfolgreich gewesen zu sein. So arbeitete er zunächst als Journalist, war dann bei einer Eisenbahngesellschaft angestellt, arbeitete als geschäftsführender Direktor einer kooperativen Bank und fand nach deren Bankrott eine Beschäftigung bei einer privaten Bank. Neben seiner Berufstätigkeit verfaßte er sein erstes wirtschaftswissenschaftliches Werk, in dem er die ökonomischen Vorstellungen des anarchistischen Theoretikers Proudhon über die Rolle und die Funktion des Eigentums kritisierte. Er versuchte sich auch als Herausgeber der von einer Genossenschaftsbank finanzierten Zeitschrift *Le Travail* und hielt öffentliche Vorträge zu den verschiedensten Themen.

In den Jahren von 1858 bis 1870 versuchte Walras mehrfach, eine Position an einer französischen Universität zu bekommen. Allerdings gab es zu dieser Zeit in Frankreich nur wenige wirtschaftswissenschaftliche Lehrstühle, die zumeist von etablierten Ökonomen der orthodoxen Schule besetzt waren, die Ökonomie weniger als Wissenschaft denn als angewandte Politik auffaßten und auch die wissenschaftlichen Zeitschriften kontrollierten. Ihre Lehrstühle wurden häufig an Verwandte weitergegeben (Jaffé, 1984). Ein anderer Grund für die Ablehnung mag darin gelegen haben, daß Walras aufgrund einiger seiner Äußerungen als Sozialist eingeschätzt wurde, der für einen Lehrstuhl an einer französischen Universität in der damaligen Restaurationszeit, in der eher liberale Vorstellungen erwünscht waren, nicht in Frage kam.

Im Jahre 1860 nahm er an einem internationalen Kongreß über Steuerfragen in Lausanne teil. Zwar errang er mit seiner Arbeit zur Besteuerung im Schweizer Kanton Waadt (Walras, 1861) nur den 4. Platz, hinterließ jedoch durch seinen Vortrag einen hervorragenden Eindruck, vor allem auf den Schweizer Politiker Rouchonnet. Bereits in dieser Zeit entstand der Plan, das gesamte Gebiet der Wirtschaftswissenschaft im Rahmen von drei umfassenden Werken darzulegen. In diesen Arbeiten sollten die reine Theorie, die angewandte Ökonomik und die Sozialökonomik ausführlich abgehandelt werden. Wie sich später zeigen sollte, überstieg dieses Projekt Walras' Kräfte – lediglich den ersten Teil konnte er verwirklichen.

Im Jahre 1870 verbesserte sich die finanzielle Situation der Familie erheblich, als Walras auf Fürsprache von Rouchonnet auf einen Lehrstuhl für politische Ökonomie an die Universität Lausanne berufen wurde, wo er bis zu seiner Emeritierung im Jahre 1892 lehrte und forschte. Als Dozent scheint Walras nicht allzu erfolgreich gewesen zu sein, was aber auch daran gelegen haben mag, daß die Studenten weniger an der theoretischen Ökonomie interessiert waren als an praktisch verwertbaren Kenntnissen und Fähigkeiten. In den ersten Jahren seiner Tätigkeit an der Universität Lausanne hatte Walras nun die Muße, sich der wirtschaftstheoretischen Forschung zu widmen, und in dieser Zeit entstanden seine wichtigsten Werke. Hier ist vor allem sein Hauptwerk zu nennen, die *Eléments d'economie politique pure ou Théorie de la richesse sociale*, das in zwei Lieferungen 1874 und 1877 erschien.[3]

[3] Weitere Auflagen zu Walras' Lebzeiten erschienen 1889, 1896 und 1902. Die definitive Ausgabe erschien 1926 und wurde 1954 von Jaffé ins Englische übersetzt. Die ersten Teile hat Walras 1873 vor der Académie des Sciences Morales et Politiques am Institut de France vorgetragen, stieß aber dort auf Unverständnis und eisige Ablehnung (Ingrao/Israel, 1990, 88). Diese Vorträge

Im Jahr 1876 erkrankte seine Frau Celine schwer, und Walras war gezwungen, für die ärztliche Behandlung große Summen aufzuwenden. Dazu mußte er neben seiner Tätigkeit an der Universität noch zusätzliche Kurse anbieten, hat unter dem Pseudonym ‹Paul› Artikel für die *Gazette de Lausanne* und die *Bibliothque universelle* verfaßt und war als Berater für die Versicherungsgesellschaft *La Suisse* tätig. 1879 verstarb seine Frau im Alter von nur 45 Jahren.

Fünf Jahre später heiratete Walras erneut. Seine zweite Frau Léonide Désirée Mailly (1826–1900) war 8 Jahre älter als er und stammte aus einer wohlhabenden Familie. Sie brachte in die Ehe eine erhebliche Mitgift in Form einer Leibrente ein. Allerdings war der Gesundheitszustand von Walras nicht der beste, er litt unter Erschöpfungszuständen, so daß er sich 1892 für ein Jahr von seinen Verpflichtungen freistellen ließ, mit der Absicht, nach seiner Rekonvaleszenz seine Tätigkeit wiederaufzunehmen. Er erkannte jedoch bald, daß er aus gesundheitlichen Gründen nicht wieder an die Universität zurückkehren wollte und entschloß sich daher, sich bei einer Pension von 800 Francs jährlich emeritieren zu lassen. Ein zusätzliches Argument bei dieser Entscheidung war möglicherweise die Erbschaft in Höhe von 100 000 Francs, die ihm seine im selben Jahr verstorbene Mutter hinterließ und mit der er seine Schulden begleichen konnte, die vor allem durch die Publikation und die Verbreitung seiner Schriften aufgelaufen waren.

In den Jahren nach seiner Emeritierung bis ins Jahr 1902 hat sich Walras kontinuierlich mit den *Eléments* beschäftigt, die er beständig überarbeitete, erweiterte und korrigierte. Insbesondere wichtige Ergänzungen bezüglich der Theorie des Kapitals und des Geldes, die in die weiteren Auflagen eingingen, entstanden in dieser Zeit. Seine beiden anderen geplanten Arbeiten, die Studien zur angewandten und sozialen Ökonomik, konnte er allerdings nicht mehr in der geplanten Form fertigstellen, sondern nur als Aufsatzsammlungen. In den beiden Bänden *Etudes d'économie sociale* (*Théorie de la répartition de la richesse sociale*) (1896) und *Etudes d'économie politique appliquée* (*Théorie de la production de la richesse sociale*) (1898) faßte er seine Arbeiten und Vorträge zu sozialökonomischen

wurden zusammen mit zwei weiteren Abschnitten zur Produktion sowie zur Kapitalbildung 1877 veröffentlicht und unter dem Titel: *Mathematische Theorie der Preisbestimmung der wirtschaftlichen Güter* (1888) durch von Winterfeld ins Deutsche übersetzt.

bzw. wirtschaftspolitischen Fragen zusammen, die er neben seiner Beschäftigung mit seinem Hauptwerk in den vorangegangenen 30 Jahren veröffentlicht hatte. Diesen Werken fehlt allerdings die inhaltliche Geschlossenheit der *Eléments* und auch ihre Bedeutung für die Wirtschaftswissenschaft wird als vergleichsweise gering eingeschätzt.

Nach dem Tod seiner zweiten Frau im Jahre 1900 und dem Wegfall ihrer Leibrente zog er sich mit seiner Tochter Aline nach Clarens in der Nähe von Montreux zurück und lebte dort in bescheidenen Verhältnissen. Er arbeitete, trotz nachlassender wissenschaftlicher Kreativität, weiter an den *Eléments*, und seine Notizen wurden in die 16 Jahre nach seinem Tod veröffentlichte ‹definitive Ausgabe› aufgenommen. Seine nachlassenden Kräfte hinderten Walras jedoch nicht daran, seine umfangreiche Korrespondenz mit fast allen bedeutenden Ökonomen seiner Zeit, die er seit mehr als 30 Jahren führte, fortzusetzen, seinen Fachkollegen Exemplare seiner Schriften zukommen zu lassen und sie um Kommentare zu bitten. Die von Jaffé herausgegebene Sammlung enthält mehr als 1900 Briefe von und an Walras, unter anderem seine Briefwechsel mit Cournot, Jevons, Wicksteed, Edgeworth, Wicksell, Fisher und Pareto, um nur einige der prominentesten Korrespondenten zu nennen (Jaffé, 1965). Viele seiner Briefe hatten den Zweck, seine Ideen, vor allem auch hinsichtlich der Verwendung der Mathematik in der Wirtschaftswissenschaft, bekannt zu machen, durchzusetzen und um Unterstützung und Anhänger für seine Theorien zu werben. Allerdings waren diese Versuche in vielen Fällen nicht von Erfolg gekrönt. In Frankreich stieß er auf Ablehnung, und auch vom «perfiden Albion» fühlte er sich entweder ignoriert, mißverstanden oder plagiiert. Ein Beispiel hierfür ist die Auseinandersetzung mit Jevons um die Priorität bei der Entdeckung des Grenznutzenprinzips, die erst beigelegt werden konnte, als sich herausstellte, daß Gossen beiden zuvorgekommen war. Die Ablehnung, die Walras von vielen Seiten entgegengebracht wurde, führte dazu, daß er, der als aufgeblasen, pedantisch, mürrisch, streitsüchtig, megalomanisch und hypochondrisch beschrieben wird (Jaffé, 1971), sich zurückzog und verbitterte.[4] Dennoch blieben Ehrungen und Anerken-

[4] 1905 bewarb er sich um den Friedensnobelpreis, indem er drei Kollegen seiner ehemaligen Universität dazu brachte, eine von ihm verfaßte Begründung beim Nobelpreiskomitee einzureichen. Da sein Werk die wissenschaftliche

nungen seiner Werke nicht aus: So wurde er im Jahre 1902 zum Ehrenmitglied der 1885 gegründeten *American Economic Association* ernannt. Im Jahre 1909 wurde an der Universität Lausanne eine Feier zu seinem vierzigjährigen Jubiläum veranstaltet, und es trafen Botschaften aus aller Welt ein, die ihn als Begründer der Theorie des allgemeinen Gleichgewichts feierten. Am 5. Januar 1910 starb Léon Walras.

2. Werk

Methodische Grundlagen. Die ersten Einflüsse auf das ökonomische Denken von Léon Walras gingen ohne Zweifel von seinem Vater Auguste aus, der sich in seinen Arbeiten vor allem mit dem Zusammenhang von Nutzen, Knappheit und Wert auseinandergesetzt und den Begriff *Rareté* eingeführt hatte, den er als Verhältnis der vorhandenen Menge eines Gutes zur Nachfrage definierte. Dieser Begriff wurde später von Walras, allerdings mit anderem Inhalt, weiterverwendet. Auch das Konzept des *Numéraire* als Wertmaßstab, das in seinem Modell eine wichtige Rolle spielt, stammte von seinem Vater. Inhaltlich bedeutsam ist ebenfalls dessen Interpretation von Kapitalgütern als solchen, die mehrfach verwendet werden können, im Unterschied zu Gütern, die in der konsumtiven oder produktiven Verwendung untergehen. Auguste Walras vertrat ebenfalls die Überzeugung, daß die Ökonomik als mathematische Disziplin, ähnlich wie eine Naturwissenschaft, etabliert werden sollte. Auch einige sozialreformerischen Ansichten Léon Walras', wie z. B. seine Forderung nach der Nationalisierung von Grund und Boden, gehen auf die Vorstellungen seines Vaters zurück.

Das Buch *Recherches sur les principes mathématiques de la théorie des richesses* (1838) von Cournot, einem Schulkameraden seines Vaters, hatte ihm gezeigt, wie die Wirtschaftswissenschaft mit mathematischen Methoden betrieben werden kann.[5] Als weitere öko-

Begründung des Freihandels liefere und dieser unzweifelhaft dazu führen würde, den Weltfrieden zu erreichen, sei er ein attraktiver Kandidat für den Nobelpreis. Allerdings wurde nichts daraus – der Preis ging an Theodore Roosevelt (Sandmo, 2007).

5 Zu dieser Ansicht trug möglicherweise auch das Buch *Traité des richesses* (1781) von Isnard bei, das sich im Besitz von Walras befand und wohl ebenfalls aus der väterlichen Bibliothek stammte.

nomische Vorläufer können sicherlich noch Quesnay und Turgot gelten, auf die die Konzeption einer Volkswirtschaft als geschlossenem Kreislauf zurückgeht, sowie auch Adam Smith, dem er die Idee verdankte, daß aus dem individuellen Handeln einer Vielzahl von Akteuren ein insgesamt wünschenswerter Zustand hervorgehen kann. Von Say könnte die Unterscheidung von Kapitalist und Unternehmer stammen und von John Stuart Mill die Rolle der Preisbildung im Wettbewerb.

Eine weitere Anregung von nicht zu überschätzender Bedeutung war sein Kontakt mit der klassischen Mechanik und Statik an der École des Mines. Insbesondere das Werk von Poinsot *Eléments de statique*, in dem gezeigt wird, wie das Gleichgewicht eines Systems mit vielen, sich gegenseitig durch ihre Schwerkraft beeinflussenden Größen als Lösung eines Gleichungssystems ermittelt werden kann, ist hier zu nennen. Es ist davon auszugehen, daß er durch die intensive Beschäftigung mit dieser Konzeption zu seiner Idee gelangte, eine Volkswirtschaft als ein komplexes, interdependentes System von Märkten aufzufassen (Ingrao/Israel, 1990, S. 88).

Das allgemeine Gleichgewicht. Ausgehend von diesen Grundlagen entwickelte Walras als erster ein Modell, das eine idealisierte Volkswirtschaft in einem formal-mathematischen Modell beschreibt. Anders als z.B. Cournot, Jevons oder Marshall, ist Walras nicht primär an dem Geschehen auf einem einzelnen Markt oder in einer einzelnen Industrie interessiert, sondern an der Gesamtheit des wirtschaftlichen Geschehens in einer Volkswirtschaft. Hierzu konstruierte Walras ein Totalmodell einer Wirtschaft, das auf den Entscheidungen der einzelnen Akteure basiert, d.h. der Konsumenten, der Besitzer von Kapitalgütern und der Unternehmer, die jeweils individuell und dezentral ihren Nutzen bzw. Gewinn maximieren – ein Ansatz, der von Cournot als mathematisch nicht zu bewältigen eingeschätzt wurde (Cournot, 1838, §74). Aufgrund der Interdependenz aller Märkte kann das Angebot oder die Nachfrage auf einem Markt nicht isoliert betrachtet werden, sondern hängt im Prinzip von den Preisen aller anderen Güter und Faktorleistungen und damit auch der Einkommen aller Akteure ab. Der Bewertungsprozeß hat also notwendig auf allen Märkten simultan zu erfolgen, wobei immer auch die Interdependenz von Konsum und Produktion berücksichtigt werden muß. Walras versucht, zwar mit unzureichenden formalen Methoden" die Existenz eines Gleichgewichtes in einer solchen Modellökonomie nachzuweisen. Das Gleichgewicht wird als ein Zustand beschrieben, in dem alle Akteure durch Preissignale dazu geführt werden, ihre Konsum- und Produktionsentscheidungen so zu treffen, daß sie miteinander kompatibel sind, d.h. daß bei den gleichgewichtigen Preisen alle Akteure ihren Nutzen bzw. Gewinn maximieren und alle Märkte geräumt sind. Er beschreibt dazu einen Preisanpassungsprozeß, der dazu führen würde, daß eine Volkswirtschaft das Gleichgewicht erreicht, charakterisiert dessen Eigenschaften und untersucht, welche Wechselwirkungen zwischen den einzelnen Elementen des Systems bestehen und welche Änderungen aufgrund anderer Parameterwerte zu erwarten sind.

Im Rahmen seines Modells hat Walras einen wichtigen Beitrag zur Theorie des Grenznutzens geleistet. Er definiert, in ähnlicher Form wie Jevons oder Menger, den Grenznutzen als Ableitung einer Nutzenfunktion, d.h. als den zusätzlichen Nutzen, den ein Akteur durch den Konsum einer weiteren ‹marginalen Einheit› eines Gutes erzielt (Jaffé, 1972, 1976).[6] Allerdings verwendet Walras diesen Ansatz nicht, um einen einzelnen Markt zu beschreiben, sondern um ein System interdependenter Märkte zu modellieren. Seine Theorie des allgemeinen Gleichgewichts bildet daher einen großen konzeptionellen Rahmen, der die partialanalytischen Ansätze als Spezialfälle enthält. In diesem Sinne handelt es sich bei den *Éléments* tatsächlich, um mit Schumpeter zu sprechen, um die Magna Charta der Wirtschaftstheorie und bei Walras um den größten Theoretiker seit Ricardo (Schumpeter, 1954, S. 242).

Walras betrachtet eine Abfolge von Modellen mit immer geringer werdender Abstraktion und zunehmendem Komplexitätsgrad. Wie im folgenden dargestellt, beginnt er bei der Analyse einer einfachen Tauschökonomie mit zwei Gütern und erweitert dann das Modell auf den Tausch von beliebig vielen Gütern. Im Anschluß daran ergänzt er das Modell um die Produktion von Konsumgütern und schließlich um die Produktion und Reproduktion von Kapitalgütern. Schließlich wird noch Geld in das Modell eingeführt.

6 Das Grenznutzenkonzept wurde erstmalig bereits von Gossen 1854 verwendet, der ebenfalls einen totalanalytischen Ansatz verfolgte.

Tauschwirtschaft. Das Thema des ersten Teils der *Éléments* ist die Bestimmung der Gleichgewichtspreise und -mengen in einer Tauschwirtschaft bei gegebenen Anfangsaustattungen. Die einzelnen Akteure verhalten sich nutzenmaximierend und sind durch additiv-separable kardinale (zahlenmäßig messbare) Nutzenfunktionen gekennzeichnet. Walras geht davon aus, daß auf den Märkten vollkommener Wettbewerb herrscht und unterstellt damit, analog zur Physik, ein ideales, ohne Reibungsverluste funktionierendes System. Aus der Nutzenmaximierung werden Nachfragefunktionen hergeleitet, die aufgrund der Interdependenz der Märkte von allen Preisen abhängen. Grundlage ist dabei das von ihm entwickelte Konzept des Grenznutzens, den er als *Rareté* bezeichnet. Die Angebotsfunktionen der einzelnen Akteure ergeben sich als Residualgröße, d. h. als Differenz zwischen deren Nachfrage und ihrer Anfangsausstattung. Die Marktangebots- bzw. Marktnachfragefunktionen ergeben sich durch Aggregation der individuellen Nachfrage- und Angebotsfunktionen. Walras unterstellt, daß die Nachfragefunktionen einen fallenden Verlauf haben, d. h. das Phänomen des Giffen-Gutes, das bei steigendem Preis vermehrt nachgefragt wird, bezieht er in seine Überlegungen nicht mit ein. Im ersten Abschnitt untersucht er lediglich den Tausch von zwei Gütern, erweitert jedoch im zweiten Abschnitt die Analyse auf eine beliebige Anzahl von Gütern.

Er zeigt, daß bei Nutzenmaximierung der Wert des aggregierten Angebots bei allen Preisen, d. h. nicht nur im Gleichgewicht, gleich dem Wert der aggregierten Nachfrage ist. Anders ausgedrückt: Sind $m-1$ Märkte im Gleichgewicht, dann ist auch der letzte Markt im Gleichgewicht, eine Aussage, die in die Literatur als das ‹Gesetz von Walras› eingegangen ist. Um das Gleichgewicht zu ermitteln, unterstellt Walras einen Preisanpassungsmechanismus, den er als *Tâtonnement* bzw. ‹Herantasten› bezeichnete und zu dem er durch die Beobachtung des Geschehens an der Börse angeregt wurde. Das *Tâtonnement* beginnt bei einem zufälligen Preis. Übersteigt bei diesem Preis die Nachfrage das Angebot, dann werden die Nachfrager in der nächsten Runde höhere Preise bieten; herrscht jedoch ein Überschußangebot, dann werden die Anbieter des Gutes den Preis reduzieren. In diesem Modell unterstellt Walras keinen Auktionator, der die Preise ausruft, sondern Anbieter und Nachfrager selbst ändern die Preise, wenn sie entweder beim herrschenden

Preis ihre Nachfrage nicht befriedigen oder ihr Angebot nicht absetzen können (Walker, 1996, S. 55f., 86ff.). Dieser Prozeß der Preisanpassung setzt sich so lange fort, bis ein Gleichgewichtspreis erreicht ist. Erst dann finden die entsprechenden Transaktionen statt. Walras unterstellt also, wie er es an der Börse beobachtet hat, daß bei ungleichgewichtigen Preisen keine Transaktionen stattfinden.

Aufgrund der Interdependenz der Märkte kann das *Tâtonnement* nicht für jeden Markt einzeln betrachtet werden, sondern nur für alle Märkte gleichzeitig. Wenn das Angebot eines Gutes steigt, weil sein aktueller Preis vergleichsweise hoch ist, dann hat das Auswirkungen auf das Angebot an und die Nachfrage nach Substituten und Komplementen und dies wiederum auf andere Märkte etc., so daß letztlich die ganze Ökonomie betroffen ist. Walras war der Überzeugung, daß das *Tâtonnement* zu einem simultanen Gleichgewicht auf allen Märkten führt, da die direkten Wirkungen der Preisanpassung immer größer seien als alle indirekten Wirkungen zusammen.[7]

Die Bedingungen für ein allgemeines Gleichgewicht formuliert er als Gleichungssystem, das im Falle von *m* Gütern aus *m* Gleichungen mit den *m* unbekannten Güterpreisen besteht. Allerdings sind die Gleichungen aufgrund des ‹Gesetzes von Walras› nicht alle unabhängig, sondern eine Gleichung ergibt sich immer aus den restlichen m-1 Gleichungen, d. h. das System ist unterdeterminiert. Wenn jedoch ein Gut als Wertmaßstab, d. h. als *Numéraire* fungiert, dessen Preis auf 1 normiert ist, und durch das die Preise aller anderen Güter ausgedrückt werden, beträgt die Zahl der Unbekannten auch nur m-1, d. h. die Zahl der Gleichungen stimmt mit der Zahl der Unbekannten überein.[8] Daraus schloß Walras auf die Existenz einer Lösung und damit also auch auf die Existenz eines allgemeinen Gleichgewichts. Allerdings ist die Übereinstimmung der Zahl der Gleichungen mit der Zahl der Unbekannten weder hinreichend noch notwendig für die Existenz einer eindeutigen Lösung. Man muß Walras jedoch zugute halten, daß die mathematischen Metho-

[7] Bei den von Walras unterstellten additiv-separablen Nutzenfunktionen gilt für eine Tauschökonomie, daß alle Güter Bruttosubstitute sind und dies wiederum ist hinreichend für die Eindeutigkeit des Gleichgewichts. (Vgl. z. B. Mas-Colell, Whinston und Green, 1990, S. 612f.).

[8] Er betrachtet also nur Relativpreise, keine absoluten Preise.

den, die zum Beweis der Existenz eines allgemeinen Gleichgewichts bei nichtnegativen Preisen benötigt werden, zu dieser Zeit noch nicht zur Verfügung standen. Im Gleichgewicht, so zeigt Walras, muß gelten, daß das Verhältnis der Preise von je zwei Gütern gleich dem Verhältnis der Grenznutzen, der *Rareté* dieser Güter ist, d.h. die bekannte Bedingung ‹Grenzrate der Substitution gleich Preisverhältnis› ist erfüllt. In einem solchen Gleichgewicht erreicht jeder Akteur bei gegebenen Anfangsausstattungen sein Nutzenmaximum.[9]

Produktionswirtschaft. Im dritten Teil dehnt Walras sein Modell auf die Produktion von Konsumgütern und die Bereitstellung von Faktorleistungen aus. Wichtig für seine Analyse ist die Unterscheidung zwischen dauerhaften Kapitalgütern, die mehrfach, und solchen Gütern, die nur einmal genutzt werden können. Er betrachtet drei verschiedene Arten von Kapitalgütern: Boden, Personen und physisches Kapital wie z.B. Maschinen, die Boden-, Arbeits- bzw. Kapitalleistungen abgeben und die auf den entsprechenden Märkten gehandelt werden. Kapitalgüter selbst werden zwar genutzt, aber annahmegemäß nicht produziert bzw. reproduziert. Weiterhin wird das Konzept des Unternehmers (Entrepreneur) eingeführt, der Faktorleistungen einkauft, kombiniert und neue Güter herstellt. Die Unternehmer fungieren gleichsam als Arbitrageure zwischen den Anbietern von Faktorleistungen und den Nachfragern nach Gütern und sind streng von den Kapitalbesitzern zu unterscheiden (vgl. Walker, 1986). Produziert wird mit Technologien, die durch fixe Einsatzverhältnisse der Inputfaktoren charakterisiert sind, so daß keine Substitution zwischen den verschiedenen Faktorleistungen möglich ist.[10] Es handelt sich dabei um eine Technologie, die konstante Durchschnitts- und Grenzkosten impliziert.

In dieser einfachen Produktionsökonomie bieten die Haushalte Faktorleistungen an (z.B. Arbeit) und fragen Konsumgüter nach, die Unternehmer stellen diese Konsumgüter bereit und fragen auf den Faktormärkten die entsprechenden Faktorleistungen nach. Auf

[9] Dies kann als eine frühe Fassung einer speziellen Version des 1. Hauptsatzes der Wohlfahrtstheorie interpretiert werden.

[10] Auf ähnlichen Annahmen bezüglich der Technologie basieren die sogenannten linearen ökonomischen Modelle und die Input-Output-Analyse, vgl. Dorfman, Samuelson und Solow (1959).

diese Weise sind die Märkte für Konsumgüter und die Faktormärkte eng miteinander verknüpft: Herrscht z. B. bei gegebenen Preisen eine Überschußnachfrage nach einer Faktorleistung, dann steigt der Preis für diese Leistung, die Anbieter erzielen ein höheres Einkommen und fragen daraufhin größere Mengen an Konsumgütern nach. Dies wiederum hat Rückwirkungen auf die Preise dieser Güter und die Nachfrage nach den Faktorleistungen, die zur Herstellung dieser Güter benötigt werden etc.

Die Preise auf allen Märkten ändern sich entsprechend dem üblichen *Tâtonnement*-Prozeß: die Preise aller Güter und aller Faktorleistungen und damit die Einkommen der Anbieter dieser Leistungen werden simultan bestimmt, also auch die funktionelle Einkommensverteilung. Das Einkommen, das die Anbieter von Faktorleistungen im Gleichgewicht erzielen, ist gerade ausreichend, um ihre Nachfrage nach Konsumgütern bezahlen zu können. Aufgrund der Annahmen vollkommenen Wettbewerbs, völliger Faktormobilität und der technischen Produktionsbedingungen erzielen die Unternehmer im Gleichgewicht keinen Gewinn, denn das *Tâtonnement* führt zu einem Preis für jedes Produkt in Höhe seiner Durchschnittskosten.[11]

Produktion von Kapitalgütern. Bisher waren im Produktionsmodell lediglich die Gleichgewichtspreise der von den Kapitalgütern abgegebenen Faktorleistungen bestimmt worden, nicht aber die Mengen und Preise der Kapitalgüter selbst sowie ihre Ertragsraten. Diesem Thema widmet sich Walras im vierten Abschnitt der *Eléments*. Dies ist insbesondere für die physischen Kapitalgüter von Bedeutung, deren Menge durch Verschleiß verringert oder durch Investitionen in zusätzliche Kapitalgüter vergrößert werden kann. Die Nachfrage nach neu produzierten Kapitalgütern, d. h. die Investitionsnachfrage, kommt dabei von den Unternehmern, die, bei festen Einsatzverhältnissen, Kapitalleistungen mit denen des Bodens und der Arbeit kombinieren, um Konsum- oder Kapitalgüter herzustellen.

Walras definiert eine Investition als den Wert eines neuen Ka-

[11] Da die Kosten auch den kalkulatorischen Unternehmerlohn enthalten, erwirtschaftet jeder Unternehmer im Gleichgewicht gerade seinen Unternehmerlohn, d. h. ein Gewinn von null besagt, daß gerade ein ‹normaler› Gewinn erwirtschaftet wird.

pitalgutes. Die Rate des Nettoeinkommens, das ein Kapitalgut generiert, entspricht seinem Nettoertrag, d.h. dem Bruttoertrag abzüglich Amortisation und Versicherung, dividiert durch seinen Preis. Im Gleichgewicht soll diese Rate des Nettoeinkommens für alle Kapitalgüter gleich sein und dem Zinssatz entsprechen. In diesem Fall hängt die Investitionsnachfrage negativ vom Zinssatz ab. Das Geld zum Kauf dieser Kapitalgüter erhalten die Unternehmer als Kredit aus den Ersparnissen der Kapitalisten, den sie mit den Erlösen aus dem Verkauf der hergestellten Güter zurückzahlen. Die Ersparnis der Kapitalisten ist definiert als die Differenz zwischen ihrem Einkommen und ihrem Konsum, den Abschreibungen und den Versicherungsprämien und wird mit Hilfe eines fiktiven Gutes *E* modelliert, das seinem Eigentümer pro Einheit eine Einheit des *Numéraire* im Jahr erbringt. Der Preis für eine Einheit dieses Gutes entspricht dem Kehrwert des Zinssatzes. Je geringer der Preis, desto größer ist die Nachfrage nach dem Gut *E*, denn ein geringerer Preis impliziert einen höheren Zinssatz und damit einen größeren Strom künftigen Einkommens. Das Angebot an Ersparnis entspricht also der Nachfrage nach dem fiktiven Gut *E*. Kurzfristig, d.h. bei einer beliebigen Ausstattung an Kapitalgütern, ist jedoch nicht sichergestellt, daß eine für alle Kapitalgüter gleiche Rate des Nettoeinkommens, d.h. ein uniformer Zinssatz herrscht, denn ein Gleichgewicht erfordert zusätzlich, daß auch der Preis eines Kapitalgutes seinen Herstellungskosten entspricht. Dies ist aber bei einem beliebigen gegebenen Kapitalbestand nicht sichergestellt.[12] In der vierten Auflage der *Eléments* korrigiert Walras diese Inkonsistenz, indem er Änderungen des Kapitalbestandes zuläßt. Dies markiert die Unterscheidung zwischen einem kurzfristigen Modell des allgemeinen Gleichgewichts und einer langfristigen Betrachtung.

Besteht eine positive Überschußnachfrage nach einem Konsumgut, dann entstehen auf diesem Markt positive Gewinne. Die Unternehmen werden ihren Output erhöhen und weitere Unternehmen treten in den Markt ein. Die Angebotsfunktion für dieses Konsumgut verschiebt sich und sein Preis sinkt. Gleichzeitig steigt aber auch der Preis der zur Herstellung des Konsumgutes erforderlichen Kapitalleistungen, da die Nachfrage danach zugenommen

12 Vgl. Kurz und Salvadori, 1995, S. 439f.

hat. Insgesamt führen beide Prozesse also zu einer Verringerung des Gewinns und enden erst dann, wenn die Gewinne verschwunden sind.[13] Bei Verlusten verlassen Unternehmer den Markt, das Angebot am Konsumgut geht zurück und sein Preis steigt. Bei den entsprechenden Kapitalgütern sinken Nachfrage und Preis. Insgesamt werden die Verluste geringer und der Prozeß ist abgeschlossen, wenn die Preise sowohl für Konsum- als auch für Kapitalgüter gerade die jeweiligen Herstellungskosten einschließlich Normalverzinsung decken.

Weiterhin muß für ein Gleichgewicht in einer Ökonomie mit Kapitalbildung sichergestellt sein, daß die Nachfrage nach neuen Kapitalgütern, d.h. die Investition, gleich dem Angebot, d.h. der Ersparnis, ist. Hier ist der Zinssatz der Preis, durch dessen Anpassung die Nachfrage nach neuen Kapitalgütern und das Angebot an Ersparnis zum Ausgleich gebracht werden. Die Nachfragefunktion nach Investitionen fällt mit dem Zinssatz, da bei niedrigerem Zins der Gegenwartswert des Einkommens aus einer Investition steigt; die Angebotsfunktion der Ersparnis steigt mit dem Zinssatz, da bei höherem Zins eine Ersparnis einen größeren Einkommensstrom erbringt. Im langfristigen Gleichgewicht resultiert daher eine einheitliche Rate des Nettoeinkommens, d.h. ein uniformer Zinssatz, so daß die realen Ertragsraten aller Kapitalgüter gleich sind. Bei positiver Netto-Ersparnis und damit Investition wachsen also Kapitalstock und Wirtschaft.[14]

Auch in diesem Modell wird also unterstellt, daß Transaktionen nur zu Gleichgewichtspreisen stattfinden (Jaffé, 1967). Dies kann interpretiert werden als die Annahme, daß ein Produktionsprozeß keinerlei Zeit benötigt (*instantaneous production*). Andernfalls, d.h. bei Transaktionen außerhalb des Gleichgewichts, würden andere Mengen an Kapitalgütern produziert, andere Faktoreinkommen gezahlt und die Angebots- und Nachfragefunktionen würden sich ändern, d.h. die Entwicklung wäre pfadabhängig. In diesem Fall würden die von Walras verwendeten Gleichungen, die das Gleichgewicht determinieren, nicht mehr die tatsächliche Situation beschreiben. Daher unterstellt Walras, daß die Akteure lediglich no-

[13] Im Gleichgewicht erzielen also die Unternehmer gerade ihren Unternehmerlohn und die Kapitalgüter ihre Normalverzinsung.

[14] Zur Theorie der Kapitalbildung in Walras' Modell und dem Zusammenhang mit der Wachstumstheorie siehe Morishima (1977).

tieren, welche Mengen sie bei den aktuellen Preisen anbieten bzw. nachfragen. Er spricht von einem ‹*tâtonnement sur bons*›. Sind die angebotenen und nachgefragten Mengen nicht kompatibel, werden die Preise von einem Auktionator geändert, der die neuen Notierungen bekanntgibt. Der Produktionsprozeß beginnt erst dann, wenn die Gleichgewichtspreise gefunden sind, d.h. Faktoren werden zu den Gleichgewichtspreisen ge- und die hergestellten Produkte werden zu den entsprechenden Gleichgewichtspreisen verkauft. Auf diese Weise wird das Ergebnis pfadunabhängig.

Auch für eine Ökonomie mit Kapitalbildung postuliert Walras, daß im Gleichgewicht bei gegebenen Anfangsausstattungen auch die neuen Kapitalgüter zu einem Nutzenmaximum führen. Dies kann als Erweiterung der Aussage über das Nutzenmaximum in einer Tauschwirtschaft auf eine Produktionswirtschaft interpretiert werden und entspricht im Grunde ebenfalls dem 1. Hauptsatz der Wohlfahrtstheorie (Walker, 1984b). In diesem Sinne kann Walras, neben Dupuit, Marshall und Pigou, als Begründer der Wohlfahrtstheorie betrachtet werden (vgl. Niehans, 1990, S. 218f.).

Geld. Im fünften Abschnitt integriert Walras Geld in das Modell, wobei er in analoger Form vorgeht, wie bei der Tausch-, der Produktionsökonomie und der Ökonomie mit Kapitalbildung. Hierzu führt er eine Zeitstruktur ein, ohne dabei jedoch den statischen Charakter des Modells zu verändern. Die Zeit wird in eine Reihe von Perioden unterteilt und Transaktionen finden zu festgesetzten Zeitpunkten statt, müssen also nicht mehr simultan erfolgen. Es kann daher für die Akteure sinnvoll sein, Lagerbestände an Konsumgütern, Rohstoffen oder Kapitalgütern zu halten, wenn z.B. Güter in einer frühen Periode geliefert, aber erst in einer späten verbraucht werden. Diese Lagerbestände, die Walras als zirkulierendes Kapital bezeichnet, bieten eine Verfügbarkeitsleistung, die in die Nutzenfunktionen der Akteure eingeht und für die sie bereit sind, einen Preis zu zahlen. Wenn nun Transaktionen in Form von Ware gegen Geld durchgeführt werden, dann entsprechen Nachfrage und Angebot nach zirkulierendem Kapital der Nachfrage nach bzw. dem Angebot an Geld, mit dem das zirkulierende Kapital ge- bzw. verkauft wird. Geld wird also in gleicher Weise behandelt wie zirkulierendes Kapital und bietet bei asynchronen Transaktionen eine entsprechende Verfügbarkeitsleistung. Geld wird also im Rahmen eines lagerhaltungstheoretischen Modells eingeführt, wobei die Gesamtmenge an Geld exogen festgelegt ist.[15] Wenn den Akteuren alle Termine bekannt sind, an denen Transaktionen stattfinden, ergibt sich daraus die erforderliche Geldhaltung, die Walras als gewünschte Kassenhaltung (*encaisse désirée*) bezeichnet. Mit Geld als *Numéraire* ist der Preis einer Geldeinheit gleich 1 und der Preis seiner Verfügbarkeitsleistung entspricht dem Zinssatz. Je höher dieser Preis, d. h. je höher der Zinssatz, desto geringer ist die Nachfrage nach Geldhaltung. Auch für den Geldmarkt unterstellt Walras einen *Tâtonnement*-Prozeß bezüglich des Zinssatzes: Ein Gleichgewicht auf dem Geldmarkt herrscht dann, wenn der Preis für die Verfügbarkeitsleistung das Angebot und die Nachfrage nach Geldhaltung ausgleicht. Die Gleichgewichtspreise aller Güter, ausgedrückt in Geld, ergeben nun das Tauschverhältnis zwischen jedem Gut und dem *Numéraire*.

Geld wird also in den Nutzenfunktionen der Akteure als ein Gut wie andere Konsumgüter auch interpretiert, so daß sich konzeptionell am Walrasschen Modell durch die Einführung von Geld nichts ändert. Das gesamte System ist interdependent, und alle Preise für Konsumgüter, Kapitalgüter, Faktorleistungen, die daraus entstehenden Faktoreinkommen und damit die funktionelle Einkommensverteilung sowie der Zinssatz werden simultan bestimmt und damit auch die gehandelten Mengen aller Güter und Dienstleistungen. Eine Änderung eines Parameters, z. B. der Präferenzen für ein Konsumgut, löst Anpassungsreaktionen auf allen anderen Märkten aus und es ergibt sich ein neues Gleichgewicht.

Wachsende Wirtschaft und Grenzproduktivität, Monopol und Besteuerung. Die letzten beiden Teile der *Eléments* fallen aus der bisherigen konzeptionellen Struktur heraus, da es sich nicht um Erweiterungen des Modells, sondern um ergänzende Überlegungen handelt, die auch nicht in der gleichen formalen Stringenz abgehandelt werden. So beschreibt er eine wachsende Wirtschaft, die er als ‹stetigen Markt› bezeichnet. Eine wachsende oder sich verändernde Wirtschaft ist nach Walras dadurch gekennzeichnet, daß die Parameter des Modells sich im Zeitablauf ändern, so daß sich beständige

[15] Zum Thema Geld in Walras' Modell des allgemeinen Gleichgewichts vgl. Bridel (1997) und die dort angegebene Literatur.

Anpassungen des Konsums und der Produktion ergeben, d.h. das Gleichgewicht verschiebt sich kontinuierlich. In einer solchen wachsenden Wirtschaft würde auch eine Substitution von Boden durch Kapital stattfinden, so daß keine Technologie mit fixen Einsatzverhältnissen der Inputfaktoren mehr unterstellt werden kann. Statt dessen verwendet er hier einen grenzproduktivitätstheoretischen Ansatz, der ihm 1877 von einem Kollegen in Lausanne, dem Mathematiker Hermann Amstein, vorgeschlagen worden war, den er aber aufgrund fehlender mathematischer Kenntnisse nicht voll durchdrungen hatte. In den letzten Abschnitten seines Buches behandelt Walras noch kurz das Modell des Monopols, geht jedoch dabei nicht über die Ergebnisse von Cournot hinaus. Weiterhin enthält dieser letzte Teil noch einige bekannte Aussagen zur Theorie der Besteuerung.

Walras als Sozialökonom und seine wirtschaftspolitischen Konzeptionen. Neben seiner Beschäftigung mit der reinen Wirtschaftstheorie hat Walras sich auch des öfteren zu aktuellen wirtschafts- und geldpolitischen Fragen geäußert. Dabei sind die normativen Grundlagen seiner sozialreformerischen Konzepte stark durch seinen Vater beeinflußt (Rugina, 1982)[16]. Von ihm stammt die Vorstellung, daß der Staat das gesamte Land von seinen Eigentümern zurückkaufen sollte, um es dann an diejenigen, die das Land entweder konsumtiv oder produktiv nutzen möchten, zu vermieten.[17] Aus diesen Einnahmen könnte der Staat seine gesamten Ausgaben finanzieren, und auf diese Weise könnten die Steuern abgeschafft werden. Dies würde es den Arbeitern ermöglichen, selbst Kapital zu bilden, und dadurch würde eine bessere und gerechtere Einkommensverteilung realisiert. Diese Vorstellung war einer der Gründe dafür, daß Walras sich als ‹wissenschaftlichen Sozialisten› bezeichnet hat (Cirillo, 1980).

16 Jaffé (1977) hat die Ansicht vertreten, das Walrassche System sei normativ zu interpretieren. Neuere Arbeiten haben jedoch gezeigt, daß dies wohl nicht der Fall ist (Walker, 1984a).

17 Eine ähnliche Vorstellung vertrat der von Walras sehr geschätzte Ökonom Gossen, dessen Werk Walras ins Französische übersetzt hat.

3. Wirkung

Aus heutiger Sicht ist der zentrale und herausragende Beitrag von Walras zur Wirtschaftstheorie darin zu sehen, daß er als erster ein formales Modell einer Ökonomie mit einer Vielzahl von Gütern und einem komplexen, interdependenten System von Wettbewerbsmärkten entwickelt hat. Er konnte damit nachweisen, daß man mit Hilfe einer mathematischen Formulierung die komplexe Struktur einer Ökonomie erfassen und Aussagen über die Wechselwirkungen zwischen den verschiedenen Bereichen und Märkten treffen kann.

Die unmittelbare Wirkung der Arbeiten von Walras auf die zeitgenössische Wirtschaftswissenschaft war jedoch vergleichsweise gering. Zwar fand er zu Lebzeiten einige Anhänger, wie z. B. in Italien Antonelli, Barone oder Pareto, dem Nachfolger auf seinem Lehrstuhl in Lausanne, sowie Launhardt und von Bortkiewicz in Deutschland, Schumpeter in Österreich und Fisher und Moore in Amerika. Aber in den englischen, deutschen und österreichischen Zentren der Wirtschaftswissenschaft war sein Einfluß beschränkt, da seine Theorien als wirklichkeitsfremd und zu abstrakt-formal abgelehnt wurden. Der Hauptgrund für die recht reservierte Aufnahme der Walrasschen Ideen war wohl die große Skepsis, die viele Ökonomen Ende des 19. Jahrhunderts einer mathematischen Formulierung wirtschaftstheoretischer Probleme entgegenbrachten.[18]

Von den Ökonomen, die sich in den ersten Jahren des 20. Jahrhunderts mit der Theorie des allgemeinen Gleichgewichtes auseinandersetzten, ist sicherlich an erster Stelle sein Nachfolger Pareto zu nennen. In seinem Hauptwerk *Manuale di economia politica* (1906) ersetzt Pareto die bis dahin vorherrschende Konzeption eines kardinalen Nutzens durch ein ordinales Konzept, das eine Nutzenfunktion lediglich als die Darstellung der Präferenzen der Akteure interpretiert. Das Walrasianische System bleibt bei Pareto im Kern erhalten, allerdings liegt der Schwerpunkt auf dem Optimierungskalkül der einzelnen Akteure bei Preisnehmerverhalten und gegebenem Marktsystem. Das Paretianische Modell fand insbeson-

[18] Bezeichnenderweise hatten viele der frühen Anhänger von Walras eine fundierte mathematische Ausbildung: Barone hatte Mathematik studiert, Pareto Mathematik und Physik, Fisher war Ingenieur, Launhardt Mathematiker und von Bortkiewicz Professor für Statistik und politische Ökonomie.

dere im angelsächsischen Raum in den 1930er Jahren größere Beachtung als das Walrasianische, und Ökonomen wie Hicks, Samuelson und Arrow wurden in ihrem ökonomischen Denken durch dieses Modell beeinflußt. Weitere frühe Rezeptionen sind vor allem Wicksells Beitrag zur Kapitaltheorie, in dem er aufbauend auf den Theorien von Böhm-Bawerk und Walras die Theorie des Kapitalzinses weiterentwickelt und versucht, Zeit in das Walrasianische System zu integrieren (Wicksell, 1901–1906), sowie die Dissertation *Theorie der Geld- und Kreditwirtschaft* (1914) von Karl Schlesinger, einem mathematisch gebildeten Bankier, der damit einen zentralen Beitrag zur Integration des Geldes und der Unsicherheit in einem dynamischen Kontext geleistet hat.

Eine größere Bekanntheit erlangte das Modell von Walras vor allem in einer vereinfachten, direkt von den Nachfragefunktionen ausgehenden Form, die Gustav Cassel in seiner *Theorie der Sozialökonomie* (1918) vorgelegt hat. Sie war der Auslöser einer intensiven Auseinandersetzung mit dem Walrasianischen Modell, die im Rahmen des von Karl Menger veranstalteten ‹Mathematischen Kolloquiums› an der Wiener Universität geführt wurde. Anfang der 1930er Jahre hatten Neisser (1932) und von Stackelberg (1933) darauf hingewiesen, daß die Lösung des Walras-Casselschen Gleichungssystems negative Preise implizieren kann.[19] Schlesinger hat sich der Frage der positiven Lösbarkeit des Systems gewidmet und brachte auch den befreundeten, aus Ungarn stammenden Mathematiker und Ökonomen Abraham Wald dazu, sich mit der Frage nach der Existenz eines allgemeinen Gleichgewichtes zu beschäftigen (Schlesinger, 1935; Wald, 1935, 1936a, 1936b). Wald lieferte den ersten exakten Existenzbeweis für ein allgemeines Gleichgewicht bei nichtnegativen Preisen, allerdings unter Verwendung recht restriktiver Annahmen. Nach dem «Anschluß» von Österreich an Nazideutschland und der Emigration vieler Teilnehmer am Mathematischen Kolloquium nach Amerika wurden die Ideen der Theorie des allgemeinen Gleichgewichts dort verbreitet.[20]

[19] Frühere Hinweise auf formale Probleme des Modells wurden kaum rezipiert, vgl. Lexis (1881).

[20] So ging Wald 1937 nach Amerika, ebenso Karl Menger, John von Neumann war bereits im Jahre 1931 nach Princeton gegangen. Neisser emigrierte 1933 und Schlesinger beging 1938 nach dem Einmarsch der Nazis in Österreich Selbstmord.

In den 1930er Jahren war die Theorie des allgemeinen Gleichgewichts im angelsächsischen Sprachraum, wie z.B. an der London School of Economics, in Princeton und in Harvard eher durch die Paretianische Konzeption geprägt, die vor allem durch Hicks *Value and Capital* (1939) populär wurde.[21] Beide Traditionen, die Walrasianische und die Paretianische, flossen in der 1932 gegründeten Cowles Commission zusammen, die in den 1930er und 1940er Jahren das Zentrum der mathematischen Wirtschaftstheorie bildete (Weintraub 1985, S. 80ff.). Hier wurden Anfang der 1950er Jahre die ersten axiomatisch fundierten Existenzbeweise von Arrow, Debreu und McKenzie vorgelegt (Arrow, 1951, Debreu, 1952, Arrow und Debreu, 1954, McKenzie, 1954) und schließlich in der *Theory of Value* (1959) von Debreu zusammengefaßt. In dieser Zeit wurden auch die beiden ‹Hauptsätze der Wohlfahrtstheorie› formuliert, die zentralen Aussagen über die Eigenschaften eines Walras-Gleichgewichtes. Diese besagen, daß ein Walras-Gleichgewicht Pareto-optimal ist und daß, unter etwas restriktiveren Bedingungen, jedes Pareto-Optimum als Walras-Gleichgewicht, d.h. durch dezentrale Entscheidungen der Akteure in einem System von Wettbewerbsmärkten, erreicht werden kann (Arrow, 1951).

Damit ein allgemeines Gleichgewicht existiert, müssen eine Reihe von Rahmenbedingungen erfüllt sein: So dürfen z.B. keine externen Effekte oder öffentlichen Güter vorliegen – allgemein ausgedrückt: das Marktsystem muß vollständig sein. Weiterhin müssen sich alle Akteure als Preisnehmer verhalten und es dürfen keine zunehmenden Skalenerträge vorliegen, wie z.B. bei natürlichen Monopolen. Auch müssen alle Akteure vollständig über alle entscheidungsrelevanten Größen informiert sein. Ist auch nur eine der Bedingungen verletzt, dann ist nicht sicher, daß ein Gleichgewicht existiert oder daß die Hauptsätze der Wohlfahrtstheorie gelten – es liegt ein sogenanntes Marktversagen vor.

Während die Bedingungen für die Existenz eines allgemeinen Gleichgewichts verhältnismäßig schwach sind, verhält es sich hinsichtlich der Eindeutigkeit und der Stabilität anders. Hierzu muß die restriktive Annahme erfüllt sein, daß alle Güter sogenannte Bruttosubstitute sind. Dies ist dann der Fall, wenn bei der Erhö-

[21] Zwar gab es einige Vorläufer wie Irving Fisher, der bereits 1892, ohne das Modell von Walras zu kennen, in seiner Dissertation (Fisher, 1892) Modelle von Tausch- und Produktionsökonomien entwickelt hat.

hung des Preises eines Gutes die Nachfrage nach allen anderen Gütern steigt. Die Ursache für diese Probleme ist in den schwachen Bedingungen insbesondere an die Nachfrageseite einer solchen Ökonomie zu sehen, die dazu führen, daß das Modell keine hinreichende Struktur aufweist, um etwas über die Eindeutigkeit und die Stabilität des Gleichgewichts aussagen zu können. Aus diesem Grunde haben sich einige Theoretiker der empirisch-ökonometrischen Bestimmung des tatsächlichen aggregierten Nachfrageverhaltens zugewandt. Die verfügbaren Daten, so wurde festgestellt, deuten darauf hin, daß die aggregierte Nachfrage in der Regel die notwendigen Eigenschaften aufweist, die die Eindeutigkeit und Stabilität des Gleichgewichts sicherstellen (Hildenbrand, 1994).

In den letzten fast fünfzig Jahren wurde das Walrassche Modell des allgemeinen Gleichgewichts in vieler Hinsicht erweitert und verallgemeinert. Um die Idee des Preisnehmerverhaltens mathematisch präzise zu formulieren, wurde ein Kontinuum von Akteuren zugelassen, so daß kein einzelner die Preise etc. beeinflussen kann (Aumann, 1964). Eine andere Erweiterung sind die Modelle ‹überlappender Generationen›, die insbesondere bezüglich des Wirtschaftswachstums oder der Ausgestaltung von Sozialversicherungssystemen von großer Bedeutung sind (Geanakoplos, 2008). Auch Fälle, in denen nicht für alle Güter Märkte existieren, d.h. das Marktsystem unvollständig ist, wurden analysiert. Es konnte gezeigt werden, daß auch in solchen Ökonomien Gleichgewichte existieren, die jedoch in aller Regel nicht mehr Pareto-optimal sind. Dieser Ansatz hat zu einer Reihe neuer Ergebnisse hinsichtlich Geld und anderer Finanzinstrumente in Modellen des allgemeinen Gleichgewichts geführt (Magill und Quinzii, 1996). Andere wesentliche Erweiterungen des Modells sind die Berücksichtigung von unvollständigem Wettbewerb und von Transaktionen bei ungleichgewichtigen Preisen (Dierker und Dierker, 2006; Grandmont, 2006). Ihre praktische Relevanz hat die Theorie des allgemeinen Gleichgewichts durch die sogenannten berechenbaren Gleichgewichtsmodelle nachgewiesen, die die Folgen von Steuererhöhungen und anderen wirtschaftspolitischen Maßnahmen quantitativ prognostizieren können (Shoven und Whalley, 1992).

Insgesamt gesehen hat sich die auf Walras zurückgehende Theorie des allgemeinen Gleichgewichts als konzeptioneller Rahmen, Rückgrat und gemeinsames Zentrum aller mikroökonomisch fundierten Wirtschaftstheorie erwiesen. Walras als Schöpfer dieses Rahmens, der sich selbst eher als Architekt und Visionär sah, hat damit, trotz aller Kritik an diesem Ansatz, eine andauernde und sich bis heute mit ungebrochener Intensität fortsetzende Entwicklung in Gang gesetzt, die immer detailliertere Modelle hervorgebracht hat, die es erlauben, zahlreiche Aspekte realer Ökonomien zu berücksichtigen.

Literatur

1. Werkausgaben[22]

Walras, Auguste und Léon, Œuvres économiques complètes, hrsg. von P. Dockès, P.-H. Goutte, C. Hébert, C. Mouchot, J. Potier und J.-M. Servet, 14 Bde., Paris.

Walras, L. 1858. Francis Sauveur, Paris.

Walras, L. 1860. L'économie politique et la justice. Examen critique et réfutation des doctrines économiques de M. P. J. Proudhon précédes d'une introduction à l'étude de la question sociale, Paris.

Walras, L. 1861. De l'impôt dans le Cantont de Vaud, Lausanne.

Walras, L. 1874. Eléments d'économie politique pure: Ou théorie de la richesse sociale, 1. Teil, Lausanne.

Walras, L. 1877. Eléments d'économie politique pure: Ou théorie de la richesse sociale, 2. Teil, Lausanne.

Walras, L. 1881. Mathematische Theorie der Preisbestimmung der wirtschaftlichen Güter. Vier Denkschriften, Stuttgart.

Walras, L. 1896. Études d'économie sociale: Théorie de la répartition de la richesse sociale, Lausanne.

Walras, L. 1898. Études d'économie politique appliquée: Théorie de la production de la richesse sociale, Lausanne.

Walras, L. 1954. Elements of Pure Economics: or the Theory of Social Wealth, London.

2. Weiterführende Literatur

Arrow, K. J. 1951. An Extension of the Basic Theorems on Classical Welfare Economics, in: J. Neyman (Hrsg.), Proceedings of the Second Berkeley Symposion on Mathematical Statistics and Probability, Berkeley, Calif.

Arrow, K. J., und Debreu, G. 1954. Existence of an Equilibrium for a Competitive Economy, in: Econometrica, 22, S. 265–290.

[22] Eine komplette Bibliographie aller Werke von Walras gibt Walker (1987b). Zahlreiche Artikel zu Leben und Werk von Walras finden sich in den von Walker (2001) und Wood (1993) herausgegebenen Bänden.

Aumann, R. 1964. Markets with a Continuum of Traders, in: Econometrica 32, S. 39–50.
Boson, M. 1951. Léon Walras, fondateur de la politique économique scientifique, Paris.
Bridel, P. 1977. Money and General Equilibrium Theory: from Walras to Pareto, 1870–1923, Cheltenham.
Cassel, K. G. 1927. Theoretische Sozialökonomie, 4. Aufl., Leipzig.
Cirillo, R. 1980. The ‹Socialism› of Léon Walras and His Economic Thinking, in: American Journal of Economics and Sociology, S. 39, 295–303.
Cournot, A.-A. 1838. Recherches sur les principes mathematiques cte la theorie des richesses, Paris.
Debreu, G. 1952. A Social Equilibrium Existence Theorem, in: Proceedings of the National Academy of Sciences, 38, S. 886–893.
Debreu, G. 1959. Theory of Value. An Axiomatic Analysis of Economic Equilibrium, New York.
Dierker, E., und Dierker, H. 2006. Imperfect Competition in General Equilibrium, in: Journal of the European Economic Association, 4, S. 436-445.
Dorfman, R., Samuelson, P. A., und Solow, R. M. 1959. Linear Programming and Economic Analysis, New York.
Fisher, I. 1892. Mathematical Investigations in the Theory of Value and Prices, in: Transactions of the Connecticut Academy, 9, S. 3–126; reprint,1965, New York.
Geanakoplos, J. 2008. Overlapping Generations Model of General Equilibrium, in: L. E. Blume und St. N. Durlauf (Hrsg.), The New Palgrave Dictionary of Economics, London.
Grandmont, J. M. 1986. Temporary General Equilibrium Theory, in: K. J. Arrow und M. D. Intrilligator (Hrsg.), Handbook of Mathematical Economics, Bd. 3, Amsterdam, S. 879–922.
Hicks, J. R. 1939. Value and Capital, Oxford.
Hildenbrand, W. 1994. Market Demand. Theory and Empirical Evidence, Princeton.
Ingrao, B., und Israel, G. 1990. The Invisible Hand: Economic Equilibrium in the History of Science, Cambridge.
Jaffé, W. 1935. Unpublished Papers and Letters of Léon Walras, in: Jaffé/Walker (1983), Cambridge, S. 17–35.
Jaffé, W. (Hrsg.) 1965. Correspondence of Léon Walras and Related Papers, 3 Bde. Amsterdam.
Jaffé, W. 1967. Walras' Theory of *tâtonnement*: a Critique of Recent Interpretations, in: Jaffé/Walker (1983).
Jaffé, W. 1971. Reflections on the Importance of Léon Walras, in Jaffé/Walker (1983), S. 269–287.
Jaffé, W. 1972. Leon Walras's Role in the ‹Marginal Revolution› of the 1870's, in: History of Political Economy, 4, S. 379–405.
Jaffé, W. 1976. Menger, Jevons and Walras De-Homogenized, in: Economic Inquiry, 14, S. 511–524.
Jaffé, W. 1977. The Normative Bias of the Walrasian Model: Walras versus Gossen, in: Quaterly Journal of Economics, 91, S. 371–387.

Jaffé, W. 1984. The Antecedents and Early Life of Leon Walras, in: History of Political Economy, 16, S. 1–57.
Jaffé, W., und D. Walker. 1983. William Jaffé's Essays on Walras, Cambridge.
Kurz, H. D., und N. Salvadori. 1995. Theory of Production, Cambridge.
Lexis, W. 1881. Zur mathematisch-ökonomischen Literatur, in: Jahrbücher für Nationalökonomie und Statistik, Neue Serie, 3, S. 427–434.
Magill, M., und Quinzii, M. 1996. The Theory of Incomplete Markets, Bd. 1, Cambridge, Mass.
Mas-Colell, A., Whinston, M. D., und Green, J. R. 1995. Microeconomic Theory, Oxford.
McKenzie, L. W. 1954. On Equilibrium in Graham's Model of World Trade and Other Competitive Systems, Econometrica, 22, S. 147–161.
Morishima, M. 1977. Walras' Economics: A Pure Theory of Capital and Money, Cambridge.
Neisser, H. P. 1932. Lohnhöhe und Beschäftigungsgrad im Marktgleichgewicht, in: Weltwirtschaftliches Archiv, 36, S. 415–455.
Neumann, J. v. 1937, Über ein ökonomisches Gleichungssystem und eine Verallgemeinerung des Brouwerschen Fixpunktsatzes, in: Ergebnisse eines Mathematischen Kolloquiums, 8, S. 73–78.
Niehans, J. 1990. A History of Economic Theory, Baltimore.
Pareto, V. 1906. Manuale di economic politica, Milano.
Poinsot, L. 1842. Eléments de statique suivis de quatre mémoirs sur la compositiondes moments et des aires sur le plan, Paris.
Rugina, A. N. 1982. Léon Walras: The Pure Scientist versus the Social Reformer, in: International Journal of Social Economics, 9, S. 3–40.
Sandmo, A. 2007. Léon Walras and the Nobel Peace Prize, in: Journal of Economic Perspectives, 21, S. 217–228.
Schlesinger, K. 1914. Theorie der Geld- und Kreditwirtschaft, München.
Schlesinger, K. 1935. Über die Produktionsgleichungen der ökonomischen Wertlehre, in: Ergebnisse eines mathematischen Kolloquiums, 6, S. 10 f.
Schumpeter, J. A. 1954. History of Economic Analysis, New York.
Shoven, J. B., und Whalley, J. 1992. Applying General Equilibrium, Cambridge.
Stackelberg, H. v. 1933. Zwei kritische Bemerkungen zur Preistheorie Gustav Cassels, in: Zeitschrift für Nationalökonomie, 4, S. 456–472.
Wald, A. 1935. Über die eindeutige positive Lösbarkeit der neuen Produktionsgleichungen (Mitteilung I), in: Ergebnisse eines mathematischen Kolloquiums, 6, S. 12–18.
Wald, A. 1936a. Über die Produktionsgleichungen der ökonomischen Wertlehre (Mitteilung II), in: Ergebnisse eines mathematischen Kolloquiums, 7, S. 1–6.
Wald, A. 1936b. Über einige Gleichungssysteme der mathematischen Ökonomie, in: Zeitschrift für Nationalökonomie, 7, S. 637–670.
Walker, D. 1984a. Is Walras's Theory of General Equilibrium a Normative Scheme?, in: History of Political Economy, 16, S. 445–469.
Walker, D. 1984b. Walras and His Critics on the Maximum Utility of New Capital Goods, in: History of Political Economy, 16, S. 529–554.
Walker, D. 1986. Walras's Theory of the Entrepreneur, in: De Economist, 134, S. 1–24.

Walker, D. 1987a. Léon Walras, in: J. Eatwell, M. Milgate, und P. Newman, P., The New Palgrave. A Dictionary of Economics, 4, London, S. 852–863.
Walker, D. 1987b. Bibliography of the Writings of Leon Walras, in: History of Political Economy, 19, S. 667–702.
Walker, D. 1996. Walras's Market Models, Cambridge.
Walker, D. (Hrsg.) 2001. The Legacy of Leon Walras. 2 Bde., Elgar Reference Collection. Intellectual Legacies in Modern Economics, vol. 7., Cheltenham.
Walker, D. 2006. Walrasian Economics, New York.
Walras, A. 1831. De la nature de la richesse et de l'origine de la valeur, in: Œuvres économiques complètes, Bd. 1.
Walras, A. 1849. Theorie de la richesse sociale, in: Œuvres économiques complètes, Bd. 1.
Weintraub, R. E. 1985. General Equilibrium Analysis. Studies in Appraisal, Cambridge.
Wicksell, K. 1901, 1906. Vorlesungen zur Nationalökonomie, 2 Bde., Jena.
Wood, J. C. (Hrsg.) 1993, Léon Walras: Critical Assessments, 3 Bde., London.

Ulrich van Suntum

William Stanley Jevons
(1835–1882)

Obwohl W. Stanley Jevons nur 46 Jahre alt geworden ist, reichte diese Zeit, ihn zu einem der größten Ökonomen und zum Mitbegründer der Neoklassik zu machen. Er gilt gemeinsam mit Léon Walras und Carl Menger als Mitbegründer der subjektiven Wertlehre und war einer der ersten Ökonomen, die sich intensiv mit empirischer Wirtschaftsforschung beschäftigten. Als studierter Logiker und Mathematiker verhalf er der mathematischen Methode in der Ökonomik mit zum Durchbruch, in einer Zeit, als diese insbesondere in Deutschland unter dem Einfluß der Historischen Schule noch vehement abgelehnt wurde. Die marginalistische Revolution, die von Einzelkämpfern wie Johann Heinrich von Thünen und Hermann Heinrich Gossen vorbereitet worden war, rückte die Ökonomik mit den Werken von Jevons, Menger und Walras methodisch in die Nähe der Naturwissenschaften. Die Verbindung von mathematisch gestützter Logik und empirischer Fundierung, aber auch die Begründung ökonomischer Verhaltensannahmen in der Psychologie, machen Jevons zu einem Vorläufer und Vorbild der heute allgemein praktizierten Methodik in der Ökonomik.

I. Leben und Persönlichkeit

Jevons wurde am 1. September 1835 als neuntes Kind einer Eisenhändlerfamilie in Liverpool geboren. Sein Vater war nicht nur ein begabter Techniker, sondern auch ein vielseitig gebildeter Mann, der sich u. a. auch für volkswirtschaftliche Fragen interessierte. Seine Mutter stammte aus einer angesehenen Bankiers- und Anwaltsfamilie. Stanley galt in der Schule als introvertiert und neigte von Kindheit an zu gesundheitlichen Problemen und körperlicher Schwäche. Gleichwohl erkannte seine ältere Schwester in ihrem Bruder bereits im Alter von 14 Jahren «das Erwachen eines großen Geistes», wie sie in ihr Tagebuch schrieb (vgl. Böhmert, 1891, S. 12).

Eine erfolgreiche Karriere war Jevons damit aber noch keineswegs in die Wiege gelegt, zumal die elterliche Firma 1848 – drei Jahre nach dem Tod seiner Mutter – zusammenbrach. Als Mitglied der reformatorischen Unitariersekte stand ihm zudem ein Studium an den Eliteuniversitäten Oxford oder Cambridge nicht offen. So nahm er mit 16 Jahren das Studium der Chemie, der Mathematik und der Logik am University College London auf, wo er sehr gute Fortschritte machte und schon bald mehrere Preise gewann. Gleichwohl mußte er aus finanziellen Gründen sein Studium bereits im zweiten Jahr beenden. Eigentlich schon entschlossen, eine kaufmännische Laufbahn einzuschlagen, verschaffte ihm einer seiner Professoren einen Posten als Chemiker an der australischen Münze in Sydney, den er 1854 antrat. Später bezeichnete er die nun folgenden vier Jahre in Australien als die wichtigsten seines Lebens. Seinem Naturell entsprechend hielt er sich von gesellschaftlichen Vergnügungen weitestgehend fern und begann statt dessen sofort, rastlos zu arbeiten. Er verfaßte Abhandlungen zu chemischen Fragen, aber auch Beiträge zur Logik, und beschäftigte sich intensiv mit Meteorologie. Seine später berühmt gewordene Sonnenfleckentheorie des Konjunkturzyklus dürfte hier ihren Ursprung haben, zumal er sich gleichzeitig immer stärker für Ökonomik zu interessieren begann.

Schon früh erkannte Jevons, daß seine Stärke nicht in praktischer Tätigkeit und noch weniger in der reinen Ansammlung von Wissen lag. Er sah sie vielmehr in der Originalität seiner Ideen und in der Fähigkeit zur Lösung schwieriger Probleme: «Gib mir ein paar Tatsachen, und ich will sie in eine festgefügte Theorie, in eine Gestalt umarbeiten, die etwas Neues ist», schrieb er einmal seiner Schwester, mit der er eine innige und regelmäßige Korrespondenz unterhielt (zitiert nach Böhmert, 1891, S. 13). So gab er 1859 schließlich seinen gutbezahlten Posten in Australien auf und kehrte nach London zurück, um eine akademische Laufbahn einzuschlagen. Es folgten drei anstrengende und entbehrungsreiche Jahre, in denen er Logik, Philosophie und Ökonomik studierte und schließlich 1862 als Bester seines Jahrgangs den Magister Artium mit Auszeichnung erwarb. Nebenbei schrieb er weiterhin medizinische und naturwissenschaftliche Artikel, vor allem aber statistisch/ökonomische Beiträge über Zinsen und Preise. In einem Diskussionspapier entwikkelte er auch bereits die Grundzüge seiner Ideen zu einer subjektiven

Wertlehre und zur Anwendung mathematischer Methoden in der Nationalökonomie. Da er für diese Arbeiten keinen Verlag fand, mußte er sie auf eigene Kosten drucken lassen, und so wurden sie zunächst wenig beachtet. Seinen Lebensunterhalt verdiente er hauptsächlich als Dozent und Tutor am Owens College in Manchester sowie am Queen's College in Liverpool.

Den wissenschaftlichen Durchbruch brachten drei Monographien zu ganz unterschiedlichen Themen. Es handelte sich zum einen um eine Zusammenfassung seines logischen Systems, des weiteren um eine Untersuchung zu den Gründen und Folgen der steigenden Güterpreise aus dem gleichen Jahr und schließlich um seine brisante Schrift über die Gefahr einer Erschöpfung der englischen Kohlereserven. Diese Arbeiten erschienen kurz hintereinander in den Jahren 1863 bis 1865[1], und vor allem letztere machte ihn auf einen Schlag berühmt. Daraufhin wurde er 1866 als Professor für Logik, kurz darauf auch für Ökonomik an das Owens College in Manchester berufen. Auch privat fand er sein Glück und heiratete 1867 die Tochter eines bekannten Zeitungsverlegers, Harriet Ann Taylor (nicht zu verwechseln mit Harriet Taylor Mill, der Gattin von John Stuart Mill). Ihr verdanken wir viele Details über das Leben von Stanley Jevons, die sie nach seinem frühen Tod aus seinen Tagebüchern und Briefen zusammenstellte und in einer Art Biographie veröffentlichte.[2]

Solcherart ermutigt und mit neuem Selbstvertrauen ausgestattet, publizierte Jevons 1871 in London sein Hauptwerk *Theory of Political Economy*. Damit wurde er zum Mitbegründer der subjektiven Wertlehre. Obwohl seine mathematische Methode nach wie vor nur von wenigen angenommen wurde, machte ihn dieses Werk auch über die Grenzen Englands hinaus bekannt. Léon Walras, der 1874 unabhängig von Jevons eine ganz ähnliche Theorie veröffentlicht hatte, mußte letztendlich Jevons' Priorität anerkennen. Beide wußten damals freilich noch nicht, das bereits 1854, also 20 Jahre zuvor, der deutsche Ökonom Hermann Heinrich Gossen praktisch die gleiche Theorie entwickelt hatte. Erst 1878 wurde Jevons von seinem Kollegen Adamson, der Gossens Buch zufällig entdeckt hatte, darauf aufmerksam gemacht. Er reagierte zunächst erschrok-

1 *Pure Logic* (1863); *A serious Fall in the Value of Gold ascertained and its Social Effects set forth* (1863); *The Coal Question* (1865).

2 *Letters and Journal of W. Stanley Jevons, edited by his wife*, London 1886.

ken, um dann aber – ebenso wie Walras – die Priorität von Gossen anzuerkennen. Er gewann der Sache sogar etwas Positives ab: Da die Theorie offenbar drei- oder viermal unabhängig voneinander entdeckt worden sei, so Jevons in einem Brief im September 1878, müsse sie wohl richtig sein. Dabei war er sich offenbar nicht einmal der Tatsache bewußt, daß auch der Österreicher Carl Menger bereits im Jahr 1871 parallel zu ihm die gleiche Idee entwickelt hatte. Der Name Mengers findet jedenfalls nirgendwo in den Schriften und Briefen von Jevons Erwähnung, was wohl auch an der Sprachbarriere gelegen hat. Dabei ähnelten sich die Gedankengänge von Jevons und Menger sehr, insbesondere was die Berücksichtigung von Unsicherheit und zeitlicher Struktur des Konsums in den individuellen Nutzenkalkülen betrifft (Peart, 1998).

In der Folgezeit publizierte Jevons weiterhin sowohl philosophisch/methodische als auch ökonomische Beiträge, wobei er sich unter anderem mit John Stuart Mill – der 1873 verstorben war – sehr kritisch auseinandersetzte. Auch der Arbeit an logischen Problemen blieb er treu und erzielte hier ebenfalls bis heute anerkannte Fortschritte. Im Jahr 1870 hatte er sogar eine mechanische Rechenmaschine – die «logical machine» – erfunden, mit der man einfache logische Operationen ausführen konnte. Als überzeugter Befürworter der Goldwährung wurde Jevons zum Mitglied der Kommission für die internationale Münzkonvention ernannt. Auch seine naturwissenschaftlichen und meteorologischen Untersuchungen betrieb er weiter, woraus schließlich sein berühmter Aufsatz zur Sonnenfleckentheorie des Konjunkturzyklus – veröffentlicht in der naturwissenschaftlichen Zeitschrift *Nature* – hervorging.

Die hohe Arbeitsbelastung ging an Jevons' ohnehin schwacher körperlicher Konstitution nicht spurlos vorbei. Selbst im Urlaub konnte er nicht richtig abschalten, er litt unter Schlaflosigkeit und unter dem Gedanken, daß seine Arbeiten während der Mußezeit nicht vorankamen. Schließlich verzichtete er 1881 auf seine Professur am Owens College und zog sich mit seiner Familie aufs Land zurück, um dort in Ruhe weiterarbeiten zu können. Während eines Urlaubs in der Nähe des Ortes Hastings im Juli 1882 wurde er – ein leidenschaftlicher und guter Schwimmer – tot auf dem Wasser treibend aus dem Meer geborgen. Offenbar hatte das kalte Wasser bei seinem Schwimmausflug, den er gegen den Rat seiner Ärzte immer wieder unternahm, sein Herz überfordert.

Die Nachrufe auf Jevons, der bereits zu Lebzeiten ein weit über die Grenzen Englands hinaus bekannter Ökonom war, betonten neben seinem wissenschaftlichen Werk stets auch seinen außergewöhnlichen Charakter. Trotz seines wissenschaftlichen Erfolges war er immer ein bescheidener, bodenständiger Mensch geblieben, dem die Inhalte seiner Arbeit über alles gingen. Natürlich merkt man in seinen Briefen den Stolz, den er empfand, wenn etwa seine Abhandlung zur Kohlefrage zu Parlamentsdebatten führte. Aber die geradezu freundschaftliche Korrespondenz mit seinem großen Rivalen Walras und der souveräne Umgang mit der Entdeckung des Gossenschen Werkes zeigen auch eine noble Haltung im Umgang mit rivalisierenden Werken, wie sie längst nicht bei allen Wissenschaftlern anzutreffen ist.

Jevons war nicht nur in seinem wissenschaftlichen Wirken, sondern auch persönlich ein Liberaler durch und durch. Das höchste Ziel der Ökonomik sah er darin, die Wünsche der Massen zu befriedigen, allerdings ohne daß dabei diejenigen Ziele gefährdet werden dürften, die von den Massen nicht verstanden wurden, obwohl sie ihrem Wohle dienten. Religionen hielt er für lediglich unterschiedliche Formen der Vermittlung von Tugenden und Wahrheiten («moral truths»), deren Essenz letztlich die Nächstenliebe («sympathy with the feelings of others») sei. Rührend sind, gerade wegen der betont sachlichen Form ihrer Darstellung, die Berichte seiner Frau über Jevons' Umgang mit seinen drei Kindern. So habe er am Abend vor seinem tragischen Unfalltod seiner Tochter noch Süßigkeiten gekauft und seinem Sohn den Sternenhimmel erklärt. Auch zu seinen Geschwistern, insbesondere zu seiner Schwester Lucy, unterhielt er zeitlebens ein enges Verhältnis und einen regen Briefwechsel.

2. Werk

Wenngleich Jevons auch als bedeutender Logiker bis heute anerkannt ist, beruht sein Ruhm doch vor allem auf seinen ökonomischen Arbeiten. Als einer der ersten Ökonomen versuchte er, Psychologie und Logik miteinander zu verbinden und auf diese Weise zu einer besseren Erklärung des wirtschaftlichen Verhaltens der Menschen zu gelangen. Wicksteed (1905) nahm ihn in seiner Würdigung ausdrücklich vor dem Vorwurf in Schutz, das ökonomische

Verhalten der Menschen auf reine Mathematik reduziert zu haben. Das Gegenteil treffe zu: Mehr als jeder andere habe Jevons subtile Psychologie in der Analyse ökonomischer Probleme verwendet.

Wenngleich sich Jevons selbst als Klassiker verstand, hielt er weder von John Stuart Mill viel noch von David Ricardo. Das Lehrgebäude des letzteren bezeichnete er als eine Ansammlung aus verworrenen und abgeschmackten Behauptungen («mazy and preposterous assumptions»), obwohl er ihm im methodischen Ansatz eigentlich gar nicht so fern war. Über Mills theoretische Leistung schrieb er, daß dieser von den Hauptpunkten gewöhnlich drei bis sechs miteinander unverträgliche Meinungen zur selben Zeit habe.[3] Wesentlich besser kam Adam Smith in Jevons' Urteil weg, von dem er einen direkten Weg über Robert Malthus und Nassau W. Senior zu seinen eigenen Arbeiten sah, während Ricardo und Mill «ebenso viele Irrtümer wie Wahrheiten in die Wissenschaft gebracht» hätten.[4] Mill allerdings wiederum warf Jevons vor, «eine Manie für die Belastung von Problemen mit nutzlosen Komplikationen» zu haben.[5]

2.1 Theorie der Lust- und Unlustgefühle

Im Zentrum von Jevons' theoretischem Interesse stand der Nutzen der Güter, der von den Klassikern nur ganz unzulänglich erklärt worden war. Vor allem gelang es der objektiven Wertlehre nicht, den Marktpreis der Güter wirklich zu erklären. Am deutlichsten wurde dies in dem von Smith aufgeworfenen klassischen Wertparadoxon: Wieso ist der Tauschwert des Wassers am Markt viel niedriger als etwa der von Diamanten, wo doch der Gebrauchswert des Wassers als lebensnotwendiges Gut um ein vielfaches höher ist als der von

3 «... upon the critical points he usually holds from three to six inconsistent views all at the same time.» So Jevons in einem Brief an H.S. Foxwell am 7. Februar 1875.

4 «I do not think the ‹so-called Ricardian Theory,› etc., much matters one way or the other ... I am beginning to think very strongly that the true line of economic science descends from Smith through Malthus to Senior, while another branch through Ricardo to Mill has put as much error into the science as they have truth.» So Jevons in einem Brief an H.S. Foxwell vom 16. November 1875, zitiert nach «Letters and Journal», S. 344.

5 «... mania for encumbering questions with useless complications», zitiert nach Mosselmans (2002, S. 603).

Schmuck und Edelsteinen? Mill erkannte immerhin bereits, daß der Nutzen eines Gutes in Relation zu anderen Gütern gemessen werden mußte, also keine absolute, sondern eine relative Größe war. Auch wenn er über diesen ersten Ansatz nicht hinausgekommen war, mag er damit durchaus das Denken von Jevons stärker beeinflußt haben, als es diesem selbst bewußt (und angenehm) war.

Die zentrale Idee von Jevons war, daß der Wert eines Gutes keine feste, sondern eine veränderliche Größe ist. Und zwar ist er nicht nur von Person zu Person verschieden, sondern auch für ein und dieselbe Person je nach den Umständen. So ist zum Beispiel Wasser in der Wüste offensichtlich von viel größerem Wert als in der Nähe eines Flusses oder Sees, wo es im Überfluß vorhanden ist. Auch mag eine Frau viel mehr an einem Diamanten finden als ein Mann, der dafür vielleicht andere Dinge höher schätzt. Dieser Gedanke scheint so naheliegend, daß man sich aus heutiger Sicht vielleicht wundert, wieso er nicht schon früher formuliert wurde. Tatsächlich kann Jevons für seine Grundidee keine Priorität beanspruchen. Er selbst zitiert den französischen Ingenieur Jules Dupuit, der bereits erkannt hatte, daß der Wert des Brotes «bei einem einzelnen Individuum von Null bis zum Betrage seines ganzen Vermögens wachsen» könne (zitiert nach Böhmert, 1891, S. 28).[6] So soll zum Beispiel in der sächsischen Stadt Schneeberg das sogenannte Brotmännelhaus, das dort heute noch zu besichtigen ist, in der Hungersnot von 1771/72 für nur zwei Brote verkauft worden sein.

Was aber noch fehlte, war eine exakte Theorie des offensichtlich stark wandelbaren Güterwertes. Sie mußte vor allem auch in der Lage sein zu erklären, wieso trotz der ganz unterschiedlichen subjektiven Wertschätzungen am Markt tendenziell doch immer ein einheitlicher Preis für ein gegebenes Gut zu beobachten ist. Dies war die Fragestellung, die Jevons' zu seinem Gesetz von der Unterschiedslosigkeit der Preise («law of indifference») führte.

Am Anfang seiner Begründung der subjektiven Wertlehre steht jedoch die Psychologie. In Anlehnung an Jeremy Bentham erklärt Jevons das menschliche Handeln als eine Reaktion auf Lust- und Schmerzgefühle. Der Mensch sei nämlich stets bestrebt, erstere zu

[6] Dupuit war als Bauingenieur vor allem daran interessiert, wie der Nutzen öffentlicher Bauten gemessen werden konnte. Als Vorläufer von Alfred Marshall entdeckte er auch als erster das Phänomen der Konsumentenrente. Sein Hauptwerk «De la mesure et de l'utilite des travaux publics» erschien 1844.

vermehren und letztere möglichst zu vermeiden. Das subjektive Lust- bzw. Schmerzempfinden sei dabei (wiederum nach Bentham) von vier Faktoren abhängig:

- von seiner Intensität
- von seiner Dauer
- von seiner Gewissheit oder Ungewissheit
- von seiner (zeitlichen) Nähe oder Ferne.

Vor allem die beiden letzteren Faktoren sind aus ökonomischer Hinsicht interessant. Der Risikoaspekt verweist bereits auf das Bernoulli-Prinzip bei Entscheidungen unter Unsicherheit, wonach der sogenannte Risikonutzen über die Wahl der jeweiligen Handlungsalternative entscheidet. Daß auch die zeitliche Nähe bzw. Ferne eines Lust- bzw. Schmerzgefühls Einfluß auf das menschliche Handeln hat, wird vielleicht am deutlichsten am Beispiel eines Zahnarztbesuches, den man meist möglichst lange vor sich herschiebt. Vor allem wird hier aber gedanklich bereits die temporale Kapitaltheorie vorbereitet, mit der später Eugen von Böhm-Bawerk den Zinssatz erklärte. Auch Jevons erklärte das Kapital als ein rein zeitliches Phänomen, nämlich als vorgeschossene Entlohnung von Produktionsfaktoren, deren Ertrag erst später vermarktet werden kann. Der Zins ist demnach der Preis für die Inkaufnahme des Schmerzes, auf den Ertrag einer Investition warten zu müssen.

Es lag für den Mathematiker Jevons nahe, Lust und Schmerz als positive bzw. negative Ausprägung ein und desselben Phänomens zu betrachten. Dabei hatte er die geniale Idee, daß das Maß der durch ein Gut vermittelten Lust im allgemeinen negativ von seiner für den einzelnen verfügbaren Menge abhängt: Der erste Liter Wasser, den wir zum Trinken benötigen, ist lebensnotwendig und vermittelt demnach einen sehr hohen Nutzen. Mit zunehmender Wassermenge, die pro Tag verfügbar ist, werden dagegen immer weniger dringliche Bedürfnisse gestillt. Entscheidend ist nicht der Gesamtnutzen, sondern der Grenznutzen eines Gutes, den Jevons als «final degree of utility» bezeichnet. Dieser Grenznutzen, also der Nutzen einer weiteren Einheit, mag bei großem Überfluß des betreffenden Gutes durchaus gegen null tendieren oder sogar negativ werden.

Am Markt werden nach Jevons die Güter in der Weise getauscht, daß sich im Gleichgewicht die Grenznutzen aller konsumierten Güter wie die entsprechenden Güterpreise zueinander verhalten. Das gilt unabhängig von den individuellen Nutzeneinschätzungen letztlich für jeden einzelnen Marktteilnehmer. Jevons verglich diesen Mechanismus mit dem Prinzip der kommunizierenden Röhren, in denen das Wasser ja auch danach strebe, stets dasselbe Niveau zu erreichen. Später wurde seine Entdeckung als das zweite Gossensche Gesetz bezeichnet. Die klassische Arbeitswertlehre, die das Preisverhältnis der Güter aus den in diesen steckenden Arbeitsmengen zu erklären versuchte, war damit durch eine nachfrageseitige Preiserklärung ergänzt worden. Beide müssen nicht im Widerspruch zueinander stehen: Bei konstanten (Arbeits-)Kosten etwa werden die Kunden ihre nachgefragten Mengen so anpassen, daß die Grenznutzenverhältnisse schließlich den relativen Arbeitseinsätzen bei der Produktion der Güter entsprechen.

Auch auf die Arbeit selbst wendete Jevons seine Theorie der Lust- und Unlustgefühle an. Eine Zeitlang möge die Arbeit zwar angenehm sein, auf die Dauer aber werde sie zur unangenehmen Anstrengung («painful exertion») und verursache daher Schmerzanstelle von Lustgefühlen. Dem Nutzen der durch die Arbeit erzeugten Güter steht demnach das Arbeitsleid gegenüber. Wiederum kommt es dabei nicht auf die Gesamtgrößen, sondern auf den Grenznutzen der Güter bzw. auf das Grenzleid der Arbeit an. Ersterer sinkt mit zunehmender Produktionsmenge, letzteres steigt hingegen. Der optimale Arbeitseinsatz ist erreicht, wenn Grenznutzen und Grenzleid sich gerade entsprechen: Zweck des Wirtschaftens sei es, ein Maximum von Glücksgefühlen zu erreichen dadurch, daß eine möglichst große Menge Lust mit dem geringsten Aufwand von Unlust erzielt wird. Interessanterweise bezog Jevons im Unterschied zu den meisten Utilitaristen auch das Wohlergehen der Tiere und – keineswegs selbstverständlich für die damalige Zeit – der Ureinwohner der englischen Kolonien mit in die zu maximierende Glückssumme ein.

Die Grundidee seiner Theorie war freilich, wie bereits erwähnt, schon von dem deutschen Ökonomen Hermann Heinrich Gossen entdeckt worden. In seinem 1854 in Braunschweig publizierten Werk *Entwickelung der Gesetze des menschlichen Verkehrs, und der daraus fließenden Regeln für menschliches Handeln* hatte er eine Theorie der Tauschakte entwickelt, die Jevons' Idee bereits in allen wesentlichen Punkten vorwegnahm (vgl. Kurz, 2008). Da das mathematische und ziemlich konfus geschriebene Werk keinen Erfolg gehabt hatte, war die gesamte Restauflage schließlich von dem enttäuschten Gossen selbst aufgekauft worden. So kam es, daß ursprünglich weder Jevons noch Walras noch Menger sich seiner Existenz bewußt waren. Erst nachdem sich Jevons auf den Hinweis eines Kollegen hin mit viel Mühe ein verbliebenes Exemplar besorgt hatte, wurde die Priorität des deutschen Ökonomen erkannt.

2.2 Ressourcenökonomik

Der Bekanntheitsgrad von Jevons gründete sich zu Lebzeiten zunächst weniger auf seine Werttheorie, zumal diese von vielen Ökonomen aufgrund ihrer mathematischen Formulierung nicht verstanden wurde. Einer breiteren Öffentlichkeit wurde er vor allem durch seine Abhandlung *The Coal Question* bekannt, die als Vorläuferin der heutigen Ressourcenökonomik gelten kann. Auf mehr als 400 Seiten analysiert er die Kosten-, Preis- und Nachfrageentwicklung der Kohle, dem damals wichtigsten Primärenergieträger in England. Dabei stieß er auf das später nach ihm benannte Paradoxon, wonach eine höhere Effizienz beim Einsatz eines Energieträgers dessen Verbrauch sogar noch steigert. Sein unmittelbares Beispiel dafür war die Erfindung der Dampfmaschine durch James Watt. Sie erhöhte zwar den Wirkungsgrad des Einsatzes von Kohleenergie in der Industrie enorm, führte aber gerade wegen der dadurch bewirkten Kostensenkung zu einem vermehrten Einsatz der neuen Technologie und damit auch der Kohle.

Nach Jevons konnte der damals zu verzeichnende Zuwachs im Kohleverbrauch Englands von rd. 3,5% pro Jahr nicht so weitergehen, ohne in absehbarer Zeit die gesamten Kohlevorräte der Insel zu erschöpfen. Die *Coal Question* kann insoweit durchaus als Vorläufer späterer ressourcenpessimistischer Werke gesehen werden, etwa der Studie *Grenzen des Wachstums* von 1972, in dem das baldige Versiegen wichtiger moderner Rohstoffe wie Öl und Aluminium behauptet wurde. Jedoch war es Jevons im Gegensatz zu vielen späteren Autoren dieser Richtung klar, daß ein steigender Kohlepreis zu entsprechenden Substitutionsprozessen führen müsse. Der Vorwurf einer rein mechanistischen Fortschreibung aktueller Wachstumsraten des Ressourcenverbrauchs, der schon bald erhoben wurde, traf ihn deswegen zu Unrecht. Allerdings sah Jevons in Öl und Gas nur einen sehr unvollkommenen Ersatz für die Kohle. Er setzte mehr auf den internationalen Handel, was allerdings zu steigenden Rohstoffpreisen und zum Niedergang der Stahlindustrie im britischen Inselreich führen müsse. In diesem Punkt hat er durchaus recht behalten. Auch seine Vorhersage, daß ein relativ rohstoffarmes Land wie England künftig um so besser bei der Erstellung hochwertiger Güter sein müsse, um im Welthandel bestehen zu können, hat im heutigen Zeitalter der Globalisierung weiterhin hohe Aktualität.

Methodisch war die *Coal Question*, anders als die *Theory of Political Economy*, eine Mischung aus empirischer Analyse und wirtschaftspolitischer Denkschrift – nicht eine einzige Formel taucht darin auf. Um so erfolgreicher war das Werk in seiner Wirkung auf Politik und Öffentlichkeit. Bereits 1866, ein Jahr nach Erscheinen des Werkes, wurde eine Königliche Kommission zur Untersuchung der Frage eingesetzt, 1901 eine weitere. Damals zeichnete sich bereits ab, daß das weitere Wachstum der englischen Wirtschaft keineswegs an der Kohleknappheit scheitern mußte. Erst recht galt das weltweit, wofür Jevons allerdings auch keine Vorhersagen gemacht hatte. Die englische Kohleförderung erreichte zu Beginn der 1930er Jahre ihren Höhepunkt, ohne im mindesten ihr technisches Potential erschöpft zu haben, und die heutigen Kohlevorräte der Welt insgesamt sind noch so groß, daß sie rein rechnerisch für Jahrhunderte reichen würden.

Gleichwohl ist Jevons' Behandlung der Frage auch heute noch von Interesse. So wirft er die durchaus aktuelle Frage auf, ob ein Land mit sinkenden Rohstoffreserven den künftigen Generationen seiner Bevölkerung nicht wenigstens einen ausgeglichenen Staatshaushalt hinterlassen sollte. Damit fand er durchaus politisches Gehör, vor allem bei dem damaligen Schatzkanzler W.E. Gladstone, der schon 1866 ein Budget mit dem Ziel einer Reduzierung der Staatsschuld einbrachte (vgl. Black, 1989). Zudem verknüpft Jevons das Problem der Ressourcenknappheit zutreffend mit der Forderung nach einem liberalisierten Handel. Nur so könnten die weltweiten Rohstoffvorkommen optimal genutzt werden und auch rohstoffarme Länder am Wohlstandszuwachs weiter teilhaben.

Das Phänomen des Konjunkturzyklus haben schon vor Jevons zahlreiche Autoren mit Ernteschwankungen erklärt, u.a. Thomas Tooke und James Wilson. Jevons hatte sich bereits in seiner Zeit in Australien intensiv mit Meteorologie beschäftigt, scheint auf das Zyklenproblem aber vor allem im Rahmen seiner späteren geldpolitischen Studien gestoßen zu sein (vgl. Meyer, 1937). Als erster Ökonom versuchte er die Zyklenlänge empirisch in einen kausalen Zusammenhang mit den Ernteschwankungen zu bringen, wobei er letztere wiederum in erster Linie meteorologisch erklärte. Dies führte ihn zu seiner bekannten Sonnenfleckentheorie, wonach für die konjunkturellen Krisen letztlich Aktivitätsunterschiede der Sonne, eben die Sonnenflecken, und ihre Auswirkungen auf Klima und Ernte verantwortlich seien.

Jevons fand heraus, daß auf eine Erhöhung der Weizenpreise meistens eine Erhöhung der Diskontrate, also der Zinsen für die Einlösung von Wechseln, folgte. Er erklärte dies damit, daß Weizen ein wesentlicher Teil des volkswirtschaftlichen Kapitals war und die steigenden Preise dementsprechend eine Kapitalknappheit anzeigten. Dies stand ganz im Einklang mit seiner temporalen Kapitaltheorie, denn für eine gegebene Menge an vorgeschossenen Realkapitalgütern mußte jetzt offenbar mehr und länger gespart werden. Die Zinserhöhung führt im weiteren Konjunkturverlauf zu Bankrotten und einem Niedergang der Produktion, bis schließlich die Preise wieder sinken und die Erholung beginnt. In dieser Phase wird neu investiert, allerdings ist auch manche Fehlinvestition dabei, so daß der Keim zur neuen Krise bereits angelegt ist. Mit dieser kapitaltheoretischen Erklärung des Konjunkturverlaufs, in die er auch psychologische Elemente der Selbstverstärkung einbaute, befand sich Jevons ganz auf dem Boden der damals vorherrschenden Konjunkturtheorien.

Sein entscheidender Beitrag lag zum einen in der originellen Verbindung der Sonnenaktivität mit den Erntezyklen und zum anderen – und vor allem – in dem Versuch, das Konjunkturphänomen empirisch und nicht nur theoretisch zu untersuchen. Er glaubte nachweisen zu können, daß die durchschnittliche Dauer des Konjunkturzyklus etwa zehneinhalb Jahre betrug, was augenscheinlich sehr gut zu der periodischen Wiederkehr der Sonnenflekken paßte.[7] Allerdings mußte er dabei mangels einer volkswirtschaftlichen Gesamtrechnung auf sehr mangelhaftes Zahlenmaterial zurückgreifen. Im wesentlichen standen ihm für die Landwirtschaft nur Preisstatistiken zur Verfügung, aber kaum Mengenangaben. Im Grunde mußte Jevons als Pionier auf dem Gebiet der ökonomischen Zeitreihenanalyse schon «den Begriff des Preisindex für sich erfinden» (Laidler, 1982, S. 334). Wegen der vielen Datenlücken und Ungenauigkeiten des Materials sah er sich vielfach zu eigenen Schätzungen und Interpolationen gezwungen. Hier lag natürlich der Vorwurf der Manipulation, mindestens aber fahrlässigen Interpretation von Daten nahe, der ihm später auch durchaus gemacht wurde.[8] Wenngleich Jevons' aufrechter Charakter eine bewußte Manipulation von Daten sicherlich ausschloß, mag die Besessenheit von seiner Idee sein Auge für die Realität vielleicht wirklich etwas getrübt haben. Man darf dabei aber nicht übersehen, daß ihm noch nicht die Verfahren der modernen Ökonometrie zur Verfügung standen. So muß es schon als Leistung gelten, die Periodizität des Wirtschaftsgeschehens überhaupt als solche erkannt zu haben (Black, 1989). Immerhin hat er manche Irrtümer auf dem Weg zur Verifizierung der Sonnenfleckentheorie selbst eingesehen. Den zwischenzeitlichen Versuch etwa, Sonnenfleckenzyklen schon für das Mittelalter nachzuweisen, zog er später wieder zurück.

Da die englischen Daten allein die Sonnenfleckentheorie nicht wirklich erhärten konnten, stellte Jevons einen Zusammenhang des englischen Außenhandels mit dem Kolonialland Indien her. Indien war zum einen Hauptabnehmerland für englische Textilwaren und wurde zudem etwa alle zehn Jahre von Hungersnöten heimgesucht, die wiederum auf meteorologische Ursachen zurückzuführen waren. Je mehr Jevons dabei allerdings in die Einzelheiten ging, desto größer wurden auch hier die Diskrepanzen hinsichtlich des zeitlichen Verlaufs und der Intensität der indischen Ernten einerseits und den englischen Konjunkturzyklen andererseits. Hinzu kamen Män-

7 Diese Beobachtung einer Wiederkehr der Sonnenflecken etwa im Zehnjahresrhythmus hatte schon 1843 der deutsche Astronom und Botaniker Heinrich Schwabe gemacht, vgl. Meyer, 1937, S. 17.

8 So etwa von Meyer, 1937, S. 18: «Die Versuche, mit diesen Daten einen Agrarzyklus von gleicher Länge wie Sonnenflecken- und Industriezyklus zu verifizieren, bilden in ihrer Aufeinanderfolge eine Kette von Enttäuschungen und Selbstkritik und geradezu eine Flucht in immer andere Verifikationsregionen, die der Komik nicht völlig entbehrt.»

gel in der theoretischen Begründung der Zusammenhänge. So sollte man zum Beispiel wegen der i.a. unelastischen Nachfrage nach Agrarprodukten erwarten, daß der geldmäßige Umsatz der Erzeuger bei einer Mißernte steigt. Dann hätte aber die Kaufkraft Indiens und damit tendenziell auch seine Nachfrage nach englischen Industrieprodukten infolge einer Mißernte steigen und nicht etwa sinken müssen. Dieser und andere Widersprüche bei der von Jevons angenommenen Übertragung erntebedingter Konjunkturschwankungen auf die englische Wirtschaft führten schon recht bald zur Ablehnung seiner Theorie.[9] Robert Giffen machte sich gar darüber lustig, indem er in einem anonymen Artikel einen Zusammenhang zwischen dem Ausgang des traditionellen Bootrennens Oxford gegen Cambridge und den Sonnenflecken herstellte (Stigler, 1982). Mit dem Rückgang des Anteils der Landwirtschaft an der volkswirtschaftlichen Wertschöpfung verlor Jevons' Krisentheorie schließlich völlig ihre Grundlage.

2.4 Geld- und Kapitaltheorie

Jevons hat neben den oben behandelten Werken noch zahlreiche weitere und teilweise sehr einflußreiche Schriften publiziert, insbesondere zur geldtheoretischen Diskussion seiner Zeit. Sein 1863 erschienener Beitrag *A Serious Fall in the Value of Gold*, in dem er das Inflationsproblem aufgriff, fand große Beachtung in Politik und Öffentlichkeit. Es folgten zahlreiche, heute immer noch lesenswerte Abhandlungen zu geld- und finanzpolitischen Themen, auch wenn sie stark auf die Fragen und Verhältnisse der damaligen Zeit zugeschnitten sind (vgl. Laidler, 1982).

Jevons stand geldtheoretisch ganz auf dem Boden der Quantitätstheorie, welche Bewegungen des Preisniveaus vor allem mit Änderungen der Geld- bzw. Goldmenge erklärte. Er hielt eine staatlich monopolisierte, reine Papierwährung zwar für prinzipiell möglich, lehnte sie wegen der damit verbundenen Gefahren des politischen Mißbrauchs aber letztlich ab (Black, 1987). Stattdessen unterstützte er das damalige System der konvertiblen Goldwährung, welches er auch einer Silber- oder Bimetallwährung vorzog.

Jevons' wesentlicher Beitrag lag nicht in einer Weiterentwicklung

[9] Vgl. dazu und zu weiteren Kritikpunkten ausführlich Meyer, 1937, S. 20ff.

der damals vorherrschenden Geldtheorie, sondern in deren empirischer Fundierung. Den Wertverfall des Goldes um 9 % bis 15 % in den Jahren 1845/50 bis 1860/62 erklärte er im wesentlichen mit den Goldfunden in Australien und Kanada (vgl. Black, 1987). Seine statistischen Pionierarbeiten in dieser Frage suchten laut John Maynard Keynes «wegen ihrer unerschöpflichen Ergiebigkeit und ihrer geistvollen Originalität« auch Jahrzehnte später noch ihresgleichen (Keynes, 1936, S. 121). Sie veränderten zwar kaum die praktische Geldpolitik der damaligen Zeit, führten aber entsprechend Jevons' Vorschlag zum Beispiel zur Preisindexierung langfristiger Verträge anstelle der bis dahin üblichen Fixierung in Gold, um das Inflationsrisiko zu mindern (Black 1987).

Wie bereits erwähnt, kann Jevons als ein Vorläufer der temporalen Kapitaltheorie gelten. Seine Ansichten dazu haben sich im Laufe der Beschäftigung mit dieser schwierigen Materie verändert. In seiner *Theory of Political Economy* kam er aber letztlich zu einer sehr ähnlichen Kapital- und Zinstheorie, wie sie später von Eugen von Böhm-Bawerk und Knut Wicksell entwickelt wurde. Demnach ist Kapital weniger als materielles Produktionsmittel und auch nicht als Geldbetrag zu verstehen, sondern als zeitlich verschobener Ertrag der Arbeit zum Zweck der Erzielung eines späteren Mehrertrages. Diese rein temporale Definition wirft allerdings beträchtliche Schwierigkeiten auf, sofern mit mehr als einer Periode und mit Zinseszinsen gerechnet wird. Jevons verstrickte sich hier mit der Konstruktion einer durchschnittlichen Produktionsperiode – ohne diese so zu nennen – in die gleichen Widersprüche und Unklarheiten, die später auch Böhm-Bawerks Zinstheorie belasteten (vgl. Steedman, 1972; Peach, 1987; Negishi, 1995). Das ist ihm freilich kaum anzulasten, zumal diese Probleme bis heute nicht befriedigend gelöst worden sind.

3. Wirkung und abschließende Würdigung

Jevons hat sich niemals als reiner Theoretiker verstanden, sondern immer wieder versucht, die Politik und eine breitere Öffentlichkeit mit seinen Arbeiten zu erreichen. Dabei kam ihm seine empirische Herangehensweise zugute, aber auch sein ausgeprägtes Talent, schwierige Sachverhalte in einer geradezu verführerischen Einfachheit darzustellen.

Auch sein letztes, unvollendet gebliebenes und 1905 posthum erschienenes Werk *The Principles of Economics* richtete sich eher an den verständigen Laien als an seine Fachkollegen. Es handelt sich praktisch um ein Lehrbuch der Volkswirtschaftslehre, das zwar theoretisch ausgerichtet, aber dennoch eingängig geschrieben ist und ganz ohne Formeln oder schwierige Zahlenbeispiele auskommt. Es enthält auch einige von Jevons' früheren Aufsätzen, etwa über Richard Cantillon aus dem Jahr 1881 oder zur sogenannten Match Tax aus dem Jahr 1871. Der Beitrag über Cantillon gilt noch heute als Musterbeispiel einer sorgfältigen dogmengeschichtlichen Arbeit, in der Jevons mit viel Akribie und eigenen Recherchen Irrtümer über die Identität Cantillons und über dessen gewaltsamen Tod (er wurde von seinem Koch ermordet) aufklärt. Der Beitrag über die Match-Tax, eine 1871 in England heiß diskutierte Sondersteuer auf Streichhölzer, ist eine exzellente steuersystematische, empirische und nicht zuletzt auch politökonomische Analyse. Jevons erweist sich hier als sehr realistisch in seiner Einschätzung, daß eine auch noch so gut begründete Steuer niemals eingeführt werden kann oder sollte, wenn sie von der Masse der Leute abgelehnt wird.

Inhaltlich ist Jevons in der Ökonomik bis heute vor allem wegen seiner Werttheorie, seiner Kapitaltheorie und wegen der Sonnenfleckentheorie bekannt geblieben, wenngleich letztere inzwischen überwiegend als Kuriosum gilt. Immerhin hat sie einer modernen Klasse von realwirtschaftlich begründeten Konjunkturtheorien den Namen gegeben, den sogenannten sunspot-Theorien. Mit der ursprünglichen Idee von Jevons haben diese vor allem gemeinsam, daß es auch hier um externe, nicht-monetäre Ursachen des Konjunkturzyklus geht. Ursprünglich hatte Jevons in seinem Beitrag von 1863 auch Ansätze einer endogenen Konjunkturerklärung entwickelt, die in Richtung einer Überinvestitionstheorie gingen, diesen Weg aber dann nicht weiter verfolgt. Vermutlich hinderte ihn daran der damals noch allgemeine Glaube an das Saysche Theorem, wonach längeranhaltende Nachfrageausfälle endogen eigentlich gar nicht entstehen dürften (vgl. Black, 1989; Schefold, 1995).

Daß die Idee des Grenznutzens und die daraus abgeleiteten, bis heute anerkannten Gesetze den Namen Gossens tragen, schmälerte vielleicht den Ruhm von Jevons, nicht aber im mindesten seine diesbezüglichen Verdienste. Man darf mit einigem Recht vermuten, daß das Gossensche Werk ohne Jevons vielleicht niemals entdeckt, zumindest aber viel später in das ökonomische Denken eingeflossen wäre. Da Jevons 1871 weder die Arbeit Gossens noch die im gleichen Jahr entstandene Arbeit Mengers kannte, wird seine intellektuelle Leistung von der Frage der Priorität ohnehin in keiner Weise berührt. Alfred Marshall sprach dem Jevonsschen Werk sogar die größte konstruktive Kraft eines ökonomischen Werkes seit hundert Jahren (mit Ausnahme Ricardos) zu, und seine statistischen Untersuchungen seien Vorbilder für alle Zeiten («models for all time«).[10]

Was Jevons für die heutige Zeit nach wie vor interessant macht, ist auch seine Methodik. Dies gilt vor allem für die psychologische Komponente, die in seiner Konjunkturtheorie ebenso wie in seiner Werttheorie eine große Rolle spielt. Die moderne experimentelle Mikroökonomik setzt hier wieder an, nachdem die neoklassische Nutzentheorie zwischenzeitlich in der Tat in Gefahr war, zu einer rein mathematischen Tautologie zu werden. Von dieser Gefahr war Jevons selbst weit entfernt, die Mathematik diente ihm mehr als Mittel zum Zweck. Sie illustrierte eigentlich mehr seine ökonomische Argumentation, als daß diese aus ihr abgeleitet wäre. Marshall und später Young (1912) fanden sogar, daß die *Theory* durch Weglassung der Mathematik eher gewonnen hätte.

Zum anderen ist auch die empirische Herangehensweise von Jevons heute wieder aktuell. Die große Resonanz seiner Werke in der zeitgenössischen Politik beruhte neben der theoretischen Fundierung und der eingängigen Sprache nicht zuletzt darauf, daß Jevons mit konkreten Zahlen argumentieren konnte. Dies bewahrte ihn trotz seines introvertierten Charakters[11] weitgehend vor dem Vorwurf der Weltfremdheit, der in der politischen Auseinandersetzung sonst gerne gegen Ökonomen erhoben wird. Allerdings haben seine zum Scheitern verurteilten Versuche, die Sonnenfleckentheorie zu beweisen, auch schon die Gefahren des empirischen Arbeitens aufgezeigt. So ist ihm die Verbindung seiner empirischen Ergebnisse mit einer wirklich überzeugenden Konjunkturtheorie nicht ge-

10 Zitiert nach Robertson (1951, S. 231).

11 Nach Keynes (1936, S. 545) war Jevons gleichermaßen abgestoßen wie angezogen von dem Kontakt mit seiner Außenwelt: «He worked best alone with flashes of inner light. He was repelled, as much as he was attracted, by contact with the outside world.«

glückt. Daß er letztlich seinen fragwürdigen empirischen Ergebnissen das größere Gewicht beigemessen hat, brachte ihm tragischerweise nur mehr oder weniger spöttische Fußnoten in der späteren Geschichte der Konjunkturforschung ein. Hätte Stanley Jevons länger gelebt und wäre er bei besserer Gesundheit gewesen, so wäre ihm auch auf diesem Feld sicher noch Besseres gelungen.

Literatur

1. Werkausgaben

Black, R. D. C., und Könekamp, R. (Hrsg.) 1972. Papers and Correspondence of William Stanley Jevons Volume I. Biography and Personal Journal, London und Basingstoke.

Black, R. D. C., (Hrsg.) 1973–1981. Papers and Correspondence of William Stanley Jevons, 6 Bde., London and Basingstoke.

Jevons, W. S. 1862. On the Study of Periodic Commercial Fluctuations, Report of the British Association for the Advancement of Science, Cambridge, S. 157f.

Jevons, W. S. 1863. A Serious Fall in the Value of Gold Ascertained, and its social effects set forth, London.

Jevons, W. S. 1865. The Coal Question: An inquiry concerning the progress of the nation and the probable exhaustion of our coal mines, New York.

Jevons, W. S. 1865. On the Variation of Prices, and the Value of the Currency since 1782, in: Journal of the Royal Statistical Society of London.

Jevons, W. S. 1866. Brief Account of a General Mathematical Theory of Political Economy, Journal of the Royal Statistical Society of London, S. 282–287. Reprinted in The Theory of Political Economy. New York 1965, S. 303–314.

Jevons, W. S. 1869. The Pressure of Taxation (government report, published 1905).

Jevons, W. S. 1869. The Value of Gold, in: Journal of the Royal Statistical Society of London.

Jevons, W. S. 1871. The Theory of Political Economy, London and New York. (2nd ed., 1879; 3rd ed., 1888; 4th ed., 1910; 5th ed., 1957).

Jevons, W. S. 1874. The Progress of the Mathematical Theory of Political Economy, with an explanation of the principles of the theory, in: Journal of the Royal Statistical Society of London.

Jevons, W. S. 1875. Influence of the Sun-Spot Period on the Price of Corn, in: Nature.

Jevons, W. S. 1875. Post-Office Telegraphs and their Financial Results, in: Fortnightly Review.

Jevons, W. S. 1875. Money and the Mechanism of Exchange, London.

Jevons, W. S. 1876. Cruelty to Animals: A study in sociology, in: Fortnightly Review.

Jevons, W. S. 1878. Commercial Crises and Sun-Spots, in: Nature.

Jevons, W. S. 1879. Sun-Spots and Commercial Crises, in: Nature.

Jevons, W.S. 1880. Postal Notes, Money Orders and Bank Cheques, in: Contemporary Review.
Jevons, W.S. 1881. Bimetallism, in: Contemporary Review.
Jevons, W.S. 1882. Married Women in Factories, in: Contemporary Review.
Jevons, W.S. 1882. The Solar Commercial Cycle, in: Nature.
Jevons, W.S. 1882. The State in Relation to Labour, London.
Jevons, W.S. 1884. Investigations in Currency and Finance, London.
Jevons, W.S. 1886. Letters and Journal of W. Stanely Jevons, edited by his wife, London.
Jevons, W.S. 1890. Pure Logic, and other Minor Works, London.
Jevons, W.S. 1905. The Principles of Economics: A Fragment of a treatise an the industrial mechanism of society, New York.

2. *Weiterführende Literatur*

Aldrich, J. 1987. Jevons as Statistician: The Role of Probability, in: Manchester School of Economics and Social Studies, 55, S. 233–256.
Black, R.D.C. 1987. William Stanley Jevons, in: J. Eatwell u.a. (Hrsg.), The New Palgrave, 2, S. 1008–1014.
Black, R.D.C. 1989, William Stanley Jevons (1835–1882), in: J. Starbatty (Hrsg.), Klassiker des ökonomischen Denkens, Bd. II, München, S. 74–96.
Böhmert, W. 1891. W. Stanley Jevons und seine Bedeutung für die theoretische Nationalökonomie in England, Dissertation, Berlin.
Hutchison, T.W. 1982. The Politics and Philosophy in Jevons' Political Economy, in: The Manchester School, 50, S. 366–378.
Keynes, K.M. 1936. William Stanley Jevons 1835–1882, A Centenary Allocution on his Life and Work as Economist and Statistican, in: Journal of the Royal Statistical Society, 99, Part III; reprinted in: Essays in Biography, in: The Collected Writings, Vol. X, London 1972.
Kurz, H. 2008. Hermann Heinrich Gossen, in diesem Band.
Laidler, D.E.W. 1982. Jevons on Money, in: The Manchester School, 50, S. 326-353.
Meyer, G. 1937. Die Krisentheorie von Stanley Jevons, Dissertation, Kiel.
Mosselmans, B. 2002. Jevons, William Stanley, in: W.J. Mander und A.P.F. Sell (Hrsg.), The Dictionary of Nineteenth-Century British Philosophers, Vol. 2, Bristol, S. 598–604.
Negishi, T. 1995. Jevons und die Entwicklung der mathematischen Ökonomie, in: R.D.C. Black, T. Negishi und I. Steedman (Hrsg.), William Stanley Jevon's «Theory of Political Economy», Düsseldorf, S. 59–74.
Peach, T. 1987. Jevons as an economic theorist, in: J. Eatwell u.a. (Hrsg.), The New Palgrave, 2, S. 1014–1019.
Peart, S. 1998. Jevons and Menger Re-homogenized?: Jaffé After 20 Years, in: The American Journal of Economics and Sociology, 57, S. 307–332.
Robbins, L. 1936. The Place of Jevons in the History of Economic Thought, in: The Manchester School, Vol. 7, wieder abgedruckt in: ebenda, 50, 1982, und in: ders., The Evolution of Modern Economic Theory, London 1970.
Robertson, R.M. 1951. Jevons and his Precursers, in: Econometrica, 19, S. 229–249.

Schabas, M. 1990. A World Ruled By Number: William Stanley Jevons and the Rise of Mathematical Economics, Princeton, N.J.
Schefold, B. 1995. W. Stanley Jevons: Der Weg zum modernen Utilitarismus, in: R.D.C. Black, T. Negishi und I. Steedman (Hrsg.), William Stanley Jevon's «Theory of Political Economy», Düsseldorf, S. 5–20.
Steedman, I. 1972. Jevons' Theory of Capital and Interest, in: The Manchester School, 40, S. 31–52.
Stigler, S.M. 1982. Jevons as a Statistician, in: The Manchester School, 50, S. 354–365.
Wicksteed, Ph. H. 1905. Jevons's Economic Work, in: Economic Journal, 15, S. 432–436.
Young, A. A. 1912. Jevons' «Theory of Political Economy», in: American Economic Review, 2, S. 576–589.

Nils Goldschmidt

Gustav Schmoller
(1838–1917)

I. Leben

«Am 24. Juni 1838 bin ich in Heilbronn geboren, wo mein Vater Kameralverwalter war.» (Schmoller, 1918a, S. 53). Mit diesem Satz läßt Schmoller seinen zuletzt verfaßten Aufsatz beginnen, der für die theoriegeschichtliche Forschung ein Glücksfall ist. Schmoller, in seiner Zeit einer der bedeutendsten und einflußreichsten Gelehrten und als Haupt der sogenannten jüngeren historischen Schule die prägende Gestalt einer der wichtigsten wirtschaftswissenschaftlichen Sonderentwicklungen im deutschen Sprachraum, hat nur wenig über seine eigene Entwicklung und sein Privatleben bekannt werden lassen. Eine Ausnahme bildet dieser Text, erschienen im Jahr nach seinem Tod 1917 und überschrieben mit «Meine Heilbronner Jugendjahre», der die wichtigsten Lebenslinien dieses faszinierenden, aber auch umstrittenen Denkers nachzeichnet und im Folgenden immer wieder herangezogen wird.

Der Beruf des Vaters als Kameralverwalter – eine Tätigkeit, die bereits der Großvater in der württembergischen Stadt Hirsau ausübte – weckten schon früh das Interesse des jungen Schmoller an wirtschaftlichen und verwaltungswissenschaftlichen Fragen. Auf dem Kameralamt lernte er die verschiedenen Teile der Bevölkerung mit ihren Sorgen und Nöten kennen, wenn sie als Steuerzahler in das Büro des Vaters kamen. Diese unmittelbaren und konkreten Erfahrungen des Wirtschafts- und Geschäftslebens wurden für den späteren Wissenschaftler Schmoller zum Grundzug seines Denkens allgemein, wie er mit Blick auf seine Jugendzeit resümiert: «Mein Denken und Urteilen wurde so ein wesentlich auf lebendigen Anschauungen, nicht bloß auf abstrakten, logischen Begriffen beruhendes.» (Schmoller, 1918a, S. 57).

Seine Mutter Maria Therese verstarb bereits im Jahr 1846, als Gustav Schmoller gerade neunjährig war. Sie war die Tochter des Arztes und Botanikers Karl Friedrich von Gärtner. Ein Hauptanliegen von Gärtner, der zeitweilig in brieflichem Austausch mit Charles Darwin stand, war es, gegen die überlieferte Meinung unveränderlicher Strukturen im Pflanzenreich auf die Gestaltbarkeit der Natur zu verweisen. Es spricht vieles dafür, daß Schmollers späteres Interesse an der Veränderbarkeit gesellschaftlicher Strukturen durch die Ideen seines Großvaters beeinflußt war (Backhaus und Hansen, 2000). Auch die Persönlichkeit und die «selbstlose Gelehrsamkeit» (Schmoller, 1918a, S. 55) des Großvaters, bei dem der junge Schmoller in der Jugendzeit gemeinsam mit seinen Geschwistern Jahr für Jahr die Ferien verbrachte, beeindruckten den Enkel.

Aber nicht nur der Großvater selbst, sondern auch dessen Wohnort, die Stadt Calw, hatte Einfluß auf die Entwicklung des jungen Schmoller. Calw war in jenen Jahren ein bedeutsames, durch Holz- und Salzhandel sowie Textilindustrie geprägtes Wirtschaftszentrum Württembergs. Schmoller erlebte dort die Wirkungen der Industrialisierung und die Bedeutung des technischen Fortschritts: «Diese im anmutigen Nagoldtal liegende württembergische Stadt war im 17. und 18. Jahrhundert durch ihre Zeugindustrie empor gekommen; sie beschäftigte Spinner und Weber weit herum aus dem Schwarzwald: Die armen Schwarzwaldbauern konnten diesen Zusatzerwerb wohl auch brauchen, nahmen aber auch durch ihn an Zahl fast übermäßig zu.» (Schmoller, 1918a, S. 55)

Neben Vater und Großvater beeinflußte auch sein Schwager Gustav Rümelin Schmoller nachhaltig. Rümelin, Mitglied der Frankfurter Nationalversammlung 1848/49, war von 1861 bis 1873 Leiter des Königlich-Württembergischen Statistisch-Topographischen Büros. Ab 1867 bekleidete er zudem eine Professur für Statistik und vergleichende Staatenkunde an der Universität in Tübingen und war deren Kanzler von 1870 bis 1889. Die wichtige Rolle, die die statistische Forschung für die genaue Erfassung wirtschaftlicher und gesellschaftlicher Prozesse im ökonomischen Ansatz Schmollers spielt, ist ohne Frage dem Einfluß seines Schwagers zu verdanken. Es verwundert jedenfalls nicht, wenn Schmoller aus Anlaß seines 70. Geburtstages bekennt: «Derjenige, der mich in meinen Jugendjahren am meisten beeinflußt und beherrscht, das war mein Schwager Gustav Rümelin.» (Schmoller, 1908, S. 49)

Schmollers Leben verlief in recht regelmäßigen Bahnen. Nach Schule und Gymnasium begann er 1857 an der Universität Tübingen das Studium der Kameralwissenschaften. So lernte er nun auch die theoretischen Grundlagen der väterlichen Kunst, das Vermögen des Fürsten bzw. des Landes zu verwalten. Schmoller widmete sich ganz den Studien: «Dem gewöhnlichen studentischen Treiben des Biertrinkens, Paukens, Korpslebens fern zu bleiben, bedurfte keiner besonderen Ermahnung bei mir.» (Schmoller, 1918a, S. 59) Schmoller besuchte nicht nur die pflichtgemäßen kameralwissenschaftlichen Veranstaltungen, sondern auch Vorlesungen in Philosophie, Geschichte und Naturwissenschaften. Besonders beeinflußte ihn der Historiker Maximilian Duncker, der später u. a. Leiter der preußischen Staatsarchive und politischer Berater des Kronprinzen Friedrich Wilhelm (des späteren Friedrich III.) wurde. Schmoller resümiert in seinen Lebenserinnerungen: «Ich wurde so halb Historiker.» (Schmoller, 1918a, S. 60)

Nach dem ersten kameralistischen Examen und einer preisgekrönten Dissertation mit dem Titel *Untersuchung der volkswirtschaftlichen Anschauungen zur Reformationszeit* absolvierte Schmoller seine Referendarzeit zunächst im väterlichen Kameralamt in Heilbronn, später dann bei seinem Schwager Rümelin im Württembergischen Statistischen Büro. Die Tätigkeit dort – vor allem bei der Gewerbezählung des Jahres 1861 – stärkte seinen Blick für die Bedeutung empirischen Arbeitens und die Einsicht, daß staatliches Verwaltungshandeln sozialstatistischer Daten bedarf. Die Resultate der Gewerbezählung veröffentlichte er 1862 und legte damit einen Grundstock für seine akademische Karriere.

Im gleichen Jahr 1862 schaltete sich Schmoller – wohl unter dem Einfluß seines Schwagers Rümelin, der ein Anhänger Preußens war – mit einer anonymen Schrift in den Streit um den preußisch-französischen Handelsvertrag ein. Süddeutschland war gegen den Vertrag, doch Schmoller unterstützte die preußische, handelsliberale Position und setzte damit seine erst gerade begonnene Karriere als württembergischer Beamter aufs Spiel. Was auf den ersten Blick als jugendliche Torheit erscheinen mag, stellte sich im nachhinein als ein geschickter Schachzug des «schlauen Schwobs« heraus, als den ihn der Historiker Friedrich Meinecke einmal charakterisierte. Mit dieser Schrift, deren Anonymität nicht lange gewahrt blieb, versicherte er sich der Unterstützung seines früheren Lehrers Maximilian Duncker, der mittlerweile in Preußen einigen Einfluß hatte. Der Ruf Schmollers nach Halle 1864, zunächst auf eine außerordentliche und im folgenden Jahr dann auf eine ordentliche Professur, ist zu einem guten Teil dem Betreiben Dunckers zu verdanken. Zudem überzeugte Schmoller mit seiner Schrift auch den preußischen Handelsminister Rudolph Delbrück, der zu einem wichtigen Förderer Schmollers wurde. Das diplomatische Geschick, das Schmoller in dieser Angelegenheit bewies, war die Geburtsstunde der «Schmoller-Connection» (Neugebauer, 2000): einem feinmaschigen und zugleich robusten Netz, gesponnen aus wissenschaftlichen und politischen Fäden.

In Halle kristallisierten sich auch die beiden Schwerpunkte des wissenschaftlichen Wirkens von Schmoller heraus: Historische Arbeiten zur preußischen Verwaltungs- und Wirtschaftsgeschichte und Schriften zur sozialen Frage. Sein Werk *Zur Geschichte der deutschen Kleingewerbe im 19. Jahrhundert* (Schmoller, 1870) dokumentiert mit der ausführlichen, insbesondere wirtschaftshistorischen Schilderung der Lage des Kleingewerbes und mit der klaren Begründung staatlicher Intervention (und einer damit einhergehenden Abkehr von seiner noch zwei Jahre zuvor vertretenen wirtschaftsliberalen Position) bereits seine später so typische wissenschaftliche Argumentationsweise. Schmollers Aufsatz *Die Arbeiterfrage* (Schmoller, 1864/65) erregte Aufsehen – ein Beitrag, der als Gründungsmanifest seiner sozialpolitischen Vorstellungen angesehen werden kann und auf den später noch zurückzukommen ist.

Stellte das Jahr 1869 mit der Heirat von Lucie Rathgen einen wichtigen Punkt im privaten Lebenslaufs Schmollers dar, so wurde das Jahr 1872 eine wesentliche Zäsur in seinem beruflichen Werdegang. Zum einen folgte Schmoller in diesem Jahr einem Ruf an die neugegründete Reichsuniversität in Straßburg, wo er seine wirtschaftshistorischen Fähigkeiten mit verschiedenen Untersuchungen, u. a. über die Tucher- und Weberzunft, weiter ausbaute und wo er auf Kollegen traf, die sein Ansinnen einer historischen Verortung ökonomischen Denkens teilten.

Zum anderen, und mit Blick auf die weitere Wirkung von Schmoller äußerst bedeutsam, wurde 1872 der Verein für Socialpolitik gegründet. Die rund 160 Gründungsväter dieses Vereins waren davon überzeugt, daß die drängenden Probleme der Zeit nur durch eine unterstützende, staatlich gelenkte Sozialpolitik gelöst werden konnten. In seiner Ansprache bei der Gründungsveranstaltung in Eisenach führte Schmoller aus: Es geht darum, «die untern Classen soweit zu heben, zu bilden, zu versöhnen, daß sie in Harmonie und Frieden sich in den Organismus der Gesellschaft und des Staates einfügen.» (Schmoller, 1872/1890, S. 11) Die Distanz zu marktliberalen Positionen und ihre Hinwendung zu den sozialen Nöten brachten Schmoller und seinen gleichgesinnten Kollegen die Bezeichnung «Kathedersozialisten» ein. Der bald folgende Stimmungsumschwung im Reich hin zu einem stärkeren staatlichen Engagement auf dem Feld der Sozialpolitik wurde auch zu einem Gutteil durch das Wirken des Vereins begünstigt und wurde auch daran deutlich, daß Bismarck anläßlich eines Besuchs in Straßburg 1875 versicherte, er sei selbst auch ein «Kathedersozialist». Es wäre jedoch verfehlt, in Schmoller und seinen Mitstreitern konkrete Akteure in der politischen Arena zu sehen. Sie sahen ihre Aufgabe vielmehr in der Rolle der Ideengeber und als Kommentatoren sozialpolitischer Maßnahmen. Der direkte Einfluß auf die preußische Sozialgesetzgebung ist folglich im Einzelnen schwer nachvollziehbar.

Im Jahr 1882 wechselte Schmoller an die Friedrich-Wilhelms-Universität zu Berlin. Angekommen im politischen Zentrum seiner Zeit, ist die Berufung dorthin gleichermaßen Anerkenntnis seines sozialpolitischen Engagements wie auch Markierung seines nun stetig steigenden wissenschaftlichen wie politischen Einflusses. Bereits 1884 wurde er Mitglied des preußischen Staatsrates, 1887 wurde er in die Akademie der Wissenschaften aufgenommen, wo er eine umfassende Quellensammlung, die *Acta Borussica, Denkmäler der preußischen Staatsverwaltung im 18. Jahrhundert* initiieren konnte. Zu einem wichtigen Bundesgenossen in Berlin wurde für Schmoller Friedrich Althoff, mit dem ihn die feste Verwurzelung in der monarchischen Staatsordnung einte. Als Universitätsreferent in das preußische Ministerium der geistlichen-, Unterrichts- und Medizinalangelegenheiten entwickelte Althoff ein weit verzweigtes Netzwerk von Vertrauten, mit denen er ressortübergreifend (personal-)politischen Einfluß ausübte. Personelle Entscheidungen an allen preußischen Universitäten, zumal in den staatswissenschaftlichen-nationalökonomischen Fächern, wurden so mehr und mehr auch vom Wohlmeinen Schmollers abhängig.

Nach einem Rektorat 1897/98 vertrat Schmoller ab 1899 die Berliner Universität im Herrenhaus, er erhielt verschiedene Orden und Ehrendoktorwürden. Eine gewisse Ermüdung in der Quellenforschung und das Drängen seiner Freunde führten dazu, daß er sich einem *Grundriß der Allgemeinen Volkswirtschaftslehre* zuwendete, dessen erster Band 1900 erschien; der zweite Band folgte 1904. Bereits seit 1881 gab Schmoller das *Jahrbuch für Gesetzgebung, Ver-*

waltung und Volkswirtschaft im Deutschen Reich heraus, das 1913 und auch heute noch unter dem Titel *Schmollers Jahrbuch* erscheint. Ein Höhepunkt seiner akademischen Laufbahn waren die Feiern zu seinem 70. Geburtstag 1908. Von den zahlreichen Festbeiträgen, Reden und Glückwünschen zu diesem Ereignis sei nur eine erwähnt. Max Weber, der wissenschaftlich keineswegs uneingeschränkt auf Schmollers Linie lag, schrieb in seinem Glückwunsch: «In einer Zeit des dürrsten ökonomischen Nationalismus haben Sie historischem Denken in unserer Wissenschaft eine Stätte bereitet, wie es sie in gleicher Weise und gleichem Maße bei keiner anderen Nation gefunden hatte und bis heute nicht hat.» (Weber, 1908, S. 67 f.) Im gleichen Jahr wurde Schmoller geadelt. Trotz des zunehmenden Ansehens seiner Person, der vielen Ehrungen und Mitgliedschaften wurde es danach ruhiger um Schmoller, der letztlich ein stiller und in sich gekehrter Wissenschaftler war. 1913 tritt Schmoller von seinem Lehramt zurück. Auf einer Reise starb er am 27. Juli 1917 in Bad Harzburg.

2. Werk

Schmoller war schriftstellerisch äußerst produktiv. Neben seinem Lehrbuch und einer Vielzahl weiterer Monographien zu einzelnen Spezialgebieten umfassen allein die mittlerweile als *Kleine Schriften zur Wirtschaftsgeschichte, Wirtschaftstheorie und Wirtschaftspolitik* in sechs Bänden zusammengefaßten einzelnen Aufsätze und Rezensionen mehr als 5000 Druckseiten.

Das Gesamtwerk. Mit seiner Hinwendung zu wirtschaftshistorischen Fragestellungen konnte Schmoller an Überlegungen von Ökonomen anknüpfen, die man heute zumeist unter dem Oberbegriff «ältere historische Schule» zusammenfaßt. Wesentliche Repräsentanten dieser der breiteren, schillernden Strömung des Historismus des 18. und 19. Jahrhunderts zuzuordnenden Richtung waren Bruno Hildebrand, Wilhelm Roscher und Karl Knies. Rückgebunden an idealistische und teils romantische Philosophien im Gefolge von Johann Gottfried Herder, Johann Gottlieb Fichte und Georg Wilhelm Hegel ist den historistischen Ansätzen eine Hinwendung zum tatsächlich Gegebenen als einem aber zugleich historisch und kulturell Veränderlichen gemeinsam.

Gleichwohl die Überlegungen der «älteren historischen Schule» keineswegs einen einheitlichen wissenschaftlichen Kanon bilden, einte sie doch die Überzeugung, daß die Ansichten der klassischen Nationalökonomie im Gefolge von Adam Smith und David Ricardo zwar nicht ad acta gelegt aber ergänzt werden sollten. Eine Politische Ökonomie habe nicht primär nach allgemeinen Wirtschaftsgesetzen zu suchen, sondern es gelte vielmehr, die jeweiligen historischen Besonderheiten einzelner Nationalökonomien im Zeitablauf aufzudecken und zu berücksichtigen. Polemisch hat man die Überlegungen dieser Richtung als «eine historische Sauce über einem klassischen Gericht» (Robert Wilbrandt) bezeichnet; auf jeden Fall hat sie ein Forschungsfeld innerhalb der Nationalökonomie eröffnet, das von Schmoller aufgegriffen und ausgebaut werden konnte.

Schmoller brach klar mit der klassischen Tradition und insbesondere mit ihrer theoretisch-abstrakten Methode zur Erklärung wirtschaftlicher Phänomene. Aus seiner Sicht reichte es nicht, einzelne Teilaspekte des wirtschaftlichen Geschehens isoliert zu betrachten und auf Gesetzmäßigkeiten und generelle Muster zu untersuchen (z. B. Konjunkturzyklen, Lohngesetze, Preisbewegungen), sondern er war davon überzeugt, daß alle wirtschaftlichen Vorgänge in einem engen Zusammenhang mit sozialen Erscheinungen standen. Sein erklärtes Ziel war es, «die Natur der Sitte und des Rechts, die Macht der sittlichen Gefühle und Kulturideen, die auch die ganze Volkswirtschaft beherrschen» (Schmoller, 1874, S. 264) mit in die Analyse einzubeziehen. Es ist diese umfassende Zielsetzung und einheitliche Marschrichtung, nach der das Gesamtwerk von Schmoller beurteilt werden muß.

Neben der historischen Fundierung zur Beurteilung wirtschaftlicher Prozesse und der Berücksichtigung der jeweiligen natürlichen und gesellschaftlichen Umstände sind es dabei vier weitere Aspekte, mit denen man das Gesamtwerk von Schmoller charakterisieren kann (vgl. Rieter, 2002): 1. Ziel der historischen Beschreibung ist nicht die enzyklopädische Erfassung einzelner Fakten, sondern das Anliegen, diese Daten als Erfahrungsbasis für die Entwicklung von wirtschafts- und sozialpolitischen Maßnahmen zu nutzen. 2. Schmollers Ansatz ist eine dynamische Lehre, die getragen wird von der Hoffnung auf technischen, wirtschaftlichen und sittlichen Fortschritt. Der Freiburger Ökonom und Vordenker der

Sozialen Marktwirtschaft Walter Eucken hat dies einmal treffend beschrieben, wenn auch in skeptischer Distanz: «Der ganze historische Prozeß erschien ihm [Schmoller] als ein Prozeß des sittlichen Fortschritts, der sich in besseren Institutionen niederschlägt, und durch bessere Institutionen wiederum ‹werden die Menschen zu höheren Formen des Dasein erzogen›.» (Eucken, 1940, S. 474) 3. Der Zielpunkt von Schmollers ökonomischen Überlegungen war nicht die Verwirklichung wirtschaftlicher Effizienz, sondern die Ermöglichung von Gerechtigkeit: «[D]as Beste, was wir besitzen, ruht auf der Idee der Gerechtigkeit; aller sozialer Fortschritt hängt von weiteren Siegen der Gerechtigkeit ab.» (Schmoller, 1881/1904, S. 251) 4. Die konkrete Verwirklichung der Gerechtigkeit wird getragen von der staatlichen Sozialreform. Hierauf wird gleich noch ausführlich eingegangen.

Blickt man auf die Hauptabteilungen seines Lehrbuchs *Grundriß der Allgemeinen Volkswirtschaftslehre*, wird diese hier nachgezeichnete Zielsetzung des Gesamtwerkes nochmals offensichtlich: «Einleitung: Psychologische und sittliche Grundlage; Erstes Buch: Land, Leute und Technik als Massenerscheinungen und Elemente der Volkswirtschaft; Zweites Buch: Die gesellschaftliche Verfassung der Volkswirtschaft, ihr Entstehen, ihre Organe, ihr heutiger Zustand; Drittes Buch: Der gesellschaftliche Prozeß des Güterumlaufes und der Einkommensverteilung; Viertes Buch: Die Entwicklung des volkswirtschaftlichen Lebens im ganzen.»

Methodische Fragen. Im Vorwort des zweiten, 1904 erschienenen Bandes zum *Grundriß der Allgemeinen Volkswirtschaftslehre* schreibt Schmoller: «Ich wollte die Volkswirtschaftlehre von falschen Abstraktionen durch exakte historische, statistisch, volkswirtschaftliche Forschung befreien, aber doch stets gleich generalisierender Staats- und Wirtschaftstheoretiker soweit bleiben, als wir nach meiner Überzeugung heute schon dazu festen Grund unter den Füßen haben. Wo solcher mir zu fehlen scheint, da habe ich auch im Grundriß lieber nur die Tatsachen beschrieben und einige Entwicklungstendenzen angedeutet, als luftige Theorien aufgebaut, die mit der Wirklichkeit nicht in Fühlung stehen, bald wieder wie Kartenhäuser zusammenfallen.» (Schmoller, 1904, S. VI)

Die nach dem Tod Schmollers vorgebrachte und bis heute häufig zu hörende Kritik, daß sein historisch-ethischer Ansatz letztlich «theorielos» sei und man folglich in Schmoller den «Verderber theoretischen Denkens, der die ökonomische Wissenschaft in Deutschland schwer geschädigt habe« (Beckerath, 1961, S. 1147), sah, übersieht, daß Schmollers Forschungsprogramm auf der *theoretischen* Annahme beruhte, daß die wirtschaftliche Wirklichkeit nicht nach einheitlichen Grundmustern und Gesetzen, d.h. einem «generellen Wesen» der Wirtschaft geformt ist, sondern erst mittels einer «anschaulichen Theorie», also durch die Beschreibung des Zusammenspiels von menschlichen Handlungen in einem geschichtlich gewordenen Umfeld begriffen werden kann. Für Schmoller ist so die Wirtschaftswissenschaft als eine konkrete und praktische Disziplin zu verstehen, bei der es auf die Hinwendung zum Gegenstand (die tatsächlich aktuellen wirtschaftlichen Gegebenheiten), zum handelnden Akteur (und seinen Vorstellungen) sowie zum Problem (die soziale Frage) ankommt. Abstrakte Modelle, wie in der klassischen Nationalökonomie eingefordert, können hierzu nicht viel beitragen, wie er in seiner Antrittsrede als Rektor der Königlichen Friedrich-Wilhelms-Universität zu Berlin am 15. Oktober 1897 deutlich machte: «Nicht die Menschen, ihre Handlungen und Institutionen werden untersucht, sondern die ‹Magie› des technisch-kapitalistischen Produktionsprozesses wird mit den Zauberkünsten der Dialektik und scheinbar unwiderleglichen mathematischen Formeln vorgeführt.« (Schmoller, 1897, S. 1396).

Schmollers Kritik an leblosen Modellen wurde auch zum Ausgangspunkt des sogenannten ersten Methodenstreits. Im Jahr 1883 veröffentlichte der österreichische Ökonom Carl Menger seine *Untersuchungen über die Methoden der Sozialwissenschaften und der Politischen Ökonomie insbesondere*. Menger forderte in dieser Schrift eine Ergänzung der historischen Methode durch eine «exakte Richtung», die mittels deduktiver Schlußfolgerungen zu allgemein gültigen Aussagen und Gesetzmäßigkeiten wirtschaftlicher Zusammenhänge gelangen sollte.

Schmoller kritisierte den Anspruch Mengers und hielt ihm in einer Besprechung vor, letztlich nur ein Epigone jener klassischen Nationalökonomen zu sein, die er seit je her bekämpfte (Schmoller, 1883). Menger hingegen klagte gegenüber einem Freund in Briefen über Schmollers diffamierende Äußerungen: «Schmoller läßt es in der Recension meiner Schrift nicht bei Kraftausdrücken wie ‹weltflüchtige stubengelehrte Naivität›, ‹scholastische Denkübungen›, ‹Scheuklappen wissenschaftlicher Arbeitsleistung›; ‹abstracte Schemen›, ‹geistige Schwindsucht› u. dgl. m., bewenden, sondern gibt mir, offenbar um die Wucht dieser Argumente zu verstärken, sogar zu verstehen, daß ich, um meiner methodischen Ansichten willen, aus dem Kreise exacter Forscher ‹sofort hinausgeworfen› werden würde.» (Menger, 1884/1970, S. 6f.) Auf Mengers Gegenschrift *Die Irrthümer des Historismus in der deutschen Nationalökonomie* antwortete Schmoller im *Jahrbuch für Gesetzgebung, Verwaltung und Volkswirtschaft* nur noch lapidar mit dem Hinweis: «Ich werfe alle solchen persönlichen Angriffe ungelesen in den Papierkorb. ... Für weitere Angriffe werde ich Ihnen übrigens immer dankbar bleiben.» Die weitere Entwicklung erklärt Menger und die von ihm begründete Österreichische Schule zum Sieger: Abstraktion und Deduktion gehören heute zum Handswerkzeug jedes Ökonomen.

Die von Schmoller bekämpfte Distanz des Wissenschaftlers zur sozialen Realität wurde auch zum Anlaß für einen zweiten Methodenstreit. Ausgelöst durch einen Aufsatz über *Die Objektivität sozialwissenschaftlicher und sozialpolitischer Erkenntnis* von Max Weber aus dem Jahr 1904 entbrannte unter Sozialwissenschaftlern ein Streit darüber, ob Wissenschaftler «Werturteile» fällen dürfen, d. h. Aussagen darüber, welche Ziele eine Gesellschaft erstreben sollte. Für Schmoller war dieses normative Zwecksetzen der Hauptgegenstand der Ökonomik: «Der akademische Lehrer praktischer Disziplinen kann und soll nur einen Leitstern haben: das Gesamtwohl und das Gesamtinteresse.» (Schmoller, 1897, S. 1407). Weber und andere Ökonomen hingegen verlangten, daß wissenschaftliche Aussagen von ethischen Werturteilen freigehalten werden – letzteres sei die Aufgabe von Glauben und politischem Handeln. Schmoller unterlag auch in diesem Streit: Die eingeforderte Trennung zwischen «Sein» (dem sozial Gegebenen) und «Sollen» (dem sozial Anzustrebenden) wurde später zur Marschroute wissenschaftlicher Sozialpolitik.

Die Arbeiterfrage und die Sozialpolitik. Schmoller selbst sah den Ökonomen in der Rolle des «wissenschaftlichen Vermittlers», und die Lösung gesellschaftlicher Probleme war das leitende Motiv. Die Notwendigkeit zur Herstellung und Gestaltung sozialer Harmonie gegen das «Dogma von der Harmonie aller Privatinteressen» (Schmoller, 1870, S. XI) war nach Schmoller Zielpunkt einer durchdachten Wirtschafts- und Sozialpolitik.

Will man das generelle Anliegen einer solchen Schmollerschen Sozialpolitik verstehen, ist der Rückgriff auf seine schon genannte Abhandlung *Die Arbeiterfrage* aus dem Jahr 1864/65 hilfreich. In dieser «Jugendschrift» (Schmoller, 1894, S. 1327) legt Schmoller drei Gesichtspunkte dar, die zentral für sein Verständnis von Sozialpolitik sind: 1. Seine umfassende Sicht hinsichtlich Fragen der Sozialpolitik, 2. die Unterscheidung zwischen innerer und äußerer Wirkung sozialpolitischer Maßnahmen, und schließlich 3. die Bedeutung, die Schmoller dem Bereich der Bildung zuweist.

1. Schmoller sieht in der Sozialpolitik nicht eine lediglich rein wirtschaftliche Fürsorge, sondern für ihn ist die soziale Frage auch eine Erziehungs- und Kulturfrage. Er schreibt: «Der wahre Fortschritt auch im ökonomischen Leben hängt von seinem Zusammenhang mit den übrigen Lebensgebieten und Zwecken, von der gesammten ethischen Cultur ab, denn kein Zweck und kein Glied kann dauernd gedeihen, wenn der übrige Organismus leidet.» (Schmoller, 1864/65, S. 63) Die «Einheitlichkeit der Kultur» ist für Schmoller auch zugleich das Argument für eine kulturelle Entwicklung aller Klassen: «Nicht bloß die einzelnen Mißstände und Nothstände, die steigende Reibung der sozialen Klassen erzeugen Bestrebungen dieser Art, sondern sie entspringen recht eigentlich dem Gefühl der einheitlichen Kultur, der solidarischen Gemeinschaft des Volkes ... Kein Volk kann auf die Dauer zu große Gegensätze ertragen, ohne daran zu Grunde zu gehen.» (Schmoller, 1892, S. 466)

Später hat Schmoller diesen umfassenden Anspruch selbst eingeschränkt. In seiner Spätschrift *Die sociale Frage* beschränkt er sich weitgehend auf die Forderung nach einer gerechten Lohnpolitik: «Alle solchen gesellschaftlichen Einwirkungen können vernünftigerweise nie den Zweck haben, eine ideale Gerechtigkeit, über die niemals alle Menschen einig sind, ohne Rücksicht auf Angebot und Nachfrage, auf Leistungsfähigkeit, auf bestehende Klassenordnung durchzuführen. ... Dabei muß nicht sowohl ein fernes und abstraktes Ideal Hand und Kopf der Reformer leiten, sondern die Einsicht in die Schädlichkeit der ungenügenden und ungerechten Löhne.» (Schmoller, 1918, S. 310) Überdies – und hierin trifft sich Schmoller mit der sozialpolitischen «Motivation» Bismarcks – sah auch Schmoller in einer guten Sozialpolitik den besten Schutz gegen revolutionäre Bestrebungen: «Wie kann man Millionen von Geldlohnarbeitern, die fast ausschließlich von ihrem Lohn leben müssen, einen Lohn, eine Lebenshaltung, eine Gesittung und Institutionen geben, die sie heben, die ihnen gestatten, sich ohne zu große Kämpfe, ohne revolutionäre Tendenzen in Staat, Gesellschaft und Volkswirtschaft harmonisch einzufügen?» (Schmoller, 1915, S. 1632 f.)

2. Schmoller unterscheidet zwischen der «äußeren» und der «inneren» Wirkung sozialpolitischer Maßnahmen: «Wenn die Reform nicht innerlich umgestaltet, so ist Alles umsonst.» (Schmoller, 1864/65, S. 421) In der «inneren Umgestaltung» sieht Schmoller vor allem die Hebung des Gefühls der persönlichen Würde und der Selbstverantwortlichkeit des Arbeiters: «Die Zukunft der Kultur erscheint ihm [Schmoller] erst dann gesichert, wenn im sittlichen Zusammenhang der höheren mit den unteren Klassen immer mehr Glieder des Volkes an den Gütern der Kultur teilhaben können, wenn die sittliche Erziehung der unteren durch die oberen Klassen deren Hebung ‹stets von innen heraus› bewirkt.» (Müssiggang, 1968, S. 134).

3. Sozialpolitik ist für Schmoller zugleich auch immer Bildungspolitik. Zwar geht es Schmoller dabei auch um die Verwertbarkeit von Humankapital, denn man braucht «geistig und technisch gebildete Arbeiter» (Schmoller, 1864/65, S. 535). Aber zugleich ist Bildung auch der individuellen Entwicklung zuträglich: «Die Bildung ist die Grundlage aller sittlichen Besserung, aller Freude an höheren Genüssen» (ebd.), wobei Schmoller die Rolle von (Schul-)Bildung für Aufstiegsmöglichkeiten innerhalb der Gesellschaft, also für die soziale Mobilität betont. Bildung ist so die Voraussetzung für die Teilnahme an der Gesellschaft und zugleich eine Aufgabe des Staates. Folglich – und hierin ganz modern – ist für Schmoller Arbeitslosigkeit auch ein Problem von Bildungs- und Ausbildungschancen: «Nicht darum handelt es sich, Allen ein gleiches, sondern darum auch den untersten Classen noch ein humanes Dasein zu schaffen, das die Möglichkeit weiteren Erwerbs und höherer Bildung enthält.» (Schmoller, 1864/65, S. 524).

Wie auch immer man die einzelnen Aspekte der Schmollerschen Sozialpolitik, die für ihn immer primär staatliche gelenkte Sozialpolitik zu sein hat, beurteilen mag, man kann Hartmut Harnisch aber zweifelsohne zustimmen, wenn er schreibt: «Das Verdienst jedoch, eine wissenschaftlich begründete staatliche Sozialpolitik entwickelt zu haben, kann in Deutschland die jüngere historische Schule der Nationalökonomie für sich in Anspruch nehmen, und der Anteil Schmollers daran ist sehr hoch zu veranschlagen.» (Harnisch, 2000, S. 564; siehe ausführlich: Grimmer-Solem, 2003).

3. Wirkung

Der Ökonom und Soziologe Franz Oppenheimer schrieb kaum mehr als zehn Jahre nach dem Tod Schmollers ein vernichtendes Urteil über dessen weitere Wirkung: «Die historische Schule, die vollkommen abgewirtschaftet hatte, stürzte nach Gustav Schmollers Tod plötzlich völlig in sich zusammen …» (Oppenheimer, 1929, S. 109). Blickt man auf die Richtungskämpfe, die nach 1917 im Verein für Socialpolitik ausbrachen, auf die Absetzbewegungen und Abgrenzungsbemühungen von der historischen Schule, selbst unter ihren einstigen Anhängern, sowie auf die Bedeutungslosigkeit, die für die zweite Hälfte des 20. Jahrhunderts dieser Denkschule zu attestieren ist, so muß man Oppenheimer in seinem Urteil auf einen ersten Blick durchaus Recht geben. Schmoller ist es nicht gelungen, seine Forschungsrichtung auch unabhängig von seiner Person dauerhaft zu etablieren. Fachlich war eine Wirtschaftswissenschaft, die mehr und mehr in Gefahr geriet, sich in historische Detailforschungen zu verwickeln, ohne nach der eigentlichen Zielsetzung zu fragen, kaum zukunftsfähig. Zudem – aber dies ist faktisch so nicht haltbar – wurde der historischen Schule aufgrund ihres staatsoptimistischen und interventionsfreudigen Charakters von (radikal-) liberaler Seite gerne eine spätere Verstrickung in den nationalsozialistischen Sumpf angelastet; so diskreditierte man die historische Schule auch politisch nachhaltig. Überdies wirkte die historische Schule und ihr Instrumentarium nach dem Zweiten Weltkrieg in einer von Keynesianismus und Neoklassik bestimmten internationalen ökonomischen Arena hoffnungslos veraltet.

Doch wäre es von Grund auf verkehrt, die historische Schule und Schmoller nun in den Kellern der theoriegeschichtlichen Forschung einzumotten und dem Vergessen anheimzugeben. Drei Gründe sollen abschließend angeführt werden, die den bleibenden Wert der historischen Schule begründen und die erklären, warum man seit einigen Jahren eine «Schmoller Renaissance» beobachten kann (Peukert, 2001; Backhaus, 1993).

1. Viele der Entwicklungen, die sich nach dem Tod Schmollers und dem Ende seiner historischen Schule im engeren Sinne abzeichneten, wären ohne die Vorarbeiten dieser Denkrichtung kaum möglich gewesen. In besonderem Maße gilt dies auch für die Überlegungen, die in das Konzept der *Sozialen Marktwirtschaft* mündeten (Zweynert, 2006). So ist beispielsweise Alfred Müller-Armack, enger Berater von Ludwig Erhard und langjähriger Staatssekretär im Bundeswirtschaftsministerium, ein Erbe der historischen Tradition. Die Vorstellung, daß die Soziale Marktwirtschaft ein «progressiver Stilgedanke» sei, stimmt mit einer gesamtgesellschaftlichen Sicht auf ökonomische Zusammenhänge überein, die sich – freilich in anderen Worten – so auch bei Schmoller finden lassen würde. Gemeinsam ist beiden Richtungen die Überzeugung, daß die Wirtschaft nicht dem Prinzip des Laisser-faire überlassen werden kann, sondern einer staatlichen Lenkung bzw. im Sinne der Sozialen Marktwirtschaft einer sozialen Rahmung bedarf. In etwas anderer Gewichtung lassen sich auch bei Walter Eucken, dessen Ordoliberalismus ein wesentlicher Grundstein für die Soziale Marktwirtschaft wurde, klare Linien zur historischen Schule zurückverfolgen (Peukert, 2000; Goldschmidt, 2002). Es ist gerechtfertigt, gerade die Vordenker für die Wirtschaftsordnung in Westdeutschland nach dem Zweiten Weltkrieg auch als Erben Schmollers und als eine «jüngste historische Schule» anzusehen (Schefold, 1995). Diese Wurzeln freizulegen, ist auch mit Blick auf die aktuellen Reformbemühungen zur Sozialen Marktwirtschaft ein lohnendes Unterfangen.

2. Sicherlich sind die sind die recht optimistischen und äußerst staatsnahen sozialen Reformüberlegungen Schmollers kaum auf den modernen Wohlfahrtsstaat übertragbar. Es kann auch nicht darum gehen, einzelne Reformvorschläge aus seiner Feder heute erneut zu diskutieren. Stattdessen ist es gewinnbringend, Schmollers generelles Anliegen wieder in die Debatte einzubringen: Sozialpolitik ist nicht ein Anhängsel der Wirtschaftspolitik, sondern ein notwendiger Teil der Gesellschaftspolitik und eine Errungenschaft des modernen Staates. Die «Hebung der Arbeiterschaft», oder – um es modern auszudrücken – die Inklusion des Einzelnen in die Gesellschaft, ist das bleibende *wissenschaftliche* Programm einer mo-

dernen Sozialpolitik, die mit Schmoller ihren Ausgangspunkt nahm. Die konkrete Ausgestaltung der sozialen Sicherungssysteme ist freilich die Aufgabe der jeweiligen Zeit.

3. Die Einsicht, daß die *Ökonomik eine Gesellschaftswissenschaft* und daß die institutionelle (d.h. rechtliche) Rahmung wesentlich für das Verständnis und die Gestaltung wirtschaftlicher Prozesse ist, ist ein Hauptanliegen der modernen Institutionenökonomik, die mit dem Nobelpreisträger von 1993, Douglass C. North, einen prominenten Fürsprecher gefunden hat (North, 1992). Dort werden – bewußt und unbewußt – Überlegungen aufgegriffen, die auch in «Schmollers Gesellschaftstheorie» (Prisching, 1993) wesentliche Bestandteile sind. Gerade die Betonung der dynamischen Elemente der wirtschaftlichen Entwicklung (die heute allgemein unter dem Begriff der «Pfadabhängigkeit» debattiert werden) und sein Verweis auf die Rolle von informellen Institutionen, insbesondere kultureller Aspekte, macht Schmoller auch hinsichtlich aktueller Transformationsprozesse in Osteuropa und anderen Teilen der Welt zu einer gewinnbringenden Lektüre. Erfolgreiche Wirtschaftspolitik ist gebunden an das kulturelle Erbe. In seinen Überlegungen zur Differenzierung gesellschaftlicher Entwicklung und in der Frage, wie das Deutschland des späten 19. Jahrhunderts Anschluß an eine industralisierte und mehr und mehr weltweite Ökonomie gewinnen kann, kann Schmoller aus heutiger Sicht sogar als Ökonom einer ersten Globalisierung gelesen werden (Rieter und Zweynert, 2006).

Bis heute gilt das Diktum von Horst C. Recktenwald (1965, S. 342), daß Schmollers Werk «vielmehr getadelt, aber ebensowenig gelesen wird.» Im Umkehrschluß kann man wohl aus gutem Grund behaupten, daß, wenn man Schmoller genauer und als einen Autor seiner Zeit lesen würde, ihm einiger Tadel erspart bliebe. Zudem kann die *relecture* von Schmoller heutigen Ökonomen in den aktuellen Diskussionen Argumente an die Hand geben, um ihre Wissenschaft als eine Disziplin zu präsentieren, die dem Menschen und der Gesellschaft dienlich ist. Die heute so häufig eingeforderte Interdisziplinarität wissenschaftlichen Denkens hatte in Schmoller ihren Idealtypus gefunden. Daß ein solches Denken über die Fachgrenzen hinaus nicht ohne Risiko ist, hatte Schmoller auch schon gesehen, aber mit Gleichmut ertragen: «Ob das zukünftige Urteil dahin gehen werde, daß ich als Historiker gescheitert sei, weil ich zugleich Nationalökonom war, als Nationalökonom, weil ich nicht aufhören konnte, Historiker zu sein, muß ich dahingestellt sein lassen. Ich kann nur beides zugleich sein und bilde mir ein, das Beste, was ich zu leisten vermag, dieser Verbindung zu danken.» (Schmoller, 1898a, Vorrede)

Literatur

1. Werkausgaben

Schmoller, G. 1862. Der französische Handelsvertrag und seine Gegner. Ein Wort der Verständigung, von einem Süddeutschen, Frankfurt am Main (anonym verfasst).

Schmoller, G. 1864/65. Die Arbeiterfrage, in: Preußische Jahrbücher, 14, S. 393–424, S. 523–547 und Preußische Jahrbücher, 15, S. 32–63.

Schmoller, G. 1870. Zur Geschichte der deutschen Kleingewerbe im 19. Jahrhundert. Statistische und nationalökonomische Untersuchungen, Halle.

Schmoller, G. 1872/1890. Rede zur Eröffnung der Besprechung über die sociale Frage in Eisenach den 6. October 1872, in: ders., Zur Social- und Gewerbepolitik der Gegenwart. Reden und Aufsätze, Leipzig.

Schmoller, G. 1874. Über einige Grundfragen des Rechts und der Volkswirtschaft. Offenes Sendschreiben an Herrn Prof. Dr. Heinrich von Treitschke, in: Jahrbücher für Nationalökonomie und Statistik, 23, S. 225–349.

Schmoller, G. 1879. Die Strassburger Tucher- und Weberzunft: Urkunden und Darstellung, nebst Regesten und Glossar. Ein Beitrag zur Geschichte der deutschen Weberei und des deutschen Gewerberechts vom XIII.–XVII. Jahrhundert, Straßburg.

Schmoller, G. 1881/1904. Die Gerechtigkeit in der Volkswirtschaft, wieder abgedruckt in: ders., Über einige Grundfragen der Sozialpolitik und der Volkswirtschaftslehre, Leipzig, S. 213–261.

Schmoller, G. 1883. Zur Methodologie der Staats- und Sozialwissenschaften, in: Jahrbuch für Gesetzgebung, Verwaltung und Volkswirtschaft im deutschen Reich 7, S. 974–994.

Schmoller, G. 1888. Zur Litteraturgeschichte der Staats- und Sozialwissenschaften, Leipzig.

Schmoller, G. 1890. Zur Social- und Gewerbepolitik der Gegenwart. Reden und Aufsätze, Leipzig.

Schmoller, G. 1894. Besprechung zu «Herkner, Heinrich (1894): Die Arbeiterfrage. Eine Einführung«, in: Jahrbuch für Gesetzgebung, Verwaltung und Volkswirtschaft im Deutschen Reich, 18, S. 1327 f.

Schmoller, G. 1894/1911. Art. «Volkswirtschaft, Volkswirtschaftslehre und -methode«, in: Handwörterbuch der Staatswissenschaften. Sechster Band, Jena, S. 527–563; 2. grundlegend überarb. Aufl. in Handwörterbuch der Staatswissenschaften. Achter Band, 3. Aufl., S. 426–501.

Schmoller, G. 1897. Wechselnde Theorien und feststehende Wahrheiten im Gebiete der Staats- und Socialwissenschaften und die heutige deutsche

Volkswirthschaftslehre. Rede bei Antritt des Rectorats gehalten in der Aula der Königlichen Friedrich-Wilhelms-Universität am 15. October 1897, Berlin.

Schmoller, G. 1898. Über einige Grundfragen der Socialpolitik und der Volkswirtschaftslehre, Leipzig.

Schmoller, G. 1898a. Umrisse und Untersuchungen zur Verfassungs-, Verwaltungs- und Wirtschaftsgeschichte, besonders des Preussischen Staates im 17. und 18. Jahrhundert, Leipzig.

Schmoller, G. 1900. Grundriß der Allgemeinen Volkswirtschaftslehre, Leipzig, Erster Teil: 1900, 2. Aufl. 1919, Zweiter Teil: 1904, 2. Aufl. 1920.

Schmoller, G. 1915. Die Entstehung der deutschen Volkswirtschaft und der deutschen Sozialreform, in: Jahrbuch für Gesetzgebung, Verwaltung und Volkswirtschaft im Deutschen Reich, 39, S. 1609–1640.

Schmoller, G. 1918. Die soziale Frage: Klassenbildung, Arbeiterfrage, Klassenkampf, Leipzig.

Schmoller, G. 1918a. Meine Heilbronner Jugendjahre, in: Von schwäbischer Scholle. Kalender für schwäbische Literatur und Kunst, Heilbronn, S. 53–61. Eine englische Übersetzung sowie ein ausführlicher Kommentar von Heinz Rieter zu diesem Text wurde 2006 in: Schmollers Jahrbuch (Heft 2) veröffentlicht.

Schmoller, G. 1985–87. Kleine Schriften zur Wirtschaftsgeschichte, Wirtschaftstheorie und Wirtschaftspolitik, hrsg. W. Fiedler und R. Karl, Leipzig.

2. *Weiterführende Literatur*

Backhaus, J. G. (Hrsg.) 1993. Gustav von Schmoller und die Probleme von heute, Berlin.

Backhaus, J. G., und Hansen, R. 2000. Methodenstreit in der Nationalökonomie, in: Journal for General Philosophy of Science, 31, S. 307–336.

Balabkins, N. W. 1988. Not by Theory alone … . The Economics of Gustav von Schmoller and Its Legacy to America, Berlin.

Beckerath, E. 1961. Art. «Schmoller«, in: Staatslexikon. Band 6, 6. Aufl., S. 1146–1150.

Brinkmann, C. 1937. Gustav von Schmoller und die Volkswirtschaftslehre, Stuttgart.

Borchardt, K. 2007. Art. «Schmoller, Gustav Friedrich v.«, in: Neue Deutsche Biographie. Band 23, Berlin, S. 260–262.

v. Bruch, R. 1987. Gustav Schmoller, in: W. Treue und K. Gründer (Hrsg.), Berlinerische Lebensbilder. Wissenschaftspolitik in Berlin. Minister, Beamte, Ratgeber, Berlin, S. 175–193.

Die Entwicklung der deutschen Volkswirtschaftslehre im neunzehnten Jahrhundert. Gustav Schmoller zur 70. Wiederkehr seines Geburtstages, 24. Juni 1908, Leipzig.

Eucken, W. 1940. Wissenschaft im Stile Schmollers, in: Weltwirtschaftliches Archiv, 52, S. 468–506.

Goldschmidt, N. 2002. Entstehung und Vermächtnis ordoliberalen Denkens. Walter Eucken und die Notwendigkeit einer kulturellen Ökonomik, Münster.

Goldschmidt, N. (Hrsg.) 2006. Schmoller's Legacy for the 21st Century, in:

Schmollers Jahrbuch. Zeitschrift für Wirtschafts- und Sozialwissenschaften, 126, Heft 2.
Grimmer-Solem, E. 2003. The Rise of Historical Economics and Social Reform in Germany 1854–1894, Oxford.
Hansen, R. 1968. Der Methodenstreit in den Sozialwissenschaften zwischen Gustav Schmoller und Karl Menger. Seine wissenschaftshistorische und wissenschaftstheoretische Bedeutung, in: A. Diemer (Hrsg.), Beiträge zur Entwicklung der Wissenschaftstheorie im 19. Jahrhundert, Meisenheim am Glan, S. 137–173.
Harnisch, H. 1994. Gustav von Schmoller und der gesellschaftliche Wandel seiner Zeit, in: J. Kocka, H.-J. Puhle und K. Tenfelde (Hrsg.), Von der Arbeiterbewegung zum modernen Sozialstaat. Festschrift für Gerhard A. Ritter, München et al., S. 560–581.
Kaufhold. K. H. 1988. Gustav von Schmoller (1838–1917) als Historiker, Wirtschafts- und Sozialpolitiker und Nationalökonom, in: Vierteljahrschrift für Sozial- und Wirtschaftsgeschichte, 75, S. 217–252.
Lütge, F. 1938. Gustav von Schmoller als Sozialpolitiker, in: Arthur Spiethoff (Hrsg.), Gustav von Schmoller und die deutsche geschichtliche Volkswirtschaftslehre. Festgabe zur hundertsten Wiederkehr seines Geburtstages, 24. Juni 1938 (Schmollers Jahrbuch 62/II), S. 189–211.
Menger, C. 1884/1970. Die Irrthümer des Historismus in der deutschen Nationalökonomie, wieder abgedruckt in: ders., Kleinere Schriften zur Methode und Geschichte der Volkswirtschaftslehre, 2. Aufl., Tübingen, S. 1–98.
Müssiggang, A. 1968. Die soziale Frage in der historischen Schule der deutschen Nationalökonomie, Tübingen.
Neugebauer, W. 2000. Die «Schmoller-Connection«. Acta Borussica, wissenschaftlicher Großbetrieb im Kaiserreich und das Beziehungsgeflecht Gustav Schmollers, in: J. Kloosterhuis (Hrsg.), Archivarbeiten für Preußen, Berlin: Selbstverlag des Geheimen Staatsarchivs PK, S. 261–301.
North, D. C. 1992. Institutionen, institutioneller Wandel und Wirtschaftsleistung, Tübingen.
Oppenheimer, F. 1929. «Franz Oppenheimer«, in: F. Meiner (Hrsg.), Die Volkswirtschaftslehre der Gegenwart in Selbstdarstellungen. Bd. 2, S. 69–116.
Peukert, H. 2000. Walter Eucken (1891–1950) and the Historical School, in: P. Koslowski (Hrsg.), The Theory of Capitalism in the German Economic Tradition. Historicsm, Ordo-Liberalism, Critical Theory, Solidarism, Berlin et al., S. 93–145.
Peukert, H. 2001. The Schmoller Renaissance, in History of Political Economy, 33, S. 71–116.
Prisching, M. 1993. Schmoller Gesellschaftstheorie, in: J. G. Backhaus (Hrsg.), Gustav von Schmoller und die Probleme von heute, Berlin, S. 185–219.
Recktenwald, H. C. 1965. Lebensbilder großer Nationalökonomen. Einführung in die Geschichte der politischen Ökonomie, Köln et al.
Reden und Ansprachen gehalten am 24. Juni 1908 bei der Feier von Gustav Schmollers 70. Geburtstag, Altenburg.
Rieter, H. 2002. Historische Schulen, in: O. Issing (Hrsg.), Geschichte der Nationalökonomie, 3. Aufl., S. 131–168.

Rieter, H., und Zweynert, J. 2006. Gustav Schmoller and Globalisation, in: Schmollers Jahrbuch, 126, S. 225–250.

Schefold, B. 1995. Theoretische Ansätze für den Vergleich von Wirtschaftssystemen aus historischer Perspektive, in: B. Schefold (Hrsg.), Wandlungsprozesse in den Wirtschaftssystemen Westeuropas, Marburg, S. 9–40.

Schmidt, K.-H. 1997. Gustav Schmoller und die Entwicklung einer sozialpolitischen Schule in Deutschland, in: E. W. Streissler (Hrsg.), Studien zur Entwicklung der ökonomischen Theorie XVI. Die Umsetzung wirtschaftspolitischer Grundkonzeptionen in die kontinentaleuropäische Praxis des 19. und 20. Jahrhunderts, I. Teil, Berlin, S. 43–79.

Schumpeter, J. A. 1926. Gustav v. Schmoller und die Probleme von heute, in: Schmollers Jahrbuch, 50, S. 337–388.

Zweynert, J. 2006. Shared Mental Models, Catch-up Development and Economic Policy-Making: The Cases of Germany after World War II and Its Significance for Contemporary Russia, in: Eastern Economic Journal, 32, S. 457–478.

Karl Milford

Carl Menger
(1840–1921)

I. Leben

Carl Menger wird als Carl Menger von Wolfesgrün am 23. Februar 1840 in Neusandez (Nowy Sacz im heutigen Polen) in der österreichisch-ungarischen Monarchie geboren und stirbt als Professor Dr. Carl Menger am 26. Februar 1921 in Wien, der ehemaligen Metropole des Habsburgerreiches und nunmehrigen Hauptstadt der Republik Österreich. Auf Grund seiner liberalen politischen Einstellung legt er das Prädikat «von Wolfesgrün» noch lange vor der Gründung der Republik, in der das Führen von Adelstiteln verboten ist, ab. Väterlicherseits stammt die Familie aus dem deutschen Reich; ein Zweig dieser Familie läßt sich in Galizien nieder, wo auch Mengers Großvater geboren wird. Mengers Vater, Anton Menger, ist Rechtsanwalt und heiratet 1833 Therese Gerzabek, die einer relativ gutsituierten Kaufmannsfamilie entstammt. Dieser Ehe werden insgesamt zehn Kinder geboren, wovon jedoch einige bereits im frühen Alter sterben. Vor allem zwei Brüder Carls sind erwähnenswert: der etwa zwei Jahre ältere Max und der etwa 18 Monate jüngere Anton. Max profiliert sich als national-liberaler Abgeordneter zum Reichsrat, dem Parlament der Monarchie; Anton ist Professor für Zivilprozeßrecht an der Rechts- und Staatswissenschaftlichen Fakultät der Universität Wien, an der auch Carl seine Professur für Politische Ökonomie innehat (Boos, 1986; Yagi, 2006).

Über die Kindheit und Jugend Mengers ist wenig bekannt, da eine ausführliche und wissenschaftlich recherchierte Biographie noch fehlt. 1859 beginnt Menger ein Studium der Rechtswissenschaften in Wien, das er von 1860 bis 1863 in Prag fortsetzt. Im Zuge dieses Studiums befaßt er sich mit volkswirtschaftlichen und finanzwissenschaftlichen Problemen, da diese bis Ende des 20. Jahrhunderts zentrale Elemente des juristischen Curriculums sind. 1867 promoviert Menger zum Doctor iuris an der Universität Krakau. Nach journalistischen Tätigkeiten in Lemberg, wird er 1871 Redaktionssekretär der kaiserlichen Wiener Zeitung, dem amtlichen Regierungsblatt, und tritt damit in den Staatsdienst ein. In diese

Zeit fällt Mengers wissenschaftliche und kritische Beschäftigung mit verschiedenen nationalökonomischen Werken, insbesondere auch mit deutschen Autoren, wie z.B. Karl H. Rau (Rau, 1826). Diese kritische Auseinandersetzung bildet die Grundlage für die Entwicklung seiner eigenen Position, die er 1871 in seinem ersten Hauptwerk *Grundsätze der Volkswirthschaftslehre* veröffentlicht (Bd. I)[1]. Mit dieser Schrift habilitiert er sich 1872 für Volkswirtschaftslehre an der Rechts- und Staatswissenschaftlichen Fakultät der Universität Wien. 1873 wird Menger zum wirklichen (und damit pensionsberechtigten) Ministerialsekretär im Ministerratspräsidium ernannt. Im selben Jahr wird er auf Vorschlag der Rechts- und Staatswissenschaftlichen Fakultät zum außerordentlichen Professor ernannt, womit für ihn eine äußerst umfangreiche Tätigkeit als akademischer Lehrer beginnt.

1876 wird Menger vom kaiserlichen Hof zum Lehrer des österreichischen Kronprinzen für die Fächer Politische Ökonomie und Statistik bestellt (Hamann, 1979; Streissler, 1994). Neben dem Unterricht begleitet er ihn auf den damals üblichen Studienreisen durch eine Reihe von europäischen Staaten. Dabei dürften seine liberalen politischen und ökonomischen Positionen, sehr zum politischen Mißfallen katholisch-konservativer Kreise am kaiserlichen Hof, einen erheblichen Einfluß auf die intellektuelle Entwicklung des Kronprinzen ausgeübt haben. Dieser Einfluß kommt unter anderem auch in vom Kronprinzen und Menger anonym verfaßten und in der Wiener Zeitung erscheinenden Beiträgen zum Ausdruck, etwa zur Rolle und Funktion des österreichischen Adels. Menger zeichnet auch für den volkswirtschaftlichen Teil des sogenannten «Kronprinzenwerks» («Kronprinzenwerk», 1886–1902) verantwortlich; seine Beziehungen zum Kronprinzen enden aber bereits 1886.

Für diese Tätigkeiten erhält Menger verschiedene kaiserliche Auszeichnungen (Boos, 1986). Trotz einer nur relativ geringen Anzahl von Veröffentlichungen wird er 1879, abermals auf Vorschlag der Rechts- und Staatswissenschaftlichen Fakultät, auf den bereits lang geplanten Lehrstuhl für Politische Ökonomie als ordentlicher österreichischer Professor der Staatswissenschaften an der Universität Wien bestellt.

1 Angaben dieser Art beziehen sich allesamt auf Menger (1969–1970).

Bedingt durch die anfänglich wenig ermutigende Rezeption der *Grundsätze*, die vor allem die Bedeutung von Mengers spezifischer Kombination aus ökonomischer Theorie und methodologischer Position übersieht, veröffentlicht er 1883 sein zweites Hauptwerk, *Untersuchungen über die Methode der Socialwissenschaften und der Politischen Oekonomie insbesondere* (Bd. II). Dieses Buch ist primär der Analyse von erkenntnislogischen und methodologischen Problemen der theoretischen Sozialwissenschaften gewidmet und löst im Gegensatz zu den *Grundsätzen* äußerst heftige Reaktionen bei den Vertretern der sogenannten historischen Schule der deutschen Nationalökonomie aus (Roscher, 1886; Schmoller, 1883). Es bildet die Basis für den sogenannten Methodenstreit in der Nationalökonomie, der bis in die Mitte des 20. Jahrhunderts andauert. Im Zuge dieser heftig geführten Kontroverse veröffentlicht Menger noch drei weitere methodologische Arbeiten: 1884 *Die Irrthümer des Historismus in der deutschen Nationalökonomie*, 1887 *Zur Kritik der Politischen Ökonomie* und 1889 *Grundzüge einer Klassifikation der Wirtschaftswissenschaften* (alle Bd. III). Die erste dieser Arbeiten ist eine in Briefform gehaltene, äußerst polemische Schrift gegen die inkompetenten kritischen Einwände Schmollers (1883) gegen die Position Mengers. Aber auch die anderen beiden Arbeiten erreichen nicht die Tiefe der in den *Untersuchungen* dargelegten Argumente. Der Briefwechsel mit L. Walras über die Anwendbarkeit der mathematischen Methode für volkswirtschaftliche Untersuchungen enthält ebenfalls keine interessanten oder pointierten neuen Ergebnisse. Die methodologische Debatte ist damit für Menger im Grunde beendet. Sie wird jedoch von seinen Anhängern und Schülern bis weit in das 20. Jahrhundert fortgeführt (Mises, 1933; Hayek, 1979) und bildet ein charakteristisches Merkmal der sogenannten Österreichischen Schule der Nationalökonomie, deren Forschungsprogramm Menger mit seinen beiden Hauptwerken begründet.

1887 kehrt Menger zur ökonomischen Theorie im eigentlichen Sinn zurück. 1888 veröffentlicht er eine Arbeit zur Kapitaltheorie, die zum Teil auf bereits in den *Grundsätzen* entwickelten Ideen zurückgreift (Bd. III). Wie im Falle seiner kritischen Untersuchungen zur Werttheorie versucht er auch für die Kapitaltheorie die notwendige Zurückweisung essentialistischer Ansätze zu zeigen, da diese zur Erörterung von bloßen Ursprungsfragen und nicht von ökonomischen Problemen führen. Für die Erklärung des Kapitalzinses entwickelt er eine Art Nutzungstheorie, in deren Mittelpunkt die Verfügung über Kapitalgüter in bestimmten Zeiträumen steht.

Neben kapitaltheoretischen erörtert Menger auch geld- und währungspolitische Probleme. 1892 wird Menger zum Mitglied der österreichischen Währungs-Enquete-Kommission ernannt, die Vorschläge zur Lösung der durch das enorme Silberdisagio verursachten österreichischen Währungsprobleme erarbeiten soll. Im selben Jahr veröffentlicht er seinen berühmten Artikel ‹Geld› im *Handwörterbuch der Staatswissenschaften* (Bd. IV), in dem er eine ambivalente, zwischen metallistischen und funktionswerttheoretischen Auffassungen schwankende Position entwickelt und quantitätstheoretische Überlegungen diskutiert. Daneben beschäftigt er sich auch mit steuerlichen Problemen sowie mit Fragen der Reform des juristischen Curriculums.

Seit den frühen 1890er Jahren erhält Menger zahlreiche akademische Ehrungen; 1900 wird er zum Mitglied des Herrenhauses auf Lebenszeit, der ersten Kammer des österreichisch-ungarischen Reichsrates, ernannt. 1903 emeritiert er, um sich vor allem einer schon lang geplanten zweiten Auflage der *Grundsätze* zu widmen. Diese wird jedoch erst durch seinen Sohn, den berühmten und genialen Mathematiker Karl Menger, fertiggestellt und posthum 1923 veröffentlicht. Menger war bereits am 26. Februar 1921 nach einem erfüllten Gelehrtenleben in Wien gestorben.

2. Werk

2.1 Zusammenhang der Hauptwerke Mengers

Mengers Hauptwerke, *Grundsätze der Volkswirthschaftslehre* (Bd. I) und *Untersuchungen über die Methode der Socialwissenschaften und der Politischen Oekonomie insbesondere* (Bd. II) stehen in einem engen Zusammenhang. Hinsichtlich der erörterten Probleme und Lösungsvorschläge setzen sie jedoch unterschiedliche Schwerpunkte. Mengers Ziel in den *Grundsätzen* ist die Entwicklung einer befriedigenden Erklärung von Tausch und einer einheitlichen Preistheorie, die sämtliche Preiserscheinungen auf der Basis eines einzigen Prinzips erklärt. Die Motivation dieses Ziels liegt in dem äußerst unbefriedigenden Zustand der zeitgenössischen Preistheorie, die nach Menger nicht nur höchst heterogen, sondern auch durch die Erfahrung widerlegt ist. Zur Erreichung dieses Ziels unterwirft er die zeitgenössischen Preistheorien und deren methodologische Grundlagen einer kritischen Analyse.

Das zentrale Resultat seiner Analyse ist, daß diesen Theorien essentialistische Ideen zugrundeliegen, die der Entwicklung einer befriedigenden Preistheorie grundsätzlich im Wege stehen. Nach essentialistischer Ansicht besteht die Aufgabe der theoretischen Sozialwissenschaften in der Entdeckung des Wesens oder der Essenz sozialer Institutionen und nicht in deren Erklärung als strukturelles Phänomen. Menger schlägt vor, diese durch eine Kombination aus zwei, ihrem erkenntnislogischen Status unterschiedlichen Theorien zu ersetzen: einer empirischen, das wertende Verhalten der Menschen erklärenden, nominalistischen Verhaltenstheorie und einer methodologischen Theorie, die das Problem der Struktur befriedigender Erklärungen in den theoretischen Sozialwissenschaften betrifft. Die erste dieser beiden Theorien gehört in die Gruppe der sogenannten Theorien der subjektiven Bewertungen, wonach Menschen Güter und Dienstleistungen primär oder sogar ausschließlich auf der Grundlage ihrer subjektiven Präferenzen und Vorlieben beurteilen. Die zweite, methodologische, Theorie, behauptet, daß soziale Ereignisse, Tatsachen, Prozesse und Institutionen als das ungeplante Ergebnis des Zusammenspiels des intendierten Verhaltens der Individuen und somit als strukturelles Phänomen zu erklären sind; als methodologische Theorie behauptet sie etwas über die Wissenschaft und nicht über das Verhalten der Menschen und gehört in die Gruppe der sogenannten Theorien des methodologischen Individualismus. Trotz ihres erkenntnislogisch unterschiedlichen Status bedingen beide Theorien einander: denn die methodologische Forderung, daß Preise, Geld oder andere soziale Institutionen als ungeplantes Ergebnis des Zusammenspiels des intendierten individuellen Verhaltens zu erklären sind, bedarf einer empirischen Theorie, die das wertende Verhalten von Individuen befriedigend erklärt.

Menger erblickt in der Kombination dieser beiden Theorien den zentralen Schlüssel zur Lösung der offenen preistheoretischen Probleme und strukturiert seine *Grundsätze* entsprechend: den ersten drei, das wertende Verhalten von Individuen erklärenden Kapiteln folgen eine Theorie des Tausches und eine Preistheorie, die Tausch und Preise als ungeplantes Ergebnis des Zusammenspiels wertenden Verhaltens erklären. Abgerundet wird die Analyse durch ein Kapitel über Geld, in dem Menger die allgemeine Bedeutung des methodologischen Individualismus für die Entwicklung sozialer und ökonomischer Institutionen demonstriert.

Wie die Rezeption der *Grundsätze* jedoch zeigt, wurde die Bedeutung dieser Kombination nicht erkannt. In den *Untersuchungen* unternimmt Menger daher den neuerlichen Versuch, diese klarzustellen. Die Kritik essentialistischer Ideen in den theoretischen Sozialwissenschaften bildet dabei abermals die Grundlage seiner Analyse. Während er jedoch in den *Grundsätzen* deren Bedeutung für die ökonomische Theorie untersucht, analysiert er in den *Untersuchungen* ihre Bedeutung als methodologische Position. Seiner Ansicht nach vertreten die Autoren der historischen Schule eine, durch Ranke und Roscher begründete, spezielle Form des methodologischen induktivistischen Essentialismus (Iggers, 1997; Ranke, 1955; Popper, 1957/58, Bd.II, Kap.1). Demnach konstituiert die Geschichte die empirische Grundlage für die induktive Ableitung historischer Entwicklungsgesetze, die das Wesen oder die Essenz sozialer bzw. kultureller Institutionen beschreiben. Menger erblickt in diesem methodologischen induktivistischen Essentialismus eine unzulässige Übertragung induktiver Methoden der Naturwissenschaften in die theoretischen Sozialwissenschaften und ein großes Hindernis für den Fortschritt der ökonomischen Theorie (Bd.I, S.VII; Bd.II; Menger, 1875). Die Kritik dieser Position bildet den Mittelpunkt seiner *Untersuchungen*. Die ersten beiden Bücher der *Untersuchungen* dienen dem Nachweis, daß der methodologische induktivistische Essentialismus das sogenannte Induktionsproblem nicht lösen kann und daher aus logischen und erkenntnislogischen Gründen zurückgewiesen werden muß. Menger entwickelt einen eigenen Lösungsvorschlag dieses Problems, der aber ebenfalls nicht haltbar ist. Im dritten Buch kontrastiert Menger essentialistisch-organische Erklärungsprinzipien mit jenen des methodologischen Individualismus. Er zeigt, daß erstere genuin sozialwissenschaftliche Erklärungen prinzipiell ausschließen und daher durch die Prinzipien des methodologischen Individualismus zu substituieren sind. Das vierte Buch skizziert die Geschichte des Essentialismus in den theoretischen Sozialwissenschaften und die folgenden neun Anhänge dienen der Aufklärung von erkenntnislogischen Problemen.

Menger entwickelt seine Preistheorie auf der Grundlage kritischer Untersuchungen zeitgenössischer Erklärungen von Tausch. Dabei untersucht er zwei große Gruppen von Theorien, die das wertende Verhalten von Individuen erklären: die sogenannten Theorien der subjektiven Bewertungen und die sogenannten Theorien der objektiven Bewertungen. Im Gegensatz zu den schon erwähnten Theorien der subjektiven Bewertungen (subjektive Werttheorie), die wertendes Verhalten als Resultat individueller, primär subjektiver Urteile erklären, wird wertendes Verhalten im Rahmen der sogenannten Theorien der objektiven Bewertungen (objektive Werttheorie) als Resultat von Urteilen erklärt, die Individuen auf der Basis eines gemeinsamen ‹objektiven› Maßstabs fällen, wie z. B. der Zeit. In den zu seiner Zeit vorliegenden Versionen hält Menger beide Gruppen von Theorien für unzulänglich. Aber während er die Theorien der objektiven Bewertungen auf Grund ihres essentialistischen Charakters als prinzipiell unbrauchbar und irreführend zurückweist, erblickt er in den zeitgenössischen Theorien der subjektiven Bewertungen fruchtbare, aber ebenfalls unhaltbare Ansätze.

Nach Menger sind die Theorien der objektiven Bewertungen nicht nur empirisch falsifiziert, sondern auch methodologisch falsch. Seiner Ansicht nach behaupten sie, daß Individuen Wertäquivalente tauschen, wodurch die Irreversibilität und das Ende von Tauschprozessen als zu beobachtende Fakten nicht erklärt werden können. Vertreter der objektiven Werttheorien, wie z. B. Smith, sind daher gezwungen, spezielle psychologische oder genetische, die Natur des Menschen betreffende Hypothesen einzuführen, welche etwa eine spezielle Neigung zu tauschen oder einen Gemeinsinn postulieren. Durch die Einführung solcher *ad hoc* Hypothesen kann jedoch die Falsifikation dieser Theorien nicht vermieden werden: stiftet der Tauschprozeß an sich Nutzen, bleibt die Irreversibilität und das Ende von Tauschprozessen unerklärbar. Diesen empirischen Argumenten fügt Menger zwei methodologische hinzu. Durch die Einführung psychologischer oder anderer naturalistischer Hypothesen wird die Idee einer autonomen theoretischen Sozialwissenschaft obsolet und die theoretische Sozialwissenschaft zu einem Zweig der Naturwissenschaft (Bd. II, S. 166 f.; S. 201). Darüber hinaus impliziert die Erklärung, daß Individuen gegeneinander Äquivalente tauschen, Untersuchungen der diesen Äquivalenten zugrundeliegenden Gleichheit und damit Fragen nach jenen den Gütern anhaftenden Merkmalen und Qualitäten. Wird aber die Qualität eines Gutes bzw. dessen Essenz mit einer dem Gut anhaftenden Eigenschaft begründet, wie etwa der Arbeit, dann wird die Frage des wertenden Verhaltens von Individuen durch eine nach der Entstehung von Gütern substituiert (Bd. I., S. 120). Diese essentialistische Erklärung des Gutes, die letztlich Verhaltensfragen durch Entstehungsfragen substituiert, ist nach Menger der zentrale Grund für die nur wenig erfolgreichen klassischen Wert- und Preistheorien.

Die zur Zeit Mengers existierenden Theorien der subjektiven Bewertungen besitzen vor allem im deutschen Sprachraum eine lange Tradition (Streissler, 1994). Diese nominalistischen Theorien untersuchen das wertende Verhalten der Menschen unter verschiedenen Bedingungen. Das Wesen oder die Qualität eines Gutes wird dabei nicht als eine diesen anhaftende Eigenschaft betrachtetet, sondern als Resultat eines individuellen Urteils, das primär auf den subjektiven Vorlieben der Menschen beruht.

Neben anderen untersucht Menger hier die Theorien von Hufeland, Rau, Hermann, Roscher und Schäffle und prüft sie hinsichtlich der Faktoren, die das wertende Verhalten und die Höhe des Wertes bestimmen (Bd. I., S. 51, 78, 108). Menger weist diese Theorien aus empirischen und methodologischen Gründen zurück. Bezieht sich die Urteilsbildung auf Gütergattungen und deren Nützlichkeit, dann ist eine Lösung des beobachtbaren Wertparadoxon, daß nämlich Güter von hoher Nützlichkeit (Wasser) niedrig, solche von niedriger Nützlichkeit (Diamanten) aber hoch bewertet werden, nicht möglich (Bd. I., S. 113). Darüber hinaus zeigt die Erfahrung, daß Menschen stets konkrete Bedürfnisse durch konkrete Gütermengen befriedigen und nur diesen individuellen Wert zuerkennen (Bd. I., S. 78). Neben diesen moniert Menger auch methodologische Gründe für die Zurückweisung der bisher vorliegenden Theorien der subjektiven Bewertungen. Ähnlich wie bei Smith führen diese Werttheorien zur Einführung spezieller psychologischer oder genetischer Hypothesen und damit zu sogenannten pragmatischen und nicht genuin sozialwissenschaftlichen, den Prinzipien des methodologischen Individualismus folgenden Erklärungen (Bd. II, drittes Buch).

Im Gegensatz zu diesen essentialistischen Ansätzen entwickelt Menger als ersten Baustein seiner Preistheorie eine nominalistische Theorie. Sie erklärt das wertende Verhalten der Menschen unter verschiedenen Bedingungen. Den Kern dieser Theorie bildet nach Menger eine aus Beobachtungen durch wahrheitsübertragende und gehalterweiternde, das heißt durch induktive Schlüsse abgeleitete Verallgemeinerung. Demnach ist der Wert eines Gutes oder einer Dienstleistung die Bedeutung, die Individuen konkreten Gütermengen für die Befriedigung konkreter Bedürfnisse zuerkennen. Dieses Urteil basiert ausschließlich auf subjektiven Vorlieben und Einschätzungen. Die Qualität eines Gutes ist damit im Gegensatz zu essentialistischen Erklärungen keine Eigenschaft, die physischen Dingen und menschlichen Handlungen anhaftet. Wohl aber können nach Menger diese subjektiven Urteile objektiv falsch sein. Die Bedingungen, unter denen Menschen physischen Dingen und menschlichen Handlungen Wert zuerkennen, werden jedoch durch diese ‹eingebildeten› Güter und Bedürfnisse prinzipiell nicht tangiert.

Ebendiese Bedingungen gelten jedoch nicht nur für die als Güter erster Ordnung bezeichneten Finalgüter und Dienstleistungen. Sie gelten auch für die zu ihrer Produktion notwendigen Inputs. Diese sogenannten Güter höherer Ordnung sind zueinander komplementär und hierarchisch geordnet. Ihre gegenwärtige Nachfrage bestimmt sich dabei nach dem von den Individuen geschätzten zukünftigen Bedarf an Finalgütern. Der Erkenntniszuwachs und die Zukunftserwartungen der Individuen bestimmen daher deren gegenwärtige ökonomische Entscheidungen. Ebenso sind sie aber auch Quelle gesamtwirtschaftlicher Störungen, da die Produktion Zeit bedarf und Erwartungen falsch sein können.

Menger zufolge erklärt aber die empirische Verallgemeinerung, daß Individuen stets nur konkrete Bedürfnisse durch konkrete Gütermengen zu befriedigen trachten, auch die zu beobachtende Tatsache der Knappheit von Gütern und Dienstleistungen. Sowohl knappe, das heißt wirtschaftliche, als auch freie Güter sind das Resultat individueller Urteile; die Güter beider Kategorien sind nützlich, doch nur die wirtschaftlichen Güter sind knapp, da die Urteile der Individuen ihnen Wert zuordnen. Im Zusammenhang mit zwei weiteren aus der Erfahrung induktiv abgeleiteten Regelmäßigkeiten, nämlich daß Individuen Bedürfniskategorien nach Art und Intensität hierarchisch ordnen und Bedürfnisse so gut als möglich zu befriedigen suchen, entwickelt er nun die Grundlagen für die Erklärung von Tausch. Hierfür bedarf es einer Theorie, die das konkret wertende Verhalten der Menschen erklärt. Diese Frage kann Menger nun beantworten: Da Individuen konkrete Bedürfnisse stets nur durch konkrete Gütermengen befriedigen können, Bedürfnisse aber nach Art und Intensität hierarchisch ordnen, führt die Verminderung der zur Verfügung stehenden Gütermenge um eine Einheit zur Aufgabe des am wenig wichtigsten erachteten Bedürfnisses. Die subjektive Bedeutung, die diesem nicht befriedigten Bedürfnis zugeschrieben wird, bestimmt seiner Ansicht nach den Wert des gesamten zur Verfügung stehenden Gütervorrates. Wasser wird gering bewertet, weil dem konkreten Bedürfnis, das durch die letzte konkrete Wassermengeneinheit befriedigt wird, eine nur geringe Bedeutung zuerkannt wird. Da überdies die Menschen verschiedene Bedürfnisse nach Art und Intensität hierarchisch ordnen, trachten sie in der Befriedigung zwischen rivalisierenden Bedürfnisse einen Ausgleich – ein, wie Menger schreibt, Gleichgewicht – zu erzielen (Bd. I, S. 90, 92, 94).

Mengers Erklärung des konkret wertenden Verhaltens hat mit den modernen nutzentheoretischen Formulierungen eines positiven und abnehmenden Grenznutzens noch wenig gemeinsam. Möglicherweise haben ihn seine Beobachtungen zu dieser, an einem Verlustprinzip orientierten Darstellung inspiriert. Die Aufgabe der Befriedigung konkreter Bedürfnisse durch den Verlust konkreter Mengeneinheiten von Gütern scheint der direkten Beobachtung leichter zugänglich zu sein als ein etwaiger Nutzenzuwachs durch den Konsum zusätzlicher Mengeneinheiten. Ebenso begründet Menger seine Behauptung, daß Menschen einen Ausgleich bei der Befriedigung rivalisierender Bedürfnisse, einen – modern gesprochen – Grenznutzenausgleich anstreben. Sie ist die induktive Verallgemeinerung aus Beobachtungen und nicht die Lösung eines unter Nebenbedingungen optimierenden Individuums. Wenngleich aber diese Darstellungen unter modernen Gesichtspunkten nicht adäquat sind, so sind sie vor dem Hintergrund der zeitgenössischen Theorien entscheidende Verbesserungen, da sie das konkret wertende Verhalten erklären. Auf der Basis dieser Theorien erklärt Menger sodann die beobachtbare Tatsache von Tausch: Demnach tauschen Menschen Güter und Dienstleistungen, weil sie sie unterschiedlich bewerten; und die aus der Erfahrung abgeleiteten Prinzipien, die dem wertenden Verhalten der Menschen zugrunde liegen, erklären auch die Beobachtungen der Irreversibilität und der Beendigung von Tauschprozessen.

Den Prinzipien des methodologischen Individualismus entsprechend sind Preise als ungeplantes Ergebnis des Zusammenspiels des wertenden oder intendierten Verhaltens der Menschen zu erklären. Die Konzeption der Preistheorie Mengers steht allerdings noch sehr stark in der deutschen Tradition der Reservationspreisbildung. Danach bilden Verkäufer und Käufer sogenannte Reservations- oder Vorbehaltspreise, wobei angenommen wird, daß Verkäufer möglichst teuer zu verkaufen und Käufer möglichst billig zu kaufen beabsichtigen. Der niedrigste Reservationspreis des Verkäufers und der höchste des Käufers bilden das sogenannte Grenzpreispaar. Da jedoch die Autoren der deutschen Gebrauchswertschule wie etwa Hufeland, Rau, Hermann oder Roscher keine befriedigenden Erklärungen des konkret wertenden Verhaltens der Menschen ihren Preistheorien zugrundelegen, erschöpfen sich deren preistheoretische Erklärungen meist in taxonomischen Aufzählungen der Bestimmungsfaktoren von Reservationspreisen. Mengers Theorie der subjektiven Bewertungen überwindet diese preistheoretischen Überlegungen. Sie erklärt die Bestimmung der Grenzpreispaare durch die – modern gesprochen – marginalen Nutzwertschätzungen der Käufer und Verkäufer und zeigt, daß sich innerhalb dieses Grenzpaares der nicht genau vorhersagbare Marktpreis durch Verhandlungen der Marktteilnehmer bilden muß. Die Anzahl der Marktteilnehmer bestimmt dabei den durch die Grenzpreispaare festgelegten Verhandlungsspielraum. Dieser steht in einem umgekehrten Verhältnis zur Anzahl der Marktteilnehmer, so daß er im Falle des bilateralen Monopols am größten, im Falle der vollkommenen Konkurrenz aber nicht existent ist. Darüber hinaus untersucht Menger auch die Handlungsmöglichkeiten eines Monopolisten und die Bedingungen, die für den sogenannten Cournotschen Punkt erfüllt sein müssen.

Die Prinzipien des wertenden Verhaltens erklären jedoch nicht nur die Preise der Finalgüter, sondern auch die der Güter höherer Ordnung. Das resultierende Zurechnungsproblem der Aufteilung des Wertes eines Finalgutes auf die zu seiner Produktion notwendigen, verschiedenen komplementären Güter höherer Ordnung versucht Menger, ähnlich wie im Falle der Güter erster Ordnung, durch ein Verlust- oder Ausfallsprinzip zu lösen (Stavenhagen, 1969, S. 243). Er untersucht die Konsequenzen des Ausfalls eines Inputs für den gesamten Produktionserfolg, bei limitationalen und substitutiven Inputverhältnissen. Bei limitationalen Inputbeziehungen bestimmt sich der Wert der einzelnen Inputs durch deren Wert in alternativen Verwendungsmöglichkeiten. Bei substitutiven hingegen besitzen diejenigen Inputmengen, die substituiert werden können, um eine gleiche zusätzliche Menge an Finalgütern zu erhalten, den gleichen Wert (Bd. I, S. 138–142). Diese, nach Hayek «hochentwickelte Grenzproduktivitätstheorie», ist jedoch nicht haltbar (Hayek, 1968, S. XVI; Stavenhagen, 1969, S. 243).

2.3 Untersuchungen über die Methode der Socialwissenschaften und der Politischen Oekonomie insbesondere

In seinen *Untersuchungen* versucht Menger vor allem, zwei erkenntnislogische Probleme zu lösen: die erkenntnislogische Begründung der theoretischen Sozialwissenschaften als Erfahrungswissenschaft und die Struktur befriedigender sozialwissenschaftlicher Erklärungen. Die Erörterung dieser Probleme bettet er ein in eine kritische Analyse der von den Autoren der älteren und der jüngeren Historischen Schule hierzu vertretenen Positionen, da er diese als bedeutsame Hindernisse für den Fortschritt der ökonomischen Theorie betrachtet.

Die Frage der Struktur befriedigender Erklärungen in den theoretischen Sozialwissenschaften erörtert Menger bereits in den *Grundsätzen* exemplarisch. Er argumentiert damit gegen die Position des methodologischen induktivistischen Essentialismus, die Roscher in seiner Wissenschaftslehre entwickelt (Roscher, 1842). Mit dieser versucht Roscher, die Prinzipien des Historismus in die Volkswirtschaftslehre zu übertragen und das Forschungsprogramm der sogenannten Historischen Schule der Nationalökonomie zu konstituieren (Roscher, 1843). Die Position selbst ist das Resultat der Kritik rein individualistischer Erklärungen sozialer Tatsachen, Prozesse und Institutionen, wie sie etwa von Hufeland entworfen wurden (Hufeland, 1807). Da Individuen *stets* innerhalb eines sozio-ökonomischen und kulturellen Rahmens handeln, führt jeder individualistische Erklärungsversuch dieses Rahmens in einen unendlichen Regreß und nicht zu letzten, bewiesenen Erklärungen. Dies widerspricht jedoch der zeitgenössischen Auffassung über die Dignität wissenschaftlicher Erkenntnis. Die Erklärung des sozio-ökonomischen und kulturellen Rahmens erfordert daher nicht-individualistische Methoden, Methoden *sui generis*, wie etwa essentialistische.

Der methodologische induktivistische Essentialismus besteht aus zwei Komponenten: einer vom Historismus Rankes übernommenen essentialistischen und einer von der vermeintlichen Arbeitsweise der Naturwissenschaften übernommenen induktivistischen. Die essentialistische behauptet, daß die Aufgabe der theoretischen Sozialwissenschaften in der Aufstellung von historischen Entwicklungsgesetzen zum Wesen (der Essenz) sozialer und kultureller Institutionen besteht. Wissenschaftliche Erkenntnis über soziale Institutionen heißt demnach deren Wesen oder Essenz zu beschreiben und sie nicht strukturell, entsprechend den Prinzipien des methodologischen Individualismus, zu erklären. Die induktivistische Komponente behauptet, daß das Wesen sozialer Institutionen auf der Basis ihrer historischen Entwicklung durch Induktion erkannt werden kann. Denn nach Ranke ist das aus dem Volksgeist emanierende Wesen eines Volkes in seinen konkreten sozialen und kulturellen Institutionen, aber auch in seiner Sprache, beobachtbar. Durch vergleichende und induktivistische Studien meint Roscher auf dieser Basis historische Entwicklungsgesetze aufstellen zu können, die den sozio-kulturellen Rahmen der handelnden Individuen erklären. Die Geschichte ist demnach die Basis der theoretischen Sozialwissenschaft.

Menger versucht, die essentialistische Komponente dieser Position durch eine Gegenüberstellung von methodologisch individualistischen und sogenannten organischen Erklärungen zu widerlegen (Bd. II, drittes Buch). Organische Erklärungen sozialer Institutionen sind Varianten essentialistischer Ansätze, da sie Staaten, Völker und soziale Institutionen holistisch als Organismen interpretieren, die mit einem eigenen Wesen begabt sind und eigenen Gesetzmäßigkeiten gehorchen. Gegen diese Erklärungsversuche moniert Menger nicht nur die Fragwürdigkeit naturwissenschaftlicher Analogien in den Sozialwissenschaften. Er wiederholt vielmehr sein bereits in den *Grundsätzen* entwickeltes prinzipielles Argument gegen essentialistische Erklärungen. Der Versuch, das Wesen von Institutionen durch historische Entwicklungsgesetze zu beschreiben, setzt die Existenz dieser Institutionen voraus, erklärt sie jedoch nicht. Historische Analysen der Entwicklung von sozialen Institutionen implizieren stets Fragen nach ihrem Ursprung und damit sogenannte pragmatische Erklärungen. Diese erklären den Ursprung sozialer Institutionen als geplantes Resultat von Verträgen und Übereinkünften der Menschen, als Resultat der Gesetzgebung, oder durch einen, in der Natur der Menschen begründeten, Gemeinwillen (Bd. II, S. 167, 168). Damit werden aber die theoretischen Sozialwissenschaften nach Menger ihrer Aufgabe nicht gerecht. Pragmatische Erklärungen geben bestenfalls Raum für psychologische Untersuchungen der Motivationen menschlichen Handelns. Die genuine Aufgabe der theoretischen Sozialwissenschaften liegt aber nach Menger in der Analyse der ungeplanten Rückwirkungen menschlichen Handelns. Den Erklärungen der *Grundsätze* nicht unähnlich, erläutert er anhand von Untersuchungen zur Entstehung von Geld, Ortschaften und des Staates die Prinzipien methodologisch individualistischer Erklärungen dieser sozialen Tatsachen und Institutionen.

Die induktivistische Komponente des methodologischen induktivistischen Essentialismus widerlegt Menger im Rahmen einer Erörterung des sogenannten Induktionsproblems (Milford, 1989). Die Erfahrungswissenschaften sind nach Ansicht Mengers durch zwei methodologische Anforderungen definiert: ‹Empirismus› und ‹strenge Allgemeinheit›. ‹Empirismus› meint, daß die singulären Beobachtungssätze *und* die erfahrungswissenschaftlichen Theorien die Grundlage ihres Wahrheitsentscheides in der Erfahrung besitzen; ‹strenge Allgemeinheit› meint, daß der Geltungsanspruch erfahrungswissenschaftlicher Theorien raum-zeitlich unabhängig ist. Das Problem der erkenntnislogischen Begründung der theoretischen Sozialwissenschaften ist daher, beiden Anforderungen gerecht zu werden. Dies scheint jedoch nicht möglich zu sein: streng allgemeine, raum-zeitlich unabhängige Theorien, deren Geltungsanspruch die gegebene Erfahrung transzendiert, scheinen die Erfahrung als Grundlage ihres Wahrheitsentscheides prinzipiell auszuschließen.

Nach einer im 19. und beginnenden 20. Jahrhundert weit verbreiteten und auch von Menger geteilten Ansicht existiert jedoch in der sogenannten induktiven Methode ein Verfahren zur Lösung dieses

Problems. Danach ist es möglich, streng allgemeine Sätze oder Theorien durch gehalterweiternde und wahrheitsübertragende Schlußweisen aus singulären Sätzen, die Beobachtungen und persönliche Erlebnisse beschreiben, logisch korrekt abzuleiten. Da damit die Wahrheit der allgemeinen durch jene der besonderen Sätze logisch begründet ist, sind beide die Erfahrungswissenschaften definierende Anforderungen erfüllt: die Erfahrung ist die Grundlage des Wahrheitsentscheides der besonderen und der streng allgemeinen Sätze. Die Methode der Induktion zeichnet somit die Erfahrungswissenschaften gegenüber anderen Disziplinen methodisch aus.

Menger formuliert jedoch einen, in der zeitgenössischen Literatur durchaus bekannten logischen Einwand gegen die Gültigkeit induktiver Schlußweisen (Bd. II, S. 35). Durch eine (endliche) Klasse von singulären Beobachtungssätzen wie z. B. «an der Raum-Zeit-Stelle k_i/t_i existiert ein weißer und kein nicht-weißer Schwan», kann der streng allgemeine Satz «Alle Schwäne sind weiß» nicht begründet werden. Dieser Einwand begründet das sogenannte Induktionsproblem. Die beiden die Erfahrungswissenschaft definierenden Anforderungen scheinen nicht mehr erfüllbar zu sein. Die erkenntnislogische Begründung der theoretischen Sozialwissenschaften harrt daher nach Menger einer neuen Lösung, gleichbedeutend mit einer positiven Lösung des Induktionsproblems.

Menger weist nach, daß der methodologische induktivistische Essentialismus der Historischen Schule diesen logischen Einwand gegen die Gültigkeit induktiver Schlüsse nicht zur Kenntnis nimmt. Ähnliche Argumente führt er auch gegen die Methode der Generalisation im Rahmen der Begriffsbildung an (Bd. II, S. 34, 35, 37). Demnach ist es nicht möglich, die von Menger als ‹exacte Typen› bezeichneten Universalien aus ‹realistischen Typen›, den sogenannten Individualien, durch Verallgemeinerung logisch korrekt abzuleiten. Der methodologische induktivistische Essentialismus ist daher aus logischen Gründen zurückzuweisen.

Mengers erkenntnislogische Begründung der theoretischen Sozialwissenschaften analysiert zwei Lösungsmöglichkeiten, die sich als Folge des Einwands gegen die Gültigkeit induktiver Schlüsse ergeben: die ‹realistisch-empirische Forschungsrichtung› und die ‹exacte Forschungsrichtung› (Bd. II, S. 31). Die sozialwissenschaftlichen Theorien der ‹realistisch-empirischen Forschungsrichtung› sind induktiv begründete Zusammenfassungen von bisher Beobachtetem. Sie finden die Grundlage ihres Wahrheitsentscheides in der Erfahrung, sind aber nicht streng allgemein. Die sozialwissenschaftlichen Theorien der ‹exacten Forschungsrichtung› sind dagegen streng allgemein. Die Grundlage ihres Wahrheitsentscheides ist nicht allein die Erfahrung, und ihre Prüfung an der Erfahrung ist daher nicht möglich, ein «methodischer Widersinn» (Bd. II, S. 54). In einem induktivistischen Rahmen bedürfen jedoch die streng allgemeinen Theorien der exacten Forschungsrichtung einer speziellen Rechtfertigung, da sie die gegebene Erfahrung transzendieren. Menger rechtfertigt die Theorien der exacten Forschungsrichtung durch die Einführung einer Forschungsregel, die als Induktionsprinzip fungiert. Sie spricht das Recht zu induktiven Schlußfolgerungen aus und behauptet, «... dass ... was in Einem Fall beobachtet wurde, unter genau den nämlichen ... Bedingungen stets wieder zur Erscheinung gelangen ... müsse» (Bd. II, S. 39, 40). Wird eine solche Regel einem induktiven Schluß hinzugefügt, dann sind die streng allgemeinen, ‹exacten› Theorien aus den Ergebnissen der empirisch-realistischen Richtung ableitbar. Menger begründet die theoretischen Sozialwissenschaften somit durch zwei einander ausschließende Positionen; als empirisch realistische Richtung die die Forderung nach ‹strenger Allgemeinheit› aufgibt und als ‹exacte› Richtung, die zwar empirisch informierte Theorien aufstellt, aber die Forderung des ‹Empirismus› aufgibt. Beide Positionen sind seiner Ansicht nach parallel in der Politischen Ökonomie anzuwenden.

Mengers Begründungsversuch muß jedoch aus logischen und erkenntnislogischen Gründen zurückgewiesen werden; logisch, da es keine korrekte Begründung dieser als Induktionsprinzip fungierenden Forschungsregel geben kann (Popper 1979); und erkenntnislogisch, da er den Nachweis für die Vereinbarkeit vom ‹Empirismus› und ‹strenger Allgemeinheit› nicht erbringt.

3. Wirkung

Mengers Problemsituation wird aufgespannt von hauptsächlich vier Positionen: von zwei das wertende Verhalten von Individuen erklärenden Theorien und von zwei methodologischen Positionen. Seine kritischen Untersuchungen und Lösungsvorschläge verbessern jede dieser Theorien und Positionen. Er überwindet die essentialistischen Ansätze der Werttheorie und der methodologischen Positionen; er entwickelt eine, den zeitgenössischen Theorien der subjektiven Bewertungen überlegene Erklärung des wertenden Verhaltens von Individuen; und er präzisiert die Idee individualistischer Erklärungen, indem er zwischen psychologisch-individualistischen und pragmatischen Erklärungen und den Erklärungsprinzipien des methodologischen Individualismus klar unterscheidet. Mit dieser Unterscheidung grenzt er die theoretischen Sozialwissenschaften von den Naturwissenschaften und der Psychologie als eigenständige Disziplin ab.

Durch die Kombination seiner Theorie der subjektiven Bewertungen mit dem methodologischen Individualismus konstituiert er ein äußerst fruchtbares Forschungsprogramm. Dieses Forschungsprogramm bildet die Grundlage der sogenannten Österreichischen oder Wiener Schule der Nationalökonomie, als dessen Gründer Menger daher angesehen wird. Seine ihm nachfolgenden Schüler und Anhänger entwickeln es in vielfältiger Weise. Bereits in der zweiten Hälfte der 80er Jahre des 19. Jahrhunderts erscheinen deren Arbeiten in rascher Reihenfolge. In diesen Arbeiten werden vor allem jene Probleme diskutiert, die Menger selbst nicht löst, sowie neue, die aus seinen Lösungsvorschlägen hervorgehen. Hier sind vor allem die kapitaltheoretischen Arbeiten von Böhm-Bawerk und die Untersuchungen von Wieser zu der von Menger vernachlässigten Frage der Kosten und dem sogenannten Zurechnungsproblem zu nennen. Unmittelbar nachfolgende Autoren wie Mises, Morgenstern, Machlup, Hayek, Haberler u. a. untersuchen geldtheoretische, konjunkturtheoretische und außenhandelstheoretische Probleme auf den von Menger geschaffenen Grundlagen. Von manchen Autoren, insbesondere aber von Mises und Hayek wird dabei die von Menger entwickelte charakteristische Zugangsweise der Untrennbarkeit von ökonomisch-theoretischen und methodologischen Problemen explizit den eigenen Werken zugrundegelegt und in speziellen Untersuchungen weiterentwickelt (Mises, 1933; Hayek, 1979).

Mengers werttheoretische und preistheoretische Untersuchungen lösen jedoch nicht nur offene Probleme der zeitgenössischen ökonomischen Theorie, sondern bewirken auch eine nachhaltige Problemverschiebung hin zu den Gegenständen der modernen ökonomischen Analyse. In arbeits- und kostwerttheoretischen Ansätzen bestimmen die Werte oder Kosten der in der Vergangenheit erzeugten Inputs die Werte oder Preise der gegenwärtigen Finalgüter (Bd. I, S 123). In dieser Konzeption der ökonomischen Theorie bestimmt die Vergangenheit gleichsam die Gegenwart. Demgegenüber betont Menger, daß in seiner Konzeption die Zukunft gleichsam die Gegenwart bestimmt. Menger zufolge suchen Individuen aktiv Lösungen für zukünftige ökonomische Probleme. Insbesondere versuchen sie ihren Bedarf an künftigen Gütern und Dienstleistungen abzuschätzen und, da die Produktion von Gütern Zeit braucht, entsprechende Dispositionen und Entscheidungen in der Gegenwart zu treffen. Der Wert der Güter höherer Ordnung richtet sich seiner Ansicht nach dem *voraussichtlichen* und nicht nach dem gegenwärtigen Wert der Güter niederer Ordnung (Bd. I, S. 124, 126); und der von den Unternehmern für ihre Finalgüter erwartete Preis bestimmt letztlich deren Zahlungsbereitschaft für gegenwärtige Inputs (Bd. I, S. 135). Theorien über die Bedeutung und die Rolle von Erwartungen, über die Erwartungsbildung, über die Rolle von Wissen und Information sowie über die unbeabsichtigten Rückwirkungen von Fehlplanungen auf Grund von Irrtümern sind daher nach Menger besonders wichtig (Bd. I, S. 121). Gerade diese Probleme bilden aber den Gegenstand der modernen ökonomischen Theorie, auch wenn sie technisch in einer Form analysiert werden, die vielleicht Mengers Skepsis hervorgerufen hätte.

Wissenschaftspolitisch ist das Werk Mengers von Bedeutung, weil vor seiner Ernennung zum ordentlichen Universitätsprofessor die ökonomischen Lehrstühle an österreichischen Universitäten primär von deutschen Professoren besetzt waren. Da die beiden Lehrstuhlinhaber in Wien, Kudler und Stein, keinen akademischen Nachwuchs ausbildeten, habilitierte Menger eine ganze Reihe von Dozenten, die später auf österreichische Lehrstühle berufen wurden (Böhm-Bawerk, Philippowich, Wieser Zuckerkandl, Mayer, Mataja, Gruber, Seidler, Schullern, Feilbogen). Wie aus seinem Emeritierungsansuchen hervorgeht, betrachtet Menger diese Schulbildung als eine seiner zentralen Errungenschaften. Die Wirksamkeit von Mengers Ideen läßt mit der Auflösung der österreichischen Schule als soziologische Gruppe Anfang der 1930er Jahre merklich nach. Auch ist seit den 1920er Jahren eine Abkoppelung der österreichischen Schule hinsichtlich der Hauptströmungen der neoklassischen Mikroökonomie zu bemerken. Umgekehrt werden zentrale Ideen der österreichischen Schule von Ökonomen wie Robbins und Hicks aufgegriffen und weiterentwickelt. Aber die Tatsache, daß jene Probleme, die bereits Menger intensiv beschäftigten, auch heute von zentralem Interesse für die moderne ökonomische Theorie sind, unterstreicht die Wirkung und die Bedeutung seines Werkes in eindrucksvoller Weise.

Literatur

1. Werkausgaben

Menger, C. 1969–1970. Gesammelte Werke, hrsg. und eingel. von F. A. Hayek, 4 Bände mit einem Schriftenverzeichnis, Tübingen.
Menger, C. 1934. Collected Works of Carl Menger, London.

2. Weiterführende Literatur

Boos, M. 1986. Die Wissenschaftstheorie Carl Mengers. Biographische und ideengeschichtliche Zusammenhänge, Wien u. a.
Hamann, B. 1979. Kronprinz Rudolf. Majestät, ich warne Sie ..., Geheime und private Schriften, Wien.
Hayek, F. A. 1968. Einleitung zu Bd. I. der Werkausgabe Menger (1969–1970).
Hayek, F. A. 1979. Missbrauch und Verfall der Vernunft, Salzburg.
Herz, D., und Weinberger, V. 2006. Lexikon ökonomischer Werke, Stuttgart.
Hufeland, G. 1807. Neue Grundlegung der Staatswirthschaftskunst, Gießen und Wetzlar.
Iggers, G. 1997. Deutsche Geschichtswissenschaft, Wien.
Menger, C. 1875. Rezension von: Kuno Fischer, Francis Bacon und seine Nachfolger, Wiener Abendpost 14. September 1875.
Milford, K. 1989. Zu den Lösungsversuchen des Induktionsproblems und des Abgrenzungsproblems bei Carl Menger, Wien.
Mischler, P. 1857. Grundsätze der National-Oekonomie, Wien.
Mises, L. 1933. Grundprobleme der Nationalökonomie, Jena.
Popper, K. R. 1957/58. Die offene Gesellschaft und ihre Feinde, Bern.
Popper, K. R. 1969. Das Elend des Historizismus, Tübingen.
Popper, K. R. 1979. Die beiden Grundprobleme der Erkenntnistheorie, Tübingen.
Ranke, L. 1963. Die großen Mächte; Politisches Gespräch, Göttingen.
Rau, K. H. Grundsätze der Volkswirtschaftslehre, Heidelberg.
Roscher, W. 1842. Leben, Werk und Zeitalter des Thukydides, Göttingen.
Roscher, W. 1843. Grundriß zu Vorlesungen über die Staatswirthschaft. Nach geschichtlicher Methode, Göttingen.
Roscher, W. 1886. System der Nationalökonomie, Bd. I, Stuttgart.
Schmoller, G., 1883. Zur Methodologie der Staats- und Sozialwissenschaften,

in: Jahrbuch für Gesetzgebung, Verwaltung und Volkswirthschaft, 7, S. 975–994.
Stavenhagen, G. 1969. Geschichte der Wirtschaftstheorie, Göttingen.
Streissler, E. 1990. Carl Menger, der deutsche Nationalökonom, in: B. Schefold (Hrsg.), Studien zur Entwicklung der ökonomischen Theorie, Bd. X, Berlin, S. 153–195.
Streissler, E., und Streissler, M. 1994. Carl Menger's Lectures to Crown Prince Rudolf of Austria, Aldershot und Vermont.
Yagi, K. 2006. Eintrag ‹Anton Menger›, in: Herz und Weinberger (2006).

Volker Caspari

Alfred Marshall
(1842–1922)

I. Leben

Alfred Marshall wird am 26. Juli 1842 in Bermondsey, Grafschaft Surrey, am südöstlichen Ende Londons, inmitten des Zentrums der Londoner Lederindustrie im Haus seiner Eltern geboren. Er ist das zweite von insgesamt fünf Kindern der Eheleute William und Rebecca Marshall. William Marshall war Kassenbeamter der Bank of England und muß den Beschreibungen von Keynes zufolge ein strenger und despotischer Vater gewesen sein, der seinem Sohn Studien der klassischen Sprachen Hebräisch, Griechisch und Latein aufzwang (Groenerwegen, 1995, S. 22), weil er den Beruf eines Geistlichen für ihn vorgesehen hatte. Alfreds Lieblingsbeschäftigungen – das Schachspiel und die Mathematik – wurden nur zum Zwecke der Entspannung erlaubt. Es ist daher auch nicht verwunderlich, daß Alfred Marshall im Alter von 19 Jahren gegen den Wunsch seines Vaters begann, in Cambridge am St. Johns College Mathematik zu studieren. Das Studium finanzierte er durch ein Darlehn seines Onkels.

Nachdem er dieses Studium mit einem sehr guten Examen abgeschlossen hatte, erhielt er ein Fellowship, das ihn nun finanziell absicherte und ihm erlaubte, sich wissenschaftlich und weltanschaulich zu orientieren. Über einen Diskussionskreis, den Cambridger Grote Club, kam er in Kontakt mit dem Philosophen und Ökonomen Henry Sidgwick, den Marshall später als seine «spiritual father and mother» bezeichnete. Es entsprach dem damaligen viktorianischen Zeitgeist, daß sich Intellektuelle mit den sozialen Problemen des Landes, vor allem aber mit der Armut der Arbeiterschaft auseinandersetzten. Um mehr über das Leben der Arbeiterschaft zu erfahren, durchwanderte Marshall in den Ferien die Elendsquartiere der großen Städte Nord- und Mittelenglands. Ihm wurde klar, daß er mehr über die Funktionsweise der Wirtschaft lernen mußte, um zu verstehen, warum diese Menschen in großer Armut lebten. Er begann sich für die Political Economy, d. h. die klassische Nationalökonomie von Smith und Ricardo, zu interessieren. Intensiv beschäftigte er sich mit den *Principles* von J. St. Mill und übertrug dessen Grundideen in mathematische Zusammenhänge. Das geschah in den Jahren 1866/67. Es war der Beginn seiner «Ökonomischen Lehrjahre», in denen er sich u.a. im Jahr 1868 mit Cournot und etwa zwei Jahre später mit von Thünens *Der isolierte Staat* auseinander setzte. In diesen «Lehrjahren» las Marshall viele Werke der klassischen ökonomischen Theorie, vor allem aber auch deutschsprachige Autoren wie Rau, von Mangoldt, Kautz, Herrmann und Roscher, so daß der «deutsche» Einfluß auf Marshall über die weltanschaulich-philosophischen Aspekte des Idealismus und Historismus hinausgeht und auch ökonomische Lehren der älteren Historischen Schule beinhaltet (Groenewegen, 1995). Seit 1868 unterrichtete er regelmäßig im Studiengang Moral Sciences (Moral Sciences Tripos) neben Logik und Ethik dann auch Politische Ökonomie. Marshall war während seines Lebens nahezu besessen davon, Wirtschaft, d.h. Fabriken, Handelshäuser etc. zu erleben. Dazu unternahm er in den großen Ferien immer wieder Studienreisen, u.a. im Jahr 1875 auch eine Reise in die USA, wo er die großen Industriestandorte an der Ostküste besuchte und sich über den praktizierten Handelsprotektionismus informierte.

Nach seiner Heirat mit Mary Paley im Jahr 1877, eine seiner ersten Studentinnen, mußte er sein Fellowship zurückgeben, da Fellows damals in Cambridge (und in Oxford) unverheiratet bleiben mußten. Die Marshalls zogen nach Bristol, wo er am neugegründeten University College das Rektorat übernahm. Die administrativen Aufgaben kosteten ihn viel Energie, und da Marshall «nebenher» an seinen Ideen zur Weiterentwicklung der ökonomischen Theorie arbeitete, erschöpfte sich seine Kraft bald und er erkrankte schwer. Ein Londoner Facharzt diagnostizierte Nierensteine und verordnete eine «Kur», die auch eine längere Phase der Ruhe und Entspannung vorsah. Marshall trat als Rektor zurück, und im Oktober 1881 reisten die Marshalls nach Sizilien – des warmen Winterklimas wegen. Beide wollten in dieser Zeit lesen, und Alfred Marshall begann seinen Plan, ein grundlegendes Werk zur Volkswirtschaftslehre zu schreiben, in die Tat umzusetzen. Dazu benötigte man allerdings Literatur. Mrs. Marshall ließ mehr als 350 kg Bücher auf dem Seeweg nach Palermo, ihrem Standort auf Sizilien, nachsenden (Groenewegen, 1995).

Als die Marshalls 1882 erholt nach Bristol zurückkehrten, hatte er einen Entwurf seiner *Principles of Economics* in der Tasche. Insbesondere war Buch V, das die Theorie von Angebot und Nachfrage behandelt, in den wesentlichen Bereichen fertig. Es war also ein im doppelten Sinne erfolgreicher Ausstieg aus dem Management des University Colleges in Bristol. Marshall muß aus dieser Erfahrung gelernt haben, daß ihm das Administrieren und Managen ein so großes Mißvergnügen bereitet, daß er in seinen späteren Jahren weder am St. John's College noch an der Universität größere administrative Aufgaben übernahm. Bevor er 1885 zurück nach Cambridge ging, folgte er zunächst 1883 einem Ruf an die Universität Oxford. Das blieb allerdings ein reines Intermezzo. In Cambridge übernahm Marshall als Nachfolger von Fawcett den Lehrstuhl für Politische Ökonomie, den er bis 1908, dem Jahr seiner Entpflichtung, innehatte.

In seiner Antrittsvorlesung im Jahr 1885 mit dem Titel «The present position of economics» nennt Marshall bereits die zwei seine Cambridger Zeit prägenden Hauptziele. Das wissenschaftliche Ziel war, sein neues Paradigma der Volkswirtschaftslehre gegen die Klassik, den Historismus und gegen sozialistische Ideologien abzuheben. Den klassischen Ökonomen warf er vor, den «englischen Stadtmenschen» zum Maß menschlichen Verhaltens erhoben zu haben. «The same bent of mind, that led our lawyers to impose English civil law on the Hindoos, led our economists to work out their theories on the tacit supposition that the world was made up of city men.» (Memorials, 1925, S. 155) Gegen den Historismus wandte er ein, daß Fakten für sich genommen stumm sind und einer Theorie bedürfen, um sie interpretieren zu können. Gegen die Anhänger Comtes führte er an, daß es keine einheitliche Sozialwissenschaft und damit keinen Grund gebe, die Eigenständigkeit der Volkswirtschaftslehre zu kritisieren oder zu bezweifeln. Hier bereitete er mit einem inhaltlichen Argument sein Plädoyer für einen eigenständigen Studiengang der Volkswirtschaftslehre vor. Das war sein zweites, ein wissenschaftspolitisches Ziel. Er formulierte dieses Ziel etwas kryptisch und mit einer pathetischen Geste, die dem Rektorat der Universität schmeicheln sollte. Es sei also das Ziel «to increase the number of those, whom Cambridge, the great mother of strong men, send out into the world with cool heads but warm hearts, willing to give some at least of their best powers to grappling with the social suffering around them ...» (Memorials, 1925, S. 174)

Marshall war methodologisch gesehen weder ein Apriorist (also kein reiner Theoretiker), noch war er ein Empiriker. Wie er sich das Verhältnis von ökonomischer Theorie und Empirie, worunter man seinerzeit vor allem Wirtschaftsgeschichte verstand, vorstellte, findet sich in dem im Jahr seiner Antrittsvorlesung im *Journal of the Royal Statistical Society* veröffentlichten Aufsatz «The Graphic Method of Statistics». Die Theorie liefere die Kausalbeziehungen, die sich mittels der Mathematik formulieren ließen, und die historischen Daten ermöglichten es dann, die quantitativen Dimensionen der Kausalbeziehungen abzuschätzen. Dieses Zusammenspiel von Theorie und Wirtschaftsgeschichte griff er 1896 in dem Vortrag (publiziert 1897 im *Quarterly Journal of Economics*) «The Old Generation of Economists and the New» auf und entwickelte es weiter. Schumpeter (1954, S. 840) hielt die in diesem Vortrag dargestellte Perspektive für einen relativ frühen Entwurf dessen, was man heute Ökonometrie nennt.

In den ersten Jahren nach seiner Ernennung in Cambridge beriet Marshall erstmals die britische Regierung. Seine fachliche Kompetenz hatte sich herumgesprochen. Davon zeugen die zahlreichen Mitgliedschaften in verschiedenen Royal Commissions und verschiedener «Inquiries»[1]. Die Themen- bzw. Problemstellungen entstammten immer den Bereichen der aktuellen Wirtschafts- und Sozialpolitik, so z. B. Fragen der Geld- und Währungspolitik in der auch Großbritannien betreffenden Gründerkrise, Probleme der Armut und der Armenhilfe sowie Fragen aus den Bereichen der Steuer- und der Handelspolitik. Erwartungsgemäß nahm Marshall meistens liberale Positionen ein. So blieb er sein gesamtes Leben lang ein überzeugter Anhänger des Freihandels, auch als die Anteile Großbritanniens am Weltmarkt zugunsten der USA und Deutschlands abnahmen.

1890 erschien dann endlich die erste Auflage der *Principles of Economics*.[2] Sie wurden, wie man heute gerne sagt, ein Bestseller. Mit diesem Lehrbuch wandelte sich auch die Bezeichnung des Fachs von Political Economy in Economics. Diese scheinbare Nebensächlichkeit – Name ist wie Schall und Rauch – hatte freilich einen wohlin-

1 Vgl. hierzu: *Official Papers by Alfred Marshall*, edited by J. M. Keynes, London 1926.

2 Im Jahr 1892 erschien außerdem sein elementares Lehrbuch *Elements of Economics of Industry*.

tendierten Sinn. Economics klang wie Physics, Ethics oder Mathematics – alle seinerzeit bereits wohletablierte universitäre Fächer.

Noch im Erscheinungsjahr der *Principles* gelang Marshall ein weiterer Erfolg auf dem Weg der Professionalisierung des Fachs Economics[3] (Maloney, 1985). Zusammen mit einigen Fachkollegen initiierte er die Gründung der Royal Economic Society einschließlich ihrer Fachzeitschrift *The Economic Journal*, deren erster Herausgeber Marshalls Freund F.Y. Edgeworth wurde. Die Lehre an der Universität und die Mitgliedschaften in zahlreichen Royal Commissions forderten Marshalls Kraft. Neue Literatur las er oft in den großen Ferien während der Sommermonate, die die Marshalls überwiegend in Südtirol verbrachten. Dabei wanderte er einige Wochen von Hütte zu Hütte. Von seiner Frau ließ er die jeweiligen Bücher auf die entsprechenden Hütten schicken. Erschöpft hatte er Cambridge im Juli verlassen und zu Beginn des akademischen Jahres im Oktober kehrte er gestärkt und gesund dorthin zurück. In späteren Jahren, als seine Kräfte lange Wanderungen nicht mehr zuließen, arbeitete er bevorzugt in der frischen Luft des Hochgebirges. Sein Perfektionismus, seine Neigung, auch im Detail genau sein zu wollen, und seine ständige Befürchtung, falsch verstanden werden zu können, hatten zwei fatale Konsequenzen. So verausgabte er zum einen seine geistige Kraft durch ständige Revisionen und Erweiterungen der *Principles*, und zum anderen schwollen diese im Umfang an. Mit den Anhängen umfaßt die 8. Auflage 858 Seiten. Die Lesbarkeit hat sich dadurch sicherlich nicht verbessert, zumal Marshalls Detailversessenheit den Leser zu einer mäandernden Denkweise zwingt.

Was in der heutigen Zeit gegen gute akademische Sitten verstößt, war für Marshall eine Selbstverständlichkeit, nämlich dafür zu sorgen, daß genau die Person die Nachfolge auf «seiner» Professur antreten konnte, die er sich vorstellte. In der Berufungskommission hatte Marshalls enger Freund Edgeworth ein großes Gewicht. Mit

[3] Noch im 19. Jahrhundert waren bedeutende Vertreter der klassischen englischen Nationalökonomie nicht Professoren an einer Universität, sondern hatten ganz andere Berufe. Ricardo hatte als junger Börsenmakler ein großes Vermögen erworben und lebte bis zu seinem Tod als Privatgelehrter und Parlamentsabgeordneter. Malthus war Geistlicher, James Mill Herausgeber einer literarischen Wochenzeitschrift. Bagehot war Herausgeber der bis heute existierenden Zeitschrift *The Economist*.

seiner ganzen Autorität setzte sich Edgeworth für Arthur Cecil Pigou ein, der Marshalls Wunschkandidat war.[4] Marshall hätte im Alter von 66 Jahren noch nicht von seinem Amt zurücktreten müssen, denn es gab damals keine formalen Altersgrenzen für Professoren. Mit seiner Entpflichtung verband er die Hoffnung, an dem seit «ewiger Zeit» geplanten zweiten Band der *Principles* schreiben zu können. Aber auch das zog sich, wie wir heute wissen, noch Jahre hin. Sein gesundheitlicher Zustand war bereits seit einiger Zeit angegriffen; er beklagte gesundheitliche Störungen, die ihn von konzentrierter Arbeit abhielten. In fortgeschrittenerem Alter traten Arteriosklerose und Bluthochdruck als weitere Erkrankungen hinzu. Die täglichen Ruhepausen wurden länger. Ein schrittweise schwindendes Kurzzeitgedächtnis erschwerte es ihm immer häufiger, längere Gedankengänge aufzuschreiben.

Bis zu seinem Tod am 13. Juli 1922 lebte er in seinem Haus Balliol Croft in Cambridge, in dessen Garten er ein drehbares Gartenhaus nach eigenen Plänen bauen ließ, so daß der offene Teil des Hauses immer dem Lauf der Sonne folgen konnte. Dieses Gartenhaus (his ‹ark›) war in den Sommermonaten sein «Studierzimmer», in dem er, so gut er noch konnte und mit der massiven Unterstützung seiner Ehefrau Mary Paley Marshall, an der Vollendung der beiden Spätwerke *Industry and Trade* (1919) sowie *Money, Credit and Commerce* (1923) arbeitete.

2. Werk

Einige Grundkonzepte der gegenwärtigen Mikroökonomik gehen auf Marshall zurück. Welche Ökonomin oder welcher Ökonom kennt nicht das Instrument der Preiselastizität der Nachfrage, die repräsentative Unternehmung, die Unterscheidung steigender, fallender und konstanter Erträge, je nachdem, ob sie für die Unternehmung extern oder intern sind. Am bekanntesten, weil bis zum heutigen Tag Gegenstand der universitären Lehre ist wohl das Konzept der Preiselastizität und das «Marshallian Cross»[5], eine graphi-

[4] Zu den Umständen der Wahl Pigous als Nachfolger Marshalls vgl. Groenewegen (1995, S. 622 ff.).

[5] Die an sich irritierende Bezeichnung der Achsen im Koordinatensystem des Marshallian Cross, in dem der Preis an der Ordinate und nicht, wie bei Walras oder Pareto, an der Abszisse abgetragen wird, geht auch auf Marshall bzw.

sche Darstellung der Kräfte von Angebot und Nachfrage im Preis-Mengen-Diagramm. Diese Kräfte, abgebildet durch Angebots- und Nachfragekurven, bestimmen in ihrem Schnittpunkt den sogenannten Gleichgewichtspreis, bei dem die angebotene Menge der nachgefragten Menge entspricht. In diesem Schnittpunkt – und nur in diesem – herrscht ein Marktgleichgewicht. Die Anwendung der Marktgleichgewichtsanalyse auf einen einzelnen Markt bezeichnet man als Partialanalyse. Diese liefert nur dann korrekte Erklärungsmuster der Preisbewegungen, wenn die Einflüsse anderer Märkte auf den betrachteten Markt hinreichend klein sind. In der Wirtschaftstheorie bildet man dies durch die *ceteris paribus* Bedingung ab, die hypothetisch alle «anderen Einflußgrößen», ausgenommen den Preis des betrachteten Gutes, konstant setzt.

Zu Marshalls Konzept der Preiselastizität der Nachfrage ist überliefert, daß er es während seiner Erholung in Palermo quasi «entdeckte». Die Preiselastizität gibt an, wie sich die nachgefragte Menge eines Gutes ändert, wenn sich der Preis dieses Gutes um einen bestimmten Prozentsatz ändert. Ändert sich die nachgefragte Menge bei einer Preisänderung nur wenig, dann ist die Preiselastizität der Nachfrage gering (z. B. Kraftstoff). Ändert sich bei einer gleichen Preisänderung die nachgefragte Menge stark, liegt eine hohe Preiselastizität der Nachfrage vor.

Seine ursprünglich noch stark von John Stuart Mill geprägten theoretischen Vorstellungen finden sich in dem zusammen mit seiner Frau Mary Paley verfaßten Buch *The Economics of Industry*, das 1879 erschien. Marshall hat immer behauptet, die subjektive Seite der Werttheorie unabhängig von Jevons entwickelt zu haben. Ein mögliches Indiz hierfür ist, daß sein väterlicher Freund Sidgwick ebenfalls im Jahr 1879 zwei Essays von Marshall zu «privaten» Zwecken veröffentlichte und zwar unter den Titeln *The pure theory of foreign trade. The pure theory of domestic values.* Beide Essays sind zwischen 1869 und 1873 entstanden und damit z. T. vor Jevons' *Theory of Political Economy,* das 1871 erschien. Marshall hielt die Grundthese von Jevons, daß der Nutzen und nicht die Produktionskosten den Wert eines Guts bestimme, für einseitig und

genau genommen auf den deutschen Ökonomen Rau zurück. Marshall selbst, der ja Mathematiker war, blieb konsistent: Er sprach immer von *supply price* und *demand price* und sah die Menge, nicht den Preis, als unabhängige Variable an.

falsch. Für Marshall sind das Zusammentreffen von Nutzen und «realen» Kosten (Arbeit und Warten) die beiden Wertursachen. Sein bekanntes Scherengleichnis, in dem er darauf hinweist, daß es keinen Sinn mache zu behaupten, nur eine Schneide einer Schere schneide das Papier, liefert hierzu die entsprechende Metapher. Diese implizite Kritik an Jevons hat dazu beigetragen, Marshalls Lehrgebäude als eine moderne Fortführung der klassischen politischen Ökonomie zu interpretieren. Daher auch die Charakterisierung seines Lehrgebäudes durch den Begriff Neoklassik. Im Kontrast dazu steht der Originalitätsanspruch Marshalls, die subjektive Wertlehre eigenständig entwickelt zu haben. Die Mehrheit der Theoriehistoriker neigt eher dazu, hier andere Pioniere zu nennen – allen voran natürlich Gossen. Aber auch Menger, Walras und Jevons werden als Trio genannt. Gleichwohl messen alle Theoriehistoriker dem Werk Marshalls eine herausragende Bedeutung zu, denn gerade durch seine Kontinuitätsthese konnte erst der Eindruck entstehen, die Nutzentheorie sei problemlos in das seinerzeit bestehende, durch Mill popularisierte klassische Lehrgebäude zu integrieren. Diese Kontinuitätsthese ist erst im 20. Jahrhundert durch die Arbeiten Sraffas im Zusammenhang mit der Ricardo-Gesamtausgabe schwer erschüttert worden.

Die theoretischen Kernaussagen der Marshallschen Ökonomik finden sich in den *Principles of Economics*, an denen er, wie oben beschrieben, immer wieder arbeitete und feilte.[6] Bevor Marshall im 5. Buch seine Analyse des partiellen Marktgleichgewichts entwikkelt, behandelt er im 3. Buch die «Bedürfnisse und Bedürfnisbefriedigung». Dem heutigen durch die mikroökonomischen Lehrbücher gebildeten Ökonomen fällt auf, wie sehr sich Marshall sträubt, «die Theorie der Konsumtion zur wissenschaftlichen Basis der ökonomischen Theorie» zu machen (*Principles*, 1920, S. 90), denn – modern gesprochen – bilden sich Präferenzen heraus; sie fallen nicht einfach vom Himmel. «Speaking broadly therefore, although it is man's wants in the earliest stage of his development that give rise to his activities, yet afterwards each new step upwards is to be regarded as the development of new activities giving rise to new wants, rather than new wants giving rise to new activities» (S. 89).

6 Die 9. Variorum Ausgabe wurde von seinem Neffen Charles Guillebaud herausgegeben und ermöglicht es, den inhaltlichen Wandel der *Principles* von der 1. bis zur 8. Auflage nachzuvollziehen.

Im 4. Buch geht er auf die drei Produktionsfaktoren Land, Arbeit und Kapital ein, denen er die Organisation als vierten Produktionsfaktor hinzufügt. Das 6. Buch ist der Verteilung des Produktionsergebnisses auf die genannten Produktionsfaktoren, also der Einkommensverteilung, gewidmet. Damit werden das Faktorangebot und die Faktornachfrage in zwei verschiedenen Kapiteln und getrennt voneinander behandelt. Marshall geht bei der Behandlung des Faktorangebots nicht so weit, allen vier Faktorarten ein universelles «Gesetz» überzustülpen. Natürlich erkennt er, daß der Faktor Boden dem Gesetz der abnehmenden Erträge unterliegt und zudem ein Preisanstieg nicht zu einem Anstieg der Landmenge führt. Boden ist eben nicht nennenswert vermehrbar.

Was die Bevölkerungsentwicklung betrifft, so wirken hier langfristig auch eher andere Mechanismen auf das Wachstum bzw. die Schrumpfung derselben als etwa die Lohnhöhe. Kurzfristig hingegen sei sie wohl von Bedeutung. Beachtenswert ist, daß Marshall der beruflichen Ausbildung *(industrial training)* ein eigenes Kapitel widmet und verdeutlicht, daß das natürlich die Produktivität der Arbeit erheblich steigert (Book IV, Ch. VI). In *Industry and Trade* hat er sich mit diesem Thema ausführlicher beschäftigt.

Hinsichtlich der Kapitalakkumulation unterscheidet Marshall die Sparfähigkeit *(the power to save)* (S. 229) von der Sparneigung *(desire to save)* (S. 236). Die Sparfähigkeit definiert er als die Differenz zwischen Einkommen und notwendigem Konsum. Je höher das Einkommen, desto höher sei auch die Sparfähigkeit. Die Sparneigung sieht er u. a. durch den Zinssatz beeinflußt. Je höher *ceteris paribus* der Zinssatz, desto eher neige der Mensch dazu, die Befriedigung seiner momentanen Bedürfnisse in die Zukunft zu verschieben, d. h. auf gegenwärtigen Konsum zu verzichten und damit zu sparen. Umgekehrt gelte: Je niedriger der Zinssatz, desto geringer sei die Sparneigung.

Die Entwicklung der Arbeitsteilung und der Organisation eines Unternehmens begriff Marshall als vom Unternehmer bzw. dem Management verursacht und gesteuert. Deshalb sprach er von dem vierten Produktionsfaktor Organisation[7]. Die fortschreitende Arbeitsteilung, die Mechanisierungsprozesse und die damit einherge-

[7] Hier folgt Marshall dem deutschen Ökonomen von Mangoldt, dessen *Grundriss der Volkswirtschaftlehre* er gelesen hat.

hende Ausbreitung der Maschinerie führen zu steigenden (Skalen-) Erträgen. Marshall unterschied hier zwei verschiedene Effekte, nämlich solche, die dem jeweiligen Sektor intern sind – aber den Unternehmen extern –, von solchen, die innerhalb einer einzelnen Unternehmung zu steigenden Erträgen führen. Erstere sind externe Effekte, letztere nicht. Im Unterschied zu Mill, der die Ansicht vertrat, konstante Skalenerträge lägen vor allem im Handwerk vor, dachte Marshall, konstante Erträge seien ein Grenzfall, der zustande käme, wenn sich die Effekte der abnehmenden und steigenden Erträge gerade kompensierten. Wir werden noch an späterer Stelle in diesem Beitrag auf die besondere Ironie in Marshalls Überzeugung zurückkommen.

Mit seinen Überlegungen zu den Ertragsverläufen einerseits und über die Nachfrageseite, d. h. die *Nachfragepreiskurve* andererseits hatte er nun einige elementare Bausteine für seine Theorie des partiellen Marktgleichgewichts (Buch V) geschaffen. Marshall unterscheidet drei Marktgleichgewichte für Güter:

- Das temporäre Marktgleichgewicht
- Das Marktgleichgewicht der kurzen Periode
- Das Marktgleichgewicht der langen Periode.

Die Abgrenzung der Periode erfolgt nicht in kalendarischer Zeit, sondern ergibt sich durch den Grad der Endogenisierung der als wesentlich erachteten Einflußfaktoren. Im temporären Gleichgewicht ist die Menge des produzierten bzw. angebotenen Gutes gegeben. Man denke z. B. an den von Marshall bemühten Fischmarkt: Die Angebotsmenge ist durch die Größe des nächtlichen Fangs gegeben und muß im Laufe des Vormittags verkauft werden. Märkte für nachwachsende Rohstoffe haben einen ähnlichen Charakter, da die jeweilige Menge durch die jahreszeitlich bedingte Ernte gegeben ist.

Als Gegentypus zum Fischmarkt finden wir in Marshalls Frühschriften den «retail trade» Markt. Hierbei handelt es sich um Güter, deren Produktion stetig erfolgt und die über den Groß- und Einzelhandel verteilt werden. Bei solchen Gütern führen Nachfrageschwankungen nicht – wie im Fischmarkt – zu Preisanpassungen, sondern sie werden durch Lagervariationen ausgeglichen. Hier paßt sich also die Menge an, nicht der Preis. Während in einem temporären Marktgleichgewicht sich Marktpreise bilden, kommt es in einem Gleichgewicht der kurzen bzw. der langen Periode zu einer Bestimmung der *normalen* Preise. Diese Unterscheidung von Marktpreis und normalem Preis erinnert an die von Smith eingeführte Unterscheidung von Marktpreis und *natürlichem* Preis.

Ob ein bestimmter Marktpreis für ein Gut auch ein *normaler* Gleichgewichtspreis ist, hängt davon ab, ob bei diesem Preis der Markt dauerhaft mit diesem Gut versorgt werden kann, d. h. ob der Preis die kurzfristigen Produktionskosten deckt. Die kurzfristigen Produktionskosten bestehen aus fixen Kosten und Kosten, die mit der Ausbringungsmenge variieren. Die kurzfristig fixen Kosten ergeben sich, weil die Produktionskapazität kurzfristig konstant ist. Langfristig ist hingegen auch die Produktionskapazität durch Auf- und Abbau des Kapitalstocks variabel, und somit gibt es langfristig keine Fixkosten. Die kurz- und langfristige Angebotsfunktion – in Marshalls Terminologie die Angebotspreisfunktion – beschreibt also eine Beziehung zwischen produzierter Menge und Kosten pro Einheit bzw. Grenzkosten. Betrachtet man die Faktorpreise als gegeben (Ceteris-paribus-Klausel der Partialanalyse), verändern sich die Produktionskosten pro Einheit mit der produzierten Menge. Deshalb wählte Marshall die Menge als unabhängige Variable! Wenn der Marktpreis dem langfristigen Angebotspreis entspricht, wenn also Nachfragepreiskurve und Angebotspreiskurve sich schneiden, dann liegt ein Gleichgewicht der langen Periode vor. Analog gilt, wenn der Marktpreis dem kurzfristigen Angebotspreis entspricht, liegt ein Gleichgewicht der kurzen Periode vor. Im Gleichgewicht der kurzen Periode sind die Kapitalgewinne im Verhältnis zum eingesetzten Kapitalstock noch nicht normal, d. h. sie sind zu hoch oder zu niedrig. Sind sie zu niedrig, wird die Produktionskapazität (Kapital) eher reduziert – und vice versa.

Die Angebotspreisfunktion der kurzen Periode ist immer eine steigende Funktion der produzierten Menge. Doch die Angebotspreisfunktion der langen Periode kann, wenn steigende Erträge im betreffenden Sektor vorliegen, eine fallende Funktion der Menge sein. Diesem Fall widmete Marshall ein Kapitel in Buch V und den ‹berüchtigten› Appendix H in den *Principles.* Er selbst glaubte an die Grenze der statischen Betrachtung gestoßen zu sein. Wir werden dieses Thema im Abschnitt über die Wirkungsgeschichte noch einmal aufgreifen.

Marshall dachte, mit der Statik aus methodischen Gründen an

Grenzen zu stoßen, die es verhindern, Fragen der Entwicklung einer Volkswirtschaft überhaupt adäquat behandeln zu können. Sein methodologisches Vorbild war die Biologie, die in jener Zeit einen beachtenswerten Aufschwung erlebte und vor deren Hintergrund man Marshalls Orientierung sehen muß. Trotz allem sollte aber festgehalten werden, daß Marshall die statische Analysemethode als eine notwendige Übung für Ökonomen ansah. Richtig ist aber auch, daß er forderte, dabei nicht stehenzubleiben. Er selbst hatte ursprünglich das Ziel, dem einführenden Lehrbuch – den *Principles* – einen zweiten Band über wirtschaftliche Fluktuationen und Entwicklung folgen zu lassen (vgl. Whitaker, 1990, S. 193 ff.).

Seine Pläne änderten sich allerdings öfters, so daß schließlich im Jahr 1919 *Industry and Trade* und posthum 1923 *Money, Credit and Commerce* erschienen, wobei letzteres einen ziemlich fragmentarischen Charakter behielt. *Industry and Trade* war in seinem Erscheinungsjahr sicherlich kein Buch mit überraschenden theoretischen Neuheiten, und hinsichtlich der thematischen Aktualität war ihm das nahezu gleichzeitig erschienene Buch von J. M. Keynes über die ökonomischen Konsequenzen des Versailler Friedensvertrags weit überlegen. *Industry and Trade* ist vielleicht nicht das erste, aber sicherlich eines der ersten Bücher, in denen die Felder, die wir heute zum Kern der sogenannten *Industrial Economics* oder auch *Industrial Organisation* zählen, breit behandelt werden. Im wesentlichen sind es drei Themenbereiche: Es werden die Einflußfaktoren des Industrial Leaderships herausgearbeitet sowie die unterschiedlichen Stärken und Schwächen der industriellen Entwicklung Großbritanniens, Frankreichs, Deutschlands und der USA benannt. Im zweiten Themenkomplex geht es um die seinerzeit dominanten Entwicklungstendenzen im Bereich der Organisationsform von Unternehmen und Märkten. So werden einerseits die Entwicklung und die ökonomischen Vor- und Nachteile der Aktiengesellschaft diskutiert und andererseits die massive Ausbreitung des Handels und der Handelsunternehmen (z. B. Kaufhäuser) behandelt. Die dritte Thematik rankt sich um wettbewerbspolitische Probleme (monopolistische Strukturen) im Transportwesen und die Probleme mit Kartellen und Trusts in Deutschland und in den USA.

Was *Money, Credit and Commerce* betrifft, so ist Niehans (1990) teilweise zuzustimmen, wenn er die Meinung vertritt, daß die Publikation dieses Buches eigentlich obsolet war, da die meisten darin publizierten Gedanken und Konzepte 40 Jahre vorher bekannt waren und in die sogenannte ‹oral history›, also das, was in Vorlesungen weitergegeben wurde, eingegangen war (Keynes, *Memorials*, 1925, S. 28 und Bigg, 1990.). Es handelt sich hierbei z. B. um die kassenhaltungstheoretische Variante der Quantitätstheorie, in der die Quantitätsgleichung in eine Theorie der Geldnachfrage verwandelt wird. Sie stellt gewissermaßen eine Vorstufe zur Keynesschen Theorie der Liquiditätspräferenz dar.

Bislang haben wir den für die Entwicklung des Mainstreams stehenden Marshall betrachtet. Daneben gibt es aber auch noch den «heterodoxen Marshall», auf den sich oft evolutorische oder historisch-institutionelle Ansätze berufen. Diese stellen sich Fragen, warum sich z. B. die Sozialsysteme, die Institutionen des Arbeitsmarktes in den verschiedenen Regionen dieser Welt so unterschiedlich entwickelt haben. Für Marshall waren solche Themen zentrale Fragen an die ökonomische Disziplin, und er bemühte sich, zu diesen Themen etwas beizutragen. Gelungen ist es ihm nur begrenzt, denn er investierte viel Zeit und Energie in die Präzisierung und Erweiterung seiner *Principles*. In diesen widmete er sich aber ausschließlich der statischen Analyse, was er selbst auch immer betont hat. Der Teil über die «Prozesse» sollte, wie bereits oben erwähnt, den zweiten Band der *Principles* bilden, zu dem es jedoch nicht kam.

Statt dessen bereitete er nach seiner Entpflichtung als Professor das über Jahre gesammelte Material auf und verarbeitete es in *Industry and Trade*. Dieses Buch liefert einen guten Eindruck, mit welchen entwicklungsökonomischen Fragen sich Marshall auseinandergesetzt hat. So nahm er die wachsende Bedeutung von Aktiengesellschaften war, konnte dieser Entwicklung jedoch nicht nur eine positive Seite abgewinnen. Auf zwei Probleme hat er hingewiesen: Zum einen entstehe eine große Nachfrage nach Fachleuten für das Management mit der Folge, daß deren Löhne stark steigen werden, ohne sicher zu sein, daß auch deren Produktivität so hoch sei. Das zweite Problem sah er in der Trennung von Eigentum und Leitung. Es könne nicht mehr mit dem Prinzip von Vertrauen und Gegenvertrauen geführt werden, sondern es müsse ein teures System von «checks und counterchecks» eingeführt werden.

Was ihn sehr beschäftigte und auch beunruhigte, war die im späten 19. Jahrhundert bereits deutlich wahrnehmbare Abnahme der

«Industrial Efficiency» Großbritanniens und die damit verbundenen Wettbewerbsnachteile auf dem Weltmarkt. Das durchschnittliche jährliche Wachstum des britischen Inlandsprodukts war in diesem Zeitraum bereits deutlich geringer als das der USA und Deutschlands. Marshall fragte sich, worin die Wettbewerbsvorteile der USA und Deutschlands bestehen. Für die USA sah er einen Vorteil in der «multiform standardization», welche die Realisierung von Skalenerträgen ermögliche. Die deutsche Entwicklung sei hingegen durch «Wissenschaft im Dienst der Industrie» charakterisiert, was insbesondere den rasanten Aufstieg der chemischen, der pharmazeutischen und der elektrotechnischen Industrie in Deutschland erklärt. Marshall weist u. a. auf die aus seiner Sicht erfolgreiche Bildungspolitik im Deutschen Reich hin und betont die herausragende Bedeutung der naturwissenschaftlichen Universitätsausbildung. In diesem Zusammenhang erwähnt er, daß an der Ludwig-Maximilians-Universität in München so viele Studierende der Chemie eingeschrieben waren wie an allen englischen Universitäten und Colleges zusammen (Marshall, 1919, S. 97 Fn. 1).

Bildung war für diesen viktorianischen Akademiker die Schlüsselgröße überhaupt. Dabei ging es ihm nicht allein um die durch Bildung bedingten ökonomischen Vorteile, sondern ... «in helping the people to become ... also wiser consumers.» (Marshall, in: *Memorials*, S.173) Hinter den «weisen» Konsumenten steht Marshalls Idealbild eines «gebildeten und wohlerzogenen» Menschen, der das kultivierte Leben eines Gentleman zum Ziel hat und nicht utilitaristischen oder hedonistischen Verhaltensmustern verfällt. Marshall blieb auch in diesem Zusammenhang den Wertvorstellungen seiner calvinistischen Erziehung treu.

3. Wirkung

Alfred Marshall war besonders in Großbritannien und dadurch im englischen Sprachraum ein vielbeachteter Ökonom. Sein Einfluß erstreckte sich auf ganz unterschiedliche Bereiche. In seiner Universität Cambridge setzte er sich seit seiner Berufung beharrlich für die Einrichtung eines eigenständigen Studiengangs für Ökonomie ein, denn die ökonomischen Fächer wurden nur im Rahmen des Studiengangs für Moral Sciences angeboten. Mit der Gründung der London School of Economics and Political Science im Jahre 1895 nahm der Konkurrenzdruck auf die Universität Cambridge, einen eigenständigen Studiengang für Ökonomie einzuführen, erheblich zu. Im Jahr 1903 konnten sich dann die ersten Studierenden an der Universität Cambridge in den bis zum heutigen Tage sogenannten «Economics and Politics Tripos» einschreiben. Marshall konnte den von ihm maßgeblich konzipierten Studiengang noch fünf Jahre begleiten.

In einem zweiten Bereich, dem des Hervorbringens des wissenschaftlichen Nachwuchses, war er ebenfalls erfolgreich. Neben seinen bekanntesten Schülern Arthur Cecil Pigou und John Maynard Keynes sind noch A. L. Bowley, der Wirtschaftshistoriker J. H. Clapham sowie D. H. Macgregor und A. W. Flux zu nennen.

Den wohl größten und nachhaltigsten Einfluß übte Marshall durch sein Hauptwerk *Principles of Economics* aus, das in insgesamt acht Ausgaben erschien, die alle von Marshall selbst editiert wurden. Die *Principles* waren bis in die 50er Jahre des 20. Jahrhunderts für die Erstsemester im Cambridger «Economics Tripos» eines der einführenden Ökonomie-Lehrbücher.[8] Die drei wesentlichen Elemente für die Herausbildung einer Schule oder Lehrmeinung waren damit gegeben: ein gemeinsames Lehrbuch, eine ausreichende Anzahl von Schülern, die sich an einem gemeinsamen Paradigma orientieren und ein eigenständiger Studiengang. So entstand die Cambridger Schule der Volkswirtschaftslehre, aus der neben Pigou und Keynes weitere wichtige Ökonominnen und Ökonomen hervorgingen, unter anderem Joan Robinson, Sir Austin Robinson, D. H. Robertson und der Nobelpreisträger R. Stone.

[8] Die seit 1890 insgesamt verkaufte Zahl von Exemplaren der englischen Ausgaben der *Principles* ist nicht exakt zu ermitteln, da der Verlag Macmillan keine durchgängigen Zahlen über die gedruckten und die verkauften Exemplare hat. Daniel Macmillan gibt für den Zeitraum von 1890 bis 1942 an, daß 70 000 Exemplare gedruckt und davon 65 381 verkauft wurden. Der Verlag Macmillan, dem ich an dieser Stelle danken möchte, hat mir weitere Daten zur Verfügung gestellt. So belief sich die Zahl der gedruckten Exemplare von 1942–1954 auf 23 515. Leider liegen keine Verkaufszahlen für diesen Zeitraum vor. Für die Zeit von 1954–1976 liegen nur Verkaufszahlen vor. Es sind 71 282 verkaufte Exemplare. Für die Periode von 1971 bis 1986 wurden 24 785 verkaufte Exemplare genannt. Da sich die beiden letzten Zeiträume überschneiden, liegen hier Doppelzählungen vor. Ab 1986 gibt es Daten über die Paperback Edition. Davon sind seither 3179 Exemplare verkauft worden. Der Gesamtumfang der verkauften Exemplare dürfte damit zwischen 150 000 bis 180 000 Stück liegen. Die Quelle für diese Daten ist: The Editions Book held in the Macmillan Archive at the British Library.

In der theoriegeschichtlichen Literatur lassen sich zwei unterschiedliche Einschätzungen zur Wirkungsgeschichte Marshalls finden. Schumpeter ist sich der großen Bedeutung Marshalls für die Entwicklung der neoklassischen Theorie bewußt, deutet aber an, daß er hinsichtlich der Originalität anderen Zeitgenossen Marshalls Priorität einräumt. Schumpeter machte nie einen Hehl daraus, daß für ihn Walras der eigentliche Genius der modernen ökonomischen Theorie ist. Auch Niehans folgt der Schumpeterschen Linie, wenn er Marshall mit Adam Smith vergleicht und schreibt: «Marshall was the Adam Smith of his age» (Niehans, 1990, S. 246), um dann aber darauf hinzuweisen, das durch die Cambridger Schule der Volkswirtschaftslehre keine analytischen Fortschritte zustande kamen. Ähnliches vertritt auch Blaug (1996).

Unumstritten ist der schulbildende und dominante Einfluß Marshalls auf die angelsächsische Volkswirtschaftslehre. G.J. Stigler urteilte über Marshall wie folgt: «Marshall was so clearly the dominant as to be almost the exclusive influence on British economics in the first quarter of this (20.) century, ...» (Stigler, 1990, S. 11.). Auch die führenden US-amerikanischen Ökonomen im ersten Drittel des 20. Jahrhunderts, Knight, Viner und Taussig, waren stark von der Marshallschen Ökonomik beeinflußt. Auf dem europäischen Kontinent war die Lage etwas differenzierter. Weder im französischen noch im deutschsprachigen und skandinavischen Raum konnte die Marshallsche Partialanalyse so richtig Fuß fassen. Im französischen Sprachraum neigte man eher zur Lausanner Perspektive (Walras, Pareto), und in Skandinavien dominierte Knut Wicksell, gefolgt – mit deutlich geringerem Einfluß – von Gustav Cassel, die sich beide an der walrasianischen und der österreichischen Schule orientierten.

Im deutschsprachigen Raum rangen zunächst die Historische Schule und die Österreichische Schule um die Deutungshoheit. Ihre Auseinandersetzungen hatten nachhaltigen Einfluß auf die deutsche Volkswirtschaftslehre bis zum Ende des Zweiten Weltkriegs. Nachdem die Historische Schule nach dem Ersten Weltkrieg nahezu zusammengebrochen war, erlangte vor allem das Lehrbuch Gustav Cassels, *Theoretische Sozialökonomie,* eine weite Verbreitung. Marshalls *Principles* wurden nur wenig rezipiert. Es gab eine deutsche Übersetzung der 4. englischen Auflage (Marshall, 1905), allerdings nur in einer Auflage von 1500 Exemplaren. Lujo Brentano hatte ein Vorwort geschrieben, das Marshall schmeichlerisch fand. Gleichwohl wird deutlich, daß Brentano die *Principles* gewissermaßen für ‹wissenschaftlich überholt› hielt. Die Rezensionen von Adolph Wagner (1891) zur ersten Auflage der *Principles* und von Karl Diehl (1907) zur deutschen Ausgabe waren im Tenor anerkennend. Zwei andere Rezensionen blieben eher distanziert bis ablehnend (Katzenstein, 1893 und Zuckerkandl, 1891).

Das vergleichsweise geringe Interesse an dem Marshallschen Ansatz wird u. a. auch dadurch deutlich, daß die in den späten 1920er Jahren in der Zeitschrift *The Economic Journal* (1930) ausgetragene «Skalenertragsdebatte» keine Resonanz im deutschsprachigen Raum fand. Auch der über diese Debatte informierende Übersichtsaufsatz von Oskar Morgenstern in der *Zeitschrift für Nationalökonomie* im Jahre 1931 führte selbst unter den Anhängern der Österreichischen Schule zu keiner Reaktion, obwohl Morgenstern gestand, daß die in der Debatte vorgetragenen Argumente nicht nur die Kernaussagen der Marshallschen, sondern auch die der Österreichischen Schule in Frage stellten. Den Ausgangspunkt der «Skalenertragsdebatte» bildeten zwei Aufsätze des damals bereits in Cambridge lehrenden italienischen Ökonomen Piero Sraffa, der gezeigt hatte, daß die Marshallsche Theorie der langfristig *normalen* Preise nur dann mit den Annahmen der vollkommenen Konkurrenz verträglich ist, wenn konstante Skalenerträge vorliegen, also genau jener Fall, den Marshall als einen Grenzfall betrachtete. Bei konstanten Skalenerträgen bestimmt die Nachfrageseite nur die produzierte bzw. die verkaufte Menge, während der Preis allein durch die Produktionskosten bestimmt wird und nicht durch Angebot und Nachfrage beeinflußt ist. Das war das Resultat, das auch die Österreichische Schule hätte irritieren müssen. Im angelsächsischen Sprachraum entwickelte sich aus dieser Debatte die Theorie der unvollkommenen bzw. monopolistischen Konkurrenz.

Die moderne, gegenwärtig gelehrte Mikroökonomie hat auch Wurzeln bei Marshall. Sie ist aber eine von Samuelson und Hicks präparierte Mischung von Ingredienzien verschiedener Schulen. Aus der Marshallschen Schule stammt die Theorie der Unternehmung und die Marktanalyse. Die haushaltstheoretischen Grundlagen der Marktnachfrage stammen eher aus der Lausanner Schule. Obgleich Marshall ausschließlich die Partialanalyse vorangetrieben hat, war ihm die Notwendigkeit einer totalanalytischen Perspektive bewußt. In Briefen[9] und anderen Zusammenhängen hat er wiederholt betont, daß ihm die möglichst realistische Ausarbeitung der Mathematical Note XXI (*Principles*, S. 855) sehr am Herzen gelegen habe. Es muß aber kritisch angemerkt werden, daß das letztendlich Wunschdenken blieb, weil zwei für die Totalanalyse wesentlichen Elemente in der Mathematical Note XXI fehlen. So verknüpfen die verschiedenen Funktionen nur die Mengen und Preise von jeweils einem Gut miteinander, «*n* ... demand equations, each of which connects the price and amount of a commodity, ...» (*Principles*, 1920, S. 855) und nicht, wie in der Totalanalyse, die Nachfrage nach einem Gut mit den Preisen aller in der Ökonomie gehandelten Güter. Ebenso fehlt die Konzeption der Budgetrestriktion, wodurch die Interdependenz der Märkte über den Einkommenskreislauf nicht erfaßt wird. Es ist daher auch nachvollziehbar, daß man in der Cambridger Schule lange über die Markt- und Wohlfahrtsanalyse nicht hinausgekommen ist.[10] Noch Pigous *Theory of Unemployment* aus dem Jahr 1933 blieb in großen Teilen partialanalytisch. Erst Keynes trat durch seine Kreislaufbetrachtung aus dem Rahmen der Partialanalyse heraus und nahm damit eine gesamtwirtschaftliche (totalanalytische) Perspektive ein.

Zusammenfassend kann man festhalten, daß Marshall uns weniger analytische Instrumente als vielmehr konzeptionelle Bausteine hinterlassen und auch bewahrt hat. Seine Periodenanalyse (temporäre, kurze, lange Periode) bleibt eine wichtige konzeptionelle Idee, die sowohl für die mikro- als auch für die makroökonomische Analyse unverzichtbar ist. Auch die Partialanalyse, so eingeschränkt sie sein möge, hat sich in der angewandten Mikroökonomik, sei es in der Umwelt- und Ressourcenökonomie, der Theorie der öffentlichen Güter oder in den weiten Feldern der Industrieökonomik durchaus als praktisch, d. h. anwendbar bei der Analyse wirtschaftspolitisch relevanter Fragestellungen erwiesen. Vor allem die Industrieökonomik verdankt ihre Entstehung auch der Schule Marshalls. Selbst wenn sich die moderne Industrieökonomik durch die Spiel-

9 Siehe hierzu der Brief vom 24.3.1908 an J.B. Clark, in: Memorials, Pigou, 1925, S. 417.

10 Die in der walrasianischen Tradition erzogenen Ökonomen hatten eigentlich einen Vorteil. Zum Tragen kam das vor allem in der schwedischen Nationalökonomie.

theorie und die Vertragstheorie von ihren Ursprüngen entfernt hat, ist sie ohne die Marshallsche Partialanalyse und die darin eingebettete Theorie unvollkommener Konkurrenz kaum denkbar, und gerade Marshalls Spätwerk *Industry and Trade* beschäftigt sich in weiten Teilen mit typischen industrieökonomischen Themen. Wie auch Mark Blaug (1985, S. 405) konstatiert, ist Marshalls Hinterlassenschaft also höchst lebendig: «... Marshall's *Principles* must be considered one of the most durable and viable books in the history of economics: it is the only nineteenth-century treatise on economic theory that still sells in the hundreds every year and that can still be read with great profit by the modern reader».

Literatur

1. Werkausgaben

Keynes, J. M. 1924. Bibliographical List of the Writings of Alfred Marshall, in: The Economic Journal, 34, S. 627–637.

Macmillan, D. 1942. The Principles of Economics – A Bibliographical Note, in: The Economic Journal, 34, S. 290–293.

Marshall, A., und Marshall, M. P. 1881. The Economics of Industry, 2. Aufl., London.

Marshall, A. 1879. Die reine Theorie der inländischen Werte, in: B. Schefold, (Hrsg.), Ökonomische Klassik im Umbruch, Frankfurt am Main 1986, S. 53–61.

Marshall, A. 1885a. The Present Position of Economics, in: Memorials, Pigou 1925, S. 152–174.

Marshall, A. 1885b. The Graphic Method of Statistics, in: Memorials, Pigou 1925, S. 175–187.

Marshall, A. 1905. Handbuch der Volkswirtschaftslehre (mit einem Vorwort von Lujo Brentano), Stuttgart und Berlin.

Marshall, A. 1919. Indusry and Trade, London.

Marshall, A. 1920. Principles of Economics, 8. ed., London.

Marshall, A. 1926. Official Papers by Alfred Marshall, (edited by J. M. Keynes), London.

2. Weiterführende Literatur

Bharadwaj, K. 1978. The Subversion of Classical Analysis: Alfred Marshall's Early Writing on Value, in: Cambridge Journal of Economics, Vol. 2, S. 253–271; repr. in: Wood (1982), Vol. III, S. 600–625.

Bigg, R. J. 1990. Cambridge and the Monetary Theory of Production, Basingstoke und London.

Blaug, M. 1985. Economic Theory in Retrospect, 4. ed., Cambridge et al.

Cannan, E. 1929/1964. A Review of Economic Theory, with a new introduction by B. A. Corry, London.
Caspari, V. 1996. Alfred Marshalls «Industry and Trade«: Zwischen Wirtschaftsgeschichte und Wirtschaftstheorie, in: Studien zur Entwicklung der ökonomischen Theorie XV, hrsg. von H. Rieter, Schriften des Vereins für Socialpolitik NF, Bd. 115/XV, Berlin.
Coase, R. H. 1972. The Appointment of Pigou as Marshall's Successor: Comment, in: The Journal of Law and Economics, Vol. 15, S. 473–485; repr. in: Wood (1982), Vol. IV, S. 222–234.
Coats, A. W. 1972. The Appointment of Pigou as Marshall' Successor: Comment, in: The Journal of Law and Economics, Vol. 15, S. 487–495; repr. in: Wood (1982), Vol. IV, S. 235–244.
Corry, B. 1968. Marshall, Alfred, in: International Encyclopedia of the Social Sciences, Vol. 10, S. 25–33.
Davenport, H. J. 1935. The Economics of Alfred Marshall, repr. New York 1965.
Diehl, K. 1907. Neue Lehrbücher der Nationalökonomie, in: Jahrbücher für Nationalökonomie und Statistik, S. 102–124.
Edgeworth, F. Y. 1925. Reminiscences, in: Pigou (1925), S. 66–73.
Ekelund, Jr., Robert, B., und Hébert, R. F. 1983. A History of Economic Theory and Method, 2. ed., Auckland et al.
Frisch, R. 1950. Alfred Marshall's Theory of Value, in: The Quarterly Journal of Economics, Vol. 64, S. 495–524; repr. in: Wood (1982), Vol. III, S. 223–250.
Glassburner, B. 1955. Alfred Marshall on Economic History and Historical Development, in: The Quarterly Journal of Economics, Vol. 69, S. 577–595; repr. in: Wood (1982), Vol. I, S. 256–274.
Groenewegen, P. 1995. A Soaring Eagle: Alfred Marshall 1842–1924, Aldershot 1995.
Guillebaud, C. W. 1961 a. Editorial Introduction, in: Marshall und Guillebaud, Vol. II, S. 3–30.
Guillebaud, C. W. 1961b. Marshall, Alfred, in: Handwörterbuch der Sozialwissenschaften, Bd. 7, S. 182–184.
Guillebaud, C. W. 1971. Some Personal Reminiscences of Alfred Marshall, in: History of Political Economy, Vol. 3, S. 1–8; repr. in: Wood (1982), Vol. I, S. 91–97.
Katzenstein, L. 1893. Ein neues Lehrbuch der Nationalökonomie, in: Jahrbuch für Gesetzgebung, Verwaltung und Volkswirtschaft, N.F. 17, S. 253–264.
Keynes, J. M. 1924 a. Alfred Marshall, 1842–1924, in: The Economic Journal, Vol. 34, 311–372; u.a. repr. in: Wood (1982), Vol. I, 7–65.
Keynes, J. M. 1944. Mary Paley Marshall (1850–1944), in: The Economic Journal, Vol. 54, S. 268–284; repr. in: The Collected Writings of J. M. Keynes, Vol. X: Essays in Biography (1933), London und Basingstoke 1972, S. 232–250.
Maloney, J. 1985. Marshall, Orthodoxy and the Professionalisation of Economics, Cambridge.
Marshall, M. P. 1947. What I Remember, Cambridge.
McWilliams, R. 1969. The Papers of Alfred Marshall Deposited in The Marshall Library, Sidgwick Avenue, Cambridge, in: History of Economic Thought Newsletter, No. 3, S. 7–13; repr. in: Wood (1982), Vol. IV, S. 193–203.

Morgenstern, O. 1931. ‹Offene Probleme der Kosten- und Ertragstheorie›, in: Zeitschrift für Nationalökonomie, 2, S. 481–522.
Niehans, J. 1990. A History of Economic Theory, Baltimore und London.
O'Brien, D.P. 1981. A. Marshall, 1842–1924, in: D.P. O'Brien und J.R. Presley (Hrsg.), Pioneers of Modern Economics in Britain, London und Basingstoke, S. 36–71.
Parsons, T. 1931/1932a. Wants and Activities in Marshall, in: The Quarterly Journal of Economics, Vol. 46, S. 101–140; repr. in: Wood (1982), Vol. I, S. 179–208.
Parsons, T. 1931/1932b. Economics and Sociology: Marshall in Relation to the Thought of his Time, in: The Quarterly Journal of Economics, Vol. 46, S. 317–347; repr. in: Wood (1982), Vol. I, S. 209–231.
Pibram, K. 1983. A History of Economic Reasoning, Baltimore und London.
Pigou , A.C. 1925. Memorials of Alfred Marshall, London.
Pigou , A.C. 1953. Alfred Marshall and Current Thought, London.
Reisman, D. 1986. The Economics of Alfred Marshall, London et al.
Robinson, A. 1972. Alfred Marshall, in: History of Economic Thought Newsletter, No. 8, S. 10–13.
Robinson, A. 1980. Alfred Marshall: An Autobiographical Note, in: History of Economic Thought Newsletter, No. 25, S 7 f.
Roncaglia, A. 2005. The Wealth of Ideas, Cambridge.
Schumpeter, J.A. 1941/1954. Alfred Marshall's «Principles»: A Semi-Centennial Appraisal, in: The American Economic Review, Vol. 31, S. 226–248; repr. in: Wood (1982), Vol. II, S. 100–113; deutsche Übersetzung: Alfred Marshalls «Principles«: eine Würdigung nach einem halben Jahrhundert, in: J.A. Schumpeter, Dogmengeschichtliche und biographische Aufsätze, Tübingen, S. 285–303.
Schumpeter, J.A. 1954. History of Economic Analysis, London.
Shove, G.F. 1942. The Place of Marshall's «Principles» in the Development of Economic Theory, in: The Economic Journal, Vol. 52, S. 294–329; repr. in: Wood (1982), Vol. II, S. 132–165.
Spiegel, H.W. 1983. The Growth of Economic Thought, 2. ed., Durham.
Symposium: Increasing Returns and the Representative Firm, The Economic Journal, 1930, S. 79–116.
Taussig, F.W. 1924. Alfred Marshall, in: The Quarterly Journal of Economics, Vol. 39, S. 1–14; repr. in: Wood 1982, Vol. I, S. 71–79.
Wagner, A. 1891. Marshall's Principles of Economics, in: Quarterly Journal of Economics, 5, S. 319–338.
Whitaker, J.K. 1972. Alfred Marshall: The Years 1877 to 1885, in: History of Political Economy, Vol. 4, S. 1–61; repr. in: Wood 1982, Vol. I, S. 98–147.
Whitaker, J.K. 1974. The Marshallian System in 1881: Distribution and Growth, in: The Economic Journal, Vol. 84, S. 1–17; repr. in: Wood (1982), Vol. III, S. 508–526.
Whitaker, J.K. 1977. Some Neglected Aspects of Alfred Marshall's Economic and Social Thought, in: History of Political Economy, Vol. 9, S. 161–197; repr. in: Wood (1982), Vol. I, S. 453–486.
Whitaker, J.K. 1990. Centenary Essays on Alfred Marshall, Cambridge.

Wood, J.C. (Hrsg.) 1982. Alfred Marshall, Critical Assessments, Vol. I, II, III, IV, London et al.
Youngson, A.J. 1956. Marshall on Economic Growth, in: Scottish Journal of Political Economy, Vol. 3, S. 1–18; repr. in: Wood 1982, Vol. IV, S. 95–111.
Zuckerkandl, R. 1891. A. Marshall's «Principles of Economics», Jahrbücher für Nationalökonomie und Statistik, 3. Folge, Vol. 2, S. 45–53.

Autorinnen und Autoren

Michael S. Aßländer, geb. 1963, Professor für Wirtschafts- und Unternehmensethik, Universität Kassel.

Volker Caspari, geb. 1953, Professor für Volkswirtschaftslehre und Studiendekan für Rechts- und Wirtschaftswissenschaften, Technische Universität Darmstadt.

Wolfgang Eichert, geb. 1984, Lektor für Volkswirtschaftslehre, Karl-Franzens-Universität Graz.

Christian Gehrke, geb. 1959, Professor für Volkswirtschaftslehre, Karl-Franzens-Universität Graz.

Nils Goldschmidt, geb. 1970, Vertretungsprofessor für Sozialpolitik und Organisation sozialer Dienstleistungen, Universität der Bundeswehr München, und Research Associate, Walter Eucken Institut, Freiburg i. Br.

Peter Kalmbach, geb. 1940, pensionierter Professor für Wirtschaftswissenschaften am Institut für Konjunktur- und Strukturforschung, Universität Bremen.

Heinz D. Kurz, geb. 1946, Professor für Wirtschaftstheorie und Leiter des Graz Schumpeter Centre, Karl-Franzens-Universität Graz.

Karl Milford, geb. 1950, Professor für Volkswirtschaftslehre, Universität Wien.

Hans G. Nutzinger, geb. 1945, Professor für Wirtschaftswissenschaften, Universität Kassel.

Jochen Schumann, geb. 1930, Professor emeritus für Volkswirtschaftstheorie, Westfälische Wilhelms-Universität, Münster.

Ulrich Schwalbe, geb. 1958, Professor für Volkswirtschaftslehre und Wirtschaftstheorie, Universität Hohenheim.

Rita Strohmaier, geb. 1981, Wissenschaftliche Mitarbeiterin am Institut für Volkswirtschaftslehre, Karl-Franzens-Universität Graz.

Richard Sturn, geb. 1956, Professor für Finanzwissenschaft und Leiter des Instituts für Finanzwissenschaft und Öffentliche Wirtschaft. Karl-Franzens-Universität, Graz.

Ulrich van Suntum, geb. 1954, Professor für Volkswirtschaftslehre, Direktor des Instituts für Siedlungs- und Wohnungswesen, Westfälische Wilhelms-Universität Münster.

Joachim Zweynert, geb. 1970, Leiter der Zweigniederlassung des Hamburgischen WeltWirtschaftsinstituts (HWWI) in Erfurt und Privatdozent an der Universität Hamburg.

Register